FÜLLGRABE

Psychologie der Eigensicherung

Psychologie der Eigensicherung

Überleben ist kein Zufall

von

Dr. Uwe Füllgrabe

Dipl.-Psychologe
Psychologieoberrat a.D.

4., aktualisierte und erweiterte Auflage, 2012

RICHARD BOORBERG VERLAG

Stuttgart · München · Hannover · Berlin · Weimar · Dresden

Bibliografische Information der Deutschen Nationalbibliothek | Die Deutsche Nationalbibliothek verzeichnet diese Publikation in der Deutschen Nationalbibliografie; detaillierte bibliografische Daten sind im Internet über www.dnb.de abrufbar.

4. Auflage, 2012
ISBN 978-3-415-04859-1

© 2012 Richard Boorberg Verlag

Das Werk einschließlich aller seiner Teile ist urheberrechtlich geschützt. Jede Verwertung, die nicht ausdrücklich vom Urheberrechtsgesetz zugelassen ist, bedarf der vorherigen Zustimmung des Verlages. Dies gilt insbesondere für Vervielfältigungen, Bearbeitungen, Übersetzungen, Mikroverfilmungen und die Einspeicherung und Verarbeitung in elektronischen Systemen.

Gesamtherstellung: Beltz Bad Langensalza GmbH, Neustädter Straße 1–4, 99947 Bad Langensalza

Richard Boorberg Verlag GmbH & Co KG | Scharrstraße 2 | 70563 Stuttgart
Stuttgart | München | Hannover | Berlin | Weimar | Dresden
www.boorberg.de

Für meinen Enkel Daniel

Inhalt

Einleitung 11

Kapitel 1: **Grundlagen der Gefahrenbewältigung** 13
    1. Unterschiedliche Gefahrensituationen 13
    2. Allgemeine und spezifische Faktoren der Survivability 14
    3. Die Vernetzung psychologischer und körperlicher Faktoren 16
    4. Die Notwendigkeit einer theoriegeleiteten Praxis 17
    5. Überlebenswichtig: das richtige Weltbild 19
    6. Das dynamische Weltbild 22

Kapitel 2: **Gewaltentwicklung und Gewaltvermeidung** 26
    1. Gewalt – spieltheoretisch gesehen 26
    2. Gewaltorientierte Personen und ihre Mitspieler 27
    3. Die vermeidbare Entwicklung von Gewalt 28
    4. Konfliktvermeidung durch gelassene Wachsamkeit ... 30
    5. Die Vermeidung von defensiver Kommunikation 31
    6. Psychisch Gestörte, Betrunkene und Rauschgiftsüchtige 34

Kapitel 3: **Polizeiliche Fehler bei der Eigensicherung** 36
    1. Die BKA-Studie 36
    2. Die FBI-Studien 38
    3. Psychologische Fehler 44

Kapitel 4: **Überleben ist kein Zufall** 53
    1. Man muss seine Überlebenschancen wahrnehmen 53
    2. Test: Wie gingen die Ereignisse aus? 55
    3. Die Überlebenschancen bei Tötungsabsicht 57
    4. Nichtsprachliche Signale der Selbstsicherheit 62

Kapitel 5: **Gewaltvermeidung durch die TIT FOR TAT-Strategie** ... 65
    1. Sachgerechtes polizeiliches Handeln 65
    2. Die TIT FOR TAT-Strategie 68
    3. Der Weg des Friedens 71
    4. Wie kann man bei gewaltbereiten Fußballfans Gewaltfreiheit erreichen? 73
    5. Das Machtspiel gewinnen 75

Kapitel 6: **Die Steuerung der Situation** 77
    1. Die sachgemäße Steuerung eines Systems 77
    2. Die friedliche Steuerung der polizeilichen Interaktion 80

Inhalt

Kapitel 7:	**Mentales Judo als Voraussetzung der Eigensicherung** ...	83
	1. Sachgerechte polizeiliche Vorgehensweisen	83
	2. Sachgemäße Denkstrukturen	84
	3. Mentales Judo	86
Kapitel 8:	**Der Gefahrenradar**	91
	1. Was ist ein „Gefahrenradar"?	91
	2. Psychologische Grundlagen des „Gefahrenradars" ...	93
	3. Der unsichtbare Gorilla	96
	4. Kann man sich auf seine Intuition verlassen?	98
	5. Worauf beruht eine realistische Intuition?	99
	6. Sehen lernen	101
	7. Beeinträchtigung der Wahrnehmung durch unangemessene kognitive Schemata	104
	8. Warum man manchmal etwas *nicht* sieht	106
	9. Welche Gegenstände können für einen Polizisten gefährlich werden?	107
	10. Menschenkenntnis und Beobachtungsgenauigkeit ...	109
	11. Wichtig: die Flexibilität der Wahrnehmung	112
	12. Wahrnehmungsprobleme bei schlechten Sichtverhältnissen	114
Kapitel 9:	**Synergistisches Denken: Die Betrachtung des Gesamtsystems**	117
	1. Die synergistische Persönlichkeit	117
	2. Respekt	118
	3. Die Notwendigkeit von ICH-freiem Denken	119
	4. Denkstrukturen, die mit systemischem Denken verbunden sind	122
Kapitel 10:	**Die Vermeidung von Angst**	126
	1. Die Notwendigkeit einer gelassenen Wachsamkeit ...	126
	2. Der Unterschied zwischen Angst, Furcht und Stress ..	127
	3. Falsche Vorstellungen von Angst und Furcht bei polizeilichen Einsätzen	130
	4. Die Stressimpfung	133
	5. Stressimpfung für Gefahren	134
	6. Die Perspektive des Gegenübers berücksichtigen	136
Kapitel 11:	**Gefahreneinschätzung mit dem Gefahrenradar**	137
	1. Die Einschätzung der Gefahrenstufen mit Farbcodes ..	137
	2. Eine Verkehrskontrolle ist mehr als nur eine „Verkehrs"kontrolle	142
	3. Die sachgemäße Vorgehensweise bei einer Fahrzeugkontrolle	144

Kapitel 12: Die Einschätzung von Drohungen 147
    1. Das Machtspiel 147
    2. Die „Waffen" im Machtspiel 148
    3. Die Abschätzung des Risikos 150
    4. Wann ist ein Bedroher gefährlich? 156
    5. Wann tritt Gewalt nach einer Drohung auf? 158
    6. Die Gefährdung durch den eigenen Partner 159

Kapitel 13: Stalking und andere Machtspiele 160
    1. Stalking 160
    2. Stalking gegen Polizeibeamte 163

Kapitel 14: Das Bewältigen einer Krise
(Phasen des Überlebens bei einem Schusswechsel) 165
    1. Der Polizist erkennt: Schwierigkeiten kommen
       auf mich zu 166
    2. Wahrnehmung der Verletzbarkeit 166
    3. Ich muss etwas tun 167
    4. Überleben 169
    5. Es geht los 170
    6. Reaktion: handeln 170

Kapitel 15: Wenn das eigene Leben bedroht ist 172
    1. Das psychologische Immunsystem
       in lebensbedrohlichen Situationen 172
    2. Die Denkstruktur von „Überlebensexperten" 174
    3. Überleben durch Aktivierung
       des psychologischen Immunsystems 176

Kapitel 16: Nach dem Ereignis 179
    1. Posttraumatische Störungen 179
    2. Die zukünftige Benutzung der Schusswaffe 181

Kapitel 17: Der Aufbau einer TIT FOR TAT-Kultur 182
    1. Gefahrenvermeidung in gewaltbereiten Umgebungen .. 182
    2. Wie kann man eine vertrauensvolle
       Atmosphäre aufbauen? 183
    3. Der erfolgreiche Einsatz der TIT FOR TAT-Strategie
       in einer Jugendgang 187
    4. Der Aufbau von Respekt 189
    5. Überleben durch Beachtung der
       TIT FOR TAT-Strategie 190

Kapitel 18: Die Überlebenspersönlichkeit 192
    1. Die Persönlichkeitsstruktur von „Überlebensexperten" 192
    2. Das Persönlichkeitsmodell von Mischel 199
    3. Der Einfluss der Bindungsstile 207

Kapitel 19: Die Ermittlung des Gefährdungspotenzials 210
    1. Das Gefährdungspotenzial der Situation 210
    2. Verhaltensweisen, die eine Gefährdung erzeugen 210
    3. Wer ist gefährdet? 211
    4. Die Ermittlung des Gefährdungspotenzials 213
    5. Verhaltensbeschreibungen von Polizisten,
       die angegriffen oder im Dienst getötet wurden 215

Kapitel 20: Wer hat einen guten Gefahrenradar? 218
    1. Kann man bei Bewerbern erkennen, ob sie zu einem
       passiven Lebensstil neigen? 218
    2. Der Vergleich der Polizeischüler mit
       „Sicherheitsexperten" 221
    3. Welche Faktoren fördern oder hemmen
       den Gefahrenradar? 222

Kapitel 21: Wie kann man das Sicherheitsbewusstsein verstärken? ... 225
    1. Zur Eigensicherung provozieren 225
    2. Grundlagen des provokativen Gesprächsstils 228
    3. Techniken des provokativen Stils 229
    4. Möglichkeiten und Grenzen der Verhaltensänderung .. 234

Kapitel 22: Sind Sie vorbereitet und einsatzkompetent? 236
    1. Sind Sie auf das Phänomen Suicide by cop vorbereitet? 236
    2. Können Sie den „lagebedingten Erstickungstod"
       verhindern? 237
    3. Kennen Sie die unterschiedlichen Motivationen
       von gewaltbereiten Personen? 237
    4. Sind Sie mit den möglichen Strategien
       von Kriminellen vertraut? 241
    5. Sind Sie mit Kampf- und Angriffstechniken
       von gewaltbereiten Personen vertraut? 242
    6. Sind Sie auf die Begegnung mit Angehörigen
       von Hassgruppen vorbereitet? 242
    7. Haben Sie die Bewältigung gefährlicher Lagen eingeübt? 247

Kapitel 23: Das Training der Eigensicherung 254
    1. Was ist das Besondere am *psychologischen*
       Eigensicherungstraining? 254
    2. Möglichkeiten zur Verbesserung des Gefahrenradars 256
    3. Die Notwendigkeit von Realitätstrainings 257
    4. Fragen für Übungen 259

Literatur 261

Einleitung

Überleben ist kein Zufall! Dies gilt auch und spezifisch für Polizeibeamte in gefährlichen Situationen, wie deutsche und amerikanische Untersuchungen belegen. Denn in vergleichbaren Situationen wurden einige Polizisten angegriffen, verletzt oder sogar getötet und andere nicht (Pinizzotto, Davis & Miller, 1995, 1997, 1999).

Dieses Buch beschäftigt sich deshalb umfassend mit der *Survivability* (von to survive = überleben und ability = Fähigkeit), der Überlebensfähigkeit, d. h. der (den) Fähigkeit(en), gefährliche Situationen zu vermeiden, zu bewältigen oder zu überleben. Diese Fähigkeit besteht aus verschiedenen Kenntnissen, Fähigkeiten, aber auch inneren Einstellungen u. Ä.

Survivability ist die psychologische Grundlage und *Voraussetzung* der erfolgreichen Gefahrenbewältigung. Die Bedeutung der Psychologie dabei wird bereits alleine schon durch die Tatsache dokumentiert, dass viele polizeiliche Techniken psychomotorische Fähigkeiten beinhalten, wobei körperliche *und* psychologische Faktoren eng verzahnt sind. Und dass das bloße Üben von Techniken nicht ausreichend ist, belegt die in der Praxis und sogar in Rollenspielen nicht selten beobachtbare Tatsache, dass es relativ vielen Polizeibeamten schwerfällt, eine psychologische Schwelle zu überschreiten und den Schritt vom Sprachlichen zum praktischen Handeln zu machen: Wenn jemand bedrohlich direkt auf sie zugeht oder sich weigert, einer Anordnung zu folgen oder sie beschimpft (s. z. B. Gruber und Jedamczik, 2000).

Deshalb entstand dieses Buch auf der Grundlage von Ereignissen aus der polizeilichen Praxis, unter Berücksichtigung wissenschaftlicher Erkenntnisse. Dabei wird auch gezeigt, dass man einen *Paradigmenwechsel* vornehmen muss, denn manche Sachverhalte sind nur verständlich und die damit verbundenen Probleme lösbar, wenn man sie aus einer völlig anderen Perspektive betrachtet, z. B. aus einem Blickwinkel einer *zwischenmenschlichen Spieltheorie*.

Dieses Buch liefert Hinweise darauf, wie man in gefährlichen Situationen seine Überlebenschancen *erhöhen* kann, und vermittelt einen *realistischen*

Optimismus: Man hat selbst in Gefahrensituationen mehr Chancen, als man glaubt.

Dazu geht dieses Buch u. a. auf folgende Fragen ein:
- Wie kann man Gefahren rechtzeitig mit dem „Gefahrenradar" erkennen?
- Wie kann man durch „Stressimpfung" Gefahrensituationen besser bewältigen?
- Wie kann man lebensbedrohliche Situationen durch Aktivierung des „psychologischen Immunsystems" überleben?
- Wie kann man mit der TIT FOR TAT-Strategie gewaltfreie Interaktionen mit gewaltbereiten Personen gestalten?
- Wie kann man das Sicherheitsbewusstsein verstärken?
- Welche Persönlichkeitsfaktoren spielen bei der Survivability eine Rolle?
- Kann man schon mit psychologischen Tests feststellen, ob jemand Gefahren erfolgreicher bewältigen wird als andere Menschen?
- Woran kann man erkennen, dass eine Drohung oder Bombendrohung ernst gemeint ist?
- Wie kann man sich gegen Stalking und Belästigung schützen?
- Wann läuft eine Frau Gefahr, von ihrem gewalttätigen Ehemann getötet zu werden?

Deshalb ist dieses Buch für jeden von Nutzen, der mit Gefahrensituationen zu tun hat, beruflich wie Polizisten, Werkschutzpersonal, Personenschützer, Angehörige der Justiz, Personal in psychiatrischen Kliniken, Feuerwehrleute usw., aber auch im privaten Bereich, etwa Frauen, die von ihrem Partner bedroht werden, in Fällen von Stalking, bei Drohanrufen oder beim Trekking, wie der Internationale Wildnisführer Verband in einer Besprechung dieses Buches betonte. Denn in vielen Situationen muss man einen „Gefahrenradar" entwickeln, sich durch eine „Stressimpfung" auf Krisen vorbereiten und dann das „psychologische Immunsystem" aktivieren.

Neu in der 4. Auflage wird z. B. das Phänomen des „unsichtbaren Gorillas" geschildert, das Übersehen unerwarteter Ereignisse. An einem Beispiel aus der Praxis wird dargestellt, wie schwierig es ist, Süchtige und psychisch Auffällige mit Pfefferspray und Schüssen zu stoppen. Beispiele aus polizeilichen Rollenspielen zeigen die Brauchbarkeit des provokativen Stils zur Steigerung des Sicherheitsbedürfnisses auf.

April 2012 *Dr. Uwe Füllgrabe*

Kapitel 1
Grundlagen der Gefahrenbewältigung

1. Unterschiedliche Gefahrensituationen

Um Gefahren sachgemäß bewältigen zu können, ist es zunächst einmal wichtig, den abstrakten Begriff „Gefahr" zu konkretisieren, denn Gefahrensituationen können sich erheblich voneinander unterscheiden und damit auch die Fähigkeiten zu ihrer Bewältigung. Man könnte mögliche Gefahren z.B. klassifizieren gemäß

1. der Art der Gefahr:

Bedrohung, z.B. durch
- zwischenmenschliche Situationen, z.B. eine feindselige Person,
- Krankheiten,
- Naturgewalten, Erdbeben, Feuer u.Ä.

*2. dem Grade der **Beeinflussbarkeit** bzw. **Entwicklung** der Gefahr:*

↑	↑	↑
sucht die Gefahrensituation selbst auf (z.B. Bergsteiger)	eine gefährliche Situation baut sich auf (z.B. Polizist und Gewalttäter)	schwer vorhersagbar (z.B. Erdbeben)

Der Bergsteiger oder ein Stuntman kann z.B. durch eine sorgfältige Planung und Berücksichtigung aller möglichen gefährlichen Situationen und Durchführung entsprechender Maßnahmen seine Gefährdung sehr gering halten, ein Polizist durch sachgemäße Eigensicherung.

*3. dem **Zeitfaktor:***

↑	↑
plötzlich auftretende Krise (z.B. Überfall)	***längerfristige*** Krise (z.B. Leben in einem Gefangenenlager)

Kapitel 1

Für das Bewältigen einer Krise sind gut gelernte oder sogar automatisierte Reaktionen notwendig, in längerfristigen Krisen hat man dagegen mehr Möglichkeiten zu planen. Man ersieht aus diesen Klassifikationsmöglichkeiten, dass zur Bewältigung unterschiedlicher Arten von Gefahren höchst unterschiedliche Fähigkeiten notwendig sein können. So trifft ein Polizist vorwiegend auf Gefahren im zwischenmenschlichen Bereich, während für einen Feuerwehrmann die Bedrohung bei einem Brand durch materielle Dinge verursacht wird wie die Flammen, aber auch durch die Rauchentwicklung und die dadurch bewirkte Dunkelheit.

Für die Gefahrenbewältigung ist das Prinzip wichtig: **Vorbereitet sein!** Viele Gefahren sind nämlich voraussehbar, und man kann sich auf sie einstellen.

Richter und Berger (2001) stellten fest, dass in 62,5% der Angriffe von Patienten gegen Mitarbeiter einer psychiatrischen Klinik ein Konflikt mit anderen Personen vorausgegangen war, in 47,7% der Fälle mit dem Personal. In vielen Fällen gingen den Ereignissen Anzeichen einer Eskalation voraus: drohende Gestik der Patienten, geringe Körperdistanz Patient – Personal, Beschimpfungen, offensichtliche Verwirrtheit.

An manche Gefahrenquellen denkt man aber überhaupt nicht, obwohl sie im Beruf auftauchen können.

Eine Befragung von 290 amerikanischen und kanadischen Polizisten ergab, dass 269 (93%) während des polizeilichen Dienstes hingefallen waren, davon 76% mehrfach. 89% fielen während einer Verhaftung hin, wobei 94% dieser Gruppe vom Boden aus kämpfen mussten (DuCharme, 2001).

Jemand, der jetzt darauf hinweisen würde, dass dies doch eine amerikanische Untersuchung sei und einen selbst beruflich nicht betreffe, weil man selbst noch nie im Dienst hingefallen sei, wäre eine Person mit geringerer Survivability. Denn es geht überhaupt nicht darum, ob diese %-Zahlen auch für deutsche Polizisten gelten, sondern darum, dass man folgende Fragen beantworten kann: Was mache ich, wenn ich einmal hinfallen sollte? Bin ich auf diese Lage überhaupt vorbereitet?

2. Allgemeine und spezifische Faktoren der Survivability

Die verschiedenen Klassifikationsmöglichkeiten von Gefahren zeigen auf, dass es spezifische Kenntnisse und Fähigkeiten gibt, die zur Bewältigung dieser Gefahrenart notwendig sind, aber nicht für andere. Aber neben rein spezifischen Überlebensfaktoren gibt es auch solche, die *grund-*

sätzlich für das Überleben höchst unterschiedlicher Gefahren eine Rolle spielen. Siebert (1996) stellte beispielsweise fest, dass eine *synergistische Persönlichkeit* Gefahren besser bewältigen kann (s.a. Kap. 9), d.h. eine Persönlichkeitsstruktur, bei der weniger das ICH als vielmehr das Gesamtsystem im Mittelpunkt des Denkens steht. Diese ICH-Freiheit des Denkens bewirkt eine *gelassene Wachsamkeit* für das Unterscheiden zwischen harmlosen Dingen und Gefahren und ein ruhiges, sachorientiertes Handeln, gerade in Gefahrensituationen. Wie man diesen angstfreien Zustand erreichen kann, zeigte Jappy (2001) am Beispiel der Bombenentschärfer. Folgende Faktoren halfen ihnen, die Gefahr zu bewältigen: Sorgfalt, Präzision und ein Selbstvertrauen, das nicht aus Überheblichkeit, sondern aus der Einstellung stammt, Teil einer Gemeinschaft zu sein.

In einer Fernsehsendung („Feuer!"; Hessischer Rundfunk 26. 7. 1998) beschrieb ein amerikanischer Feuerwehrmann, wie er in einem Hotel durch eine gute Vorbereitung und besonnenes Handeln im Falle eines Brandes seine Überlebenschancen erhöhen kann. Er nimmt nur ein Hotelzimmer, das höchstens im 7. Stock und zur Straße liegt, weil die meisten Feuerwehrleitern nur bis zum 7. Stock reichen. Sobald er im Hotel angekommen ist, schaut er, ob es Sprinkleranlagen und Rauchmelder gibt, wo Feuerlöscher sind. Er erkundet den Fluchtweg, geht dazu im Hotel den Weg ab und zählt die Türen bis zum Ausgang (damit er sich auch bei Dunkelheit und Rauch schnell retten kann). Die Motivation für seine Vorsichtsmaßnahmen begründet er folgendermaßen: „Ich mache es für meine Sicherheit. Ich mache es noch mehr für meine Familie." Gerade dieser letzte Satz ist typisch für Personen mit synergistischer Persönlichkeit.

Das Beispiel dieses Feuerwehrmannes zeigt auch auf, dass der entscheidende Denkansatz der Überlebensfähigkeit lautet: **Vorbereitet sein!** Und dieser Denkansatz ist bei Personen mit hoher Survivability mit bestimmten psychologischen Faktoren verknüpft und wird in problemorientiertes Handeln umgesetzt.

Interessanterweise war es gerade Miyamoto Musashi (1584–1645), der bedeutendste japanische Schwertmeister, der in seinem Werk *Das Buch der fünf Ringe* die Bedeutung von Kooperation schilderte. Er sah das Endziel der Beschäftigung mit Kampfkünsten im Aufbau und sachgemäßem Regieren eines gerechten und gut funktionierenden Staates. Abgesehen vom Spezifischen über den Schwertkampf in seiner Schrift kann man bei Musashi viele Einsichten über das Überleben gefährlicher Situationen und die dazu notwendigen Persönlichkeitsstrukturen und Problemlösungsstrategien finden. Das Buch *Psychologie der Eigensicherung* stellt deshalb gewissermaßen eine wissenschaftliche Weiterführung der systemisch orientierten Gedanken Musashis hinsichtlich des Erkennens und Bewältigens gefährlicher Situationen dar.

3. Die Vernetzung psychologischer und körperlicher Faktoren

Dieses Buch ist kein Ersatz für ein Training von realistischen Situationen für die Eigensicherung, die Survability ist aber die psychologische Grundlage und sogar *Voraussetzung* für die Umsetzung dieser Techniken. Durch eine passive Haltung, Angst usw. kann nämlich die Umsetzung dieser Techniken in der Praxis verhindert werden.

In vielen sportlichen und polizeilichen Handlungen sind psychologische und körperliche Faktoren oft eng vernetzt.

> Beispielsweise erschuf Jigoro Kano, der Vater des modernen Judo, keineswegs nur eine Sportart, sondern formulierte auch das Prinzip der drei Kulturen: der intellektuellen, moralischen und körperlichen Kultur. Die Bedeutung der Erziehung liegt in der Harmonie dieser drei Kulturen (s. Maekawa & Hasegawa, 1963). Und die von Kano gegründete Institution KODOKAN gab mehrere Bücher heraus, in der zahlreiche wissenschaftliche Untersuchungen veröffentlicht wurden. Die Bandbreite dieser Untersuchungen reicht von physiologischen und röntgenographischen Untersuchungen verschiedener Judotechniken bis hin zu Befragungen, welche Motivation jemand hat, Judo zu betreiben. Sie reichen von den Verletzungen, die durch Judo auftreten können, bis hin zu philosophischen und pädagogischen Fragen. Man sieht hier also auch deutlich, dass Judo ein Gesamtsystem darstellt, das nicht nur die körperliche Betätigung umfasst, sondern auch psychologische, pädagogische, ethische und philosophische Gebiete und Themen beinhaltet.

Für das polizeiliche Handeln ist eine Untersuchung von McKee (2000) von allergrößter Bedeutung. Er stellte nämlich fest, dass bei drei psychomotorischen Fähigkeiten, die bei einer Verhaftung eine wichtige Rolle spielen – Handschellen anlegen, Durchsuchung, Kontrolltechnik (z.B. Armhebel) – nach 2 Jahren nur noch 31–36% der Techniken beherrscht wurden.

Die Konsequenz kann nur lauten: Psychomotorische Fähigkeiten müssen so lange geübt werden, bis sie automatisiert sind, bis sie auch „im Schlaf beherrscht" werden. Dadurch gewinnt man in Gefahrensituationen ein „Zeitguthaben": Man muss nicht nachdenken, sondern kann sich voll auf das wirkungsvolle Handeln beschränken.

Auch das sachgerechte Fallen auf den Boden ist nämlich keineswegs nur eine rein körperliche, sondern *auch* eine psychologische Angelegenheit. Für einen Judoka, der den Judo-Bodenkampf gewohnt ist, hätte Fallen die Wirkung, dass er jetzt auf dem Boden weiterkämpft. Für denjenigen, der weder sachgemäß Fallen gelernt hat noch weiß, was er in dieser Lage tun soll, hat diese Situation wohl eine lähmende Wirkung, da er von dem Gefühl der Hilflosigkeit beherrscht wird. Deshalb weist DuCharme

(2001) auf die Notwendigkeit hin, dass Polizisten auch auf ungünstigen Bodenverhältnissen und mit behindernder Kleidung (Schutzweste usw.) sachgemäß fallen lernen, z.b. bei schlechten Bodenverhältnissen das Abrollen wie bei einem landenden Fallschirmspringer.

Der entscheidende psychologische Faktor besteht nun darin, *wie* man die Situation des Fallens bewertet. Viele Ungeübte sehen dies so, dass sie jetzt auf der Verliererstraße sind. Der Geübte sieht dagegen das Fallen völlig anders, nämlich lediglich als eine *weitere* Möglichkeit zu kämpfen, und zwar in einer Lage, wo vermutlich die meisten Gegner ungeübt sind und daher dem Experten auch psychologisch unterlegen sind.

> Anschaulich hat dies Alain Valin in dem Titel seines 1959 in Paris erschienenen Buches formuliert: Maitrise et Puissance par le JUDO au sol („Meisterschaft und Stärke durch das Judo am Boden"), wobei die beiden Wörter maitrise und puissance dem tieferen Sinn nach das Gleiche ausdrücken: Ich beherrsche die Situation. Und in seinem davor veröffentlichten ersten Band zum Judobodenkampf schildert Valin ausschließlich die vielen Verteidigungsmöglichkeiten, wenn man sich in der unterlegenen Position befindet.

Falls die polizeilichen Techniken nicht richtig beherrscht werden, kann also ein gefährlicher Domino-Effekt auftreten: Wenn man die sachgerechten Techniken bei einer Durchsuchung/Festnahme nicht beherrscht, gerät man leicht ins Straucheln und fällt auf den Boden. Dort entsteht bei einem Untrainierten leicht das Gefühl, „auf der Verliererstraße zu sein", er empfindet Hilflosigkeit und bleibt eher passiv. Wenn der Untrainierte dann auch noch gewürgt wird, wird dies seine Gefühlslage noch steigern, und die Situation wird lebensbedrohlich. Deshalb ist es wichtig, sich *auch* auf derartige Extremsituationen geistig vorzubereiten und auch auf die Körpergefühle, die in solchen Situationen auftreten können. Dazu ist ein realistisches Training notwendig, wobei die Techniken automatisiert werden müssen.

Eigensicherung hat also als Voraussetzung, dass man nicht passiv bleibt oder hofft, dass einem schon nichts passieren wird. Gefordert sind vielmehr **aktives Denken** und eine sachgerechte Vorbereitung auf *mögliche* Gefahren.

4. Die Notwendigkeit einer theoriegeleiteten Praxis

Was ist an dem Buch *Psychologie der Eigensicherung* eigentlich neu?

Es will auf der Grundlage wissenschaftlicher Erkenntnisse und Beobachtungen aus der polizeilichen Praxis das Thema der polizeilichen Eigensicherung – ohne den Anspruch der Vollständigkeit – möglichst umfassend darstellen: von der Wahrnehmung von Gefahren, der Vorbereitung und

Bewältigung von lebensbedrohlichen Krisen bis hin zum Verhalten bei gefährlichen Verletzungen und Todesgefahr.

Es hat natürlich schon immer Bücher gegeben, die sich mit Verhalten in Gefahrensituationen beschäftigten, wie z.b. die Titel *Survival in the City* von Greenbank (1974) oder *Surviving the street* (Garner, 1998) ausdrücken. Doch dabei handelt es sich oft vor allem um eine Ansammlung von Ratschlägen, die zwar durchaus hilfreich sein können, von denen man nicht immer weiß, ob sie aus der Realität abgeleitet sind oder nur (stellenweise) lediglich die subjektive Meinung des Autors widerspiegeln (s. z.B. Greenbank, 1974). Andere Bücher loten einzelne Gefahrenbereiche nicht voll aus, weshalb auch nicht alle Probleme und Verhaltensmöglichkeiten dargestellt werden können. Manche Bücher geben durchaus fundierte Ratschläge, die aus der Praxis abgeleitet wurden, verraten aber schon durch den Titel begriffliche Schwachstellen, z.B. Gavin de Beckers (1997) Buch *The Gift of Fear* (Das Geschenk der Angst). Hierbei führt der Begriff *Angst* in die Irre, weil man zur Bewältigung von Gefahren weder Angst haben noch zeigen darf, sondern eine *gelassene Wachsamkeit*. Dies belegt z.B. das Beispiel englischer Bombenentschärfer. Hätten sie bei ihrer gefährlichen Tätigkeit Angst gehabt, hätten sie nicht eine derart hohe Überlebenschance gehabt (Jappy, 2001). Und, wie ich selbst bei Verkehrskontrollen feststellte, ist die wichtigste Voraussetzung für das Verhindern eines Angriffs: **Man muss beobachten, was der Verdächtige mit den Händen macht**, man muss seinen Bewegungen folgen. Dies hat zwei Vorteile: Man kann rechtzeitig erkennen, wenn er eine Waffe zieht. Außerdem erkennt ein Verdächtiger, wenn ich auf ihn **reagiere** und seinen Bewegungen folge, dass **ich** die Situation unter Kontrolle habe, und er wird nicht wagen, eine (versteckte) Waffe zu ziehen.

Die Verwendung des Begriffes *Angst* bezüglich der Eigensicherung ist also falsch. Offensichtlich wird der Begriff Angst sogar dann schon verwendet, wenn lediglich ein erhöhtes Aktivierungsniveau vorliegt (Adrenalinreaktion), ohne dass aber die für die Angst typischen negativen Gedanken und Vorstellungen vorliegen.

Was die polizeiliche Eigensicherung selbst betrifft, so gibt es hinsichtlich der psychologischen Seite nur einige wenige wissenschaftliche Untersuchungen. So hatte Toch (1969) zwar sehr ausführlich die Entwicklung gewalttätiger Interaktionen analysiert, die sich aus provozierendem Verhalten des Polizisten ergaben (keine Erklärungen für seine Maßnahmen geben usw.). Doch stellen derartige Provokationen nur *eine* Seite des Gefährdungspotenzials für Polizisten dar. Denn manche Gefahren beinhalten das *entgegengesetzte* Problem: Nichtwahrnehmung von Gefahren und Passivität. Diese Passivität führte z.B. dazu, dass die Täter die auf sie gerichtete Waffe des Polizisten ergreifen und diesen mit der Dienstwaffe töten konnten (FBI, 1992). Aufschlussreich ist auch die deutsche Studie von Sessar, Baumann und Müller (1980), weil sie ausführlich die Fehler von Polizisten analysierte. Doch erst durch die verschiedenen Untersuchungen des FBI und spezifisch von Pinizzotto, Davis und Miller (1997, 1998, 1999) werden die psychologischen Faktoren deutlich, die in dieser Situation wirkten. Wie sah der Täter den Polizisten? Was beeinflusste seinen Entscheidungsprozess, den Polizisten anzugreifen? Wie deutete der Polizist die Situation, den Täter usw.? Was führte zu seinem unangemessenen Entscheidungsprozess und Handeln usw.?

Es wird hier deutlich, dass hinsichtlich der Eigensicherung häufig versäumt wird, bei der Begegnung Polizist – Bürger zu untersuchen, was sich *konkret* in dieser Interaktion zwischen beiden Personen abgespielt hat, wie sie sich gegenseitig beeinflusst haben, also die einzelnen Verhaltensweisen *beider* Personen.

Zur Frage nach der Generalisierbarkeit amerikanischer Untersuchungen ist übrigens zu sagen, dass es zwar spezifische Unterschiede z.B. zwischen amerikanischen und deutschen Polizisten geben mag, doch viele Probleme, Fehler und die wirkenden psychologischen Faktoren grundsätzlich gleich sind.

> Beispielsweise kritisierten Gruber und Jedamczik (2000) die Lässigkeit und Defizite junger Beamter im Hinblick auf das dienstliche Auftreten und Einsatzverhalten. Junge und unerfahrene Polizeibeamte sind einem starken Gruppendruck unterworfen, und ihre latente Unsicherheit äußert sich durch überzogene Lässigkeit. Man vergleiche damit die Lässigkeit mancher amerikanischer Polizisten, die im Dienst getötet wurden (s. die Tabelle Verhaltensbeschreibungen in Kap.19.4).

Das Buch *Psychologie der Eigensicherung* betont die Notwendigkeit, Gefahrensituationen und das angemessene Verhalten genau zu betrachten, zu analysieren und das Handeln demgemäß auszurichten. Gefährlich kann es dagegen werden, wenn man seine unüberprüfte Meinung darüber, wie Menschen sich verhalten, wann Gefahren entstehen usw., seinem Handeln zu Grunde legt. Denn manchmal sind die Dinge anders, als man es gedacht hat.

5. Überlebenswichtig: das richtige Weltbild

Pinizzotto, Davis und Miller (2002) stellten bei Interviews mit Polizisten fest, dass diese bei Verfolgungen von Tätern zu Fuß die Verfolgung aufnehmen, ohne nachzudenken und ohne einen Verfolgungsplan zu formulieren. (Ähnliches gilt auch für die Verfolgung eines Autofahrers.) Warum handeln die Polizisten oft so gedankenlos, ohne nachzudenken? Weil –

wie Pinizzotto, Davis und Miller (2002) betonen – bei Verfolgungen ihrem Denken und Handeln auch einige unangemessene Annahmen zu Grunde liegen. Diese Annahmen verraten außerdem – aus höherer Sicht – auch ein falsches Weltbild.

Typisch ist z.B. folgender Gedanke: Wenn ich den Verdächtigen schnell verfolge, werde ich Erfolg haben, ich kann ihn nämlich festnehmen. Die Handlung des Polizisten wird also durch das Ziel ausgelöst, den Täter zu fassen. Pinizzotto et al. (2002) weisen aber darauf hin, dass es nicht nur darum geht, den Täter zu fassen, sondern den Täter *sicher* zu fassen.

Hier wird ein gefährlicher Denkfehler deutlich: Der Polizist sieht nur sich selbst als Handelnden und berücksichtigt nicht, dass der Verfolgte ebenfalls handeln und zur Gewalt greifen kann. Er berücksichtigt nicht das **Gesamtsystem der Handelnden:** er selbst *und* der Verfolgte. Was er unter dem Gesichtspunkt seines Erfolgs oder Misserfolgs sieht, kann etwas ganz anderes sein, nämlich ein *Rennen in das Verderben,* wie es auch Bohrer, Davis und Garrity (2000) im Untertitel ihres Artikels formulierten: „Running into danger".

Man beachte: Wenn der Täter versucht hat, wegen eines (evtl. nur aus der Sicht des Polizisten) relativ kleinen Delikts mit einer Verfolgungsfahrt zu Fuß oder mit dem Auto zu entkommen, hat er damit bereits seine Bereitschaft zum Widerstand angekündigt. Der Grund für die Flucht ist wohl meistens ein größeres Delikt, als der Polizist vermutet, z.B. illegaler Drogen- oder Waffenbesitz oder eine Leiche im Kofferraum. Deshalb wird wohl der Widerstand größer sein, als der Polizist vermutet.

Noch problematischer ist, dass der Verdächtige die *Führung der Situation* übernehmen kann. Er lockt den Polizisten z.B. in ein Gebiet, das für ihn vorteilhaft ist, das er besser kennt als der Polizist oder in ein dunkles oder bewaldetes Gebiet, wo der Polizist desorientiert ist und seinen Kollegen seine Position nicht mitteilen kann. Der Täter kann den Polizisten auch in das Gebiet seiner Gang führen, wo er Komplizen hat, oder er leitet ihn in eine Sackgasse oder einen Tunnel, wo er sich plötzlich umdreht und den Polizisten angreift. Gefährlich wird es auch, wenn ein Polizist – ohne auf einen Kollegen zur Sicherung zu warten – sich dazu verleiten lässt, dem Täter in ein leer stehendes Gebäude zu folgen.

Ein weiterer Denkfehler lautet: Wenn ich friedlich bin, provoziere ich den anderen nicht, und der andere bleibt auch friedlich. Diese Denkweise hat aber eine (manchmal gefährliche) Schwachstelle: Sie gilt nicht für *alle* Situationen, gegenüber *allen* Menschen. Darüber kann sie – wie Beispiele in Rollenspielen, aber auch in der Realität belegen – Passivität oder unangemessenes Verhalten selbst dann auslösen, wenn aktives Handeln zur Gefahrenbeseitigung notwendig wäre.

Bei der Analyse zwischenmenschlichen Verhaltens wies Leary (1957) darauf hin, dass *grundsätzlich* eigene Freundlichkeit bei einer anderen Person Freundlichkeit auslöst, dass es aber Persönlichkeitsstrukturen (z.B. autoritäre) gibt, die Freundlichkeit als Schwäche deuten und ausnutzen bzw. als unausgesprochene Aufforderung, die Führung in der Situation zu übernehmen (s.a. Füllgrabe, 1982, S.99). Diese Beobachtung von Leary (1957) weist auf die Notwendigkeit hin, Interaktionen gemäß einer **zwischenmenschlichen Spieltheorie** zu betrachten (Füllgrabe, 1997).

Zahlreiche spieltheoretische Untersuchungen kommen nämlich immer wieder zu dem gleichen Ergebnis: Wer sich *bedingungslos* kooperativ verhält, wer von Beginn an mitteilt, dass er auf *keinen* Fall Gewalt benutzen werde, wird ausgebeutet oder aggressiv behandelt, und die Mitspieler sind immer über ein derartig bedingungslos kooperatives und/oder gewaltfreies Verhalten erstaunt (Reychler, 1979). Dies ähnelt dem Erstaunen von Tätern, die Polizisten töteten, darüber, dass der Polizist nicht die Führung der Situation übernahm oder den Täter nicht daran hinderte, in das Polizeiauto zu gelangen und das Gewehr zu bekommen, dem Polizisten die Dienstwaffe aus der Hand zu nehmen usw. (FBI, 1992).

Shure, Meeker und Hansford (1965, S. 116) zogen aus ihren Untersuchungen die Erkenntnis: **Wer nicht bereit ist, sich zu wehren, lädt zu Ausbeutung und Aggression ein, selbst diejenigen, die nicht zu Beginn der Interaktion diese Absicht haben.**

Shure et al. (1965) finden dieses Ergebnis deshalb so bemerkenswert, weil es sich bei den Versuchspersonen um Studenten handelte, die keine extrem unkooperative Gruppe darstellten. Man kann sich deshalb vorstellen, wie gefährlich eine falsche Strategie sein kann, wenn sie gegenüber gewaltorientierten Personen gezeigt wird (s. z.B. das „Gesetz der Straße", Anderson, 1994).

Manche zwischenmenschlichen Begegnungen sind also keineswegs nur einfache Interaktionen, sondern **Machtspiele!** Wie kann man aber den Zustand des Friedens bewahren? Reychler (1979) weist deshalb darauf hin, dass es nicht ausreicht, *nur* ein Image des Pazifisten (der Gewaltfreiheit) zu präsentieren. Damit eine friedliche Strategie erfolgreich ist, muss das Bild, das der andere von einem hat, auch noch beinhalten, dass man aufgeschlossen (für die andere Person, Ideen usw.), intelligent, aktiv und ehrlich, aufrichtig ist, aber nicht starrsinnig, dumm und nur jemand, der Eindruck schinden will.

Deshalb kann ein Polizist – wie dieses Buch zeigt – durchaus gewaltfrei auch mit gewaltbereiten Personen umgehen, wenn er gemäß der TIT FOR TAT-Strategie (s. Kap. 5) handelt: Grundsätzlich freundlich und kooperativ sein, aber *sofort* auf den andern reagieren und sich zur Wehr setzen.

Man beachte, dass der wichtigste Faktor der Gewaltvermeidung und Kooperationsförderung in der Untersuchung von Reychler (1979) „receptivity" war, was man übersetzen kann mit aufgeschlossen, beweglich, aufnahmebereit (für Eindrücke, Reize, Ideen, Anregungen usw.) usw. sein. Mit anderen Worten: Man darf nicht statisch sehen und denken, sondern muss in der Situation die Dinge ständig neu bewerten und sofort darauf reagieren können. Diese *Reaktionsfähigkeit*, die ein wesentlicher Faktor der TIT FOR TAT-(TFT-)-Strategie ist, ist übrigens nicht nur wichtig für Eigenschaften und Gewaltvermeidung, sondern auch für Lügenentlarven und sachgemäße Vernehmungen (Füllgrabe, 1995). Denn dort muss ich ebenfalls auf *Veränderungen* des Verhaltens meines Gegenübers achten, weil diese wegen der Mehrdeutigkeit von Gestik, Mimik usw. besonders aufschlussreich sind. Und dies gelingt nur, wenn ich durch eine TFT-Strategie die gleiche Situation so gestalte, dass ein Unschuldiger keine Angst vor einer falschen Beschuldigung empfindet, ein Schuldiger dagegen den Druck vor einer Entdeckung fühlt.

Im polizeilichen Bereich hat Schmalzl (1999) die TIT FOR TAT-Strategie in seinem Begriff „Strategie der bedingten Freundlichkeit" für deeskalierendes Einschreitverhalten umgesetzt: Ich bin freundlich, geht der andere auf Konfrontation, zeige ich ihm sofort seine Grenzen auf. Lenkt der andere ein, kehre ich zur freundlichen Grundhaltung zurück (= Versöhnlichkeit von TFT).

6. Das dynamische Weltbild

Es wird also deutlich, dass falsche Denkmuster leicht zu Gewalt und zur Gefährdung des eigenen Lebens führen können. Deshalb muss sich das Denken an den *richtigen* Theorien vom menschlichen Verhalten orientieren, d.h. an Theorien, die nicht nur am grünen Tisch entworfen wurden, sondern sich aus der Beobachtung der Realität geformt haben. Derartige Theorien sind deshalb notwendig, weil sie das Wissen systematisch und übersichtlich darstellen und gleichzeitig praktische Hinweise für das richtige Handeln liefern. Eine bloße Ansammlung von Tipps hat dagegen mehrere Nachteile: Sie ist unübersichtlich, der innere Zusammenhang der Tipps wird nicht deutlich, es ist nicht erkennbar, ob der Tipp tatsächlich nützlich ist oder sogar gefährlich werden kann (s. z.B. Stalking, s. Kap. 13).

Grundlagen der Gefahrenbewältigung

Welche Theorien und Paradigmen beispielsweise für die Eigensicherung wichtig sind, ergibt sich aus den bisherigen Ausführungen: die Betrachtungsweise und sachgemäße Steuerung eines Gesamtsystems (hier das System Polizist – Interaktionspartner) und die zwischenmenschliche Spieltheorie. Dies sind aber nicht nur einfache Theorien, die nebeneinanderstehen. Vielmehr kann man sie zu einem übergeordneten Paradigma, Denkmodell zusammenfassen: einem dynamischen Weltbild. Dieses Weltbild ist für die Eigensicherung wichtig, im Gegensatz zu dem Weltbild des geschilderten Polizisten bei der Verfolgung. Dieses war

- *egozentrisch:* Er sieht nur sich selbst als Handelnden und
- *statisch:* Er berücksichtigt nicht, dass der Zustand der Nichtaggression plötzlich in den Zustand der Gewalt gegen ihn umschlagen könnte (= Status quo – Denken im Sinne Dörners, 1989).

Konkret beinhaltet das dynamische Weltbild unter anderem folgende Paradigmen, die anschaulich darstellen, was man bedenken muss, um Gefahren rechtzeitig zu erkennen, auszuweichen und zu bewältigen:

- **Waddingtons epigenetische Landschaft**
  Ein Ball rollt einen Abhang mit verschiedenen Tälern hinab. Deshalb muss sich der Ball an verschiedenen Abzweigungen „entscheiden", in welches der Täler er weiterrollen will, ob er sich nach links oder rechts bewegen soll. Bei der nächsten Abzweigung muss er sich erneut entscheiden, ob er nach links oder rechts weiterrollen soll (s.a. Füllgrabe, 1997). Es gibt also höchst unterschiedliche Laufrichtungen für den Ball. Damit wollte Waddington (1957, S. 29) zeigen, dass sich die gleiche Erbanlage je nach Situation im Laufe der Zeit völlig anders entwickeln kann. Aber auch das Schicksal des Polizisten kann sich völlig anders entwickeln: Er kann *plötzlich* angegriffen und verletzt oder getötet werden.

- **Katastrophentheorie**
  Ein Zustand kann plötzlich in einen völlig anderen umschlagen, wenn sich vorher eine *Phase der Instabilität* entwickelt hat. Durch eigene Unvorsichtigkeit kann der Polizist z.B. bei der Verfolgung eine Situation aufbauen, in der er dem Täter die Möglichkeit verschafft, ihn leicht anzugreifen.

- **Chaostheorie**
  Bereits kleine Abweichungen von einem Zustand können völlig andere Endzustände bzw. Entwicklungen des Schicksals bewirken („Schmetterlingseffekt"). Kleine Störungen der Aufmerksamkeit können den Unterschied zwischen Leben und Tod ausmachen. Deshalb helfen zwei einfache Grundprinzipien, Gefahren zu überleben: den Gefahrenradar einschalten (z.B. sehen, was der andere mit den Händen macht) und eine Reaktionsdistanz bewahren (s. Mentales Judo).

- **Puffersysteme**
  Dies ist das dem Schmetterlingseffekt entgegenwirkende Prinzip: Die Wirkung negativer Ereignisse kann abgemildert oder sogar aufgehoben werden. Beim Menschen ist z.b. die psychische Belastbarkeit ein derartiges Puffersystem, d.h. die geistige Verarbeitung eines Erlebnisses. Dazu ist z.b. eine *Stressimpfung* notwendig (s. Kap. 10).

- **Die Steuerung eines sozialen Systems**
  Man muss damit rechnen, dass man zu bestimmten Zeitpunkten an einen kritischen Punkt kommt, wo sich das Schicksal in die eine oder andere Richtung entwickeln kann. Deshalb muss man sein Schicksal selbst in die Hand nehmen und es in Richtung Frieden steuern (s. Kap. 6). Wichtig ist dazu ein aktiver Lebensstil und aktives Denken (s. Gefahrenradar). Warum überlebten einige Polizisten einen Angriff, während andere in vergleichbaren Situationen starben? Weil Polizisten, die einen Angriff überlebten, z.b. ihr Eigensicherungstraining ernst genommen und in ihrer Freizeit oder sogar auf eigene Kosten trainiert hatten (Pinizzotto, Davis & Miller, 2000).

- **Soziale und psychologische Fallen**
  Die sorgfältige Steuerung sozialer Systeme ist auch deshalb wichtig, weil es in der epigenetischen Landschaft *soziale* und *psychologische Fallen* geben kann. Derartige Fallen bewirken, dass Menschen oder Organisationen in eine Richtung gehen oder bestimmte Beziehungen entwickeln, die zunächst positiv und verlockend erscheinen, sich später als unangenehm oder sogar tödlich erwiesen. Es geht also nicht nur um konkrete Fallen, in die ein Polizist z.B. bei einer Verfolgung geraten kann. Typisch für psychologische Fallen sind z.B. die Opfer von Betrügereien oder Frauen, die sich in gefährliche Beziehungen einbeziehen lassen, etwa Frauen, die bei einem Mann bleiben, der sie schlägt (Füllgrabe, 1996), oder Frauen, die Mörder lieben (Füllgrabe, 1997).

- **Die zwischenmenschliche Spieltheorie**
  Im Gegensatz zu Waddingtons epigenetischer Landschaft läuft im menschlichen Leben nicht ein Ball in der Situation, sondern auch viele andere Bälle. Dieses Bild der **vielen interagierenden Bälle** entspricht z.B. auch dem Schicksal, das ein Polizist erleiden kann. Viele Begegnungen mit Bürgern verlaufen problemlos, aber gelegentlich treten Entscheidungspunkte (Krisen) auf, wo sich sein Schicksal in die eine oder andere Richtung neigen kann. Dies gilt spezifisch für die Begegnung mit extrem Gewaltbereiten. Hier wird auch der Denkfehler eines Polizisten deutlich, der sagt: „Warum muss ich mir eine schusssichere Weste anziehen, mir ist noch nie etwas passiert?!" Dass die *bisherigen* Interaktionen gewaltfrei waren, besagt doch nicht, dass auch die nächste Interaktion ebenfalls gewaltfrei sein wird.

Diese Erkenntnis führt zu der im wahrsten Sinne des Wortes überlebenswichtigen Frage: Wie kann man den Zusammenstoß verhindern oder abmildern? Diese Frage wird durch ein wichtiges Paradigma beantwortet, das bei zwischenmenschlichen Begegnungen eine wichtige Rolle spielt: die *zwischenmenschliche Spieltheorie*. Denn die Interaktion zweier Menschen erfolgt wie bei einem Schachspiel: Zug um Zug, jeder beeinflusst den anderen, und jeder hat seine Chancen, wie auch sein Gegenüber (Füllgrabe, 1995, 1997). Deshalb muss man die Regeln der Interaktion kennen, man muss auf Täuschungen, Lügen, Ablenkungsmanöver, Angriffe usw. achten, *und* man muss ein Verhalten zeigen, das freundlich und kooperativ ist, gleichzeitig aber auch dem Interaktionspartner unmissverständlich signalisiert, dass man sich gegen Ausbeutung und Gewalt zur Wehr setzen wird (TIT FOR TAT-Strategie, s.a. Kap. 5).

Kapitel 2
Gewaltentwicklung und Gewaltvermeidung

1. Gewalt – spieltheoretisch gesehen

Bei der Analyse von gewalttätigen Männern und spezifisch von direkten Gewalttätigkeiten von Personen gegen Polizeibeamte benutzt Toch (1969) die Betrachtungsweise der Spieltheorie (s.a. Füllgrabe, 1997). Diese Betrachtungsweise sieht menschliches Verhalten so, wie es z.b. bei einem Schachspiel der Fall ist. Dort ist jeder Zug die rationale Reaktion eines Spielers auf den Zug des anderen Spielers. Beim menschlichen Verhalten sind, im Gegensatz zum Schach, diese „Spielzüge" (= Verhaltensweisen) nicht immer rational (im Sinne von „vernünftig"), sondern manchmal sogar selbstschädigend oder eigentlich gegen die eigenen Interessen gerichtet. Solche Fälle können sein: Durch rechthaberisches Verhalten oder wegen der Bewahrung seines Selbstbildes (man will z.B. nicht als schwach erscheinen) provoziert man einen Streit, bei dem man leicht selbst zu Schaden kommen kann. Viele der von Toch (1969) beschriebenen Konflikte von Polizisten entsprechen diesem Muster.

Aber selbst wenn im Gegensatz zum Schach die einzelnen „Züge" im menschlichen Verhalten nicht immer rational, also „vernünftig" durchgeführt werden, entsteht das gleiche Muster: Wie beim Schach entwickeln sich die einzelnen Verhaltensweisen der handelnden Personen und die jeweiligen Reaktionen der jeweils anderen Personen allmählich in eine bestimmte Richtung, ähnlich der Endstellung beim Schach. Und dieses Endergebnis ist nicht „irgendwie" plötzlich da, sondern hat sich in einem mehr oder minder langen Zeitraum entwickelt. Doch oft berücksichtigt man nicht die Interaktion, die gegenseitige Beeinflussung zweier Personen, und den „Zeitpfeil" und ist dann völlig von dem Endzustand eines zwischenmenschlichen Ereignisses, wie z.B. einer Gewaltsituation, überrascht. Eine Betrachtungsweise gemäß der zwischenmenschlichen Spieltheorie schärft dagegen den Blick dafür, was sich in der Situation abspielt, warum es sich so abspielt, wie es sich abspielt, und warum es sich in eine bestimmte Richtung hin entwickelt. Dies verhindert nicht nur Überraschungen, sondern es zeigt auch die Möglichkeiten, die Entwicklung in eine positivere Richtung (z.B. Gewaltfreiheit) zu lenken. Toch (1969, S. 35) hat es anschaulich formuliert: „In gewaltorientierten Begegnungen finden wir, dass Gewalt eher *eingebaut* ist als beabsichtigt." „Eingebaut" bedeutet, dass die Art und Weise der zwischenmenschlichen Handlungen in eine bestimmte Richtung gehen *können*, hier z.B. Gewalt.

Gewalt muss also nicht unbedingt anfänglich beabsichtigt sein. Aber der Vorfall selbst entwickelt sich zu einer gewalttätigen Auseinandersetzung, weil die Person(en) auf Grund ihrer Persönlichkeit die entsprechenden „Spielzüge" dazu machen. Die persönlichen Orientierungen bewirken charakteristische „Eröffnungszüge" (Toch, 1969, S. 35), deshalb entwickelt sich die Interaktion in eine bestimmte Richtung. Man könnte bei jedem weiteren Zug die Richtung ändern, d.h. Gewalt vermeiden. Doch viele Menschen haben ein zu statisches Weltbild und betrachten nur sich selbst als handelnde Person und übersehen damit den Einfluss der Interaktion. Rational mag dies vielen Menschen einleuchten, taucht aber dann doch nicht in ihrem Denken und Handeln auf. Dies hat negative Folgen, z.B. bei der Gewaltentstehung. Wenn den „Spielern" nicht bewusst wird, dass es ein „Spiel" ist, wenn auch ein gewaltorientiertes, weil sie die „Spielregeln" nicht kennen (z.B. das Gesetz der Straße), sehen sie die Veränderungsmöglichkeiten nicht. Deshalb eskaliert die Situation zur Gewalt. Es ist wie beim Untergang der TITANIC (1912): Die Schiffskatastrophe war keineswegs unvermeidlich. Aber allmählich hatte sich *schrittweise* eine gefährliche Situation aufgebaut, die dann allmählich zur Katastrophe führte.

2. Gewaltorientierte Personen und ihre Mitspieler

Als Mitspieler in einem „Spiel", das zu einer gewalttätigen Auseinandersetzung führt (Toch, 1969), können auftreten:

1. Zwei gewaltbereite Personen.
2. Eine gewaltbereite Person, die den Vorfall in eine gewaltorientierte Richtung lenkt und die (zunächst) nicht gewaltorientierte Person in den Vorfall einbindet.

Die Personen müssen nicht unbedingt Gewalt von Anfang an bewusst einsetzen, aber durch ihr Verhalten lösen sie leicht Gewalt aus, wie Toch (1969) sehr ausführlich am Beispiel des „Widerstandsbeamten" Jones schildert. Aber wie bei jeder zwischenmenschlichen Begegnung muss man beide Beteiligten betrachten. Und die Tatsache, dass Toch (1969) *zehn* unterschiedliche Persönlichkeitsstrukturen gewaltbereiter Straftäter fand, zeigt auf, dass ein Polizist immer damit rechnen muss, neben friedfertigen

Bürgern auch einem „kalten Praktiker angewandter Gewalt" begegnen zu können, um nur eine der von Toch ermittelten Persönlichkeitsstrukturen zu erwähnen.

Wie in diesem Buch gezeigt werden wird, kann man auch im Kontakt mit Gewaltbereiten durch sachgemäßes Handeln Gewalt vermeiden. Es gibt aber auch Personen, die sogar eine direkte Neigung zeigen, die Polizei zu provozieren. Toch zitiert (1969, S. 68f.) dazu sein längeres Interview mit Jimmy, der z.b. Spottlieder auf die Polizei singt, eine Dose auf die Füße des Polizisten wirft und herabsetzende Bemerkungen macht. Er gewinnt Befriedigung durch die Tatsache, dass es den Polizisten erheblich irritiert, und freut sich, dass er die Kontrolle über die Interaktion hat. Er sieht gewissermaßen den anderen Menschen nicht als Kommunikations*partner* an, sondern als Bauern in einem Schachspiel oder als Marionette und sich selbst als Marionettenspieler. Doch wenn dann der andere sich nicht wie eine Marionette passiv alles gefallen lässt, sondern aktiv wird, wird dies als ungerecht, willkürlich usw. angesehen. Denn aus seiner Sicht sind ja seine Handlungen harmlos. Da er sich ungerecht behandelt fühlt, verliert er seine Beherrschung und schlägt wild und hilflos um sich. Dieses Beispiel zeigt also den Einfluss von Machtmotivation auf das Verhalten und die Gewaltentstehung auf.

3. Die vermeidbare Entwicklung von Gewalt

In manchen Fällen entsteht der Konflikt direkt aus der *Interaktion*. Dies ist z.B. dann der Fall, wenn sie derartig unangemessen und *fehlerhaft* ist, bedingt durch den Mangel an entsprechender kooperationsorientierter Einstellung und sprachlicher Kompetenz, dass man den anderen als bedrohlich, Angst einflößend ansieht oder als jemanden, der einen erniedrigt. Wie aus einem harmlosen Ereignis sich stufenweise Gewalt entwickeln kann, zeigt Toch (1969, S. 122f.) an folgendem Beispiel auf:

> Zwei Polizisten werden zu einer Familienstreitigkeit gerufen. Vor dem Haus steht der Verdächtige. Nur einer der Polizisten wird dann in eine sprachliche und körperliche Auseinandersetzung verwickelt. Er sieht das Ereignis so: Der Verdächtige war bösartig und widerspenstig. Er hatte seine Hände in den Taschen seines langen Mantels. Ich war höflich und geduldig. Er nannte weder seinen Namen noch sein Alter. Der Anweisung, die Hände aus der Tasche zu nehmen, kam er nicht nach, er weigerte sich, dies zu tun.
>
> An dieser Stelle kann man den Polizisten eigentlich verstehen. Hier wird von ihm ein wesentlicher Grundsatz der Eigensicherung berücksichtigt. Sobald man

nicht die offenen Handinnenflächen eines Menschen sehen kann, kann man nie sicher sein, dass er nicht irgendeine Waffe darin verborgen hält.
Das Interview, das Toch mit ihm führt, enthüllt jedoch einige wichtige konfliktfördernde Faktoren:

- Der Polizist wird durch die Dinge irritiert, die er als unverzeihliche Missachtung seiner Autorität ansieht („Seine Einstellung störte mich."). Auf dieser Grundlage klassifiziert er den Mann als Störenfried („troublemaker"). Er deutete also das Verhalten des Mannes nicht als Reaktion seines eigenen Auftretens, sondern als eine situationsunabhängige Eigenschaft des Mannes.
- Das Etikett „Störenfried" führt zu der Ansicht, dass es große Probleme mit ihm geben könnte und dass er deshalb neutralisiert werden müsse. „Ich dachte, er würde erregter werden Ich glaubte, dass seine Hände in seinen Taschen eine Bedrohung für mich wären."
- Der Polizist wird unnachgiebig und unflexibel („Sie nehmen Ihre Hände aus der Tasche, das ist überhaupt keine Frage!"), und als dies keine Wirkung zeigt, wird sein Bild von diesem Mann als Störenfried bekräftigt.
- Er meint, dass er jetzt die Autorität der Polizei um jeden Preis durchsetzen muss. („Ich meinte, dass es zwingend notwendig war, dass ich die Hände des Mannes aus seinen Taschen bekam."). Er benutzte körperliche Gewalt. Zu diesem Zeitpunkt – und nur zu diesem Zeitpunkt – wurde der Bürger gewalttätig. Als seine gewalttätigen Reaktionen geschahen, sah der Polizist diese nicht gegen sich selbst gerichtet, sondern gegen die Polizei und gegen die Institutionen von Gesetz und Ordnung.

Der zweite Polizist sah aber die ganze Sache völlig anders: Der Mann war in eine für ihn erniedrigende Situation geraten, weil er am Boden liegend durchsucht und in Handschellen gelegt worden war. Seine Reaktion war deshalb lediglich ein Versuch, sein Selbstbild angesichts einer Erniedrigung zu bewahren (s.a. Kultur der Ehre).
Der Bürger sah den Vorfall so: Zunächst hatte ihn der Polizist bereits zum Zeitpunkt des ersten Kontaktes als „Black Muslim" klassifiziert. Auch betonte er, dass er selbst nur verzweifelt auf seinen Rechten beharrt hätte. Toch stellte ihm dann die Frage, die wohl jeder nachdenkliche Leser des Vorfalls sich stellen würde: Was hätte der Polizist denn in dieser Situation konkret tun sollen?
„Ich weiß es nicht. Wenn sie gekommen wären und mit mir in sensibler Weise gesprochen hätten, ich bin ein Mann. Später hätte ich vielleicht kooperiert, selbst wenn ich gedacht hätte, dass die Dinge, die sie mich gefragt hatten, überflüssig wären" (Toch, 1969, S. 130–131).
Dies ist eine ehrliche Antwort, denn er sagt nicht, dass er auf jeden Fall kooperiert hätte. Aber viel aufschlussreicher ist, dass er einen wichtigen Sachverhalt aufzeigt. Er durchläuft einen Entscheidungsprozess, er entscheidet, ob er kooperieren wird oder nicht. Hätte der Polizist zuerst einen freundlichen Zug getan, wäre der Gegenzug des Bürgers auch vermutlich freundlich gewesen. Es wäre die typische TIT FOR TAT-Strategie angebracht gewesen: Sei freundlich, mache nie als Erster einen unkooperativen Zug! Wenn der andere unkooperativ reagieren sollte, kann man sich dann immer noch selbst angemessen zur Wehr setzen. Der Polizist hätte also bei einer Weigerung des Bürgers immer noch mit Konsequenz seine Handlungen vollziehen können.

Da der Mann seine Reaktion auf das Verhalten offengelassen hat, also nicht unbedingt von Anfang an auf Konfrontation aus gewesen wäre, hätte es also der Polizist in der Hand gehabt, wie die Interaktion verlaufen würde. *Er* bestimmte den Verlauf der Begegnung. Sein Fehler war, dass er einen möglichen zweiten Schritt (deutliche Forderung stellen usw.) als ersten Zug in seiner Kommunikation benutzte. Auf jeden Fall ist es tragisch, dass eine potenziell harmlose Situation in eine gewalttätige Auseinandersetzung mündete.

4. Konfliktvermeidung durch gelassene Wachsamkeit

Auch die Tatsache, dass der Bürger seine Hände in der Tasche hatte, also möglicherweise bewaffnet war, soll näher betrachtet werden. Es gibt hier zwei entgegengesetzte Fehlerquellen:

- Ein unvorsichtiger Mensch hätte vielleicht diese Tatsache übersehen oder nicht berücksichtigt, dass der Bürger eine Waffe in der Tasche haben könnte. Dies hätte für ihn tödlich sein können.
- Der extrem Ängstliche oder Misstrauische – der überall zunächst das Schlechteste vermutet –, „weiß", dass der andere bewaffnet ist. Seine unangemessene Reaktion, seine Angst, sein extremes Misstrauen, löst aber keineswegs das Problem, sondern es kommt zum Schlagabtausch.
- Wichtig ist dagegen eine gelassenere Wachsamkeit. Das Selbstvertrauen dieser Strategie könnte man vielleicht in folgender Formulierung illustrieren: „Weil ich mich notfalls zur Wehr setzen kann, kann ich zunächst freundlich auftreten." Bezüglich der Hände des Bürgers könnten hier die Gedanken etwa so sein: „Er *könnte* eine Waffe in der Tasche haben, *muss* es aber nicht: vermutlich nicht, denn er steht vor seinem Haus, um nach dem Streit mit seiner Frau Luft zu schnappen. Hätte er einen Angriff gegen uns vor, hätte er sich versteckt, um uns aufzulauern. Ich werde auf jeden Fall sein Verhalten beobachten und notfalls reagieren!"

Diese Einstellung beinhaltet ein weitaus treffenderes, differenziertes Bild von der Wirklichkeit und verrät mehr Kenntnisse und Fähigkeiten, z.B. von sachgerechter Eigensicherung und den Möglichkeiten der Selbstverteidigung. Warum? Darüber gibt z.B. ein amerikanischer Lehrfilm genau Auskunft. Er zeigt, dass es ein tödlicher Irrtum sein kann zu glauben, man brauche keine Kenntnisse von Selbstverteidigung, weil man ja eine Dienstpistole habe. In dem Film wird demonstriert, wie groß der Abstand sein muss, dass ein Polizeibeamter gegenüber einem Angreifer mit einem Messer, der sich schnell auf ihn zu bewegt, seine Waffe benutzen kann:

mindestens 8 Meter! Und das auf offenem Gelände und ohne Berücksichtigung des Zustandes der Überraschung des Polizisten!

Andererseits geht daraus hervor, dass auch der Bürger einen Zeitverlust gehabt hätte, wenn er eine Waffe (z.b. ein Messer) aus seinem Mantel gezogen hätte. Diese Zeitverzögerung hätte auch einem *wachsamen* Polizisten genügt, um angemessen zu reagieren.

Aber auch eine *angemessen* vorgetragene Bitte, die Hände aus dem Mantel zu nehmen, wäre durchaus Erfolg versprechend gewesen. Toch zitiert (1969, S. 131) den Bürger: „Wenn er mich gebeten hätte, die Hände aus meinen Taschen zu nehmen, hätte ich wieder gefragt: ‚Warum?‘ Und wenn er mir gesagt hätte, dass er meine, ich habe eine Waffe oder sonst etwas, oder dass er mich durchsuchen möchte, um zu sehen, ob ich eine Waffe hätte, hätte ich sie herausgenommen. Aber er sagte nur: ‚Nehmen Sie die Hände aus Ihren Taschen.‘ Und ich sagte: ‚Aus welchem Grund?‘ Und er sagte: ‚Genau deshalb, weil ich es Ihnen sage!‘" Dieser Vorfall zeigt also den Nachteil einer ängstlichen oder misstrauischen Strategie. Der Polizist reagierte unangemessen und konfliktfördernd, *weil* (und nicht *obwohl*!) er ängstlich oder misstrauisch war. Es kam hier also zu einer „sich selbst erfüllenden Prophezeiung", weil die Gelassenheit fehlte, die Situation richtig einzuschätzen. Das Grundsatzproblem wird hier deutlich: Der Ängstliche sieht überall undifferenziert „die Gefahr".

Ein Experte der Eigensicherung sieht eher, wann man vorsichtig und wann man entspannt sein muss. Der Experte denkt nicht undifferenziert an „Gefahr", denn er hat auch ein differenziertes Bild, welche Gegenstände als Waffe benutzt werden können, wo sie versteckt sein könnten usw. Er hat auch die selbstsichere Haltung, die man bei Experten von Kampfsportarten finden kann: Weil ich ein Experte bin, kann ich länger als andere gelassen bleiben. Ich kann dem Angreifer immer noch die Möglichkeit geben, von seiner Aggression abzulassen und sich zurückzuziehen – weil *ich* die Situation unter Kontrolle habe und bis zum letzten Moment warten kann.

5. Die Vermeidung von defensiver Kommunikation

Dieser von Toch beschriebene Fall ist ein gutes Beispiel dafür, was Gibb (1961) unter **defensiver Kommunikation** versteht. Wenn die Person unangemessen angesprochen wird und ihre Selbstachtung usw. angegriffen wird, richtet sie vor allem ihre Aufmerksamkeit darauf, ihr Selbstvertrauen zu bewahren. Sie reagiert defensiv: Sie „mauert", sie richtet ihre Aufmerksamkeit nicht mehr darauf, was der andere sagt; sie denkt nicht mehr an eine **gemeinsame** Problemlösung (s.a. Füllgrabe, 1981).

Gibb (1961) hatte bei der Beobachtung von verschiedenen Gruppen festgestellt, dass die Gesprächsatmosphäre durch 6 Prinzipien entweder konstruktiv, vertrauensvoll gestaltet werden kann oder zu **defensiver Kommunikation** führen kann. Gibb versteht unter „defensiv", dass die andere Person nur noch darauf aus ist, ihr Selbstbild zu wahren und nicht mehr dem Gesprächspartner zuhört, für Hinweise, Informationen und Belehrungen nicht mehr zugänglich ist. Defensive Kommunikation kann ausgelöst werden, wenn man

- die andere Person **bewertet**, statt ihr (Fehl-)Verhalten zu *beschreiben*,
- den Eindruck erweckt, es ginge nur darum, **Kontrolle über die Person auszuüben** und nicht darum, ein Problem zu lösen. Eine polizeiliche Kontrolle kann deshalb problemlos sein, wenn deutlich wird, dass es um die legale und friedliche Lösung eines Sachproblems geht und nicht um eine *willkürliche* Amtshandlung,
- den Eindruck erweckt, man wolle den anderen **manipulieren**. Hier geht es um das Problem der **Fairness**. Eine polizeiliche Handlung kann deshalb auch dann Akzeptanz finden, wenn sie mit negativen Sanktionen verbunden ist, vorausgesetzt, sie wird als **fair** angesehen,
- **psychologische Distanz** zeigt und z.B. kein **Verständnis** für den Standpunkt der anderen Person hat (ohne diesen unbedingt zu akzeptieren),
- **Überlegenheit demonstriert**, statt Gleichrangigkeit betont,
- **dogmatisch** argumentiert, statt differenziert und *problembezogen* argumentiert.

Gibb (1961) hat auf der Grundlage seiner Beobachtung von Menschen etwas Wichtiges zu der Bedeutung und Gewichtigkeit dieser Prinzipien festgestellt: Wenn man von einem Gesprächspartner als fair angesehen wird, als jemand, der den Standpunkt des Partners zur Kenntnis nimmt (ohne ihn unbedingt zu billigen), kann man auch Fehlverhalten direkt ansprechen, ohne Widerstand auszulösen. (Dies ist auch ein Erfolgsrezept der Provokativen Therapie, s. Farrelly & Brandsma, 1986.) Das bedeutet konkret: Wenn man seine Maßnahmen erklärt und **begründet**, wird selbst dann weniger Widerstand ausgelöst, wenn man eine negative Maßnahme durchführt (z.B. Geldstrafe verhängt). Und auch bei einer Vernehmung, beim Lügenentlarven usw., wird derjenige eher Erfolg haben, der als fair angesehen wird bzw. den Prinzipien von Gibb folgt (s. Füllgrabe, 1995).

Ein Missverständnis muss hier vermieden werden. Menschen möchten nicht von anderen manipuliert, übervorteilt, ausgenutzt werden. Interessant ist aber, dass Straftäter durchaus akzeptieren, dass es zu der Berufsrolle eines Polizisten gehört, sie zu überführen, oder eines Richters, sie zu verurteilen. Dies führt dann zu der unerwarteten Reaktion, dass mancher Straftäter aus dem Gefängnis an „seinen" Polizisten schreibt. Offensichtlich wurde von ihnen der Interaktionspartner (Polizist, Richter usw.) als *fair* angesehen, obwohl er ihnen eigentlich Nachteile beschert hat. Hätte dieser aber seine polizeilichen Maßnahmen nicht konsequent und erfolgreich durchgeführt, wäre dies als unprofessionell angesehen worden und der Polizist oder Richter nicht als Respektsperson.

Wie leicht defensive Kommunikation ausgelöst und eigentlich vermieden werden kann, zeigt das Verhalten eines deutschen Polizisten bei einer Personenkontrolle. Als der Polizist von den überprüften Studenten nach dem Grund seiner Maßnahmen gefragt wurde, sagte er sinngemäß, dass er seine Gründe dafür hätte und dass er ihnen dafür keine Rechenschaft schuldig sei. Dies löste bei den Studenten den Eindruck der Willkür und damit Verärgerung aus, und die Situation hätte leicht eskalieren können.

Betrachten wir noch einmal den von Toch (1969) beschriebenen Fall. Der Polizist machte einen von Gibb beschriebenen Fehler: Er betonte die Kontrolle über den Bürger, statt das Problem zu beschreiben. Ein Hinweis auf den **Grund** der Bitte, die Hände aus den Taschen zu nehmen, der Hinweis, dass man die Möglichkeit einer Waffe überprüfen und ausschließen wolle, was den Wunsch nach einer **friedlichen** Amtshandlung/Interaktion verdeutlicht hätte („Wir alle wollen doch, dass wir gleich friedlich auseinandergehen können!"), hätte vermutlich Kooperation ausgelöst. Härtere Maßnahmen wären dann immer noch möglich gewesen!

Auch auf einen verbalen Angriff des Bürgers hätte man angemessen reagieren können, etwa wenn dieser höhnisch gesagt hätte: „Sind Sie feige?", „Sie haben wohl Angst, dass ich ein Messer im Mantel habe?" Der Polizist hätte je nach dem Ausmaß seines Humors, seiner Schlagfertigkeit usw. reagieren können. Die Skala derartiger Äußerungen könnten reichen von aufgabenorientierten Hinweisen bis hin zu persönlichen Aussagen: „Das ist eine Routinemaßnahme!", „Ich tue nur meine Pflicht!", „Sicher ist sicher!", „Lieber vorsichtig als tot." Sprachgewandte Personen könnten vielleicht auch in einer solchen Situation noch Humor einsetzen, etwa mit Übertreibungen im Sinne der Provokativen Therapie von Farrelly (Farrelly & Brandsma, 1986). Ein Polizist, der eine Durchsuchung kompetent *und* konsequent durchführt, könnte z.B. sagen: „Ich bin so ängstlich, dass ich mich kaum noch aus dem Haus traue." Dies wäre in einem derart grotesken Gegensatz zu seinem sachgemäßen Verhalten gewesen, dass seine Worte eigentlich das genaue Gegenteil ihres Inhaltes signalisieren: „Ich habe keine Angst, ich weiß, was man in dieser Situation tun muss. *Ich* habe die Situation unter Kontrolle." Übrigens wären seine Worte besonders wirkungsvoll gewesen, wenn er bei einem Verdächtigen eine

Waffe gefunden hätte und trotzdem weiter gesucht hätte. Da relativ viele Täter noch eine zweite Waffe versteckt haben, hätten seine Worte deutlich unterstrichen: „Du kannst mich nicht provozieren. Ich kenne alle deine Tricks!"

An dieser Stelle wird die Rolle von **Humor** für die Fähigkeit, gefährliche Situationen zu vermeiden oder zu überleben, deutlich: „Lebenskompetente Menschen lachen oft bei Bedrohungen. Sie reagieren wie ein Kampfsportmeister, der von einem Kind angegriffen wird. Für sie existiert die Gefahr nicht, und das macht sie so entwaffnend" (Siebert, 1996, S. 28). Offensichtlich bedeutet dies nicht, dass man die Gefahr ignoriert, sondern eher, dass man ihr die Bedrohlichkeit nimmt und so den Weg freimacht für eine konstruktive Bewältigung. Humor gestaltet nämlich die Reaktion eines Menschen in Krisen positiv und vermindert das Auftreten von Angst und Depression: „Solange man lachen kann, ist man nicht vollkommen unter der Herrschaft von Angst oder Furcht" (Lefcourt, 1980, S. 218). „Ein Mensch, der humorvolle Bemerkungen macht, ist entspannt, wachsam und äußerlich auf die fragliche Situation konzentriert" (Siebert, 1996, S. 189).

6. Psychisch Gestörte, Betrunkene und Rauschgiftsüchtige

Auch der Umgang mit psychisch Gestörten kann zumeist – unter anderem durch die Vermeidung von defensiver Kommunikation – gewaltfrei gestaltet werden. Denn nur scheinbar kann es beim Umgang mit psychisch Gestörten zu *unprovozierten* Angriffen kommen. Angriffe dieser Personengruppe sind nämlich nicht zufällig. Die Angriffe ergeben sich zumeist aus vorherigen Interaktionen, die Frustrationen auslösten (Füllgrabe, 1992, 1997).

Richter und Berger (2001) stellten fest:
In 62,5% der Angriffe war ein Konflikt mit anderen Personen vorausgegangen, in 47,7% der Fälle mit dem Personal.

In über der Hälfte der Fälle waren dabei Pflegeaktivitäten wie Essenreichen, Körperhygiene und die Verabreichung von Medikamenten der Anlass.

Bei einem Viertel war die Verweigerung eines Wunsches der Anlass für den Angriff.

Der Angriff war auch nicht unvorhersehbar. In vielen Fällen gingen den Ereignissen Anzeichen einer Eskalation voraus (Richter & Berger, 2001):

- In 60% der Fälle drohende Gestik des Patienten
- In über 50% der Fälle geringe Körperdistanz Patient – Personal
- Beschimpfungen (1/3 der Fälle)
- Offensichtliche Verwirrtheit (1/3 der Fälle).

Neben der Vermeidung von defensiver Kommunikation muss man aber auch die spezifischen Probleme von psychisch Gestörten beachten.

Beispielsweise reagieren Schizophrene oft sensibler auf ihre Umwelt, als man das glaubt. Sie können z.B. eine Reizüberflutung erleben, wenn mehrere Personen auf sie einreden. Sie wünschen darum auch eine größere persönliche Distanz als andere Menschen, und deshalb reagieren sie negativ oder aggressiv, wenn man ihnen zu nahe kommt (Füllgrabe, 1992).

Ein weiteres Problem besteht darin, dass psychisch Gestörte die Dinge oft anders sehen als andere Menschen, weil sie sich eher bedroht, verfolgt usw. sehen. Deshalb ist es wichtig, dass man ihnen durch sein Verhalten und seine Worte signalisiert, dass sie keine Angst zu haben brauchen, dass man ihnen helfen wird, ihr Problem zu lösen usw. (Füllgrabe, 1992).

Bei den Personengruppen der Betrunkenen und Rauschgiftsüchtigen betont Gardner (1997): Sie scheinen weniger Schmerzen zu spüren. Und weil ihre Schmerztoleranz erhöht ist, scheinen sie (und vermutlich auch manche der psychisch Gestörten) übernatürliche Kräfte zu besitzen (s.a. S. 90). Deshalb ist beim Einschreiten gegen sie Vorsicht geboten, und man sollte sich die Hilfe von Kollegen sichern.

Psychisch Gestörte, Betrunkene und Rauschgiftsüchtige werden leicht unterschätzt, weil man sie irrtümlicherweise für hilflos und für Opfer ihrer Umstände hält (s. Beispiel S. 79; Sessar et al. 1980). In Wirklichkeit haben sie eine weitaus größere Steuerungsfähigkeit, als man glaubt (s. Füllgrabe, 2012), wie auch die Beispiele in diesem Buch belegen. Deshalb ist es richtig, dass Gardner (1997) im Umgang mit ihnen ausdrücklich allgemeine Prinzipien der Eigensicherung betont: Man darf sie nie aus den Augen verlieren. Wenn man jemanden alleine in den nächsten Raum gehen lässt, „um seinen Mantel zu holen", könnte er mit einer Waffe zurückkommen. Man darf ihm auch nicht erlauben, dahin zu greifen, wo man sie nicht unter Kontrolle hat.

Kapitel 3

Polizeiliche Fehler bei der Eigensicherung

Ein Polizist kann dadurch einen Konflikt und Gewalt erzeugen, dass er nicht sachorientiert handelt, sondern seine Person und seine Macht in den Vordergrund stellt. Dies ist aber nur eine Ursache von Aggressivität, die gegen einen Polizisten gerichtet ist. Eine Studie von Polizisten, die im Dienst getötet wurden, zeigte nämlich: 39% der Täter beschrieben das Verhalten des späteren Opfers als „bedrohlich" oder „laut". Dagegen beschrieben 57% der Täter das Verhalten des Opfers während der Konfrontation als „unvorbereitet" oder „überrascht" (FBI, 1992).

Man kann also sagen, dass

a) die meisten Täter *nicht* vom Polizisten provoziert wurden und
b) die Angriffe zumeist vom Täter nicht geplant waren,

sondern sich im *Verlauf der Interaktion* entwickelten (s.a. Sessar et al. 1980 für Deutschland). Darauf war aber der Polizist zumeist nicht vorbereitet. In einer Situation, in der er problemlösend handeln sollte, blieb er passiv oder handelte irrational. Die Passivität hat dann oft schwerwiegende Konsequenzen, z.B. Tod durch die eigene Dienstwaffe!

Es ist deshalb wichtig, die Fehler, die Polizisten machten, zu analysieren, um daraus Schlussfolgerungen zu ziehen, damit in Zukunft diese Fehler vermieden werden können.

1. Die BKA-Studie

Die Untersuchung von Sessar et al. (1980, S. 106–107) fasst die Fehler von deutschen Polizisten, die im Dienst getötet wurden, in folgenden sieben Gruppen zusammen. Da in den einzelnen Fällen mehr als ein Fehler begangen wurde, ist die Summe aller Fehler größer als 100%.

Polizeiliche Fehler bei der Eigensicherung

Fehler	Alle Fehler	Gravierendster
1. **Fehler im Zusammenhang mit der Schusswaffe** Eine Schusswaffe wird nicht mitgeführt, sie ist nicht einsatzbereit oder nicht schussbereit, es liegt eine Ladehemmung vor.	79,9 %	13,8 %
2. **Fehler im Zusammenhang mit der Sicherung** Unterlassene Sicherung durch anwesende Polizeibeamte oder eigenmächtige Aufgabe der Sicherung durch einen miteingesetzten Beamten.	46,6 %	14,4 %
3. **Fehler im Zusammenhang mit der Personalstärke** Keine Anforderung von Verstärkung, das Einschreiten vor dem Eintreffen der angeforderten Verstärkung sowie das Alleineinschreiten bzw. Alleinverfolgen, obwohl weitere Beamte anwesend sind.	40,8 %	14,4 %
4. **Fehler im Zusammenhang mit der Durchsuchung** Die Durchsuchung des Täters oder des Tat-/Täter-Fahrzeuges wird unterlassen, oder es wird eine körperliche Durchsuchung unter Nichtbeachten der taktischen Grundsätze vorgenommen.	27,0 %	17,8 %
5. **Fehler im Zusammenhang mit der Deckung** Eine vorhandene Deckung wird nicht ausgenützt, oder der Täter wird verfolgt, ohne dass eine Deckungsmöglichkeit vorhanden ist.	27,6 %	13,8 %
6. **Fehler im Zusammenhang mit KfZ-Kontrollen** Fehlerhafter Standort bei Kfz-Kontrollen, bspw. das Aufstellen vor der Fahrzeugtür, auf dem Trittbrett des zu kontrollierenden Fahrzeugs oder auf der Fahrbahn ohne Ausweichmöglichkeiten; ebenso das Hineinbeugen in das Fahrzeuginnere.	9,2 %	7,5 %
7. **Alle übrigen Fehler**	129,3 %	18,4 %
	360,4 %	100,1 %

2. Die FBI-Studien

Die amerikanische Studie über die Ursachen der Ermordung amerikanischer Polizisten im Dienst (FBI, 1992, Pinizzotto & Davis, 1995) zeigt folgendes Grundmuster auf, eine Kombination negativer Faktoren:

- Ein Polizist, der die Dinge zu leicht nimmt, vor der Benutzung von Gewalt (als legitime Selbstverteidigung) zurückschreckt.
- Eine unangemessene, unvorsichtige Annäherung an Personen und Fahrzeuge (unter Vernachlässigung der Eigensicherung).
- Ein gewaltbereiter Täter mit abweichendem, gestörtem Verhalten.

Diese „tödliche Mischung" führt leicht zum Tod des Beamten. Ein ähnliches Muster fanden Pinizzotto et al. (1997, 1998) bei Polizisten, die einen Angriff überlebten. Einige Polizisten werden also leichter als andere zu Opfern! Welche Fehler machten sie?

2.1 Die Vernachlässigung von Sicherheitsstandards

Gefährlich wurde es für Polizisten, wenn Sicherheitsstandards nicht beachtet wurden. Ein Polizist wurde getötet, als er einen von drei Verdächtigen anwies, sich hinter ihn zu stellen, während er das Auto der Verdächtigen durchsuchte. Als der Polizist in das Auto schaute, ohne auf einen Kollegen als Sicherung zu warten, nahm der Verdächtige ihm die Schusswaffe aus dem Holster und tötete ihn (FBI, 1992).

Diese Fehler bei der Annäherung an den Täter sind also zumeist die gleichen wie bei der BKA-Studie (Sessar et al., 1980). Das häufige Muster bei deutschen Polizisten, die im Dienst getötet wurden:

- Der Polizist wartet nicht auf einen weiteren Kollegen als Sicherung – obwohl man einen angefordert hat, sondern
- geht z.T. ohne gezogene Waffe auf eine Person zu,
- von der er oft weiß oder annehmen kann, dass sie bewaffnet ist.
- Man achtet bei Tätern in Häusern oder Autos nicht auf deren Handbewegungen. Der Griff unter den Sitz eines Autos oder unter die Decke eines Bettes ist zumeist der Griff nach einer dort versteckten Waffe!

Die FBI-Studie (1992) wies spezifisch auf folgende Probleme hin:

Falsche Annäherung an Autos und Verdächtige
Sich sachgemäß einem vermutlich bewaffneten Verdächtigen zu nähern, kann lebensrettend sein. Das ist die Konsequenz aus folgenden Vorfällen:

Polizeiliche Fehler bei der Eigensicherung

⌈ In einem Fall gab der Polizist über Funk bekannt, dass er einen Verdächtigen sehe, der einem bewaffneten Bankräuber ähnelte. Er bat um Verstärkung. Bevor aber ein zweiter Polizist kam, näherte er sich dem Verdächtigen, dem wahrscheinlich bewaffneten Bankräuber. Der Mörder sagte später, dass der Polizist nicht die Kontrolle über ihn übernommen hätte. Er ignorierte den Befehl des Polizisten, seine Hände zu heben, drehte sich schließlich um und erschoss den Polizisten. Das Opfer hatte seine Waffe noch nicht einmal aus dem Holster genommen!
In einem zweiten Fall sollte der Polizist mehrere vermutete Einbrecher ermitteln. Er beobachtete zwei Verdächtige, die zwei Gewehre hatten und weggingen. Er näherte sich ihnen und verlangte ihre Waffen. Als sie sich weigerten, ihre Waffen niederzulegen, drehte der Polizist ihnen den Rücken zu, ging zu seinem Streifenwagen zurück und rief um Verstärkung. Nachdem er zu den Verdächtigen zurückkehrte, wurde er erschossen. Seine Waffe war noch immer in seinem Holster!

Annäherung an mehrere Verdächtige
Zum Zeitpunkt der Ermordung des Polizisten waren 14 der Mörder in der Begleitung von einer Person oder mehreren Personen. 11 dieser Mörder waren nicht die Zielperson des Polizisten, also diejenige, die für ihn auffällig war bzw. die er verdächtigte.

Es scheint, dass in vielen dieser Fälle der Polizist einen „Tunnelblick" hat, d.h. dass er bei seiner Annäherung seine Aufmerksamkeit auf eine Person konzentriert und die anderen Personen in der Gruppe vernachlässigt oder ignoriert. Und gerade das bringt ihn leicht in Gefahr.

⌈ Ein Polizist hielt ein Auto an, in dem sich 3 Personen befanden. Er wollte den Fahrer wegen einer Verkehrsübertretung ansprechen, schenkte den anderen beiden Mitfahrern keinerlei Beachtung. Einer der Mitfahrer verließ das Auto, näherte sich dem Streifenwagen, in dem der Polizist saß, schoss auf ihn und tötete ihn.
In einem anderen Fall rief ein Ladenbesitzer die Polizei wegen Belästigung durch einen Mann. Dieser Mann wurde verhaftet. Seine Freundin ging zum Auto, nahm einen Revolver, ging zu dem Polizisten und verlangte die Freilassung ihres Freundes. Als dieser sich weigerte, den Verhafteten freizulassen und versuchte, seinen eigenen Revolver zu ziehen, schoss die Frau auf ihn und tötete ihn.
Der Polizist sah die Dinge offenbar so: Die Frau hatte in dieser Situation keine gesetzesverletzende Handlung begangen und stellte für den Polizisten keine wahrnehmbare Gefahr dar. Deshalb ignorierte er sie völlig. Er berücksichtigte nicht, dass auch sie gefährlich werden könnte (FBI, 1992).

2.2 Das Versäumnis, einen Verdächtigen zu untersuchen

Das Versäumnis, einen Verdächtigen zu untersuchen, kann für einen Polizisten verhängnisvoll sein. Darauf hatten Sessar et al. bereits 1980 in der deutschen BKA-Studie hingewiesen. Wie wichtig aber eine Durchsuchung ist und wie notwendig, dabei die Tricks von Gewalttätern zu kennen, belegen Pinizzotto et al. (1997, 1998):

> Bei 8 von 40 Vorfällen benutzten die Täter mehr als eine Waffe, einschließlich Messer und stumpfe Gegenstände, sowie Hände, Fäuste und Füße, vor allem aber wurden Schusswaffen bei den Angriffen gegen Polizeibeamte eingesetzt. 50 der 52 Polizisten wurden mit Feuerwaffen angegriffen, und die Verfügbarkeit der Waffen war der entscheidende Faktor bei der Benutzung der Waffe. Als sie über ihre bevorzugte Methode befragt wurden, mit der sie eine Handfeuerwaffe bei sich tragen, sagten 36% der Täter, dass sie die Waffe in der Leistengegend tragen. Die Hälfte dieser Täter glaubte, dass diese Gegend am häufigsten von Polizisten übersehen wurde, die eine Durchsuchung durchführten. Ein ähnliches Ergebnis ergab die Befragung von Tätern, die Polizisten getötet hatten. In dieser Untersuchung (FBI, 1992) wurde auch die Methode eines Täters festgestellt, Polizisten daran zu hindern, in einer derartigen Körpergegend zu suchen. Sobald sich die Hand des Polizisten bei der Durchsuchung dieser Körpergegend näherte, wo der Täter Waffen und Rauschgift versteckt hatte, machte er Scherze über Homosexualität und stellte Behauptungen über die sexuelle Orientierung des Polizisten auf.
> 50% der Täter trugen beim Autofahren ihre Waffe direkt bei sich, anstatt sie irgendwo im Auto zu verstecken. 12% der Täter hatten in der Vergangenheit ihre Waffe einer anderen Person gegeben, um sie für sie zu tragen. Über $^1/_4$ der Täter berichteten, dass sie – zumindest zeitweise – eine zweite Waffe tragen, gewöhnlich eine Handfeuerwaffe, mit der ausdrücklichen Absicht, sie gegen einen Polizisten zu verwenden oder jeden anderen, der ihre erste Waffe wegnehmen würde. Es ist eindeutig von großer Wichtigkeit, dass die Vertrautheit des Täters mit Handfeuerwaffen, Geschicklichkeit bei der Benutzung und den Methoden des Tragens und Verbergens der Waffen beachtet werden muss, wenn Vorgehensweisen hinsichtlich der Annäherung und Durchsuchung von Verdächtigen entwickelt werden (s. Pinizzotto et al., 1997, S. 27).
> Diese Studie zeigt auch schwere Versäumnisse beim Durchsuchen von Verdächtigen auf. Nur drei der 42 Täter gaben an, dass Polizeibeamte immer sorgfältig seien: 14% gaben an, dass sie immer von Polizisten durchsucht würden.

Hinzu kommt ein **Ablenkungsfaktor:**

> Ein Täter berichtete, dass die Polizisten, die ihn verhafteten, so überglücklich waren, Drogen in seiner Jackentasche zu finden, dass sie einen versteckten Revolver übersahen, der in seiner Leistengegend verborgen war. Ihm wurden Handschellen angelegt, Hände nach vorne, die Handinnenflächen zusammen. Während des Fahrens entfernte er seine Waffe und schob sie unter den Fahrersitz. Er gab an, die Polizisten zu dem größten Drogenhändler der Stadt zu bringen. Nachdem er auf der Wache registriert und durchsucht worden war, wurden ihm erneut Handschellen angelegt, nach vorne, mit den Handinnenflächen zusammen. Während der Fahrt zu dem angeblichen Haus des Drogendealers ergriff er die Waffe und schoss auf die Polizisten, einer wurde getötet, der andere schwer verwundet, konnte aber nach einiger Zeit wieder seinen Dienst aufnehmen.

Ein weiteres Gebiet, das bei Durchsuchungen oft übersehen wird, ist der **Raum unter dem Fahrersitz.** 20 % der Polizistenmörder berichteten, dass sie ihre Waffen unter dem Sitz versteckt hätten (FBI, 1992).

Pinizzotto et al. (1997, S. 42) ziehen daraus folgende Konsequenzen:

- Nach jedem Transport sollte der Streifenwagen durchsucht werden.
- Das Finden einer Waffe (oder eines verbotenen Gegenstandes) schließt nicht das Vorhandensein einer zweiten aus.
- Die Fesselung nach vorne beeinträchtigt wenig die Bewegungsfreiheit von Händen und Armen und liefert dem Täter **eine weitere Waffe: die Handschellen.**

2.3 Die Benutzung der Dienstwaffe

Pinizzotto und Davis (1995) stellten fest: Es herrschte Unsicherheit und innere Anspannung bei den Mitgliedern der gleichen Dienststelle, wenn es um die Frage ging, ob sie in einer Situation ihre Dienstwaffe zum Selbstschutz ziehen und feuern konnten und ob sie dann immer noch in Übereinstimmung mit den Dienstvorschriften wären.

Manche Polizisten berichteten, dass sie so ängstlich hinsichtlich Anklagen und Disziplinarmaßnahmen seien, dass sie zögern, ihre Dienstwaffe zu ziehen. Unsicherheit und Nervosität bestehen auch über den Zeitpunkt, wann die Dienstwaffe gezogen werden sollte und wenn notwendig, zu welchem Zeitpunkt sie benutzt (abgefeuert) werden sollte.

> Viele Polizisten sagten, dass es ihnen sogar verboten wurde, ihre Dienstwaffe zu ziehen, bis der Täter als Erster seine Waffe gezeigt hat. Es ist sehr schwierig, sich eine Situation vorzustellen, wo man auf einen Notruf reagiert, bei dem es um einen Raub geht, bei dem Schüsse fallen, während man nicht die Erlaubnis hat, eine Waffe zu ziehen, bis der Täter selbst eine zeigt.
> Eine Gruppe von Militärpolizisten sagte, dass nach ihrem Verständnis es nicht erlaubt sei, Patronen in ihre Dienstwaffe zu stecken, bis ein Vorgesetzter den Befehl dazu gegeben hat.
> Die Konsequenzen aus derartigen Unsicherheiten zeigt folgende Erkenntnis: Von den 54 getöteten Polizisten feuerten 46 ihre Dienstwaffe nicht ab, und 11 Polizisten wurden mit ihrer eigenen Dienstwaffe getötet (FBI, 1992).

Dies hängt damit zusammen, dass in einer Gefahrensituation keine problemlösenden Gedanken (innere Monologe) vorhanden waren, die eine Handlung auslösen konnten, sondern Vermeidungsdenken, das Passivität förderte. Dies belegt die Studie von Pinizzotto et al. (1997, 1998):

Während der Angriffe erinnerten sich die Polizisten dieser Untersuchung daran, was sie *nicht* tun sollten und wann sie *nicht* Gewalt anwenden sollten. Aber einige hatten Schwierigkeiten, sich daran zu erinnern, *wann* die Benutzung von Gewalt eine angemessene, zeitgerechte, notwendige und positive Entscheidung war. Einige hatten Probleme, sich an die dienstlichen Vorschriften hinsichtlich tödlicher Gewalt zu erinnern und zu bestimmen, wann man zum nächsten Niveau von Gewalt gehen sollte. Derartige Gedanken verhindern aktives Handeln und begünstigen Passivität.

Diese Passivität hat schwerwiegende Konsequenzen: **Tod durch die eigene Dienstwaffe.**

Von den 762 zwischen 1981 und 1990 in den USA getöteten Polizisten waren 110 (= 14 %) mit ihrer eigenen Dienstwaffe getötet worden. In der FBI-Studie von 1992 waren es 11 der getöteten Polizisten (= 20 %).
In einem Fall hatte der Mörder die Waffe dem Polizisten mit einer einfachen, mehrfach eingeübten Handbewegung aus der Hand genommen. Dieser Mörder hatte eine Reihe von Straftaten begangen und war stolz auf die Tatsache, dass er bei seinen Delikten keine Waffe benutzt hatte. In diesem Falle hatte ihm der Polizist selbst die Waffe geliefert. Er behauptete, dass er wusste, dass der Polizist seine Waffe nicht benutzt hätte, obwohl der Polizist die Waffe auf ihn gerichtet hatte. Er wusste das aus der Art und Weise, wie der Polizist ihn anschaute und wie er die Waffe hielt.
Was der Täter nicht wusste, war, dass der Polizist ein Jahr zuvor einen verdächtigen Einbrecher mit seiner Dienstwaffe getötet hatte. Es wurde festgestellt, dass die Benutzung seiner Dienstwaffe gesetzesmäßig gerechtfertigt war und dass der Polizist nichts Unrechtes getan hatte. Er erhielt auch Beratung hinsichtlich „Postshooting Trauma". Sogar nach dieser Beratung äußerte der Polizist tiefe Gefühle des Bedauerns, dass er für den Verlust eines Menschenlebens verantwortlich war. Mehrere Kollegen seiner Dienststelle sagten später, dass sie geglaubt hätten, dass dieser Polizist niemals wieder seine Waffe benutzen würde. Sein Zögern in einer anderen Konfrontationssituation kostete ihm sein Leben.

Fazit:
Die Vorgehensweise, die die Polizisten in ihrer Ausbildung gelernt hatten, kam manchmal in Konflikt mit ihrer persönlichen Sicherheit. Es ist also wichtig und notwendig, als Verhaltensregel eine klar definierte und einfach zu verstehende Anweisung hinsichtlich des Schusswaffengebrauchs zu besitzen.

Auf die Bedeutung einer Schießausbildung, die variationsreich ist und unter extremen Belastungen stattfindet, weist Ungerer (2001) hin. Dadurch werden die Beamten zunehmend steuerungsfähiger. „Hier liegt also möglicherweise die Erklärung dafür, weshalb hochqualifizierte Einsatzkräfte weniger töten als schlecht qualifizierte" (Ungerer, 2001, S. 135). Anders formuliert: Je besser das Schießen geübt wird, desto größer ist die Chance, dass in einer Krisensituation **nicht geschossen** wird.

2.4 Im Angesicht einer gezogenen Waffe

„Warum müssen Polizisten den Helden spielen?", fragte ein Täter bei einem Interview. Damit meinte er die zumeist vergeblichen Versuche, einen Täter zu entwaffnen, der ihnen – ohne Deckungsmöglichkeit – mit einer auf sie gerichteten Waffe gegenübersteht. 80% der Mörder hatten während des Interviews angegeben, dass sie „instinktive Schützen" seien. Dieser Begriff drückt aus, dass sie nicht bewusst darüber nachdenken, ihre Schusswaffe abzufeuern. Vielmehr ziehen sie einfach, zielen und drücken ab. Wenn nun ein Polizist vor einem derartigen Täter steht, der eine gezogene Waffe auf ihn richtet, sind seine Versuche, die Dienstwaffe aus dem Holster zu ziehen, lebensgefährlich (FBI, 1992).

Völlig anders ist die Lage, wenn der Täter seine Waffe noch nicht auf den Polizisten gerichtet hat. Dann ist es wichtig, sich zu wehren, wie das Beispiel einer Polizistin bei der Verkehrskontrolle zeigte (Pinizzotto et al., 1998; s.a. Kap. 8.2).

Schnelle Handlungen, die die Waffe des Täters ablenkten, retteten mehreren Polizisten das Leben (Pinizzotto et al., 1997, S. 34–35). Entscheidend für das Handeln des Polizisten ist: Stellt der Täter Forderungen, oder beginnt er gleich zu schießen? Hat der Täter die Waffe schon schussbereit auf den Polizisten gerichtet? Ist das Letztere nicht der Fall, ist aktive Gegenwehr notwendig.

2.5 Fehlende Identifizierung als Polizist

Wenn der getötete Polizist nicht in Uniform war, behauptete später der Mörder, dass er nicht gewusst habe, dass es sich um einen Polizisten handelte. Es wurde vom Mörder behauptet, dass er befürchtet habe, von einem anderen Drogenhändler ausgeraubt zu werden. Ein Täter sagte: „Es reicht nicht aus, zu schreien: ‚Polizei, keine Bewegung!' oder ‚Polizei, Hände hoch!', weil das Einzige, was ich sie sagen höre, ist: „Gib mir dein Geld, gib mir deine Drogen" (FBI, 1992, S. 38).

Gleichgültig, ob dies als Ausrede gedacht ist, empfiehlt das FBI eine doppelte Identifizierung: eine visuelle (Polizeiuniform, Abzeichen) und eine verbale Aufforderung.

Eine genaue Identifizierung ist auch deshalb wichtig, weil (wie z.B. ein Vorfall in der New Yorker U-Bahn zeigt) auch nicht uniformierte Polizisten versehentlich von Kollegen beschossen wurden.

3. Psychologische Fehler

3.1 War der Angriff vorhersehbar?

Pinizzotto et al. (1998) berichten, dass in den USA jedes Jahr mehr als 50 000 Polizisten im Dienst angegriffen werden. Ein Drittel von ihnen wird verletzt und etwa 70 Polizisten werden getötet. Die Untersuchung von 52 Polizisten, die Opfer eines Angriffs geworden waren, gibt – genau wie die Studie über getötete Polizisten (FBI, 1992; Pinizzotto & Davis, 1995) – Hinweise, warum in vergleichsweise ähnlichen Situationen einige Polizisten sterben oder verletzt werden und andere überleben.

Von den 40 Fällen geschahen 50% als Reaktion auf einen Notruf, 20% geschahen, während der Polizist verdächtige Personen oder Umstände untersuchte, und 18% während Verkehrskontrollen oder Verfolgungen. 62% der Angriffe geschahen zwischen 18.00 und 06.00 Uhr. Dies zeigt die Bedeutung der Sichtverhältnisse für ein Sicherheitstraining auf. In einigen Fällen war der Polizist bei dem Angriff auch durch Nebel, Regen, totale Dunkelheit oder nur teilweise Beleuchtung behindert. Während diese Faktoren nicht die Angriffe auslösten, behinderten sie doch die Fähigkeit des Polizisten, wirkungsvoll zu reagieren. Sieben der 52 Polizisten dieser Studie wurden entwaffnet und ihre Dienstwaffe gegen sie gerichtet.
65% der Täter, die einen amerikanischen Polizisten angegriffen hatten, sagten, dass der Angriff auf den Polizisten impulsiv, ungeplant oder aus der Situation heraus geschehen war. Ein Drittel der Täter sagten, dass nichts, was die Polizisten getan haben würden, die Angriffe verhindert hätte.
Als Absichten zum Zeitpunkt des Angriffs wurden genannt:

- Flucht oder Vermeidung einer Verhaftung (38%)
- den Polizisten zu töten (19%)
- den Polizisten zu erschrecken (14%)
- den Polizisten zu verwunden (7%)
- den Polizisten kampfunfähig zu machen (2%).

Mit einer Ausnahme griff der Täter als Erster an. 31% glaubten, dass der Polizist durch den Angriff überrascht wurde. 19% der Täter beschrieben den Polizisten als fähig oder professionell, während eine gleiche Anzahl sagte, dass der Polizist angesichts des Angriffs unvorbereitet schien oder unentschlossen (Pinizzotto et al. 1997, 1998).
Zum Vergleich die Studie von Polizisten, die im Dienst getötet wurden (FBI, 1992): 57% der Täter beschrieben das Verhalten des Opfers während der Konfrontation als „unvorbereitet" oder „überrascht". 39% beschrieben das Verhalten des späteren Opfers als „bedrohlich" oder „laut".

Offensichtlich entsprach nur diese letztere Gruppe dem von Toch (1969) beschriebenen Muster der von Polizisten (ungewollt) provozierten Personen. Man kann also sagen, dass die Angriffe zumeist

a) nicht vom Polizisten provoziert wurden und
b) vom Täter nicht geplant waren,

sondern sich im Verlauf der Interaktion entwickelten (s.a. Sessar et al., 1980 für Deutschland). Darauf war aber der Polizist zumeist nicht vorbereitet. In einer Situation, in der er problemlösend handeln sollte, blieb er passiv oder handelte irrational.

In einem Fall näherte sich der Polizist einer Person, die offensichtlich stark unter Drogen stand. Er wartete nicht ab, bis die von ihm angeforderte Verstärkung kam. Aber bei der Konfrontation war er nicht in der Lage, den Täter zu kontrollieren, der Täter lief zum Streifenwagen. Der Polizist teilte über sein Sprechfunkgerät seinen Kollegen mit, dass der Täter in das Auto eindrang und nun das Gewehr des Polizisten hatte.
In diesem Fall ist besonders interessant, dass der Mörder angab, dass der Polizist viel Zeit gehabt hatte, ihn davon abzuhalten, in das Auto zu gelangen und das Gewehr an sich zu nehmen. Der Mörder behauptete, dass er nicht die Absicht gehabt habe, den Polizisten zu töten, dass sich aber zufällig ein Schuss aus dem Gewehr gelöst habe, der dann den Polizisten getötet habe.
Der Täter stellte fest, dass – wenn die Rollen vertauscht gewesen wären und er der Polizist gewesen wäre – er die Person daran gehindert hätte, in das Auto zu gelangen und das Gewehr zu bekommen, selbst wenn es bedeutet hätte, auf ihn zu schießen.
In diesem Fall benutzte der Polizist aus irgendeinem Grund seinen Dienstrevolver nicht, um den Täter davon abzuhalten, in das Auto hineinzugelangen, das Gewehr zu nehmen, auf ihn zu schießen und ihn zu töten (FBI, 1992).

Man kann aus diesem Beispiel ersehen, dass es die Passivität bzw. das zögerliche Verhalten des Polizeibeamten war, was die Situation eskalieren ließ. Man kann deshalb Grundregeln für das Verhalten in gefährlichen Situationen und gegenüber gefährlichen Personen formulieren:

- **Man muss die Führung in der Situation behalten.**
- **Man muss problemlösend handeln.**

Wer diese Grundregeln nicht beachtet, zeigt, dass er nicht „Herr der Lage" ist. Dies wird von gewaltbereiten Personen als Schwäche und oft auch als Aufforderung zum Angriff gedeutet.

Das passive und irrationale Verhalten der Polizisten wird verursacht oder begünstigt durch falsche oder unzureichende kognitive Schemata – durch eine falsche Sicht der Dinge.

3.2 Mit bestimmten Gefährdungen wird nicht gerechnet

Dies sind z.B.

- Messerangriffe (was von manchen Kriminellen in Gefängnissen systematisch trainiert wird!);
- ungewöhnliche und in harmlosen Gegenständen versteckte Waffen

(z.B. spitzer Gegenstand in Lippenstifthülle, Schusswaffe in Taschenlampe, Messer in Kamm, Schlüssel für Handschellen in Telefon oder in einer *Wunde an der Hand*!);
- *mehrere* versteckte Waffen;
- spitze Gegenstände als Waffen (auch ein Korkenzieher oder ein spitzer Bleistift können als Waffen benutzt werden).

3.3 Die unerwartete Entwicklung von Gefahr

Probleme treten auch deshalb auf, weil die angegriffenen Polizisten ein „Status quo"-Denken im Sinne Dörners (1989) hatten, d.h. dass sie überhaupt nicht die Möglichkeit berücksichtigten, dass sich eine gefährliche Situation entwickeln könnte. Auch hatten sie offensichtlich kein zutreffendes Bild davon, wie sich eine Gefahrensituation überhaupt entwickelt. Z.B. wurde der Griff unter die Bettdecke oder den Autositz nicht als Griff nach einer verborgenen Waffe gedeutet.

Manche Ereignisse sind für den Polizisten deshalb überraschend, weil der Angriff nicht dem üblichen Handlungsmuster entspricht.

Potenzielle Gefahr durch Mitfahrer
Bei der Annäherung an eine Gruppe von Personen haben offensichtlich manche Polizisten eine Art „Tunnelblick". Sie konzentrieren sich auf eine Person dieser Gruppe und vernachlässigen oder ignorieren andere – was den Polizisten in Gefahr bringen kann (FBI, 1992). Siehe auch das Beispiel in Kap. 8.2 auf S. 95 unten.

Unerwartetes Verhalten des Täters

Als ein Polizist bei einem Bankraub auftauchte, schoss der Täter auf ihn. Der Polizist verließ die Bank und suchte hinter seinem Auto Schutz. Der Bankräuber verfolgte ihn und feuerte weiter auf ihn. Der Polizist schoss und verletzte den Angreifer zweimal. Er selbst blieb unverletzt.
Später drückte der Polizist seinen Schock über sein Erlebnis aus. Er hatte erwartet, dass der Täter fliehen würde, nicht, dass er ihn verfolgen würde. Sein früheres Training hatte ihn überhaupt nicht auf die Möglichkeit vorbereitet, nach Erscheinen am Ort des Geschehens verfolgt und angegriffen zu werden.
Als zwei Polizisten einen Autofahrer anhielten, der ein Stopp-Schild überfahren hatte, näherte sich ein Mann aus einer Gasse und schoss auf die Polizisten. Diese hatten die Gegenwart des Mannes erst wahrgenommen, als er auf sie schoss. Der Mann war über ein kürzlich gefälltes Gerichtsurteil verärgert, stand zum Zeitpunkt des Angriffs unter Drogen und war ausgegangen, um einen Polizisten anzugreifen. Er war schon früher kriminell auffällig geworden (Pinizzotto et al., 1998).

3.4 Die unterschiedliche Wahrnehmung der Situation

Zwei Drittel der angegriffenen Polizisten meinten, dass es keine Anzeichen für den drohenden Angriff gegeben habe. Erst nachdem sie schwer verwundet worden waren, erkannten einige von ihnen, dass sie sich in einem Kampf um Leben und Tod befanden und nicht nur in einer kleineren körperlichen Streitigkeit (Pinizzotto et al., 1998).

Interessant ist hier die unterschiedliche Sichtweise von Polizist und Täter. In den meisten Situationen sahen die später verletzten Polizisten die Lage so: Ich habe es mit einem Kriminellen zu tun, der sich weigert, ins Gefängnis zu gehen. Andererseits sahen die Täter sich im Kampf um ihr Leben und ihre Freiheit.

Die unterschiedlichen Perspektiven von Polizisten und ihre Übereinstimmung oder Abweichung von denen des Kontrollierten zeigen folgende Abbildungen:

Situation I (s. unten S. 47) entspricht den meisten polizeilichen Interaktionen – mit gewaltfreien Bürgern, während Situation II (S. 48) ein großes Konfliktpotenzial beinhaltet.

Viele Angriffe auf Polizisten wären vorhersehbar oder vermeidbar gewesen, wenn diese einen **Perspektivwechsel** vorgenommen hätten und eine

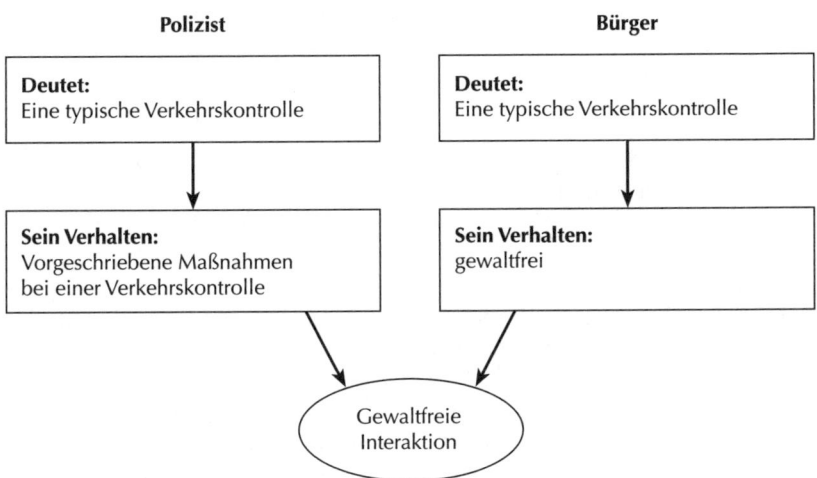

Kapitel 3

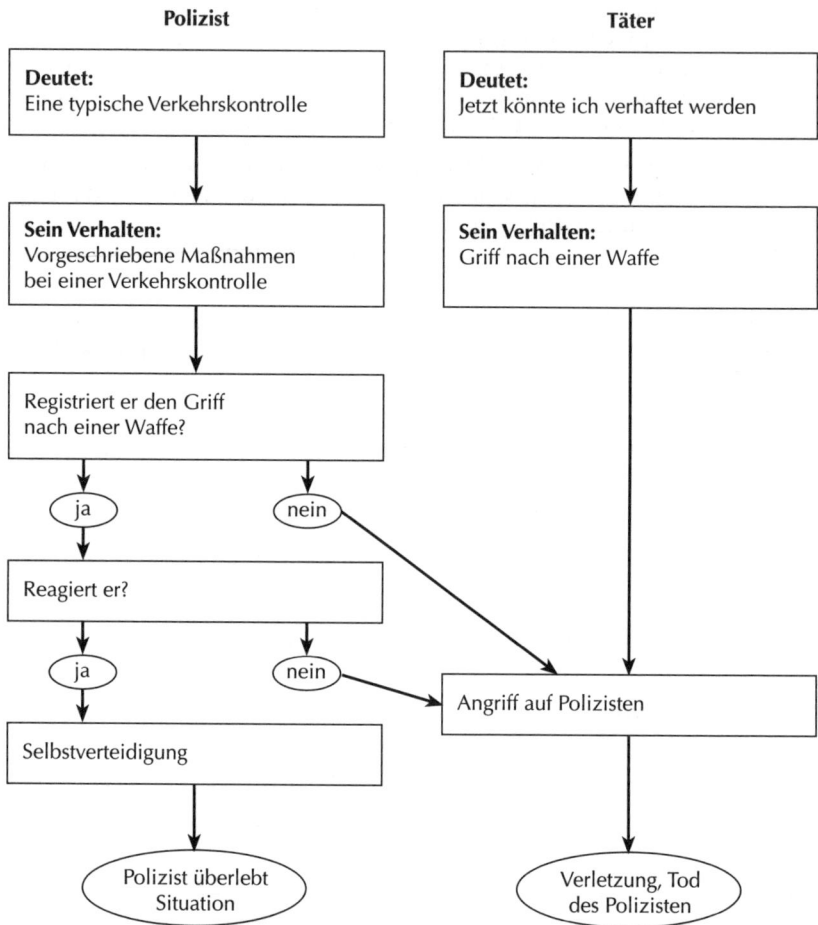

Situation auch aus einer anderen Sicht betrachtet oder zumindest die Möglichkeit in Erwägung gezogen hätten, dass der Interaktionspartner die Sache aus einer völlig andern Sicht sehen *könnte*.

Die Studie von Pinizzotto et al. (1997) und auch die FBI-Studie von 1992 zeigen, dass z.B. Verkehrskontrollen, die häufig als Routinetätigkeit und Wiederholungstätigkeit angesehen werden, potenziell schwere Gefahren für

Polizisten darstellen. Es wird nicht in die Überlegung eingeschlossen, dass jemand, der wegen einer geringfügigen Verkehrsübertretung angehalten wird, eine Bedrohung ihres Lebens darstellen würde, und zwar beim Versuch, den Polizisten zu entfliehen.

Das Versäumnis, grundsätzlich auch die Möglichkeit einzukalkulieren, dass eine Situation gefährlich werden könnte, hatte verhängnisvolle Konsequenzen. Dies zeigt die Studie von Pinizzotto et al. (1997, 1998), die gerade bei extrem erfolgsmotivierten Polizisten ein hohes Gefährdungspotenzial fand. Sie handelten gewissermaßen nach dem Motto „Erfolg geht vor Sicherheit."

Das Bedürfnis dieser Polizisten, „Statistiken zu produzieren", gleichgültig, ob innerlich oder äußerlich motiviert, veranlasste sie manchmal, Vereinfachungen hinsichtlich ihrer Sicherheit vorzunehmen, wie z.B. die Unterlassung, den Einsatzleiter von ihren Handlungen zu unterrichten. Auch beachteten die Polizisten nicht die örtlichen Bedingungen, wenn sie Verkehrskontrollen durchführten. An heißen Tagen waren die Polizisten auch nicht geneigt, ihre Schutzwesten zu tragen.

3.5 Unkenntnis der Psychologie gewaltbereiter Personen

Die Polizisten, die Opfer eines Angriffs wurden, hatten ein vorgefertigtes Bild von der Persönlichkeit eines Täters, von dem sie annahmen, dass er sie vermutlich angreifen würde. Doch die Analyse der Täter durch Pinizzotto et al. (1998) zeigte, dass es kein einheitliches Profil von einem Menschen gibt, der einen Polizisten angreift, zu töten versucht oder tatsächlich tötet. Die vorgefertigten Bilder der Polizisten von dem Täterprofil waren also von geringem Wert, um ihre persönliche Sicherheit zu gewährleisten.

Auf jeden Fall müsste der Polizeibeamte die Möglichkeit in Betracht ziehen, neben friedlichen Bürgern oder höchstens verärgerten „Verkehrssündern" auch einer gewaltbereiten Person zu begegnen, einem „kalten Praktiker angewandter Gewalt" (Toch, 1969) oder einem „Straßenkampf-Veteranen" (Pinizzotto et al., 1997, 1998).

Gemäß ihren eigenen Aussagen betrug das Durchschnittsalter der Täter, bei dem sie ihre erste Tat begingen, 11 Jahre. Für mehr als $^2/_3$ der Täter war dies Diebstahl. Sie berichteten, dass sie mehr Verstöße gegen das Waffengesetz begangen hatten als jedes andere Verbrechen. 24 der 42 Täter berichteten, dass sie vor dem Angriff auf die Polizisten in Ereignisse mit Schusswaffengebrauch verwickelt worden waren, entweder weil sie selbst geschossen hatten oder weil auf sie geschossen worden war. 21% berichteten, dass sie schon in der Vergangenheit versucht hatten, einen Polizisten anzugreifen. Pinizzotto et al. (1998, S. 18) schreiben anschaulich: „Einige der Straftäter können am besten als Straßenkampf-Veteranen beschrieben werden, angesichts der Häufigkeit der Beteiligung an Schusswechseln mit anderen Kriminellen und der Polizei."

Bedrohlich wird eine Situation für einen Polizisten, wenn ein grundsätzlich Gewaltbereiter Alkohol oder Drogen benutzt. 62% der von Pinizzotto et al. (1998) untersuchten Täter benutzten Drogen, Alkohol oder beides zum Zeitpunkt des Vorfalls. Am häufigsten war gleichzeitiger Genuss von Drogen, gewöhnlich Kokain und Alkohol. Ein Täter beschrieb die Wirkung der Drogen folgendermaßen: „Heroin lässt dich unbesiegbar fühlen; Kokain lässt dich defensiver und etwas paranoid fühlen. Drogen behindern nicht deine Fähigkeit, eine Schusswaffe zu benutzen. Sie lassen dich schneller schießen. Wenn du auf Droge bist, bist du leichter erregbar und übergeschnappt, und vielleicht benutzt du schneller eine Schusswaffe" (Pinizzotto et al., 1998). Selbst wenn diese Äußerungen lediglich die persönliche Meinung des Täters wiedergeben und nicht unbedingt durch klinische Daten bestätigt werden, so ist doch aufschlussreich, wie hoch der Täter seine Aggressionsbereitschaft auf der Grundlage seines Drogenkonsums einschätzt.

Ein Täter, der bei einem bewaffneten Raubüberfall durch den Polizisten gestört worden war, gab an, dass er nicht beabsichtigt hatte, den Polizisten zu verletzen, sondern nur, eine Festnahme zu vermeiden. Er wusste, wenn er verhaftet worden wäre, hätte er sein Bedürfnis nach mehr Drogen nicht befriedigen können, was seinen Raubüberfall an erster Stelle motiviert hatte.

3.6 Mangelnde Wachsamkeit bei Interaktionen

Straftäter mit langer krimineller Karriere besitzen in manchen Bereichen eine gute Menschenkenntnis: Sie erkennen recht schnell die Schwächen anderer Menschen. Dazu folgendes Beispiel:

In einem Fall hatte ein 26-Jähriger zuvor 40 Einbrüche, 6 bewaffnete Raubüberfälle, 200 Autodiebstähle und 2000 Verstöße gegen Drogengesetze begangen. Vor der Ermordung des Polizisten hatte er niemals versucht, jemanden zu töten. Sein letztes Delikt vor dem Mord war ein bewaffneter Raubüberfall gewesen. Als der Polizist ihn zu einer Anhörung vor Gericht fahren sollte, war er daran erinnert worden, dass der Täter ein bewaffneter Räuber sei, sehr gefährlich, und dass er selbst alle möglichen Zwangsmittel benutzen sollte.
Der Täter wusste, dass er zum Gefängnis transportiert werden sollte, und hatte geplant, zu fliehen, wenn es möglich war. Er hatte einen selbst gebastelten Schlüssel für die Handschellen in seinem Mund versteckt. Er hatte auch in den vergangenen zwei Wochen mit seinen Zellengenossen eine Entwaffnungstechnik eingeübt.
Beim Verlassen des Gefängnisses sagte der Polizist, dass er den Gefangenen, wenn er „brav bleibe", mit den Handschellen vorne (nicht auf dem Rücken) fesseln würde und ihm erlauben würde, auf dem Vordersitz zu fahren, weil es für einen Menschen mit einer derartigen Körpergröße, wie sie der Täter hatte, unbequem sei, im hinteren Sicherheitskäfig zu fahren. Der Täter versicherte dem Polizisten, dass er gehorchen würde. Auf der Fahrt zum Gefängnis hatte der Täter keine Gelegenheit zur Flucht gehabt. Auf der Fahrt dahin war der Polizist im beständigen Gespräch mit ihm gewesen und hatte dem Täter seine persönlichen Probleme mitgeteilt. Vermutlich

zeigte dieses Symptom der Vertrauensseligkeit auch den Grund dafür auf, dass der Polizist dem Gefangenen beim Verlassen des Gerichts wieder nur vorne Handschellen anlegte und auf dem vorderen Beifahrersitz fahren ließ. Kurz vor Beendigung der Fahrt sah der Polizist zwei Frauen in der Nähe eines fahruntüchtigen Autos. Als der Polizist sich nach links neigte, um die Autotür zu öffnen, kam seine Dienstwaffe in Reichweite des Gefangenen. Dieser nahm sie aus dem Holster, und bei dem folgenden Kampf erschoss er den Polizisten mit dessen eigener Waffe.

Der Täter zeigte später keinerlei Gefühle für das Opfer. Er sagte, dass der Polizist ihn hätte in die Sicherheitszone auf dem Rücksitz setzen sollen und dass er nicht hätte so gesprächig sein sollen. Seiner Meinung nach hatte es der Polizist versäumt, seinen Job richtig zu tun, und er hatte ihm eine Möglichkeit gegeben, zu entkommen (FBI, 1992).

Man sieht also: Was der Polizist als freundliches Verhalten ansah, betrachtete der Täter als Schwäche, die er ausnutzen konnte. Spieltheoretisch ausgedrückt: Eine extrem kooperationsbereite Strategie (Polizist) traf auf eine extrem unkooperative Strategie (Täter) und wurde besiegt.

3.7 Nichtsprachliche Signale der Verletzbarkeit

Manche Polizisten senden also körpersprachliche Signale der Verletzbarkeit aus, und viele Täter sind clever genug, diese Signale zu lesen (s.a. Pinizzotto & Davis, 1999).

In einem Fall erklärte ein 18-jähriger Mann, der ein Stipendium für ein College bekommen hatte, dass er von dem „guten Leben" gelangweilt gewesen sei und dass er beschlossen hatte, ein „Stadtguerilla" zu werden. Dazu kaufte er sich eine Pistole und eine schusssichere Weste. Nachdem er innerhalb von drei Tagen zwei Geschäfte ausgeraubt hatte, wurde er von einem Polizisten als verdächtig eingestuft. Aber der Polizist wartete nicht die von ihm angeforderte Verstärkung ab; als er sich (ohne schusssichere Weste) dem Täter näherte, wurde er erschossen. Er hatte noch nicht einmal seine Waffe gezogen und war nicht schussbereit, als er sich dem Täter näherte, von dem anzunehmen war, dass er bewaffnet war. Er machte auch den großen Fehler, die Hände des Täters nicht zu betrachten, was diesem erlaubte, die Pistole zu ziehen, während er von ihm abgewandt war. Der Täter sagte später, dass er das Verhalten des Polizisten abgeschätzt hatte, bevor er eine aggressive Handlung ergriffen hatte. Er stellte fest: „Der Polizist war nicht autoritär und übernahm keine Kontrolle über mich, er war ein williger Teilnehmer an seinem Tod." Damit drückte er aus: „Weil der Polizist nicht die Führung in der Situation übernommen hatte, konnte ich ihn angreifen."

Der Polizist war sich nicht bewusst, dass er bestimmte Signale der Verletzbarkeit an den Täter übermittelt hatte. Aber der Täter sah, dass

- der Polizist alleine war und
- seine Pistole im Holster hatte

und deshalb bei einem plötzlichen Überfall verletzbar war.

Der Täter hatte also sowohl den Polizisten als auch die Situation abgeschätzt, bevor er handelte. Als er befragt wurde, was der Polizist hätte tun müssen, um seinen Tod zu vermeiden, sagte er: **Er selbst hätte anders gehandelt, hätte der Polizist einen Partner gehabt oder hätte er seine Waffe gezogen gehabt** (FBI, 1992).

Ein Täter sagte, dass er wusste, dass der Polizist nicht seine Waffe benutzen würde, obwohl der Polizist auf ihn zielte. Der Täter gab an, dass er dies aus der Art und Weise erkannte, wie der Polizist ihn anschaute und wie er seine Schusswaffe hielt (FBI, 1992). Wie viele andere Täter hatte dieser Mörder das Verhalten des Polizisten gemäß dessen Verletzbarkeit abgeschätzt. Und da dieser Unsicherheit zeigte, wurde er ein leichtes Opfer eines Gewaltbereiten.

3.8 Die Bitte um Mitleid

Selbst in einer gefährlichen Situation hat man immer noch große Überlebenschancen, wenn man die Führung der Situation in die Hand nimmt und problemlösend handelt. Dies ist deshalb ein wichtiges Prinzip, weil ein Polizist in gefährlichen Situationen mit vielem rechnen kann, nur mit einem nicht: mit Mitleid durch einen Gewaltbereiten. Dies zeigen die vielen Beispiele von Polizistenmördern (s. FBI, 1992; Pinizzotto & Davis, 1995).

Typisch ist folgendes Beispiel von Pinizzotto et al. (1998):

Vier der von ihnen untersuchten Täter gaben an, Mitglieder einer Straßengang zu sein, und sie zeigten die Mentalität von Straßengangs. Zwei von ihnen waren mit 50 Dollar bezahlt worden, um den nächsten Polizisten der Drogenbekämpfungseinheit zu töten, der ein bestimmtes Gebiet betreten würde. Gleichgültig, ob die Gangmitglieder verhaftet würden, sie würden immer noch Status und Anerkennung in der Gang erhalten. Als er den geplanten Auftragsmord an den Polizisten beschrieb, erinnerte sich ein Täter, dass der Polizist um sein Leben bettelte und ihnen Geld als Ersatz anbot. Der Täter erwiderte: „Wir wollen nicht das Geld, wir wollen das Leben." Er und ein anderes Gangmitglied schossen dann 7-mal auf den Polizisten und verließen ihn, als sie ihn für tot hielten. Doch er überlebte. Alle vier der Gangmitglieder zeigten bei der Befragung diese Art kaltblütiger mitleidloser Mentalität.

Kapitel 4
Überleben ist kein Zufall

1. Man muss seine Überlebenschancen wahrnehmen

Die Tatsache, dass es eine Reihe von Ereignissen gab, die zu Angriffen, Verletzungen oder sogar Tötungen von Polizisten führten, soll weder Pessimismus noch Angst auslösen. Vielmehr sind dies Vorkommnisse, die man gemäß der *Methode der kritischen Vorfälle* analysieren und daraus entsprechende Lehren ziehen und Maßnahmen ergreifen sollte. Denn in der Realität erweist es sich immer wieder: Überleben ist kein Zufall.

Analysiert man die Situationen, in denen Menschen zu Schaden kamen, so stellt man nämlich etwas Überraschendes fest: Manche Menschen haben eine gefährliche Situation überlebt, während andere Menschen in einer vergleichbaren oder sogar harmloseren Situation zu Schaden kamen, verletzt oder getötet wurden. Es lag also nicht so sehr an der *Situation*, sondern mehr an der betreffenden *Person*, in welche Richtung sich ihr Schicksal entwickelte, oder – anders formuliert – sie hatte mehr oder minder große Einflussmöglichkeiten.

> Ein deutscher Geschäftsmann in Brasilien wurde von drei nichtmaskierten Männern überfallen. Der Geschäftsmann entschärfte die Gefahrensituation für seine Familie dadurch, dass er den Tätern vorschlug, seine Frau und die vier Kinder in ein Zimmer zu sperren. Dies taten die beiden Täter auch. (Der dritte Täter war als Aufpasser vor der Tür geblieben.) Er selbst wurde jedoch von den Tätern bedroht. Sie benutzten schlimme Wörter, sagten, dass sie schon im Knast gewesen waren. Einer von den Dreien war offensichtlich ein Profi. Er lief durch das Haus und drohte: „Wenn ich eine Pistole finde, bringe ich dich um."
> Der Überfallene befand sich also in einer großen Stresssituation, die bei ihm auch Ärger auslöste. Später berichtete er mir: „Die Wut war meine Energie."

Man beachte hier die zumeist unterschätzte *konstruktive* Rolle von Ärger und Wut, gerade in lebensbedrohlichen Situationen, weil dadurch Schock und Passivität überwunden und Handeln ausgelöst wird.

Dies war auch hier der Fall. Er sagte sich: Wenn ich ein aktiver Partner (in dieser Situation), ein „Mitspieler" werde, dann habe ich noch eine Chance. Bleibe ich passiv, sehen mich die anderen als minderwertig und manipulierbar an. Dem Geschäftsmann blieb also keine Alternative als die Flucht nach vorn. Er sagte später dazu: „Wenn man diese Schwelle erst einmal überwunden hat, interessiert nicht mehr, was mit dir geschieht." Obwohl er innerlich Widerstand spürte, suchte er seine Chancen. Er machte zunächst einen Fehler, als er den „Profi" mit „Amigo" ansprach. Doch dieser sagte: „Ich habe keine Freunde. Ich bin stolz darauf, keinen Freund zu haben." Damit drückte er aus: Dies ist mein Prestige, ich bin so stark. Deshalb bewertete er auch das Wort „Amigo" als Anbiederung. Man vergleiche damit die Erkenntnis von Beggan und Messick (1988), dass unkooperative Personen Freundlichkeit als Schwäche ansehen.

Der „Profi" vermittelte den Eindruck von Stärke, er behielt in dieser Situation die Führung. Es gab keine Chance, mit ihm ins Gespräch zu kommen. Doch der Geschäftsmann erkannte, dass die einzelnen Täter unterschiedliche Hemmschwellen besaßen. Er fand auch den Schwachpunkt der Gruppe. Er konnte eine Bresche in die Front der Täter schlagen. Einer der Täter war nämlich offensichtlich labiler. Er zeigte Zeichen von Unsicherheit: Er zitterte, seine Augen rollten, er schlug die Augen nieder. Er ließ sich ansprechen, ging auf Fragen ein, was der „Profi" nicht getan hätte. Der Geschäftsmann schätzte ihn folgendermaßen ein: Der hat keine Freunde, der hat nur seine Familie. Deshalb ist die Familie der Punkt, wo ich bei ihm ansetzen kann. Und er hatte auch mehrfach Gelegenheit, auf ihn einzureden, da der Profi einige Male im Haus auf der Suche nach Beute unterwegs war. Er sagte ihm deshalb: „Du kannst doch nicht eine ganze Familie töten."

Offensichtlich hatten die Täter ihre Tat nicht genau geplant, nicht alles im Voraus kalkuliert. Unstimmigkeiten zwischen den Tätern waren erkennbar. Und diese Unstimmigkeiten nutzte der Geschäftsmann aus. Die Täter hatten Geld und Schmuck erbeutet, ihre Ziele also im Prinzip erreicht. *Er* übernahm deshalb die Führung der Situation, und *er* leitete ihr Verhalten und wirkte gleichzeitig beruhigend auf sie ein, indem er ihnen konkrete Handlungsanweisungen für die Flucht gab. Er sagte: „Packt alles in mein Auto." (Sie waren zu Fuß gekommen.) „Sperrt mich dann zu meiner Familie ein. Fahrt dann zusammen weg. Ihr habt dann einen Vorsprung. Ihr könnt euch möglichst geräuschlos entfernen."

Doch dann tauchte unerwartet ein neues Problem auf: Der Täter, der sich ans Steuer des Autos gesetzt hatte, würgte den Motor ab. Auch hier behielt der Geschäftsmann die Nerven und übernahm die Kontrolle der Situation. Da zu befürchten war, dass die Täter durch diese unerwartete Schwierigkeit „die Nerven verlieren" und deshalb unkontrolliert und aggressiv handeln würden, fuhr er selbst die Täter aus dem Tor heraus, eine kurze Strecke bis über eine kleine Anhöhe, sodass die Täter keine Probleme beim Wegfahren mehr bekommen würden. Er selbst wurde dann zu seiner Familie gesperrt.

Später verhielten sich die Täter unprofessionell. Als nämlich ein Polizeiauto an ihnen vorbeifuhr, machten sie sich auffällig: Sie schauten weg. Sie wurden dann von der Polizei verfolgt und überwältigt.

Das Verhalten der Täter am Ende dieses Falls ist auch ein Beispiel für das, was die amerikanische Sicherheitsfirma Calibre Press als *„No Look –*

Rule" bezeichnet: Das demonstrative Wegschauen beim Anblick eines Polizisten sollte bei diesem Aufmerksamkeit hervorrufen.

Im Sinne einer sachgemäßen Deutung nichtsprachlicher Signale muss dieses Wegschauen *nicht* automatisch bedeuten, dass man es mit einem Täter zu tun hat, noch bedeutet das Nichtwegschauen, dass jemand *kein* Täter ist (s. analog dazu *das Dilemma des Lügenentlarvers*, Füllgrabe, 1995). Gefährlich kann es nämlich dann werden, wenn man vom Gegenüber starr und konzentriert angeschaut wird, wenn der andere einen „fixiert". Wichtig ist hier zunächst nur, dass man seine Wachsamkeit erhöht. Ein deutscher Polizist schilderte mir sogar ein ganzes Bündel nichtsprachlicher Signale, die neben dem Ausweichen des Blickkontaktes seine Wachsamkeit erregen: Augen gehen in die andere Richtung, Senken und/oder Wegdrehen des Kopfes, Nervosität (fahriger Umgang mit den Händen usw.).

Man könnte natürlich fragen, ob man den brasilianischen Fall verallgemeinern kann und ob das Überleben gefährlicher Situationen nicht doch nur durch den Zufall bestimmt wird. Um diese Frage zu klären, möchte ich jede Leserin und jeden Leser bitten, folgende Ereignisse, die sich tatsächlich so ereignet haben, durchzulesen und zu überlegen, wie sie endeten.

2. Test: Wie gingen die Ereignisse aus?

▶ Fall 1
Ein Engländer ging auf einer belebten Straße in Moskau entlang, als er feststellte, dass eine Gruppe von Teenagern von der anderen Straßenseite her ihn beobachtete. Sie kamen über die Straße, und als sie näher kamen wurde deutlich, dass sie ihn überfallen wollten.

▶ Fall 2
Ein Serienvergewaltiger und Serienmörder bedrohte eine Frau in einem Fahrstuhl. Sie stieß ihn zurück, drückte den Türöffner, rannte hinaus. Sie stolperte; der Täter fiel über sie, verlor sein Messer. Er lag neben der schreienden Frau.

▶ Fall 3
Ein Polizist sollte mehrere vermutete Einbrecher ermitteln. Er beobachtete zwei Verdächtige, die zwei Gewehre hatten und weggingen. Er näherte sich ihnen und verlangte ihre Waffen. Als sie sich weigerten, ihre Waffen niederzulegen, drehte der Polizist ihnen den Rücken zu, ging zu seinem Streifenwagen zurück und rief um Verstärkung. Dann kehrte er sofort zu den Verdächtigen zurück.

Kapitel 4

▸ *Fall 4*
Ein drogenabhängiger Rauschgifthändler behauptete, dass er eine Botschaft von Gott erhalten habe, dass er einen Polizisten töten sollte, weil die Polizei seinen Drogenhandel ruinierte. Um dies zu vollenden, ging er zu einer Kreuzung in der Nähe seines Hauses, um einen Polizisten zu finden, den er töten konnte. An der Kreuzung beobachtete er einen uniformierten Sergeant an einer Tankstelle, der einen Reifen an seinem Streifenwagen reparieren ließ.

Es ist jetzt nicht unbedingt notwendig, den tatsächlichen Ausgang dieser Vorfälle richtig erraten zu haben. Vielleicht ist sogar der Erkenntnisgewinn für denjenigen größer, der sich einen ganz anderen Ausgang vorstellte, weil er dadurch zum Nachdenken veranlasst wird.

Hier das Ende der Ereignisse:

- **Fall 1:** Bevor die Teenager den Engländer – gemäß den Äußerungen von Kain (1996, S. 165) vermutlich ein Mitglied der SAS-Sondereinheit – eingekreist hatten, handelte er. Hätten sie ihn eingekreist, hätte er vermutlich nur die Möglichkeit gehabt, sich ihrem Willen zu beugen. Deshalb rannte er genau auf sie zu, zielte auf den offensichtlichen Führer und durchbrach ihre Linie, indem er einige von ihnen umstieß. Sie machten einen halbherzigen Versuch, ihm zu folgen, aber gaben es schnell auf. „Er war erfolgreich, weil er handelte, während er noch die Kontrolle besaß, und seine Bewegungen waren positiv und unerwartet – Geschwindigkeit, Aggression, Überraschung" (Kain, 1996, S. 165).

- **Fall 2:** Der Täter berichtete: „Ich lag auf dem Boden neben ihr, zu Tode erschrocken. Mein Geist war leer. Ich rannte aus dem Gebäude." Er wurde daraufhin gefasst (Ressler, Burgess & Douglas, 1983, S. 139).

Aus diesen beiden Beispielen sind schon einige Grundregeln der Überlebensfähigkeit ersichtlich: Alleine schon das bloße Handeln, dass man etwas **aktiv** tut, erhöht die eigenen Überlebenschancen. Dies zeigen auch Beispiele von Frauen, die Serienmördern entgingen, oder Kindern, die durch Schreien einen pädophilen Täter in die Flucht schlugen (Füllgrabe, 1997). Und das potenzielle Opfer, das **unerwartet reagiert**, zerreißt gewissermaßen das „Drehbuch" des Täters, bringt seinen geplanten Handlungsablauf durcheinander. Es findet ein Rollenwechsel statt: Aus dem hilflosen Opfer wird derjenige/diejenige, der/die plötzlich die Situation dominiert. Das hat der Angreifer nicht erwartet, es verwirrt ihn, und er weiß nicht, wie er sich verhalten soll.

> „Das Element der Überraschung, kombiniert mit wilder Gewalt, kann bei der Konfrontation auf der Straße wirkungsvoll sein. Eine Gruppe von Männern näherte sich drei 18-jährigen Mädchen in der Absicht, sie zu vergewaltigen. Eines der Mädchen konnte Karate und trat einem der Männer in die Genitalien, ein zweites Mädchen, die keine Kampfsportarten betrieb, schlug mit ihrer Tasche in die Genitalien eines anderen Mannes, und die Mädchen konnten unbeschadet entkommen.

Selbst wenn man deutlich in der Unterzahl ist, kann schnelles Denken und explosives Handeln Sie retten (Kain, 1996, S. 164–165).

Der **Fall 3** gehört dagegen leider zu den Fällen, bei denen der Polizist durch sein eigenes falsches Verhalten (z.B. nicht auf seine Kollegen warten) einen Angriff provozierte, was zu seinem Tod führte (FBI, 1992).

Dagegen endete **Fall 4** völlig anders, als man wohl erwarten würde. Wie im nächsten Abschnitt geschildert wird, wagte der potenzielle Mörder nicht, seine Absicht auszuführen, weil der Polizist Selbstsicherheit ausstrahlte (Pinizzotto & Davis, 1999).

Es wird also deutlich: **Überleben ist kein Zufall!** Selbst in extremen Gefahrensituationen hat man mehr Handlungsmöglichkeiten und deshalb mehr Überlebenschancen, als man auf den ersten Blick hin glaubt. Dagegen sind mögliche Argumente, dass diesem Mann oder jener Frau in einer bestimmten Situation alles nichts geholfen habe, lediglich Äußerungen, die die eigene Passivität rechtfertigen sollen. Falsch ist auch ein *ressourcenarmer* Optimismus, nach dem Motto: „Es wird schon irgendwie gutgehen." oder: „Ich werde schon mit allen Gefahren fertig." Problemlösend ist dagegen ein **realistischer Optimismus**: „In jeder Situation gibt es noch Handlungsmöglichkeiten. Und auch in einer Gefahrensituation werde ich alle meine Möglichkeiten ausschöpfen."

3. Die Überlebenschancen bei Tötungsabsicht

Man hat sogar dann große Chancen zu überleben, wenn ein Täter bewusst einen beliebigen Polizisten töten will, wenn also keine Beziehung zwischen Täter und Opfer besteht, das Opfer also nicht mit Gewalt rechnen kann. Dies zeigen verschiedene Fälle der Praxis, aber auch eine Untersuchung von Pinizzotto und Davis (1999). Die Meinung, ein Polizist hätte in einer derartigen Situation keine Chance, beruht offensichtlich darauf, dass man seine persönliche Meinung in die Diskussion einbringt, aber es vorher versäumt hat,

a) genau zu untersuchen, was sich konkret in der Interaktion abspielt, und
b) die gegenseitige Beeinflussung von Menschen in solchen Interaktionen zu betrachten und analysieren.

Man kann nämlich in potenziell gefährlichen Interaktionen selbst etwas dazu beitragen, diese gefährliche Situation zu überleben. Andererseits kann man durch falsches Verhalten oder durch das Zeigen von Schwäche leicht zum Opfer werden. Pinizzotto und Davis (1999) stellten nämlich fest, dass Täter, die Polizisten angriffen und töteten, offensichtlich die nichtsprachlichen Zeichen der Verletzlichkeit von Polizisten genau „lesen" konnten.

Dazu drei Fälle:

> Der erste Fall, der das FBI auf dieses Phänomen aufmerksam machte, war der Fall eines sprachgewandten 18-Jährigen. Nach dem Überfall auf einen Laden floh er zu Fuß. Ein Polizist rief ihn an, stehen zu bleiben. Der Täter gab an, dass der Polizist „nicht autoritär war, sehr höflich und weder Kontrolle über mich übernahm, noch irgendeinen Versuch unternahm, meine Handlungen zu kontrollieren". Als der Polizist sich ihm näherte, bemerkte der Täter, dass die Pistole des Polizisten in seinem Holster geblieben war. Nachdem er die Aufforderung des Polizisten ignorierte, stehen zu bleiben und seine Hände hoch zu heben, drehte der Täter sich um und erschoss den Polizisten.
> Nach Ansicht des Täters sah ihn der Polizist nicht als Bedrohung an und machte deshalb keinen Versuch, sich zu schützen. Nachdem er das Verhalten und den Klang der Stimme des Polizisten abgeschätzt hatten, beurteilte der Täter die Lage so: „Ich besitze die Überlegenheit." Dies veranlasste ihn zum Angriff, was zum Tod des Polizisten führte. Der Täter diagnostizierte die Verletzbarkeit aus den Handlungen des Polizisten und zog seinen Nutzen daraus.

Der folgende Fall ist aus mehreren Gründen interessant. Zunächst einmal zeigt er, dass man sogar gegenüber einem Menschen eine große Überlebenschance hat, der mit „psychisch gestört" diagnostiziert werden kann. Gerade im Umgang mit solchen Personen kann man häufig falsche Vorstellungen finden. Denn nur *scheinbar* handeln derartige Personen immer unberechenbar. In Wirklichkeit nehmen sie durchaus situative Gegebenheiten genau wahr und handeln – im Rahmen ihrer persönlichen und nicht unbedingt immer der Realität entsprechenden Sichtweise und Logik – dementsprechend durchaus planvoll. Beispielsweise reagieren Schizophrene durchaus sensibel auf Veränderungen ihrer Umwelt und können ein sehr komplexes Interaktionsmuster aufbauen, bei dem sie ohne Worte auskommen (s. Zimbardo, 1983, S. 535).

Der folgende Fall veranschaulicht, dass der Täter durchaus wusste, was er tat. Keineswegs kann man von ihm sagen, dass er für sein Handeln nicht verantwortlich gewesen sei.

Der Täter berichtete, dass er geplant hatte, einen Polizisten zu töten. Dies setzte er am gleichen Tag auch in die Tat um. Er war ein kleiner Rauschgifthändler und schwer drogenabhängig. Er behauptete, dass er eine Botschaft von Gott erhalten habe, dass er einen Polizisten töten sollte, weil die Polizei seinen Drogenhandel ruinierte. Um dies zu vollenden, ging er zu einer Kreuzung in der Nähe seines Hauses, um einen Polizisten zu finden, den er töten konnte. Wegen des Grades seiner Drogenabhängigkeit fehlten seiner Absicht eine klare und präzise Planung. Er überlegte weder, wie er sich gegenüber einem Polizisten an diesem speziellen Ort verhalten sollte, noch, wie er eine Waffe bekommen würde, die er benutzen könnte.
An der Kreuzung beobachtete er einen uniformierten Sergeant an einer Tankstelle, der einen Reifen an seinem Streifenwagen reparieren ließ. Nach seinen eigenen Angaben näherte sich der Täter dem Sergeanten, mit der Absicht, ihn zu töten. Er sagte jedoch später: „Als ich ihn anschaute, konnte ich voraussagen, dass er zu schwer zu überwältigen war."

Als er gefragt wurde, wie der Sergeant ausschaute und welche Gesichtspunkte seines Aussehens oder Verhaltens den Täter veranlasst hatten zu glauben, dass er den Sergeanten *nicht* überwältigen könnte, war er nicht in der Lage, irgendetwas dazu zu sagen, außer: „Er sah so aus, dass es schwierig war, ihn zu überwältigen." Als er weiter über seine Wahrnehmung hinsichtlich des Äußeren des Sergeanten befragt wurde, sagte der Täter, dass dieser Polizist nicht besonders groß war oder bedrohlich im Aussehen, aber „so ausschaute, als ob er sich (bei einer Auseinandersetzung) gut selbst behaupten könnte".

Der Täter blieb etwa für zwei Stunden an diesem Ort, bis ein Verkehrsunfall geschah und ein Streifenwagen mit einem Polizisten auf der Szene erschien. Der Täter beobachtete den Polizisten nur für einen kurzen Zeitraum, bevor er „wusste, das ist mein Opfer". Nachdem er seine Entscheidung getroffen hatte, ging der Täter langsam zu dem Polizisten und schlug ihn mit der Faust. Als der Polizist auf den Boden fiel, nahm der Täter die Dienstwaffe des Polizisten an sich, schoss 6-mal auf ihn und tötete ihn.
Als er gefragt wurde, welche Kriterien er benutzt hatte, um diesen Polizisten einzuschätzen, hatte der Täter erneut Schwierigkeiten, seinen Entscheidungsprozess in Worte zu fassen. Er konnte sich nur daran erinnern, dass der Polizist „übergewichtig" erschien und „aussah, als würde er keine Schwierigkeiten machen". Tragisch ist, dass dieser Polizist eine Stunde vor seiner Ermordung zur Dienststelle zurückgekehrt war und seine schusssichere Weste in seinen Spind gehangen hatte.

Dieser Fall zeigt also auch auf, dass der bloße Besitz einer Schutzweste keineswegs vor einer Gefahr schützt, weil **psychologische Faktoren bei der Eigensicherung eine große Rolle spielen.**

Bei der Befragung der Kollegen von Polizisten, die im Dienst getötet wurden, machten die Interviewer des FBI (1992) nämlich eine interessante

Entdeckung: Obwohl sie überhaupt nicht danach befragt wurden, berichteten die Kollegen in 10 der Fälle, dass die getöteten Polizisten jahrelang gute Beurteilungen, in der letzten Beurteilung vor ihrem Tod aber eine schlechtere Beurteilung erhalten hatten. Leider konnten in den meisten Fällen von den Dienststellen keine näheren Informationen über die Gründe für diese Verschlechterung der Leistungen eingeholt werden. Bei dem oben erwähnten getöteten Polizisten konnten jedoch zwei Gebiete ermittelt werden, wo der Polizist gegenüber der letzten Beurteilung Nachlässigkeiten gezeigt hatte. Er hielt nicht die Gewichtsrichtlinien ein: Er war übergewichtig, und er benutzte nicht die vom Revier gelieferte Schutzweste; er behauptete, dass sie zu unbequem zu tragen sei. Außerdem war ihm während einer Verhaftung seine Dienstwaffe abgenommen worden. Während dieses Vorfalls war es dem Partner des später getöteten Polizisten gelungen, den Täter zu töten, der ihn entwaffnet hatte.

Offensichtlich zeigte dieser Polizist bestimmte Verhaltensweisen und sprachliche und nichtsprachliche Signale, die nicht nur seinen Vorgesetzten zu einer schlechteren Beurteilung veranlasst hatten, sondern auch dem Täter signalisierten, dass er ein leichteres Opfer vor sich hatte.

Ein anderer Täter griff einen Polizisten an, „um eine Botschaft an die Polizisten in meiner Stadt zu richten". Er beschloss, die Botschaft zu senden: „Hört auf, euch mit den Drogenjungs abzugeben", indem er einen Polizisten tötete. Während einer Feier in der Gemeinde näherte sich der bewaffnete Täter einem der vielen Polizisten, die an der Straße den Verkehr regelten, in der Absicht, ihn zu erschießen. Doch nachdem er sich den ersten Polizisten anschaute, dem er sich genähert hatte, „wusste ich, dass er ein schwieriges Ziel sein würde". Deshalb bewegte er sich durch die Menge. Nachdem er den nächsten Polizisten gemustert hatte, an dem er vorbeikam, nahm der Täter seine Pistole aus der Hosentasche und schoss dem Polizisten in den Kopf. Dieser Polizist sagte, dass er die Waffe des Täters „in der letzten Sekunde (sah), unmittelbar vor dem Schuss". Mit einer schnellen Handbewegung schob er die Waffe von seinen Augen weg, lenkte den Weg der Kugel ab und rettete sein Leben.

Der erste Polizist in diesem Fall hatte überhaupt nicht bemerkt, dass der Täter ihn als Ziel angesehen hatte. Noch war ihm bewusst, dass er mit seinem Handeln – sei es die Art, wie er ausschaute, wie er ging oder die Art, wie er mit den Personen um ihn herum redete – eine Botschaft ausgestrahlt hatte, dass er die Kontrolle über die Situation besaß. Der Täter sagte, dass er vorher mit keinem der beiden Polizisten Kontakt gehabt hätte.

Wie auch in anderen Fällen hatte dieser Täter Schwierigkeiten genau zu formulieren, welche nichtsprachlichen oder sprachlichen Signale er von diesen Polizisten wahrnahm, die seine Entscheidungen bestimmten (Pinizzotto et al., 1997, 1998).

Die Täter, die Polizisten angegriffen oder getötet hatten, sagten immer das Gleiche: Wenn ihre Opfer den allgemeinen Eindruck vermittelten, dass sie „autoritativ" (nicht autoritär waren, sondern Autorität ausstrahlten) waren, resolut zu sein schienen oder professionell handelten, zögerten die Täter, einen Angriff zu beginnen. Mit anderen Worten: Sobald die Täter den Eindruck hatten, dass der Polizist sich zur Wehr setzen könnte, wagten sie keinen Angriff (s. die TIT FOR TAT-Strategie, Kap. 5). Im Gegensatz dazu kann leicht eine gefährliche Situation entstehen, wenn man durch ängstliches, aggressives oder zunächst ängstliches *und dann* aggressives Verhalten zeigt, dass man die Situation *nicht* unter Kontrolle hat.

Ein „Straßenkampfveteran" sagte, dass er immer seine Schusswaffe vorne im Gürtel seiner Hose trage, wenn er schnellen Zugriff darauf haben wolle. Er schätzte auch immer die Person ab, der er begegnete und fügte hinzu, dass er glaube sagen zu können, ob eine Person die Absicht hatte, auf ihn zu schießen. Er sagte: „Man kann es an seinen Bewegungen sehen; man kann es fühlen; er ist mehr oder weniger nervös; er ist aggressiver" (Pinizzotto et al., 1997, S. 27). Der Täter berichtete, dass in der Nacht des Angriffs der Polizist seine Pistole aus dem Holster gezogen hatte und der Polizist „diesen Blick hatte". Er schoss zuerst, wie er es formulierte „aus Gründen des Überlebens". Der Polizist, der zweimal vom Täter getroffen wurde, sagte, dass er im Begriff war, seine Waffe in die Richtung des Täters zu heben, als auf ihn geschossen wurde.

Pinizzotto et al. (1997) gingen auch in einer anderen Untersuchung auf die Frage ein, welche körperlichen Merkmale des Polizisten eher zu einem Angriff geführt hatten.

Als die Täter befragt wurden, gaben sie an, dass weder das Alter noch Größe oder Rasse einen Einfluss auf ihre Entscheidung gehabt hatten, den Polizisten anzugreifen. Interessant ist jedoch, dass in allen untersuchten 40 Fällen keine körperlichen Angriffe auf Polizisten stattfanden, die wesentlich größer an Körpergröße und Gewicht waren. Umgekehrt gab es mehrere Vorfälle, wo die Angriffe von Tätern ausgingen, die schwerer und größer als ihre Opfer waren. Dies könnte man aber auch so deuten: Einige Täter, die Polizisten angriffen, besaßen Überlegenheit an Körpergröße und Gewicht, andere Täter aber nicht. Deshalb könnte der Faktor *„körperliche Unterlegenheit"* des Polizisten nur einer von mehreren Faktoren sein, die einen Angriff auslösten. Man darf aber auch die *psychologischen* Zeichen der Unsicherheit nicht unberücksichtigt lassen.

Pinizzotto et al. (1997) stellten in *dieser* Untersuchung auch fest, dass das Geschlecht des Opfers eine Rolle spielte: Drei Täter meinten, dass man Polizistinnen leichter überwinden könne, und zwei von ihnen griffen tatsächlich eine Polizistin an. In jedem dieser Fälle handelte die Polizistin alleine und begegnete dem Täter in einer Situation, wo dieser ebenfalls alleine war.

Allerdings zeigen verschiedene Fälle in diesem Buch, dass die Überlebensfähigkeit nichts mit der Geschlechtszugehörigkeit zu tun hat, sondern mit *psychologischen* Faktoren. Beispielsweise belegt folgendes Beispiel einer jungen deutschen Polizistin, wie einfach es sein kann, das sich durch die jeweilige Lage gebildete System zu einem gewaltfreien Zustand hin zu steuern:

> Wegen einer nächtlichen Ruhestörung wurde eine junge Polizistin zusammen mit einem etwas älteren Kollegen in ein Haus gerufen. Der betreffende Wohnungsbesitzer sollte seinen Personalausweis zeigen. Demonstrativ zögerlich suchte er danach, stellte die Musikanlage lauter und verhielt sich derart sehr provokativ. Während der Polizist passiv blieb, sagte die junge Polizistin plötzlich mit leicht erhobener Stimme: „Kriegen wir nun den Ausweis oder nicht?!" Daraufhin händigte ihr der Mann den Personalausweis sofort aus. Beim Herausgehen sagte er zu dem Polizisten: „Seien Sie froh, dass Sie eine Frau dabei haben, sonst würde ich Ihnen eine reinhauen."

Die junge Polizistin hatte verschiedene Prinzipien des konfliktfreien Einschreitens mit diesem einzigen Satz ausgeführt: problemlösendes Handeln statt Passivität; die Führung der Situation übernehmen; Frieden durch entschlossenes Auftreten. Vor allem aber hatte sie das wichtige Prinzip unbewusst erkannt und umgesetzt: Wenn ich provoziert oder angegriffen werde, muss **ich** die Kontrolle über die Situation übernehmen, damit ich das System in Richtung Frieden steuern kann.

4. Nichtsprachliche Signale der Selbstsicherheit

Pinizzotto und Davis (1999) stellten fest, dass Täter, die Polizisten angriffen und töteten, offensichtlich die nichtsprachlichen Zeichen der Verletzlichkeit von Polizisten genau „lesen" können. Welche Signale sind das?

Ein Polizeibeamter kann seine Unsicherheit oder Sorglosigkeit durch eine Vielzahl von Verhaltensweisen und spezifisch nichtsprachlicher und sprachlicher Signale verraten. Die folgende Aufzählung ist weder vollständig, noch muss sie für alle Situationen gültig sein.

Grundsätzlich:

- Der Polizist handelt langsam, nicht zielstrebig. Er handelt nicht mit Entschlossenheit. Der Gegenüber sieht: Er weiß nicht, was er tun soll.
- Er handelt zögerlich oder unsicher. Der Gegenüber sieht: Er führt nicht; er hat die Situation nicht im Griff.

Nichtsprachliche Signale:

- Er bewegt sich zögernd und mit unsicheren Schritten.
- Hängende Schultern.
- Seine Augen sind auf den Boden gerichtet.
- Die Uniform ist nicht sachgerecht. Der Gegenüber sieht: Der nimmt 's nicht genau, der missachtet leicht Vorschriften.

Beim Gespräch verrät sich die Unsicherheit:

- Er schaut dem Gegenüber nicht in die Augen.
- Er stottert oder zeigt andere Signale der Überaktivierung.
- Er spricht unangenehme Themen nicht direkt an, sondern umschreibt sie vorsichtig, konfliktscheu, statt klipp und klar das Problem darzustellen, eine Maßnahme auszusprechen und diese sachlich zu *begründen*.
- Er lacht aus Verlegenheit.
- Er hat keinen eigenen Standpunkt und stimmt dem Anderen nur zu (er zeigt sozial erwünschtes Verhalten).
- Er zeigt übermäßige und ungewollte Höflichkeit.
- Er zeigt sich an jedem Thema interessiert, obwohl das Gegenteil der Fall ist.

Welche Signale dagegen ein Polizist zeigen soll, und wie sich verschiedene Verhaltensstile von Polizisten voneinander unterscheiden, zeigt Scheferling (2000, S. 31) in folgender Übersicht:

	Verhalten		
	sicher	unsicher	aggressiv
Stimme	verständlich	leise, zaghaft	drohend, schreiend
Formulierung	problemorientiert	unklar, vage	drohend, beleidigend
Inhalt	präzise Begründung, „Ich"-Gebrauch	überflüssige Erklärungen, „Man"-Gebrauch	keine Erklärungen, Drohung, Beleidigung, Kompromisslosigkeit, Rechte anderer werden ignoriert
Gestik/Mimik	lebhaft, unterstreichend, entspannt, Blickkontakt	kaum vorhanden oder verkrampft, kein Blickkontakt	unkontrolliert, drohend, wild, gestikulierend, kein Blickkontakt oder Anstarren

Eine derartige Darstellung sprachlicher und nichtsprachlicher Signale muss weder vollständig noch in allen Situationen zutreffend sein. Vermutlich sind es auch nicht unbedingt einzelne nichtsprachliche Signale, die den Eindruck von Unsicherheit oder Sicherheit vermitteln, sondern das **Gesamtmuster**, der **zeitliche Ablauf** und der **Grad der Bewältigung** der *spezifischen* Situation.

So kann eine lässige, „routinemäßige" (also nicht sachorientierte) Vorgehensweise dem Täter mitteilen, dass der Polizist möglicherweise geistig oder gefühlsmäßig abgelenkt ist. Auch kann **das Fehlen von Verhaltensweisen, die der Situation angemessen sind,** seitens des Polizisten dem Täter gefährliche Informationen liefern. Beispielsweise können Situationen, wo der Polizist es versäumt, den Körperbewegungen des Verdächtigen oder Veränderungen der Körperposition zu folgen, seinen Mangel an Bereitschaft verraten *zu handeln*. Wenn Straftäter derartige Informationen empfangen, können sie für *den* Polizisten tödlich werden, der sich der Auswirkungen seiner Verhaltensweisen und Handlungen nicht bewusst ist (Pinizzotto & Davis, 1999, S. 4).

Kapitel 5
Gewaltvermeidung durch die TIT FOR TAT-Strategie

1. Sachgerechtes polizeiliches Handeln

Die zitierten Fälle zeigen, dass ein Polizist aus zwei entgegengesetzten Gründen in eine gewalttätige Auseinandersetzung geraten kann:
1. Er provoziert durch rechthaberisches oder beleidigendes Verhalten eine Person.
2. Er provoziert durch unprofessionelles Vorgehen oder durch Signale der Schwäche den Angriff einer gewaltbereiten Person.

Wie soll sich also ein Polizist verhalten? Bleibt er zu passiv oder zu zurückhaltend, so kann dies als Schwäche gedeutet werden. Will er aber den Eindruck von Schwäche vermeiden und tritt zu aggressiv oder unangemessen dominant auf, so kann er auch einen Konflikt heraufbeschwören. Was soll er also tun?

Zunächst einmal wird deutlich, dass diese beiden oben erwähnten Problemsituationen mehrere Dinge gemeinsam haben.
1. In *beiden* Problemsituationen ist das berufliche Handeln nicht sachgemäß. Es werden im ersten Fall z.B. die Maßnahmen nicht erklärt, es wird überreagiert. Im zweiten Fall wird zu wenig reagiert, zu wenig konsequent und entschlossen gehandelt.
2. In *beiden* Problemsituationen steht nicht das konsequente polizeiliche *Handeln* im Vordergrund, sondern die *Person* des Polizisten. Im ersten Fall ist sie viel zu dominant (oder sogar aggressiv), im zweiten Fall zu schwach und zu wenig dominant.

Aus diesen beiden Gesichtspunkten ergibt sich schon, wie man das Konfliktpotenzial von Situationen verringern kann: Das konsequente sachgerechte Vorgehen, verbunden mit Erklärungen für die zu treffenden Maßnahmen, löst den Eindruck der Professionalität aus („Der versteht seine Sache, dem kann man nichts vormachen!") und auch zumeist den Eindruck der *Fairness*!

3. In *beiden* Problemsituationen wird keine angemessene Kontrolle über *diese* Situation übernommen. Durch das extreme Zeigen von Macht signalisiert der Polizist nicht nur, dass er keine richtige Dosierung für die Situation benutzt, sondern auch, dass ihm die Gelassenheit fehlt, in eine Interaktion mit dem Anderen einzutreten. Aber auch durch das entgegengesetzte Verhalten – zögerliches oder passives Verhalten, besonders in Krisensituationen – kann ein Polizist gefährdet werden, weil er dadurch nicht nur zeigt, dass er nicht die Fähigkeit besitzt, diese Situation zu bewältigen, sondern auch versäumt, die Kontrolle der Situation zu übernehmen. Dadurch kann ein Gewaltbereiter die Initiative an sich reißen und den Polizisten angreifen.

Es wird aus der Analyse z.B. deutlich, dass man zu wenig *oder* zu stark dominant sein kann. Was bedeutet das konkret für die polizeiliche Praxis?

Offensichtlich tritt alleine dadurch schon ein Problem auf, dass man meint, man müsse sich immer *gleich* verhalten, z.B. *immer* freundlich.

Andererseits ist der Hinweis, dass man sich eben je nach der Situation unterschiedlich zu verhalten habe, viel zu allgemein gehalten. Denn es wird dadurch nicht deutlich, *wie* man sich in Situation 1, Situation 2, Situation 3 verhalten soll usw.

Man muss also erkennen, dass es keineswegs nur *ein* richtiges Verhalten gibt, sondern dass man die Balance zwischen zu wenig und zu viel Dominanz finden muss.

Hilfreich sind hier zwei Modelle: die **zwischenmenschliche Spieltheorie** (Füllgrabe, 1997; Toch, 1969) und die **Steuerung sozialer Systeme** (Dörner et al., 1983; Dörner, 1989). Aus beiden Modellen ergibt sich auch eine bestimmte innere Haltung, die für die Eigensicherung und auch allgemein für das Überleben gefährlicher Situationen (s. Siebert, 1996) notwendig ist.

Wie bereits bei der Entstehung von Gewalt aufgezeigt sollte man zwischenmenschliche Begegnungen unter dem Gesichtspunkt einer **zwischenmenschlichen Spieltheorie** (Füllgrabe, 1997) betrachten. Die Begegnung mit einem anderen Menschen ist nämlich kein statischer, starrer Zustand, sondern eine Kette von sprachlichen und nichtsprachlichen Ereignissen. Die beiden Personen *reagieren* aufeinander.

- Jeder Zug der einen Person löst wie bei einem Schachspiel den Zug einer anderen Person aus.
- Man muss im „Spiel des Lebens" grundsätzlich damit rechnen, dass man neben friedlichen auch unkooperativen und feindseligen Strategien (= Personen) begegnet. Diese muss man rechtzeitig erkennen und sofort *sachgemäß* darauf reagieren.

Dass eine zwischenmenschliche Spieltheorie – wie bereits 1969 von Toch ansatzweise formuliert – gerade für das Überleben in gefährlichen Situationen sinnvoll ist, belegt z.B. die Tatsache, dass sich Polizisten von der scheinbaren Bereitschaft des Täters zur Kooperation täuschen ließen (Sessar et al., 1980) und dass das Vorgehen eines von de Becker (1999) beschriebenen Serienvergewaltigers genau der Strategie „Tranquilizer" (Axelrod, 1991) entsprach: zuerst eine pseudovertrauensvolle Kommunikation zeigen, um ein Vertrauensverhältnis aufzubauen, und dann zuschlagen.

Eine *zwischenmenschliche* Spieltheorie ist auch deshalb zur Betrachtung der Fähigkeit zum Überleben in gefährlichen Situationen notwendig, weil es hier nicht um *rationale* Wahlen und Entscheidungen wie bei der klassischen Spieltheorie geht. Darauf hatte schon Toch (1969) hingewiesen.

Beispielsweise geht es bei zwischenmenschlichem Verhalten auch um die Notwendigkeit, Lügen und Täuschungsversuche zu erkennen (s. Füllgrabe, 1995). Und im Gegensatz zum Schach werden bei zwischenmenschlichen Begegnungen die einzelnen „Züge" nicht immer rational (im Sinne von „vernünftig") durchgeführt, denn dabei fließen vor allem Selbstbilder, persönliche Mythen, Gefühle, Motive, der individuelle Bindungsstil (s. Kap. 18) usw. in den Entscheidungsprozess ein. Neben derartigen rein persönlichkeitspsychologischen Faktoren wirkt sich auch ein unrealistisches Weltbild negativ aus, z.B. die Unkenntnis von der Existenz **sozialer Fallen:**

Menschen oder ganze Organisationen gehen in eine Richtung, die am Anfang kurzfristige Erfolge bringt, positiv zu sein scheint, aber am Ende in eine negative Richtung geht, bis es dann zu spät ist und man in einer Falle sitzt wie ein Fisch, der in eine Reuse geraten ist. Typische Fälle dafür stellen das Kriminaldelikt des Betruges dar und die Phänomene, dass Frauen bei einem Mann bleiben, der sie schlägt (Füllgrabe, 1996), oder Frauen, die sich in Mörder verlieben und heiraten (Füllgrabe, 1997). Weil die Existenz von Fallen oft übersehen wird, handeln Menschen nicht immer rational, sondern relativ häufig irrational sogar gegen ihre eigenen Interessen, s. z.B. Frauen, die bei einem Mann bleiben, der sie schlägt.

Deshalb ist gerade die TIT FOR TAT-Strategie eine problemvermeidende Strategie bei vielen zwischenmenschlichen Problemen, bei Begutachtungen, Therapie, Partnerschaftsbeziehungen u.Ä. (Füllgrabe, 1996, 1997). Dass die Notwendigkeit dieser Strategie im Alltag leicht übersehen wird, hängt auch mit einer zu undifferenzierten Vorstellung vom Wesen zwischenmenschlichen Verhaltens zusammen. Beispielsweise zeigte Leary (1957), dass freundlichen Verhalten *zumeist* beim Gegenüber ebenfalls freundliches Verhalten auslöst. Er wies aber auch ausdrücklich darauf hin, dass dies auch mit der Persönlichkeitsstruktur zusammenhängt und z.B. machtorientierte Personen Freundlichkeit leicht als Schwäche ansehen und als unausgesprochene Aufforderung, die Führung zu übernehmen (s.a. Füllgrabe, 1975).

2. Die TIT FOR TAT-Strategie

Bei den Computersimulationen von Axelrod (1991), bei denen die unterschiedlichsten kooperativen und unkooperativen Strategien miteinander spielten, erwies sich die **TIT FOR TAT-(TFT-)Strategie** als die erfolgreichste. Natürlich hängt der Erfolg derartiger Strategien auch von ihrer Umwelt (hier der Art der anderen Strategie) ab, doch auch in den meisten späteren Computerturnieren erwiesen sich die TIT FOR TAT-Varianten als die erfolgreichsten Strategien „im Spiel des Lebens", z.B. die langfristig härter als TFT reagierende Variante SHUBIK (s. Füllgrabe, 1994).

TIT FOR TAT besteht nur aus zwei einfachen Regeln:
1. Sei grundsätzlich freundlich und kooperativ.
2. Sobald der andere unkooperativ, aggressiv usw. handelt, setze dich *sofort* zur Wehr. Sobald er wieder kooperativ handelt, sei auch wieder kooperativ.

Da eine ehemalige Schülerin von mir auf die Beschreibung dieser Strategie spontan sagte „Das praktiziere ich ja!", scheint sie mir eine gute Richtlinie für polizeiliches Handeln zu sein.

TIT FOR TAT wird oft mit „Auge um Auge, Zahn um Zahn", „Schlag um Schlag" o.Ä. gleichgesetzt. Doch wird das Vergeltungsprinzip in derartigen Definitionen unangemessen überbetont. Dies zeigt schon eine nähere Betrachtung der Herkunft des Begriffs. TIT FOR TAT leitet sich nämlich von der älteren Bezeichnung TIP FOR TAP her, wobei Tip bedeutet: leichter, sanfter Schlag oder eine leichte Berührung (The Concise Oxford Dictionary, 1983).

Dementsprechend bedeutet TIT FOR TAT keineswegs, dass eine massive Vergeltung als Reaktion auf unkooperatives Verhalten notwendig ist, sondern nur, dass eine *merkbare* Reaktion erfolgt, von sprachlichen Hinweisen bis hin zur polizeilichen Maßnahme oder Selbstverteidigung.

Man darf sich also nicht einfach alles gefallen lassen. Auf Fehlverhalten und unkooperatives Verhalten einer Person *muss* eine Reaktion, welcher Art auch immer, erfolgen. Dafür gibt es gewichtige Gründe:

Nur dadurch gewinne ich **Respekt** von einer potenziell gewaltbereiten Person. Wie das oben erwähnte Beispiel der jungen Polizistin zeigt, gilt der Grundsatz: Wenn ich provoziert oder angegriffen werde, muss **ich** die Kontrolle über die Situation übernehmen. Dies entspricht – wie auch die Notwendigkeit, nichtsprachliche Signale der Selbstsicherheit zu zeigen (Pinizzotto & Davis, 1999) – auch Erkenntnissen der Spieltheorie. Beggan & Messick (1998) betonen nämlich, dass kooperationsbereite Menschen Verhalten gemäß der Dimension gut–böse betrachten, unkooperative Personen dagegen gemäß einer Machtdimension. Während also kooperationsbereite Personen kooperatives Verhalten als gut und wünschenswert ansehen, setzen Unkooperative das kooperative oder passive Verhalten eines Menschen dagegen mit Schwäche gleich. Deshalb auch das Erstaunen vieler Täter, die Polizisten getötet hatten, darüber, dass der Polizist passiv blieb, duldete, dass der Täter eine Waffe nehmen oder sie sogar dem Polizisten aus der Hand nehmen konnte (!!) usw. Sie sagten, wären sie an der Stelle des Polizisten gewesen, hätten sie nicht zugelassen, dass ein Täter die Kontrolle über die Situation ergreift (Pinizzotto & Davis, 1995). Deshalb ist im zwischenmenschlichen Bereich die TIT FOR TAT-Strategie so erfolgreich, weil sie unmissverständlich signalisiert: Ich bin friedlich, werde mich aber *sofort* gegen unkooperatives, ausbeuterisches und gewalttätiges Verhalten zur Wehr setzen (= Frieden durch entschlossenes Auftreten). Beggan und Messick (1988) erklären das Erfolgsrezept der TIT FOR TAT-Strategie so: Sie ist fair, aber konsequent („fair but firm").

Die folgende Übersicht zeigt, warum die TIT FOR TAT-Strategie für das polizeiliche Handeln wichtig ist und wie lange auch ein Polizist, der nicht danach handelt, so lange erfolgreich mit unangemessenem Verhalten Gewalt vermeidet: bis er einer gewaltbereiten Person begegnet!

Das konsequente Handeln der TIT FOR TAT-Strategie ist auch wichtig, um spätere Gewalt zu vermeiden. Aus den Erkenntnissen seiner Computerturniere formulierte Axelrod (1991, S. 90) dies so: Ein unkooperatives Lebewesen darf nicht einfach davonkommen, es **darf nicht „in einem Meer der Anonymität" verschwinden.**

Dass unkooperatives Verhalten sich nicht auszahlen darf, ist lernpsychologisch wichtig. Wird auf aggressives, unkooperatives Verhalten nicht *sofort* deutlich reagiert, wirkt dies lernpsychologisch als *Bekräftigung*. Das bedeutet, dass dieses unangemessene Verhalten in Zukunft häufiger und intensiver auftreten kann. Beispielsweise werden die Taten von Serienmördern im Laufe der Zeit immer aggressiver und brutaler und treten in immer kürzeren Abständen auf, solange die Täter nicht gefasst werden (Füllgrabe, 1997, 2010).

Die Beachtung dieser Gesichtspunkte ist äußerst wichtig angesichts der konfliktscheuen Haltung vieler Menschen. Sie handeln nach dem Motto:

Kapitel 5

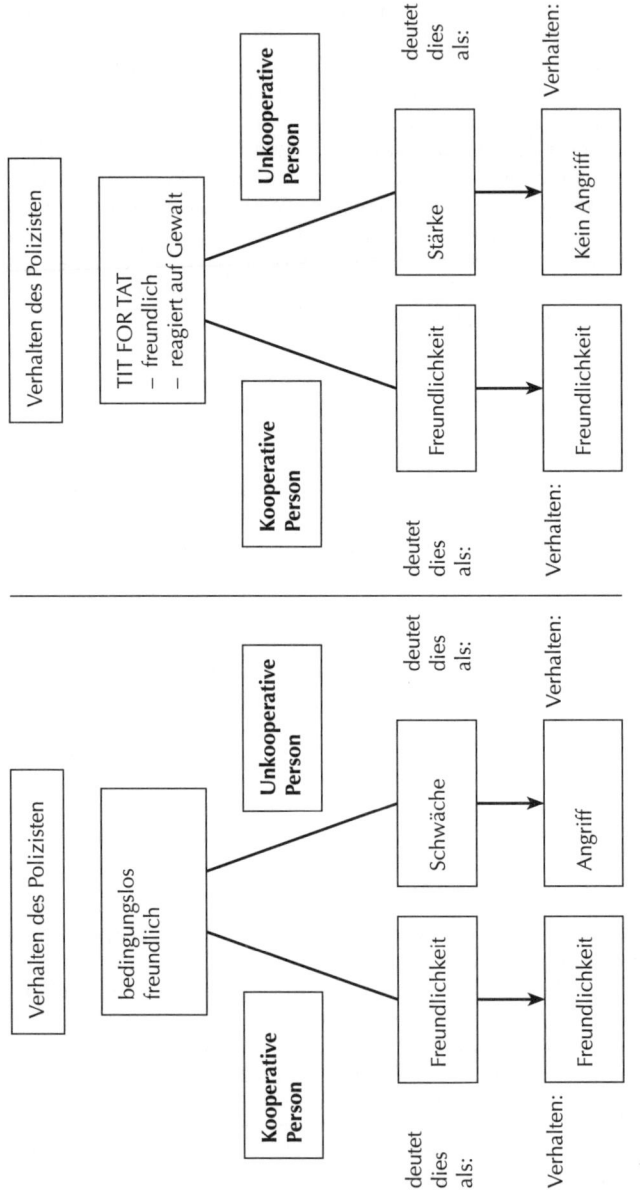

„Nur nicht auffallen, keinen Ärger hervorrufen. lieber den Mund halten." Oder sie verschanzen sich hinter positiven gesellschaftlichen Normen: „Man muss doch nett, freundlich, höflich u.Ä. zueinander sein." Damit haben sie eine positive Rechtfertigung dafür, dass man bei Ungerechtigkeiten nicht protestiert, auf Fehlverhalten eines anderen nicht reagiert und es nicht unterbindet. So erspart man sich natürlich Zeit und Mühe, sich mit dem Anderen auseinanderzusetzen. Doch hat dies zwei langfristig gefährliche bzw. unangenehme Folgewirkungen:

1. Die Situation bessert sich nicht, sondern sie verschlimmert sich langfristig.
2. Man hat dann mehr Zeit, Mühe, Anstrengungen aufzuwenden, um das Problem zu lösen, falls dies überhaupt noch möglich ist!

Es ist so, wie der englische Schriftsteller Edmund Burke im 18. Jahrhundert schrieb: **„Das Einzige, was für den Triumph des Bösen notwendig ist, besteht darin, dass gute Menschen nichts tun."**

Diese These von Burke lässt sich sogar mathematisch veranschaulichen. In den Computerturnieren von Axelrod (1991), wo um Punkte gespielt wurde, bekamen beispielsweise, wenn sie gegeneinander spielten:

- die Strategie „immer unkooperativ" 1000 Punkte,
- die Strategie „immer kooperativ"   0 Punkte.

Dagegen konnten unkooperative Strategien die TIT FOR TAT-Varianten langfristig nicht besiegen, deren großer Erfolg vor allem darauf beruhte, dass sie durch Kooperation mehr Punkte gewannen als die unkooperativen Strategien durch Ausbeutung.

3. Der Weg des Friedens

Die TIT FOR TAT-Strategie zeigt, dass man sich keineswegs alles gefallen lassen muss und dass Nichtstun beim Anblick von Gewalt keineswegs Konflikte verhindert, sondern eher noch verstärkt.

Gewaltfrei zu handeln ist ein wichtiges Ideal in einer harmonischen Gesellschaft. Es gibt aber Situationen, wo jemand seine Rechte wahren muss oder sich körperlich in Notwehr verteidigen muss. Wer hier konfliktscheu zurückweicht, kann sich nicht als „gewaltfrei" im positiven Sinne bezeichnen, weil er einem Aggressor, einem Ausbeuter zum Erfolg verhilft und dessen aggressives Verhalten bekräftigt. Der Aggressor gewinnt, und man selbst oder andere haben Nachteile. Man selbst „handelt" dann zwar aggressionsfrei, aber nicht der andere. Deshalb ist Passivität eine Einladung für einen gewaltbereiten Menschen, Gewalt anzuwenden, ohne große Anstrengung den anderen auszubeuten, zu verletzen oder zu töten. Der bedingungslos Aggressionsfreie wird zum leichten Opfer eines „kalten Praktikers angewandter Gewalt" (Toch, 1969).

Dagegen zeigten Pinizzotto und Davis (1999) auf: Sobald ein Gewaltbereiter mit Tötungsabsicht den Eindruck hatte, dass der Polizist sich zur Wehr setzen könnte, wagte er keinen Angriff. Die Autoren schreiben aber auch: „Zwei Regeln bleiben wahr: Polizisten sollten jeden in der gleichen Weise behandeln, wie sie selbst gerne behandelt werden möchten, und sie sollten sich selbst schützen, sodass sie weiterhin ihre Gemeinde beschützen können" (Pinizzotto & Davis, 1999, S. 4). Damit beschreiben sie eigentlich die TIT FOR TAT-Strategie, d.h.: Man muss freundlich sein *und* sich notfalls zur Wehr setzen können.

Die TIT FOR TAT-Strategie zeigt auch auf, dass man Gewalt alleine dadurch vermeiden kann, dass man dem Anderen sprachlich oder durch nichtsprachliche Signale signalisiert, dass man sich feindseliges Verhalten nicht gefallen lassen wird. Die TIT FOR TAT-Strategie signalisiert deutlich: *„Ich bin freundlich, ich kann mich aber wehren."* Dadurch wird vermieden, dass unkooperative Personen das freundliche Verhalten als Schwäche fehldeuten können (s. Beggan & Messick, 1988).

> Diese entschlossene Haltung der Friedfertigkeit wird sehr gut durch folgende japanische Anekdote veranschaulicht:
> Ein Samurai ging zu einem Meister der Kampfkünste. Dieser sagte ihm: „Du hast wenige Fortschritte gemacht, seit ich dich zum letzten Mal sah." Der enttäuschte Samurai schrie: „Was willst du damit sagen? Ich bin der wildeste Samurai dieser Insel. Ich habe noch gegen niemanden im Schwertkampf verloren!" Und der Meister erwiderte: „Aber du hast gegen dein eigenes Schwert verloren. Die höchste Kunst besteht darin, dein Schwert überhaupt nicht zu ziehen!" „Aber wie kann ich gewinnen, ohne mein Schwert zu ziehen?," protestierte der Samurai. „Ich werde getötet werden!"
> Später, als er in einer Wirtschaft aß, wurde er von drei jungen, angeberischen Samurai belästigt, die ihre Fähigkeiten testen wollten. Als er sie ansah und eine lästige Fliege wegscheuchte, erinnerte sich der Samurai der Worte des Meisters: „Die höchste Kunst besteht darin, überhaupt nicht das Schwert zu ziehen." Verwundert darüber, wie er gewinnen könnte, ohne ein Schwert zu ziehen, nahm er plötzlich seine Essstäbchen und erschlug die Fliege in der Luft. Erstaunt machten die drei jungen Samurai respektvolle Verbeugungen und verschwanden schnell (Potter, 1984, S. 55).

4. Wie kann man bei gewaltbereiten Fußballfans Gewaltfreiheit erreichen?

Die TIT FOR TAT-Strategie hat unter anderem den Vorteil, dass sie das Über- bzw. Untersteuern im Sinne Dörners (1989) verhindert, d.h. überzureagieren (z.B. mit Gewalt) oder zu wenig zu reagieren, mit Passivität. Gerade eine derartige Passivität war nicht selten der Grund dafür, dass Polizisten im Dienst verletzt oder getötet wurden (Pinizzotto & Davis, 1995).

Die TIT FOR TAT-Strategie ist vor allem „bürgernah", weil sie gut geeignet ist, das polizeiliche Dilemma zu lösen: freundlich zu sein, ohne schwach zu erscheinen. Dies hat zwei Auswirkungen:

- Sie verhindert das Entstehen von Gewalt und
- sie baut kooperierende Beziehung auf, sogar in potenziell gewaltbereiten Umgebungen (s.a. Kap. 17).

Durch die Botschaft *„Ich bin freundlich, aber nicht schwach. Wir beide haben Nutzen, wenn der Zustand des Friedens bewahrt bleibt"* wird das Entstehen eines kooperatives Klimas gefördert.

Dass die TIT FOR TAT-Strategie tatsächlich zum Aufbau einer gewaltfreien oder zumindest gewaltarmen Atmosphäre auch bei gewaltbereiten Gruppen beitragen kann, belegen folgende Erlebnisse eines deutschen Polizisten.

Nach dem Fußballspiel ging er mit seinen Kollegen privat in die Kneipe, in der sich eine Gruppe gewaltbereiter Fußballfans (Kategorie C) aufhielt. Anfänglich herrschte Misstrauen, dass die Polizei in der Fankneipe Nachforschungen anstellen würde: „Sogar hier lassen sie uns nicht in Ruhe." Um den privaten Charakter des Kontaktes deutlich zu machen, gaben die Polizisten den Fußballfans ein Bier aus, und man sprach miteinander, wie es in einer Kneipenatmosphäre üblich ist, auch über Fußball, aber auch über alles Mögliche. Im Laufe der Zeit entwickelte sich dadurch ein Vertrauensverhältnis. Und dieses Vertrauensverhältnis förderte die Akzeptanz der Polizisten durch die Fans. Dagegen fand die von Vorgesetzten befürchtete „Verbrüderung" zwischen den Polizisten und den Fans nicht statt. Denn die Fußballfans hatten sehr schnell den Unterschied zwischen Dienstlichem und Privatem erkannt. Und sie akzeptierten die polizeilichen Anordnungen ohne Murren, „fast schon kritiklos". Sie sagten: „Wenn der das sagt, dann machen wir das!" und zu jüngeren neuen Mitgliedern sagten sie: „Das ist ein Bulle, wenn der das sagt, hast du das zu machen!"

Diese Akzeptanz ergab sich daraus, dass die Polizisten – ohne dies so zu formulieren – nach der TIT FOR TAT-Strategie handelten:

1. Sie waren freundlich.
2. Sie waren gemäß spieltheoretischer Formulierung *provozierbar*, was konkret bedeutet:

Sobald jemand abweichendes Verhalten zeigte, reagierten sie *sofort* angemessen.

Die Polizisten standen mit den Fußballfans im Fanblock, sie sprachen über das Spiel, bewerteten das Spiel, jubelten mit den Fans usw. Sobald aber jemand z.B. eine Leuchtrakete abschoss, wurde er rausgeholt, erhielt einen Platzverweis o. Ä. Die Fans akzeptierten das.

Folgendes Ereignis illustriert sehr anschaulich, weshalb zu den Eigenschaften der TIT FOR TAT-Strategie gehört, dass sie a) *Gleichrangigkeit* betont, aber selbst eine vorhandene Überlegenheit nicht demonstrativ zur Schau stellt, und dass sie b) *versöhnlich* ist. Versöhnlich bedeutet: Sobald man angemessen reagiert hat und die Sache erledigt ist, kann man wieder freundlich miteinander umgehen.

> Ein Polizist hatte den gewalttätigen Fußballfan Willi verhaftet. Am nächsten Samstag gab der Polizist, weil er Geburtstag hatte, den Fans eine Runde Bier aus. Willi hielt sich zurück, stellte sich selbst abseits. Als der Polizist fragte: „Na, Willi, willst du kein Bier?", sagte Willi erstaunt: „Aber du hast mich doch letzte Woche eingebuchtet!" Der Polizist darauf: „Das eine hat mit dem anderen nichts zu tun! Du gehörst doch hier dazu!"

Man erkennt an diesen Beispielen, wodurch die Akzeptanz bewirkt wurde. Die Fans wussten:

„Mit denen kann man Pferde stehlen, aber die bleiben in der Sache hart." Sie wussten, dass die polizeiliche Arbeit konsequent durchgeführt wurde. Sie wussten aber auch, dass man sich auch mit persönlichen Problemen an die Polizisten wenden konnte.

Die Polizisten hatten die Prinzipien zum Aufbau einer vertrauensvollen Interaktion verwirklicht.

> Dass dieses Vertrauensverhältnis auch nach Jahren noch anhielt, konnte einer der Polizisten erleben, als er wieder in den Fanblock ging. Ein Hooligan belästigte ihn mit den Worten: „Was will der Scheißbulle hier!?" Darauf hin klopfte ihm einer der „alten Fans" auf die Schulter und sagte: „Lass ihn in Ruhe. Das ist mein Kumpel!" In einem anderen Fall hielt der gleiche Polizist den betrunkenen Kuno vor einem Fußballstadion davon ab, gewalttätig zu werden. Obwohl es sonst Kunos Art war, sofort zuzuschlagen, reagierte er *nicht* gewalttätig. Aber er hatte offensichtlich den Polizisten als Person gar nicht erkannt. Als der Polizist später Kuno ansprach, sagte Kuno erstaunt: „Du warst da? Ich habe dich nicht gesehen!" Aber sein Verhalten zeigte eindeutig, dass er doch in seinem Unterbewusstsein registriert haben musste, dass er keinen Feind vor sich hatte.

Fazit:
Selbst in einem potenziell gewaltbereiten Milieu kann ein Polizist
- seine polizeilichen Tätigkeiten vollziehen *und*
- sein Gefährdungspotenzial dadurch erheblich vermindern, dass er eine vertrauensvolle Kommunikation aufbaut (s.a. Kap. 17).

5. Das Machtspiel gewinnen

Der entscheidende Ansatz ist hier, sich nicht einschüchtern zu lassen. Dazu ein Bericht aus der Praxis.

Ein stadtbekannter, gewaltbereiter Schläger sollte zur Dienststelle verbracht werden. Der Polizist teilte ihm mit, dass er ihn auf die Wache begleiten müsse.

Recht höhnisch entgegnete der Schläger (jünger und deutlich größer als der Polizist und ihm eindeutig an Körperkraft überlegen): „Wie willst du kleiner Wicht mich auf die Wache bringen, dich puste ich aus dem Hemd ...!!!"

Der Polizist entgegnete ihm daraufhin – in ruhigen, freundlichen, aber deutlichen Worten (= TFT) –, dass ihm sehr wohl bekannt sei, dass sein Gegenüber

a) für sein gewalttätiges Handeln berühmt sei
b) er dem Polizisten auch körperlich überlegen sein möge
c) und er dem Polizisten auch Schaden zufügen könne,

aber dass der Polizist

a) noch nie eine körperliche Auseinandersetzung verloren habe
b) ihn auf jeden Fall auf die Wache bringen würde, ungeachtet der eigenen Blessuren und
c) die Entscheidung, wie – und in welchem Zustand – beide auf der Wache landen würden, ihm überlassen würde.

Das Ergebnis: Mit großem Murren, aber ohne Anwendung von unmittelbarem Zwang konnte der Schläger auf die Wache verbracht werden, wo die Anschlussmaßnahmen durchgeführt wurden.

Nicht alle Interaktionen mögen derartig friedlich ablaufen und spezifisch im Umgang mit Betrunkenen dürfte es Schwierigkeiten geben (s. aber den Fall Kuno, S. 74). Aber das Entscheidende ist, dass man gemäß der TIT FOR TAT-Strategie *zunächst* eine friedliche Lösung versucht.

Auch im beruflichen Bereich findet man Machtspiele, die in Gewalt enden könnten. Und diese Gewalt kann sehr subtil sein und sich allmählich auch steigern.

Ein Mitarbeiter eines Betriebes zeigte u.a. folgendes unangemessenes Verhaltensrepertoire:

1. Einschüchternde nichtsprachliche Signale: „langes durchdringendes Anstarren, ohne ein Wort zu sagen", einschüchternde Körperhaltung, Verletzung der persönlichen Distanz
2. „Freundschaftliches" Packen von Mitarbeiterinnen
3. Psychische Aggressionen, Beleidigungen
4. Machiavellistische Taktiken: Über gezielte Informationssteuerung wurden Mitarbeiter gegeneinander ausgespielt bzw. verunsichert. Es wurden auch gezielte Lügen eingesetzt.
5. Stalking: das Beobachten, Auflauern und Bedrohen von anderen Menschen.

Wie konnte man wirkungsvoll mit diesem Mitarbeiter umgehen? Dies zeigt der Bericht einer Psychologin:

„Als ich überlegt habe, wie ich vorgegangen bin, wurde mir schnell klar, dass ich die TIT FOR TAT-Strategie – ohne sie zu kennen – benutzt habe.

Durch gezieltes Beobachten und Analysieren des Verhaltens habe ich mir nach und nach ein genaues Bild der Situation gemacht und eine Diagnose gestellt, die ich dann wiederum überprüft habe.

Sein instabiles Selbstwertgefühl erlaubte es, entsprechend der Strategie, mit gleichartigem Verhalten zu kontern. Ich merkte, dass ich ihn damit blockierte, wenn ich mit seinem Verhalten antwortete. So begann ich auf Angriffe mit Angriffen und auf friedliches Verhalten mit friedlichem Verhalten zu antworten. Er erlaubte sich mir gegenüber zunehmend weniger, ohne dass ich eine wachsende Aggressionsbereitschaft in Bezug auf meine Person wahrnehmen konnte."

Zum Thema „Stalking" siehe im Übrigen Kap. 13.

Kapitel 6
Die Steuerung der Situation

1. Die sachgemäße Steuerung eines Systems

Es ist sinnvoll, die Betrachtungsweise des polizeilichen Handelns durch ein weiteres theoretisches Modell zu ergänzen, das der **guten Systemsteuerung**. Dies ergibt sich aus den Untersuchungen von Dörner et al. (1983), bei denen Personen im Computer eine Kleinstadt oder ein Entwicklungsland „regieren" sollten.

Einige Personen regierten dieses System gut, andere verursachten Krisen und steuerten das System in die Katastrophe: In dem Entwicklungsland verhungerten Menschen, die Kleinstadt litt unter schweren Umweltproblemen und Finanzkrisen usw.

Im polizeilichen Alltag würde das Entstehen von Konflikt und Gewalt derartigen Krisen und Katastrophen entsprechen. Deshalb muss ein Polizist das sich in der jeweiligen Situation befindliche System – die beteiligten Personen und ihre Interaktionen – gut steuern. Wie ein Kapitän, der sein Schiff sicher in den Bestimmungshafen steuert, muss der Polizist Katastrophen vermeiden und das Gesamtsystem in Richtung *Frieden* und *Ruhe* steuern, wie es die junge Polizistin in dem zitierten Beispiel (S. 58) tat.

Dass auch polizeiliches Handeln tatsächlich gemäß der Systemsteuerung betrachtet werden kann, erweist sich aus den Interviews, die Pinizzotto et al. (1997) mit Polizisten führten, die einen Angriff überlebten. Dabei wurde deutlich, dass vor allem eine rein ICH-zentrierte Haltung dem Erkennen einer Gefahrensituation entgegensteht. Die Polizisten sahen die Situation nur aus *ihrer* Sicht, z.B. als routinemäßige Verkehrskontrollen. Sie berücksichtigten aber nicht, dass sich in der Situation auch ein Täter befinden könnte, der die Situation völlig anders, z.B. als Bedrohung seiner Freiheit, sehen könnte. Oder bei der Überprüfung einer Person aus einer Gruppe von Personen wurde keineswegs in die Überlegung einbezogen, dass auch eine völlig andere Person gewalttätig werden könnte (FBI, 1992).

Eine derartige Fehlhaltung und Fehleinschätzung ist das Ergebnis eines *statischen Weltbildes*: Man sieht vor allem nur sich selbst als Handelnden und kalkuliert nicht ein, dass auch die andere Person eigene Entscheidungen treffen und anders als erwartet handeln könnte. Das erklärt auch den Schock, den Polizisten erlebten, als sich Personen erwartungswidrig verhielten: Ein Bankräuber flüchtete nicht, sondern ging auf den eintreffenden Polizisten zu und schoss auf ihn (Pinizzotto et al., 1997, 1998).

Das Problem besteht darin: Das Vorhandensein und die Handlungsmöglichkeit anderer Personen in der Situation wird vielleicht formal registriert, dringt aber nicht in das Denken, den Entscheidungsprozess und das Handeln der gefährdeten Polizisten ein. Um dieses egozentrische Denken und die vage Wahrnehmungsstruktur zu verhindern, ist ein Perspektivwechsel, ein Paradigmenwechsel notwendig. Dazu ist notwendig, dass der Polizist sich als **Teil eines Gesamtsystems** betrachtet und entsprechend handelt. Und dass gerade in Gefahrensituationen und bei Lebensgefahr ein Mensch gute Überlebenschancen hat, wenn er sich als Teil des Gesamtsystems betrachtet (s. Kap. 9), belegt die Wichtigkeit des systemischen Denkens.

Um diesen Zusammenhang zwischen guter Systemsteuerung und der Eigensicherung besser verstehen zu können, ist es sinnvoll, die Fehler zu analysieren, die Personen machten, die ein System zum Zusammenbruch brachten.

Die wichtigsten Fehler schlechter Systemsteuerer waren:

- Sie hatten ein schlechteres *Strukturwissen*. Man muss ein gutes Modell von der Realität haben. Man muss wissen, wie die Dinge zusammenhängen, aus welchen Elementen das System besteht, wie sie miteinander verknüpft sind und wie sie sich verändern, wenn sich ein Element verändert. Für die polizeiliche Praxis würde dies z.B. der Notwendigkeit entsprechen, „streetwise" zu sein, d.h. die Denkweisen, Gewohnheiten, „Spielregeln" usw. der Personen zu kennen, mit denen der Polizist es zu tun hat, vor allem denjenigen, die nicht der Mittelschichtkultur angehören (s. z.B. Kultur der Ehre, Gesetz der Straße).
- Sie beachteten zu wenig, dass sich aus ihrem Handeln negative Nebenwirkungen und auch negative Auswirkungen in der Zukunft ergeben könnten. Deshalb ist es wichtig, sich *vor* seinem Handeln einen Plan für das sachgemäße Vorgehen zu machen und nicht unüberlegt zu handeln.

Dazu zwei negative Beispiele. Zwei deutsche Polizisten rannten bei einem Banküberfall ohne geladende Pistole spontan in die Bank und überlebten nur mit großem Glück den Schusswechsel mit dem Täter.
Bei einem Wohnungsbrand, bei dem Personen um Hilfe schrien, stürmten zwei Polizisten im Treppenhaus an den durch ihr Atemschutzgerät behinderten Feuerwehrleuten vorbei und rissen die Tür auf. Sie wussten nicht, dass es sich um eine Übung handelte. Im Ernstfall hätten sie eine Rauchvergiftung erlitten und den

Bewohnern überhaupt nicht helfen können. Noch schlimmer: Durch das Aufreißen der Tür hätten sie eine explosionsartige Verbreitung des Feuers (flash over) erzeugen können.

- Sie hatten ein „Status quo"-Denken. Sie beachteten nicht, dass sich ein System zeitlich weiterentwickelt, „aus dem Ruder laufen" kann und dass man deshalb zum richtigen Zeitpunkt regulierend eingreifen muss und das System wieder auf den richtigen Kurs bringen muss. So hatte die zitierte junge Polizistin bei der Wohnungskontrolle erkannt, dass man *jetzt* handeln musste, weil die Situation sich immer negativer entwickelte. Die Fähigkeit, rechtzeitig Kurskorrekturen vornehmen zu können, ist übrigens eine zentrale Fähigkeit von Spitzenkönnern auf verschiedenen Gebieten (Garfield, 1986).
- Es fehlte die richtige Dosierung ihre Maßnahmen: Sie neigten zunächst zum *Untersteuern* (d.h. zu wenig zu tun) und dann zum *Übersteuern* (zu viel oder zu aggressiv zu tun). In Krisen kommt es dann zu einer „intellektuellen Notfallreaktion" (Dörner, 1989), in der polizeilichen Praxis zu Passivität oder überflüssiger Gewalt. Zwischen diesen beiden Extremen muss der Polizist sein Verhalten gut ausbalancieren. Deshalb ist das Bild der Systemsteuerung auch für die polizeiliche Arbeit so anschaulich, weil der Polizist, je nach Situation, das Gesamtsystem mit unterschiedlicher Dosierung auf dem Kurs des Friedens halten muss.
Es wird hier auch der Wert der TIT FOR TAT-Strategie deutlich. Bei einem Menschen, der sich immer alles gefallen lässt, besteht leicht die Gefahr, dass er irgendwann einmal „ausrastet" und extrem gewalttätig wird. Ein typisches Beispiel dafür sind „überkontrollierte Persönlichkeiten" (Füllgrabe, 1975).
- Sie hatten Zielvorstellungen, die zu idealistisch oder nicht sehr präzise waren.

Im Alltag wird auch leicht deutlich, warum sehr idealistische Vorstellungen, die aber nicht präzise sind, Probleme aufwerfen können. Ein weiterer schwerer Fehler, den Dörner (1989) bei Personen fand, die ein System zum Zusammenbrechen brachten, bestand darin, dass diese ihre Ziele vage und unpräzise formulierten. Sie wollten z.B., dass die Menschen in ihrem System „glücklich" sein sollten. Sie wussten aber nicht (oder definierten nicht genau), was „glücklich" konkret bedeuten sollte und **wie** man dies erreichen könnte. Ähnlich vage sind die Gedanken von Menschen in Krisensituationen, z.B. bei einem zwischenmenschlichen Konflikt. Entweder ist man überrascht und weiß nicht, was man tun sollte. Oder man hat das vage Bild einer „friedlichen" Lösung.

Was bedeutet aber „friedliche Lösung"? Einfach nachgeben? Dann hat man selbst und andere Nachteile. Der Aggressor gewinnt. Man selbst

„handelt" zwar aggressionsfrei, aber nicht der Andere. Eigene Passivität ist dann eine Einladung für einen gewaltbereiten Menschen, Gewalt anzuwenden, ohne große Anstrengung den anderen auszubeuten, zu verletzen oder zu töten.
Der bedingungslos Aggressionsfreie wird zum leichten Opfer eines „kalten Praktikers angewandter Gewalt" (Toch, 1969).

2. Die friedliche Steuerung der polizeilichen Interaktion

Man kann also die Richtlinie für polizeiliches Handeln aus der sinnvollen Verbindung der zwischenmenschlichen Spieltheorie mit den Erkenntnissen von Dörner (1989) hinsichtlich der Steuerung sozialer Systeme ableiten. Als Bild wäre dies so zu formulieren: Der **Steuermann**, der gemäß der **TIT FOR TAT-Strategie** handelt.

Wie sollte der Polizist handeln, um zu verhindern, dass die Begegnung mit einer anderen Person in Richtung Gewalt steuert? Was könnte Deeskalation bedeuten?

Vor dem Einsatz

Phase 1: Geistige Vorbereitung
Die Visualisierung/das Sichvorstellen der künftigen Situation und ihrer Bewältigung (s.a. Ungerer, 2001) ist wichtig für das Bestehen bedrohlicher Situationen.

Beruflich erfolgreiche Polizisten

- stellen sich die besten Lösungsmöglichkeiten in Einsatzsituationen vor (z.B. schnellster und bester Weg zum Einsatzort),
- stellen sich Situationen, bei denen es zu Konfrontationen kommen könnte, unter der Devise „Was wäre wenn?" vor und entwickeln optimale Reaktionen darauf (Band & Vasquez, 1991; s.a. Siebert, 1996).

Dies erfordert folgende Maßnahmen:

- Informationen einholen über
  - Örtlichkeit
  - Personen am Einsatzort: Zahl, Gefährlichkeit usw.
  - die Möglichkeit, Verstärkung zu bekommen
  - Rückzugsmöglichkeiten
- Planung: Wie gehe ich konkret vor?
- Bereitstellung von Ressourcen
  - Verstärkung durch Kollegen
  - Erste-Hilfe-Möglichkeiten.

Im Einsatz

Phase 2: Ein klares Bild der Lage gewinnen
In vielen gefährlichen Situationen muss man eine schnelle Entscheidung treffen, man kann nicht lange nachdenken. Ein schnelles und sachgerechtes Bild von der Realität (Strukturwissen im Sinne Dörners) kann im Notfall abgerufen werden, wenn man vorher entsprechende kognitive Schemata aufgebaut hat.

Siebert (1996, S. 183f.) benutzt den Begriff *Schneller als Worte*, um das Wesentliche von Überlebensexperten zu formulieren: sehr schnell das richtige Muster zu erkennen. Dafür gibt es auch in anderen Bereichen gute Beispiele: Gute Sportler können sehr schnell die Lage des Spiels und ihrer Mitspieler erfassen, Schachexperten erfassen blitzschnell die Spielstellung auf dem Schachbrett, der gute Autofahrer erfasst sehr schnell die Verkehrslage. Sie alle können die Situation „lesen", diese Informationen schnell verarbeiten und in Sekundenbruchteilen wirkungsvoll handeln.

Um die Situation richtig erfassen zu können, ist Voraussetzung: **genau hinschauen** (s. Gefahrenradar).

Phase 3: Die richtige Dosierung der Maßnahmen
Gefährlich ist für Polizeibeamte ein

Untersteuern:
Man lässt alles passiv an sich herankommen, glaubt, dass alles irgendwie gutgehen wird.

Im Ernstfall hat man dann z.B. keine Waffe mit; geht in ein dunkles Gebäude, in dem sich ein bewaffneter Täter aufhält, ohne selbst eine geladene Pistole mitzunehmen, seine Pistole zu laden; man zieht seine Waffe auch dann nicht, wenn akute Gefahr droht, oder man lässt sich sogar seine Waffe abnehmen!

Übersteuern:
Man gibt keine Erklärung für seine Maßnahmen, erweckt den Eindruck der Willkür oder setzt zu viel Gewalt ein (s. z.B. Widerstandsbeamter Jones, Toch, 1969, S. 19).

Richtig dosierte Maßnahmen wären dagegen z.B.:

Handeln gemäß einer problemorientierten Haltung, deren Ziel es ist, mit geringstem Aufwand ein Problem aggressionsarm oder aggressionsfrei zu lösen. Hier gilt das Prinzip:

Friedfertigkeit durch entschlossenes Auftreten. Deshalb:

- Aggressionsvermindernde Kommunikation: Erklärungen geben, Begründungen der Maßnahmen.
- Dem Gegenüber unmissverständlich signalisieren: Ich bin friedlich. Wenn du mich aber angreifst, setze ich mich sofort zur Wehr!
- Bei einem Angriff nicht zögern! Entschlossen handeln. Sich nicht die Pistole abnehmen lassen, im Notfall selbst benutzen.

Ein wichtiger Faktor, der für eine falsche Dosierung der Maßnahmen verantwortlich ist, soll hier noch genannt werden: zu viel Vertrauen in die eigene Dienstwaffe. Aber: Von 54 getöteten amerikanischen Polizisten benutzten im Ernstfall 46 ihre Dienstwaffe nicht, und 11 wurden sogar mit ihrer eigenen Waffe getötet (FBI, 1992).

Die Dienstwaffe (Pistole, Revolver) wirft weitere Probleme auf:

- Sie kann erst wirkungsvoll eingesetzt werden, wenn genügend Abstand zu einem bedrohenden Gegner vorliegt; z.B. 8 Meter Abstand bei einem Messerangriff.
- Postshooting-Trauma nach ihrer Benutzung.
- Juristische Probleme nach ihrer Benutzung.

Die Alternativen wären z.B.:

- Gute Gefahrenerkennung, -vermeidung und -abwehr durch **mentales Judo** (s. Kap. 7).
- Gelassenere Reaktionen durch Kenntnis von Selbstverteidigungstechniken usw.
- Sichere Handhabung des Mehrzweck-Einsatz-Stocks (MES bzw. EMS), der vor Jahrhunderten in Form der *Tonfa* auf Okinawa als *Verteidigungswaffe* benutzt wurde.

Kapitel 7
Mentales Judo als Voraussetzung der Eigensicherung

1. Sachgerechte polizeiliche Vorgehensweisen

Die Frage ist nun, was man konkret tun kann, um überraschende Angriffe und das Entstehen von Gewalt zu vermeiden. Das folgende Beispiel zeigt, dass man durchaus verhindern kann, dass eine gefährliche Situation überhaupt auftritt:

> Einen Tag, nachdem ein junger amerikanischer Polizist an einem Seminar über Eigensicherung teilgenommen hatte, hielt er ein Auto wegen eines geringfügigen Vergehens an. In dem Auto befanden sich vier Personen, die alle nicht besonders freundlich aussahen. Der Fahrer erzählte, dass er keinen Ausweis bei sich hatte, und die Körpersprache signalisierte dem Polizisten, dass etwas mit ihm nicht stimmte. Und obwohl es sich nur um einen geringfügigen Verkehrsverstoß handelte, „schluckte der Polizist seinen Stolz hinunter" und rief einen Streifenwagen zur Verstärkung. Danach stellte sich heraus, dass a) der Fahrer eine geladene Pistole vor seinem Sitz befestigt hatte und b) der Fahrer nur auf Bewährung frei war und zwei weitere Personen im Auto wegen schwerer Verbrechen gesucht wurden.
> Als der Fahrer gefragt wurde, ob er daran gedachte hatte, seine Waffe zu benutzen, antwortet er offen: Ja, aber wegen der Art und Weise, wie sich der Polizist dem Auto näherte und den Kontakt aufgenommen hatte (so wie er es auf dem Seminar gelernt hatte), hatte der Verdächtige nicht den Eindruck, dass er erfolgreich einen Schuss abgeben könnte, ohne selbst erschossen zu werden.

Man kann aus diesem Beispiel ableiten:

- Überleben ist kein Zufall.
- Ein Konflikt kann häufig schon durch selbstsicheres (nicht überhebliches!) Auftreten des Polizisten auf der Grundlage von *problem*orientiertem Verhalten vermieden werden („Deeskalation").
- Dieses sachorientierte Verhalten lenkt und beeinflusst die Interaktion, denn es zeigt einer gewaltbereiten Person:
  a) Dieser Polizist versteht sein Handwerk.
  b) **Er** hat die Situation unter Kontrolle.
  Dadurch gewinnt der Polizist Respekt, was besonders wichtig in gewaltorientierten Umwelten ist (s. Kultur der Ehre, Kap. 17).

- Die gewaltbereite Person erkennt daraus: Es ist besser für mich, wenn ich friedlich bleibe.
- Wenn die Situation dennoch gewalttätig wird, kann man sie durch sachgerechtes Verhalten überleben.
- Grundvoraussetzung für das Überleben ist ein *„Gefahrenradar"* (Füllgrabe, 2000). Der Polizist besaß in diesem Fall offensichtlich einen derartigen Gefahrenradar.

2. Sachgemäße Denkstrukturen

Jeder Kampfsportler, gleichgültig, ob er gemäß einem westlichen, japanischen, chinesischen, koreanischen oder anderen Stil handelt, hat eine bestimmte Sicht der Situation: Ich stehe jemandem gegenüber, der mir gefährlich werden könnte. Ich muss ihn deshalb genau beobachten und rechtzeitig auf ihn reagieren. Um sachgerecht reagieren zu können, habe ich eine Reihe von Techniken in meinem Verhaltensrepertoire.

Obwohl viele Polizisten, die gefährliche Situationen gut bewältigen, eine solche oder ähnliche Sichtweise hatten, ist sie offensichtlich nicht bei *allen* Polizisten vorhanden. Dies zeigen Untersuchungen in Deutschland (Sessar et al., 1980) und den USA (z.B. FBI, 1992; Pinizzotto et al., 1997, 1998). Polizisten, die Opfer eines Angriffs wurden, hatten ein vorgefertigtes Bild von der Persönlichkeit eines Menschen, von dem sie annahmen, dass er sie angreifen könnte. Doch, wie Pinizzotto et al. (1998) betonen, waren diese „vorgefertigten Bilder" der Polizisten von möglichen Angreifern in der Realität manchmal nur von geringem Wert. Ein typisches Beispiel:

> „Frau X hatte Selbstmord begangen. Bei den aus diesem Anlass durchgeführten Ermittlungen wurde festgestellt, dass Herr X im Besitz mehrerer Faust- und Langfeuerwaffen war. Weil er laufend Beruhigungsmittel nahm, einen erregten Eindruck machte und bekannt geworden war, dass er den Tod seiner Frau rächen wolle, indem er einen Nachbarn erschießen und sein Haus so präparieren wolle, dass es beim Öffnen durch die Polizei in die Luft fliegen und er sich dann selbst erschießen werde, wurde ein Waffenbenutzungsverbot gegenüber X erlassen. Drei Kriminalbeamte und ein Beamter des Landratsamtes suchten ihn auf und forderten ihn auf, die Waffen herauszugeben. Keiner der Beamten hielt die Dienstpistole in der Hand. Eine körperliche Durchsuchung führten sie nicht durch. X machte einen gebrechlichen, kranken Eindruck. Um die Suche nach Waffen im Schlafzimmer ungestört durchführen zu können, wiesen die Beamten X an, doch in einem Sessel Platz zu nehmen. X setzte sich jedoch nicht in den Sessel, sondern auf das Bett. X griff mit der rechten Hand unter die Bettdecke" (Sessar et al., 1980, S. 124f.).

Man kann an diesem Beispiel gut erkennen, was Langer (1991) mit „Gedankenlosigkeit" (Mindlessness) meint: die Orientierung an vorgefertigten Kategorien, statt mit **aktivem Denken** die Realität genau zu betrachten und neue Kategorien zu bilden (s.a. Abercrombie, 1969). Langer (1991, S. 32) schreibt: „Da sich solche festen Einstellungen (Mindsets) ausbilden, bevor wir richtig nachgedacht haben, nennen wir sie *Premature cognitive commitments* – ‚verfrühte kognitive Festlegungen'."

Eine solche „verfrühte geistige Festlegung" ist in diesem Beispiel der Eindruck: Auf der Bettkante sitzt ein alter Mann. Die Situation ist *harmlos*. Doch der alte Mann greift plötzlich unter die Bettdecke, ergreift eine Pistole und verletzt zwei Polizisten, einen davon schwer. Durch eine genaue Durchsuchung und Beobachtung seines Verhaltens wäre dies zu verhindern gewesen.

Aber nicht alleine das Nichterkennen einer gefährlichen Situation stellt das Problem von verfrühten kognitiven Festlegungen dar, sondern auch die Nichtberücksichtigung des „Zeitpfeils", nämlich dass sich eine Situation plötzlich verändern kann, z.B. vom Zustand des *Friedens* in den Zustand der *Gewalt*. Beispielsweise schien eine Familienstreitigkeit geschlichtet worden zu sein. Wenn jetzt vor dem „geistigen Auge" des Polizisten die Leuchtschrift „friedliche Situation" aufgetaucht wäre, hätte er leicht in Schwierigkeiten geraten können. Denn plötzlich löste sich aus der Gruppe der Anwesenden eine Person und wollte sich auf ihn stürzen, wurde aber von den anderen zurückgehalten.

Aus derartigen Fällen kann man erkennen, dass Polizisten, die im Dienst angegriffen, verletzt oder sogar getötet wurden, keineswegs das Opfer der Routine im Sinne einer Übermüdung oder Monotonie durch immer gleich geartete Situationen wurden. Vielmehr kann man bei genauer Analyse von Fällen angegriffener oder getöteter deutscher und amerikanischer Polizisten erkennen, dass ihnen oft derartige „verfrühte kognitive Festlegungen" zum Verhängnis wurden, d.h. der frühe Aufbau falscher kognitiver Schemata, die Nichtwahrnehmung dessen, was sich in der Situation tatsächlich abspielte, und die Unfähigkeit, sachgerecht umzudenken.

Eine weitere falsche Vorstellung hängt ebenfalls mit dem zusammen, was Langer (1991, S. 21) in ihrer Kapitelüberschrift „Gefangen im Kategoriendenken" ausdrückt und so formuliert: „Gedankenlosigkeit setzt ein, wenn wir uns zu starr auf Kategorien und Unterscheidungen verlassen, die aus der Vergangenheit stammen (männlich/weiblich, alt/jung, Erfolg/Versagen)." Diese falsche Meinung wird im Titel des Buches „Mut zur Angst" von de Becker (1999) ausgedrückt, wobei das englische Original „The gift of fear" (1997) Angst sogar als Geschenk bezeichnet. Dass Angst unangemessen positiv bewertet wird, kann ich mit der zitierten

Neigung zur Dichotomisierung, der Einteilung von Sachverhalten in lediglich zwei Kategorien, und der Tatsache erklären, dass der Autor unpräzise Vorstellungen vom Begriff Angst hat.

3. Mentales Judo

Es ist nun sinnvoll, die einzelnen psychologischen Prinzipien und Verhaltensweisen der Eigensicherung nicht unverbunden nebeneinander stehen zu lassen, sondern sie in einen Begriff zu integrieren. Wissenschaftlich gesehen wäre der Begriff *Survivability*, die Fähigkeit, gefährliche Situationen zu erkennen, zu vermeiden und zu überleben, sinnvoll. Für die Umsetzung dieser Fähigkeit in konkretes Handeln möchte ich synonym die Begriffe **Mentales Judo** und **Psychologisches Judo** verwenden.

Dass ich angesichts der unüberschaubaren Zahl von Kampftechniken in Japan und in der ganzen Welt in den folgenden Ausführungen gerade den Begriff *Judo* benutze, hat verschiedene Gründe: Auch Menschen, die keinen Kampfsport betreiben, können sich etwas darunter vorstellen.

Natürlich gibt es andere Kampftechniken, die direkter und vielleicht wirkungsvoller auf Selbstverteidigung ausgerichtet sind, obwohl gerade die Beherrschung der – zumeist unterschätzten – Bodenkampftechniken des Judo eine sehr wirkungsvolle Fähigkeit darstellt!

Doch es gibt im Judo etwas Einmaliges: Wer Judo (und seine Varianten) lernt, lernt systematisch sachgerecht zu fallen. Dieses Fallenlernen ist deshalb eine wichtige Metapher, ein anschauliches Bild, weil es auch wichtig ist, nicht zu verzweifeln und die Kontrolle über die Situation zu verlieren, wenn es nicht gut läuft, wenn man in einer Krise ist, wenn man sich in Gefahr befindet oder wenn man eine Niederlage einstecken muss. Man muss wie im Judo lernen, weich zu fallen und wieder aufzustehen. Deshalb ist eine „Stressimpfung" wichtig!

Der Begriff des Geistigen Judo („Mental Judo") wurde übrigens von Lager und Kraft (1981) in einem noch weiteren Sinn benutzt, um eine Reihe von Denk- und Verhaltensweisen zu beschreiben, die gesellschaftliche, soziale und familiäre Probleme wirkungsvoll, friedlich und mit geringem Kraftaufwand bewältigen helfen.

Nach Meinung von Lager und Kraft (1981, S. 9) lehrt Mentales Judo, „wie man die große Kraft in einem Menschen befreit, so dass man erfolgreich ist ohne Konflikte, Konfrontation, Täuschung oder Einschüchterung. Es zeigt, wie man dadurch gewinnen kann, dass man anderen Gutes tut, statt auf ihre Kosten zu handeln."

Das Mentale Judo beinhaltet also das Prinzip „Selbstverteidigung mit dem geringsten Aufwand und dem geringsten Grad an notwendiger Gewalt."

Mentales Judo bei der Eigensicherung

I. In kurzfristigen Interaktionen (z.B. Verkehrskontrollen)

1) **Vor** dem Umkippen des nicht aggressiven Zustandes einer Situation in Gewalt **Eigensicherung**:
   - Nichtsprachliche und sprachliche Signale der Selbstsicherheit
   - „Gefahrenradar"
   - Reaktionsbereitschaft
   - Reaktionsdistanz schaffen
   - Mit Entschlossenheit handeln

2) **Im Verlauf einer Krise** (bei Schusswechseln usw.)
   Bewältigung der Phasen einer Krise durch:
   - vorherige Stressimpfung
   - Abrufen automatisierter Verhaltensweisen

3) **Bei schweren Verletzungen und Bedrohung des Lebens**
   - Aktivierung des psychologischen Immunsystems
   - Schrittweises Handeln zum Entkommen aus der Gefahrensituation

4) **Nachbereitung des Ereignisses**
   - Ärgerbewältigung
   - Sachorientierung zur Vermeidung posttraumatischer Symptome

II. Bei längerfristigen Interaktionen

(im Kontakt mit gewaltbereiten Gruppen, Tätigkeit in gewaltbereiten Umgebungen)
   - Aufbau einer TIT FOR TAT-Kultur (eines kooperativen Beziehungsgeflechts)
   - Beachtung der Eigensicherung

Das abgebildete Schema zeigt eine Übersicht des Wirkens des Mentalen Judo in verschiedenen Stufen der Gefahren und Gefahrenvermeidung auf. Wenn man die Möglichkeit zu längerfristigen Interaktionen mit Menschen hat, kann man das Gefahrenpotenzial alleine dadurch schon verringern, dass man ein kooperatives Beziehungsgeflecht mit den Personen der Gegend aufbaut. Dabei sollten aber keineswegs die Prinzipien der Eigensicherung vernachlässigt werden.

Bei kurzfristigen Begegnungen, z.B. einer Verkehrskontrolle, ist die psychologische Situation anders. Hier sind die **psychologischen Prinzipien der Eigensicherung** zu beachten:

Kapitel 7

Nichtsprachliche Signale der Selbstsicherheit
Pinizzotto und Davis (1999) stellten fest, dass Täter, die Polizisten angriffen und töteten, offensichtlich die nichtsprachlichen Zeichen der Verletzlichkeit von Polizisten genau „lesen" können. Deshalb ist auch die Meinung falsch, dass ein Polizist überhaupt keine Chancen hätte, wenn ein Täter darauf abzielt, irgendeinen Polizisten zu töten.

Der Gefahrenradar
Der „Gefahrenradar" beruht auf der einfachen Vorgehensweise: Genau beobachten, was die andere Person konkret tut (vor allem mit den Händen), also ihr *Verhalten* beobachten und die Möglichkeit berücksichtigen, dass auch eine zunächst nichtaggressive Person gefährlich werden könnte. Voreilige Deutungen der Situation sind zu vermeiden.

Reaktionsbereitschaft
Dies entspricht spieltheoretischen Grundsätzen. Die TIT FOR TAT-Strategie erfordert nämlich eine *sofortige* Reaktion auf unkooperatives Verhalten. Deshalb muss auch ein Polizist **sofort** von Ruhe zu Selbstverteidigung wechseln können.

Warum gerade eine *sofortige* Reaktion notwendig ist, damit überhaupt keine Gewalt auftritt, wird anschaulich von Kernspecht (2000) gezeigt. Gewalt entsteht nämlich zumeist keineswegs „plötzlich", „aus dem Nichts", sondern verläuft in mehreren Stufen.
Kernspecht (2000, S. 31) beschreibt „Die Phasen eines Ritualkampfes oder eine Tragödie in 4 Akten":

1. Die visuelle Phase: Ein Blick, der eine Zehntelsekunde zu lange dauert, wird als Anstarren gedeutet und löst die Fragen aus: Ist was? Was guckst du so blöd?
2. Die verbale Phase: „Suchst du Streit?", wenn man nicht sofort für Entspannung sorgt, etwa: „Sorry. Ich hab Sie mit jemandem verwechselt. Nichts für ungut."
3. Die Schubs- oder Anpack-Phase.
4. Die Katastrophe (Gewalt).

Kernspechts (2000, S. 251) Beobachtungen nach begann diese Katastrophe mit einer demoralisierenden Beschimpfung des Kontrahenten, wodurch der Sprecher „sich überdimensional aufblähte und mit der Körpersprache Überlegenheit signalisierte".
„Schon in der ersten Phase der Einschüchterung müssen Sie reagieren, denn sonst kann es leicht passieren, dass Sie ihrem Gegner seine Propaganda abkaufen, Ihre Beine zu zittern beginnen, vor Angst gelähmt, den Gehorsam verweigern.
Aber es gibt noch einen zweiten, möglicherweise wichtigeren Grund, sofort zu reagieren. Zu Beginn ist Ihr Gegner sich seiner Sache keineswegs so sicher, deshalb muss er sich an seiner eigenen Stimme und daran, dass er Sie ungestraft beschimpfen darf, berauschen. Erst nach erfolgter Autosuggestion fühlt er sich wie Supermann und greift an" (Kernspecht, 2000, S. 252).

„Und das alles nur, weil Sie eine Zehntelsekunde zu **neugierig geguckt** haben. Oder weil Sie angesprochen, **nicht die richtige Antwort** parat hatten. Oder weil Sie **auf den Schubs- oder Greifversuch nicht richtig reagierten**. Oder weil Sie die 1. Ohrfeige oder den 1. Faustschlag **nicht abwehrten und hart und gezielt genug konterten**" (Kernspecht, 2000, S. 42).

Um das Auftreten von Gewalt zu verhindern, betont Kernspecht (2001, S. 43) in einer Überschrift ausdrücklich: „Ein vermiedener Kampf ist sogar noch erstrebenswerter als ein gewonnener Kampf." Und er gibt verschiedene Hinweise, um einen derartigen Ritualkampf zu verhindern. So sollte ein Blickwechsel nur kurz sein, was ausdrückt: „Ich hab dich wahrgenommen. Ich will keinen Kampf." Dänische Türsteher beobachteten, „dass harte Jungs sich beim Ritualkampf gegenseitig unmerklich zunicken – ganz leicht runter und wieder hoch und dadurch Respekt erweisen" (Kernspecht, 2001, S. 28).

Auch sprachlich sollte versucht werden, den Zustand des Friedens zu erhalten: „Lassen Sie mich bitte in Ruhe. Ich will keinen Streit" (Kernspecht, 2001, S. 83).

Reaktionsdistanz schaffen
Die Reaktionsbereitschaft drückt sich auch in der Distanz aus, die man zu seinem Interaktionspartner hat. Derartige Distanzen findet man auch im Tierreich, wo es z.B. eine Fluchtdistanz und eine Verteidigungsdistanz gibt. Man kann sich einem Tier nähern, ohne dass es zunächst reagiert. Überschreitet man aber die Fluchtdistanz, so flieht es bzw. greift an, sobald man die Verteidigungsdistanz verletzt (Füllgrabe, 1972). Beim Menschen findet man ebenfalls eine persönliche Distanz, bei deren Unterschreitung er mit Unbehagen oder sogar aggressiv reagiert. Die Größe der Distanz ist u.a. abhängig von der Persönlichkeit und der Kultur der Person (Füllgrabe, 1978). Die Beachtung der räumlichen Distanz zu anderen Menschen ist also ein wichtiger Gesichtspunkt der Gewaltvermeidung.

Pinizzotto, Davis und Miller (2002) berichten, dass in den USA fast 75% der zwischen 1990 und 1999 im Dienst ermordeten Polizisten innerhalb eines Umkreises von 10 feet (3,38 m) vom Täter entfernt getötet wurden. Diesen „10-footradius" bezeichnen sie als „killing zone". Aber man kann sich nicht immer außerhalb dieser „Todeszone" bewegen. Ein Polizist muss bei der Verhaftung, Durchsuchung usw. eines Verdächtigen in diese „Todeszone" eindringen. Dies kann aber dann gefährlich werden, wenn er überhastet handelt oder Gefahrensignale nicht wahrnimmt bzw. falsch deutet.

Grundsätzlich ist zu beachten: In einer potenziell gefährlichen Situation muss die Entfernung zum Interaktionspartner **situationsangepasst** sein. Um einen Anhaltspunkt zu geben: In einer normalen Gesprächssituation kann sie etwa 1–2 Armlängen betragen. Merkt man aber, dass der Interaktionspartner aggressiv werden könnte, muss man zurückgehen, um sich Reaktionszeit zu verschaffen. Dann könnten 2 bis 3 Schritte ausreichen. Entscheidend dabei für das eigene Handeln ist das fundamentale Prinzip: Ich muss immer die Hände des Anderen beobachten.

Man kann auch materiell eine Reaktionsdistanz schaffen, indem man Gegenstände wie zum Beispiel einen Stuhl, einen Tisch, eine Fahrzeugtür usw. zwischen sich und einen potenziellen Angreifer bringt. Durch dieses Hindernis hat man nicht nur Distanz geschaffen, sondern man kann den Gegenstand aktiv als Verteidigungsmittel einsetzen: den Stuhl vor die Beine des Angreifers schieben, die Fahrzeugtür zuschlagen usw.

Mit Entschlossenheit handeln
Kernspecht (2001, S. 86) zeigt eine Technik auf, die verhindern kann, dass das eigene Handeln gehemmt wird: „Unmittelbar, bevor Sie in Aktion treten, sollen Sie Ihr Ankerwort sagen, das Ihr Anker, Ihr Reiz ist, um die gewollte Handlung auszulösen." Jedes beliebige vorher festgelegte Wort kann dabei dieses Ankerwort darstellen, z.B. „jetzt!", „los!"

Weiterhin muss man durch **vorherige Stressimpfung** auf das Auftreten einer Krise (z.B. Schusswechsel) gut vorbereitet sein, und selbst in einer lebensbedrohlichen Situation hat man durch die **Aktivierung des psychologischen Immunsystems** noch gute Überlebenschancen.

Man muss auf jeden Fall damit rechnen, dass *plötzlich* unerwartete Schwierigkeiten auftreten könnten und darf sich in keinem Fall von seinem Handlungsmuster abbringen lassen. Vorbildlich handelte hier ein deutscher Polizeibeamte, auf den der Täter – offensichtlich unter Drogeneinfluss – mit erhobenem Messer zuging. Ein Strahl mit dem Pfefferspray zeigte keine Wirkung, vielmehr ging der Täter beschleunigt weiter auf den Beamten zu. Der Polizist rief: „Messer weg!!!" und gab einen Schuss auf den linken Oberschenkel des Täters ab. Auch dies zeigte keine Wirkung, vielmehr ging er weiter auf den Beamten zu. Dieser wich zur Seite aus und schoss 4-mal in Richtung des linken Beines des Täters. Erst nach dem letzten Schuss fiel der Täter rückwärts auf den Boden.

Dieses Beispiel zeigt u.A., dass

– ein einzelner Schuss nicht immer ausreicht, um einen Angreifer zu stoppen,
– die Wirkung des Pfeffersprays oft überschätzt wird,

besonders bei betrunkenen oder psychisch auffälligen oder unter Drogeneinfluss stehenden Personen.

Kapitel 8
Der Gefahrenradar

1. Was ist ein „Gefahrenradar"?

Jeder, der sich in potenziell gefährlichen Situationen bewegt, muss einen „Gefahrenradar" entwickeln, d.h. genau (und ohne voreilige subjektive Deutung) registrieren, was sich in dieser Situation abspielt. Dass „Überlebensexperten" über einen solchen Gefahrenradar verfügen, ergibt sich z.B. aus der Beschreibung von Siebert (1996, S. 11) von *Überlebenspersönlichkeiten*.

> Er schildert z.B. seine Ausbilder bei den Fallschirmjägern: „Während unserer Ausbildung fiel mir auf, dass Überlebende aus Kämpfen eine Art persönlichen Radars haben, der ständig auf Empfang steht. Auf alles, was geschah oder jedes Geräusch reagierten sie mit einem schnellen, kurzen Blick. Sie hatten eine entspannte Aufmerksamkeit. Ich begann zu verstehen, dass es nicht bloßes Glück oder Schicksal war, dass dies die Wenigen waren, die zurückkamen. Bestimmte persönliche Qualitäten hatten die Waage zu ihren Gunsten geneigt."

Es ist also wichtig, *alle* Reize (Situationen, Personen, Tiere, Gegenstände usw.) zu erfassen und *schnell* danach zu bewerten, ob sie gefährlich sind oder nicht. Wer sich in einer Gegend befindet, in der ihn gewaltbereite Menschen, gefährliche Tiere oder Naturkatastrophen bedrohen könnten, *muss* schnell reagieren können. Er muss aber zwei entgegengesetzte Fehler vermeiden:

a) auf *alle* Dinge mit großer Angst und Anspannung zu reagieren. Dies wäre eine große und auf die Dauer nicht zu ertragende psychische und körperliche Anspannung.
b) auf Reize seiner Umgebung überhaupt *nicht* zu achten.

Wichtig für Personen, die in einer gefährlichen oder potenziell gefährlichen Umgebung leben, ist also, dass sie durch eine **entspannte Wahrnehmung** eine **gelassene Wachsamkeit** entwickeln. Dabei werden nur abweichende Verhaltensweisen der anderen Person und tatsächliche Gefahren wahrgenommen.

Kapitel 8

Wichtig: ein präzises, differenziertes Bild von der Situation haben

In einer potenziell gefährlichen Situation reicht es nicht aus zu sehen: „Da sind verschiedene Menschen." Richtig und lebenserhaltend wäre die Feststellung: „In dieser Situation sind verschiedene Menschen vorhanden. Person A ist harmlos, B zeigt bedrohliche nichtsprachliche Signale, A könnte B zu Hilfe kommen, C hätte ein Motiv, mich anzugreifen." „Hinter dieser Mauer könnte sich jemand versteckt haben." Oder: „Auf dem Tisch liegt eine Schere, in Griffweite von Person X. Wenn X blitzschnell die Schere ergreift, könnte er mich damit attackieren!" Hier wurden also die einzelnen Elemente der Situation (= Personen) und ihre Vernetzung (gegenseitige Beeinflussung, Haltung und Orientierung gegenüber dem Polizeibeamten) erfasst.

Leider sind verschiedene weit verbreitete Missverständnisse Ursachen für falsche Maßnahmen und fehlendes Training. Beispielsweise herrscht die falsche Vorstellung vor: Wer sich bei einem Gedächtnistest an viele Details erinnern kann, ist ein guter Polizist. Dass dies falsch ist, belegt folgende Untersuchung von Mills et al. (1966).

> Die Polizei der Stadt Cincinatti (USA) ließ Polizeibewerber Fußstreife in einem belebten Bezirk gehen. Sie wurden angewiesen, alles entlang des Weges genau zu beobachten, weil sie möglicherweise über alles befragt würden, was sie entlang des Weges hätten beobachten können. Im Gegensatz zu einem Intelligenztest, einer Diskussionsrunde und einer Beobachtungssituation, bei der man aus Indizien Rückschlüsse auf eine Person und ihr Verhalten schließen musste, erwies sich das Ergebnis der „Fußstreife" als ungeeignet für die polizeiliche Personalauswahl (Mills et al., 1966). Dies war verständlich, weil nach der Fußstreife den Bewerbern 25 Fragen gestellt wurden wie z.B.:
> Auf dem Flaggenmast vor dem Polizeihauptrevier steht die Inschrift:
> a) A b) B c) C d) überhaupt keine Inschrift.
> Der Hinweis auf die Feuerwehrwache an der Hauptstraße ist
> a) auf der linken Seite b) auf der rechten Seite c) es gibt dort überhaupt keinen Hinweis.

Der Fehler einer solchen praxisfremden Auswahlmaßnahme ist leicht erkennbar. Es kommt für einen Polizisten nicht darauf an, **viele** Details zu beobachten und sich daran zu erinnern.

Vielmehr muss das Wesentliche erkannt und erinnert werden!

Worauf es bei der polizeilichen Tätigkeit tatsächlich ankommt, zeigt folgender Bericht eines deutschen Polizeibeamten:

> „Eines Nachts fuhren wir mit dem Funkwagen eine Straße entlang, genau auf eine Schule zu. Alle Fenster der Schule reflektierten die Lichter der Scheinwerfer. Einige Zeit später kamen wir wieder dort vorbei. Als wir schon ein Stück entfernt waren, fiel mir ein, dass ein im Parterre gelegenes Fenster diesmal nicht die

Scheinwerfer reflektiert hatte. Wir fuhren zurück und stellten fest, dass eine Scheibe zertrümmert und das Fenster nur angelehnt worden war.
Mit Hilfe von zwei weiteren Funkwagenbesatzungen begannen wir die Schule zu durchsuchen. Im Chemiesaal, in einem Schrank versteckt, fanden wir dann zwei jugendliche Einbrecher."

Man sieht also, dass alles Ungewöhnliche, jedes von der Norm abweichende Verhalten die Aufmerksamkeit und das Einschreiten von Polizeibeamten auslösen sollte und ein derartiges Reagieren **ausschließlich** auf Problemsituationen verhütet, dass der Polizist sich in einer ständigen Anspannung befindet. Er wird dann *nur* durch Gefahren aktiviert.

Ein Gefahrenradar ist gerade in Zeiten notwendig, wo man sich zu sehr auf technische Mittel verlässt.

Ein typisches Beispiel dafür liefert der Untertitel eines Artikels der New York Times (27. 12. 2009, S. A1): „Trotz der Milliarden, die seit 2001 für Aufklärung und Antiterror-Programme, ausgeklügelte Flughafenscanner und ausführliche Beobachtungslisten ausgegeben wurden, war es etwas Einfacheres, was ein Unglück am Weihnachtstag verhinderte: wachsame und mutige Passagiere und Besatzungsmitglieder."
Es gab knallende Geräusche und Rauch. Jasper Schuringa, der in der gleichen Sitzreihe wie der potenzielle Attentäter saß, sah etwas, was wie ein Feuer auf dem Schoß des Verdächtigen aussah. „Ohne Zögern sprang ich über alle Sitze. Ich dachte: ‚Oh, er versucht, das Flugzeug in die Luft zu sprengen.' Ich versuchte, seinen Körper nach Sprengstoff zu untersuchen. Ich nahm ein Objekt, das bereits am Schmelzen und Rauchen war, und während ich das tat, hielt ich den Verdächtigen auch fest." Er reagierte gelassen auf das Lob für sein schnelles Handeln, das er als Reflex bezeichnete. „Wenn man einen Knall in einem Flugzeug hört, wird man wach, glaubt mir. Ich bin einfach gesprungen Ich dachte nicht. Ich ging einfach rüber und versuchte das Flugzeug zu retten."
Die New York Times weist dann auf einen ähnlichen Vorfall hin, bei dem die Stewardess den Geruch nach Schwefel eines angezündeten Streichholzes wahrnahm. Sie näherte sich dem Passagier und sah einen Draht aus dem Schuh des Mannes hervorragen. Der Mann wurde dann von Passagieren überwältigt (New York Times, 23. 12. 2001, S. 1A1).

2. Psychologische Grundlagen des „Gefahrenradars"

In ihrem Buch *Karate* schildern Nishiyama und Brown (1960) u.a. psychologische Prozesse, die nicht nur für Kampfsportarten, sondern auch für potenziell gefährliche Situationen gelten dürften. Sie argumentieren: Weil Karate den direkten Kontakt zwischen zwei und mehr menschlichen

Wesen beinhaltet, spielen psychologische Faktoren eine wichtige Rolle. In vielen Fällen gewinnt die psychisch stärkere Person, selbst wenn sie körperlich unterlegen ist. Nishiyama und Brown (1960) meinen, dass durch das Karatetraining (und falls diese These wissenschaftlich bestätigt werden könnte, gilt dies natürlich auch für andere Kampfsportarten) diese psychologischen Faktoren für sportliche und real gewalttätige Interaktionen entwickelt werden.

Nishiyama und Brown (1960) erwähnen zunächst zwei Begriffe, die von den klassischen Meistern der Kampfkünste gelehrt wurden. Beide beziehen sich auf die geistige Haltung, die erforderlich ist, wenn man einem tatsächlichen Gegner gegenübersteht.

Mizu no kokoro (eine Geisteshaltung wie das Wasser)

Mizu no kokoro bezieht sich auf die Notwendigkeit, den Geist ruhig zu machen, ähnlich wie die Oberfläche unbewegten Wassers. Um die Metapher weiterzuführen: Ruhiges Wasser spiegelt genau das Bild aller Objekte wider, die sich in seiner Reichweite befinden. Befindet sich der Geist in diesem Zustand, kann man den Gegner psychologisch richtig einschätzen, seine Bewegungen genau erkennen. Andererseits, wenn die Oberfläche des Wassers gestört ist, werden die Bilder, die sie widerspiegelt, gestört sein. Diese Analogie bedeutet: Wenn der Geist von subjektiven Vorstellungen beherrscht wird, kann man nicht die Absichten des Gegners erfassen, einen Angriff nicht erkennen und wird dann leicht überrascht.

> Eine später getötete Polizistin erwartete nicht, dass ein Täter, der sich hinter einem Auto verbarg, die Deckung verlassen und sich ihr nähern würde, indem er über die Kühlerhaube und das Autodach lief, während er von oben herab auf sie schoss (Garner, 1998).
>
> Gefährlich kann es deshalb immer werden, wenn man seine persönliche Meinung in die Deutung der Situation einbringt, statt sich zunächst auf die genaue Beobachtung zu beschränken. Wenn z.B. bei Dunkelheit eine Person auf einen Streifenwagen zukommt, ist die Meinung nicht angemessen: Er will sich über die Radarkontrolle beschweren. Sachgemäß ist dagegen, zunächst genau das Verhalten der Person zu beobachten und sich erst dann eine Meinung zu bilden.
>
> Man kann z.B. auch nicht einfach annehmen, dass ein Betrunkener harmlos ist oder dass in einem Gebäude, in das eingebrochen wurde, keine Täter mehr sind. Dies sind genau diese gefährlichen, falschen Annahmen, die zum Tod zahlloser Polizisten geführt haben (Garner, 1998).

Garner weist hier also auf das hin, was Langer (1991) als *Premature cognitive commitments* – „verfrühte kognitive Festlegungen" – bezeichnet. Gefährlich werden solche „verfrühten geistigen Festlegungen", wenn z.B. ein Polizist *denkt*, „Das ist ja nur eine *Verkehrs*kontrolle", statt genau das Verhalten des Gegenübers zu *beobachten*.

Tsuki no kokoro (eine Geisteshaltung wie der Mond)
Dieser Begriff bezieht sich auf die Notwendigkeit, sich ständig der Gesamtheit der Gegner und ihrer Bewegungen bewusst zu sein, genauso wie das Mondlicht auf alles gleichermaßen in seiner Reichweite scheint. Wolken, die das Mondlicht blockieren, entsprechen der Nervosität oder Ablenkungen, die die richtige Erfassung der Bewegungen eines Gegners stören. Diese Metapher von Nishiyama und Brown (1960) gilt auch für die polizeiliche Eigensicherung.

> Als eine Polizistin einen Mann verhaftete, weil er eine verborgene Waffe (ein Messer) getragen hatte, kam es zu einem Ringkampf auf dem Boden. Da der Mann die Waffe der Polizistin nicht ergreifen konnte, rief dieser seiner Begleiterin zu, zum Auto zu gehen und seine Pistole zu holen. Die Komplizin brachte dem Angreifer die Pistole. Während die Polizistin und der Täter auf ihre Füße kamen, drohte der Mann, die Polizistin zu töten, wenn sie ihm nicht ihre Dienstwaffe aushändigte. Doch sie zog ihren Revolver, es kam zum Schusswechsel, er schoss ihr in den Arm, traf sie aber dann nicht mehr. Sie brachte dem Täter mehrere Verletzungen bei.
> Die Polizistin berichtete später, dass sie die Beifahrerin nicht als Bedrohung angesehen hätte. Obwohl diese nur ca. 70 cm von der Polizistin entfernt war, als die Schießerei begann, hatte sie der Beifahrerin keine Aufmerksamkeit geschenkt und keine Befehle ausgesprochen (Pinizzotto et al., 1998).

Dieses Beispiel belegt nicht nur spezifisch die Forderung der amerikanischen Sicherheitsfirma *Calibre Press*, dass sich Polizisten auch mit Bodenkampftechniken vertraut machen müssten. Diese Techniken und Situationen sollte man kennen, um nicht überrascht und hilflos zu sein, wenn man in diese Lage geraten sollte. (Eine interessante Analyse zu den Möglichkeiten und Grenzen des Bodenkampfes findet man übrigens in Kernspecht, 2001, S. 55–57.)

Das Beispiel dieser Polizistin zeigt aber auch grundsätzlich das häufig unterschätzte Gefährdungspotenzial auf, das bei der **Annäherung an mehrere Verdächtige** vorliegen kann.

> Pinizzotto und Davis (1995) zeigen für die USA: Zum Zeitpunkt der Ermordung des Polizisten waren 14 der Mörder in der Begleitung von einer Person oder mehreren Personen. Elf dieser Mörder waren nicht die Zielperson des Polizisten, also diejenige, die für ihn auffällig war bzw. die er verdächtigte.
> Es scheint, dass in vielen Fällen der Polizist einen „Tunnelblick" hat, d.h. dass er bei seiner Annäherung seine Aufmerksamkeit auf eine Person konzentriert und die anderen Personen in der Gruppe vernachlässigt oder ignoriert. Und gerade das bringt ihn leicht in Gefahr.

Kapitel 8

3. Der unsichtbare Gorilla

Der Gefahrenradar kann auch dadurch beeinträchtigt werden, dass Veränderungen der Situation oder plötzlich auftretende Ereignisse nicht wahrgenommen werden. Dies zeigt z. B. das Phänomen des „unsichtbaren Gorillas".

Der amerikanische Polizist Kenny Conley verfolgte am 25. 1. 1995 um 02.00 nachts einen Täter. Bereits vorher war am gleichen Ort ein Beamter in Zivil angekommen, den andere Polizisten für den Täter hielten und auf ihn einschlugen. Conley fasste dann den richtigen Täter. Obwohl er am gleichen Ort vorbeigekommen war, an dem die Prügelei stattfand, behauptete Conley, nichts gesehen zu haben. Vor Gericht wurde er der Lüge bezichtigt, um seine Kameraden zu decken. Er wurde zu 34 Monaten Gefängnis verurteilt, später aber wegen eines Formfehlers freigesprochen. Tatsächlich zeigen aber wissenschaftliche Erkenntnisse, dass es tatsächlich möglich war, dass er nichts gesehen haben könnte (Chabris & Simon, 2010).
Versuchspersonen wurde ein Video gezeigt mit einer Mannschaft in weißen oder schwarzen Hemden, die sich bewegten und einander Basketbälle zuspielten. Sie sollten dann nur die Zahl der Bälle zählen, die sich die weiße Mannschaft zuspielte. Unerwartet tauchte dann im Video eine als Gorilla verkleidete Studentin auf, die in die Mitte der Szene hineinging, in die Kamera schaute, sich auf die Brust schlug und nach 9 Sekunden wieder wegging (http://www.theinvisiblegorilla.com/videos.html).
Das Experiment, das mit anderen Personen unter anderen Bedingungen und verschiedenen Ländern wiederholt wurde, erbrachte immer wieder das gleiche Ergebnis: Erstaunlicherweise bemerkte etwa die Hälfte der Versuchspersonen das Auftauchen des Gorillas überhaupt nicht. Selbst wenn die Personen in einer Variante des Experiments auf den Gorilla achteten, übersahen sie zwei Dinge: Einer der Mitspieler verließ den Raum, und die Farbe der Vorhangs veränderte sich von Rot in Gold. Diese Untersuchungen zeigen also ein wichtiges Prinzip: Man übersieht leicht *unerwartete* Objekte, selbst wenn sie wichtig sind oder Gefahren darstellen. So übersahen Piloten in Experimenten und sogar in der Realität beim Landen ihres Flugzeugs, dass sich noch andere Flugzeuge auf ihrer Landebahn befanden. Die Konsequenz dieses „Unsichtbaren Gorilla-Fehlers" ist dann oft ein Verkehrsunfall oder eine andere Katastrophe.
Der Conley-Fall wurde auch in einer realen Situation nachgestellt: 2 junge Männer schlugen in einem Weg, etwa 8 Meter von der Straße entfernt, unter Lärm auf einen dritten ein. Dies war potenziell 15 Sekunden sichtbar für Versuchspersonen, die hinter einer anderen hinterherliefen und die Aufgabe hatten, zu zählen, wie häufig sich diese am Kopf berührte. Nur 35% berichteten, den Kampf bemerkt zu haben. Konnte dies an der Dunkelheit gelegen haben? Wurde der Versuch am Tag durchgeführt und die Prügelei potenziell 30 Sekunden sichtbar, so berichteten auch nur 56%, den Kampf beobachtet zu haben.
In einem dritten Experiment wurde am Tag untersucht, wie sich eine kognitive (geistige) Belastung auswirkt. Die Versuchspersonen sollten entweder nur hinterherlaufen oder getrennt zählen, wie häufig sich die vorlaufende Person links und

rechts am Kopf fasste. Bei der Gruppe, die nur hinterherlief, bemerkten 72% den Vorfall, von der Gruppe mit der größeren kognitiven Belastung nur 42% (Chabris et al., 2011).
Diese Experimente haben auch große polizeiliche Bedeutung. Als vor einigen Jahren zwei deutsche Polizisten entführt wurden, stellte ich einem Polizeibeamten die rhetorische Frage, wie dies möglich sei. Er antwortete mir (sinngemäß): „Ja, wenn man plötzlich in den Lauf einer Pistole schaut." Diese Antwort geht am Problem vorbei, denn man blickt ja nicht *plötzlich* in den Lauf eines Revolvers. Wenn der Täter nicht über magische Kräfte verfügt, muss er ja vorher in seine Tasche o.Ä. gefasst haben und sie herausgeholt haben. Nur hat sein Opfer diesen Vorgang nicht bemerkt.
Gründe für eine derartige Unaufmerksamkeit können verschiedenartig sein, z.B.:

– allgemeine Unaufmerksamkeit
– Ablenkung durch Musik hören usw.
– Unkenntnis, welche Gegenstände als Waffen dienen könnten
– voreilige Annahmen. Ein alter Mann, der auf dem Bett sitzt, *muss* keineswegs ungefährlich sein. Er *kann* unter die Bettdecke greifen und eine Pistole herausholen (s. Sessar et al., 1980).

Erfahrung kann unter bestimmten Bedingungen helfen, unerwartete Ereignisse zu erkennen, aber nur, wenn das Gebiet vertraut ist. Erfahrene Basketballspieler erkannten den Gorilla mit größerer Wahrscheinlichkeit als Anfänger und als Handballspieler, obwohl auch diese Mannschaftssportler waren (Chabris & Simon, 2010).

Wie kann man aber eine sofortige Reaktion auf ein unerwartetes Ereignis bewirken? Chabris und Simon (2010) zeigen den Weg dazu auf: Man muss ein unerwartetes Objekt oder Ereignis weniger unerwartet machen Für einen Polizisten heißt das: „Expect the unexpected! Be prepared!" („Erwarte das Unerwartete! Sei vorbereitet!"). Deshalb muss man z.B. immer darauf achten, was die andere Person mit ihren Händen tut. Man muss auf Veränderungen ihres Verhaltens achten. Man muss wissen, welche Gegenstände sich als Waffen für sie eignen usw.

Es gibt bereits im polizeilichen Bereich geeignete Trainingsprogramme dafür.
„Wir nutzen diesen „Basketball-Film" z.B. im Rahmen der Anti-AMOK-Schulung zum Einstieg in das Wahrnehmungstraining (der Begriff „Gorilla" in der Anmoderation würde hier das Ziel bzw. die Pointe zerstören). In der anschließenden Wahrnehmungsübung sollen die PVB/PMA (Polizeivollzugsbeamte/Polizeimeisteranwärter) als Streife unter der Berücksichtigung von Stresslevel, Tunnelblick, Gefahrenradar in einem „präparierten" Wohnzimmer innerhalb von ca. 20 sec. möglichst alle 10 Gegenstände erkennen, die einem Polizisten bei der täglichen Arbeit gefährlich werden können (z.B. verschiedene. Messer, Schusswaffen, Magazin, Munition, Wurfstern, Schlagring, Handgranate, ...). Dabei soll man

keine Durchsuchung durchführen, sondern lediglich den Raum „scannen", um danach im Team die Feststellungen („Was lag wo?") zusammenzutragen und anschließend im Lehrsaal mit den anderen Lehrgangsteilnehmern die Erkenntnisse abzugleichen.
Nach gemeinsamer Begehung des Wohnzimmers (Ergänzung der eigenen Wahrnehmung) werden diese Gegenstände an einem anderen Ort (im gleichen oder anderen Zimmer) mehr oder weniger offen ausgelegt und nach einer körperlichen Belastung (z.b. Verfolgung eines Straftatverdächtigen) mit der o.a. Aufgabenstellung wiederholt und in ähnlicher Art und Weise ausgewertet" (PHK Kusebauch persönliche Mitteilung 27. 3. 2012).

4. Kann man sich auf seine Intuition verlassen?

In verschiedenen Büchern (z.b. de Becker, 1997) wird die Behauptung aufgestellt, die eigene Intuition sei ein gutes Warnsystem gegen Gefahren. Und man kann von Fällen lesen, wo die/der Betreffende beim Anblick einer Person ein „mulmiges Gefühl" o.Ä. hatte und damit – wie sich später herausstellte – richtig lag. Kann man sich also auf sein Gefühl bei der Gefahrenerkennung verlassen?

Dazu folgendes Beispiel:

> „An diesem 11. August war Maria Hahn nicht nur mit ihrem neuen Bekannten, sondern auch noch mit drei anderen Männern verabredet, und sie überlegte hin und her, mit wem sie ausgehen sollte. Sie entschied sich für den Neuen. Der war, wie sie einer Freundin erzählte, der netteste und außerdem sicherlich bei Kasse. Das gab den Ausschlag" (Lederer, 1964, S. 251).

Hatte also die Frau gemäß ihrer Intuition eine gute Wahl getroffen, angesichts der Tatsache, dass sich seit langem ein gefährlicher Serienmörder in der Stadt herumtrieb? Hatte sie intuitiv aus vier Bewerbern gerade den Mann ausgesucht, der am meisten Sicherheit versprach?

> „Der Herr erschien pünktlich beim Stelldichein in einem guten, tadellos gebügelten braunen Sommeranzug – dass in der hinteren Hosentasche eine Schere steckte, ahnte Maria Hahn nicht." Es handelte sich nämlich um den Serienmörder Peter Kürten aus dem Jahre 1929, der sie später tötete!
> Eine derartige Vertrauensseligkeit, gerade gegenüber einem brutalen Mörder, war kein Einzelfall: „Kürtens adrettes Aussehen, sein höfliches Benehmen ließen in den Opfern, die er auf der Straße ansprach, nicht den geringsten Argwohn aufkommen. Sie gingen mit ihm in den finsteren Wald. Jede Frau zitterte damals vor dem Sexualverbrecher, der Düsseldorf unsicher machte, aber vor diesem honet-

ten Mann hatte keine von ihnen Angst. Das war einer der Gründe, warum er so lange sein Unwesen treiben konnte" (Lederer, 1964, S. 225).

Das Fehlen eines unbehaglichen, „mulmigen" Gefühls ist also kein Beleg für die Harmlosigkeit einer Person oder Situation. Genauso wenig ist auch ein unangenehmes Gefühl gegenüber einem Menschen zuverlässig, denn es kann zu einer Überreaktion verleiten!

Wichtig ist Folgendes:
Gerade Psychopathen gelingt es geschickt, ihre Opfer von ihrer Harmlosigkeit zu überzeugen (Hare, 1999), nicht nur hinsichtlich Betrügereien, sondern auch, wenn Psychopathen als Serienmörder auftreten. Spieltheoretisch gesehen kann man also im Spiel des Lebens auf die Strategie „Tranquilizer" (Axelrod, 1991) treffen, die zunächst ein mögliches Opfer einlullt, um es dann zu besiegen und auszubeuten. Dies ist das Gegenstück zu der Strategie „Tester", die der Täter auch anwenden könnte: Testen, inwieweit eine Person sich einschüchtern lässt, ob sie sich als Opfer eignet. Wie Axelrods Computerturniere (1991) zeigen, ist gerade die TIT FOR TAT-Strategie wirksam gegen die Strategien Tranquilizer und Tester: wachsam und reaktionsbereit sein.

5. Worauf beruht eine realistische Intuition?

Was eine sachgerechte Intuition bezüglich der Gefahrenwahrnehmung tatsächlich bedeutet, ist aus der Schilderung der Lebenswelt von Drogenprostituierten (Langer, 2003) ersichtlich. Im Gegensatz zu landläufigen Vorstellungen sind diese Frauen keineswegs „Opfer". Die Frauen sind „streetwise", „streetsmart" und steuern ihr Leben relativ aktiv. „Ein einigermaßen klarer Kopf ist nötig, um diesem Geschäft nachzugehen und Risiken minimieren zu können ... Angst ist eine denkbar schlechte Voraussetzung, um einer Tätigkeit nachzugehen, die so viel mit dem eigenen Körper, der eigenen Person und mit Machtspielen zu tun hat, und wenn jederzeit die Gefahr gegeben sein kann, Schaden zu nehmen" (Langer, 2003, S. 143).

Die Frauen haben aber im Laufe der Zeit durch Erfahrungen gelernt, wie sie die Risiken verringern können. Der erste Eindruck eines potenziellen Kunden trägt zu einer Entscheidung für oder gegen einen potenziellen Kunden bei. „Die Frauen sprechen von Antipathie, Angstgefühlen oder Alarmsignalen, einem schwer zu beschreibenden, plötzlichen Gefühl, das sich über körperliche Signale, wie Magenverstimmungen, äußert" (Langer, 2003, S. 145).

Diese Gefühle sind offensichtlich das Ergebnis eines guten Gefahrenradars, der auf einem aktiven Denken, einer aktiven Suche nach Informationen beruht:

> „Auch so, wenn ich einsteig in 'nen Auto, ich guck immer, dass er ..., ich beobachte halt sehr. Ich versuch immer rauszukriegen, ob die Leute von hier sind, ob sie was beruflich machen, ob sie in der Nähe arbeiten, dann ob sie Familie haben. Dann guck ich immer am Autoschlüssel. Da erkennt man auch schon viel, ob das ein Leihwagen ist, am Auto auch, ob das sauber ist, ob das benutzt ist" (Langer, 2003, S. 147).

Während der gemeinsamen Zeit mit dem Kunden beobachten die Frauen die Situation kontinuierlich: „Ich habe auch immer die Augen auf. Damit ich weiß, was er tut" (Langer, 2003, S. 147). Und sie testen gewissermaßen den Kunden, indem sie ihn nach seinem Namen und seinem Beruf fragen. Antwortet er auf diese leicht zu beantwortenden Fragen nur zögerlich, erweckt das ihren Verdacht:

> „Wenn du schon dreimal überlegen musst, wie du heißt, und wenn ich dich frag, was du von Beruf machst, und du gibst mir zwei verschiedene Antworten im Prinzip, dann stimmt da was nicht" (Langer, 2003, S. 146).

Einige Frauen tragen auch Waffen wie z.B. Messer oder Tränengas bei sich. Allerdings wissen sie auch, dass es in Notsituationen schwierig ist, diese Waffen zu benutzen, und dass man den Umgang damit erst lernen muss. Deshalb ist es folgerichtig, dass auch versucht wird, schon zu Beginn eine gewaltfreie Atmosphäre zu schaffen: „... sowie ich möchte, dass die Leute mich behandeln, so behandle ich sie" (Langer, 2003, S. 148). Dies ist die TIT FOR TAT-Strategie!

> Auch für einen deutschen Studenten bedeutete Intuition die genaue Beobachtung bestimmter nichtsprachlicher Signale, was ihm half, gefahrlos durch Brasilien zu trampen:
> „Zum einen habe ich darauf geachtet, freundlich und nicht abweisend gegenüber allen zu sein, aber dennoch darauf zu achten, was die anderen machen (= aktives Denken). Ich habe nur Leute angesprochen, ob sie mich mitnehmen,
> - die sauber waren und deren LKW nicht der älteste und runtergekommenste war
> - und nur Fahrer, die allein unterwegs waren, weil diese mehr Platz haben
> - Personen, die klar wirkten und nicht völlig übermüdet oder unter Drogen stehend.
>
> Wenn ich heute in Deutschland trampe, spreche ich alle an, außer Jugendliche mit getunten Autos, die fahren zu katastrophal. Meine Präferenz sind Geschäftsleute, also Personen mit Fahrzeugen der höheren Mittelklasse."

6. Sehen lernen

Die Drogenprostituierten versuchen also, durch sorgfältige Beobachtung ihrer Kunden Gefahren zu vermeiden. Auch für einen Polizisten ist natürlich eine sorgfältige Beobachtung überlebenswichtig. Vorbildlich und für das Überleben eines Polizisten entscheidend war seine gelassene, problemlösende Wachsamkeit in folgendem Beispiel:

> Er hielt in der Dunkelheit ein Auto an, wählte aber eine gut ausgeleuchtete Örtlichkeit für die Kontrolle. Der Einsatzzentrale wurden der Ort und die Autonummer mitgeteilt. Er stellte seinen Streifenwagen hinter das Auto des Verdächtigen und benutzte den Scheinwerfer, um das Innere des Autos des Verdächtigen auszuleuchten und ihm bei der Annäherung an das Auto zu helfen. Der Polizist war bei seiner Annäherung an das Auto vorsichtig. Als er die Hände des Verdächtigen beobachtete, bemerkte der Polizist, dass der Verdächtige eine Handfeuerwaffe vom Sitz nahm. Als der Täter seine Waffe auf den Polizisten richtete, schoss der Polizist als Erster und ging zur Seite des Autos.
>
> Auch Smith (1973) stellte fest, dass die Voraussetzung guter Menschenkenntnis darauf beruht, dass man das Verhalten der anderen Person genau beobachtet, hört, was sie sagt, und alles genau registriert.

Man sieht also, dass der Erfolg auf vielen Gebieten von der **guten Beobachtung** abhängt. Deshalb versuchte Abercrombie (1969), die Wahrnehmungsgenauigkeit bei ihren Studenten zu verbessern. Sie wollte **kognitive Schemata** aufbauen, indem sie die „Anatomie des Beurteilens" lehrte. Vereinfacht ausgedrückt sind kognitive Schemata typische Gedanken, die miteinander verbunden sind und in entsprechenden Situationen aktiviert werden.

Vernon (1955) hatte ein *Schema* definiert als beständige, tief verwurzelte und gut organisierte Klassifikationen der Art und Weise des Wahrnehmens, Denkens und Verhaltens. Ein Schema kann als Mittel angesehen werden, das uns hilft zu sehen, zu bewerten und zu reagieren.

Abercrombie veranstaltete Trainingskurse, deren Lernziele waren:

- Lernen, zwischen Fakten und Schlussfolgerungen zu unterscheiden.
- Lernen, weniger falsche Schlussfolgerungen zu ziehen.
- Lernen, mehr als eine Lösung für ein Problem zu finden.
- Lernen, sich bei der Annäherung an ein Problem nicht negativ von der Erfahrung mit einem früheren Problem beeinflussen zu lassen.

Es erwies sich, dass diese Trainingskurse tatsächlich den von Abercrombie gewünschten Erfolg hatten.

Der Hauptunterschied zwischen traditionellen Lehrmethoden und Abercrombies Ansatz besteht darin, dass sie mehr Aufmerksamkeit auf die

Kapitel 8

Prozesse des Beobachtens oder Denkens legt, nicht primär auf die Vermittlung von Fakten.

In gleicher Weise wie in Abercrombies Training müssen auch Polizisten erst die richtigen kognitiven Schemata lernen bzw. die falschen vermeiden.

> In einer dunklen Nacht bemerkte ein Polizist ein Auto, das unauffällig und ohne erhöhte Geschwindigkeit fuhr. Lediglich ein Hecklicht funktionierte nicht. Als er das Auto anhielt und sich ihm näherte, sah er den Aufkleber eines lokalen Jugend-Fußballvereins, in dem auch ein Junge des Polizisten spielte. Daraus schloss der Polizist, dass es sich um einen Einwohner der Stadt handelte, wahrscheinlich ein Elternteil eines Kindes, das Fußball spielte, und dass es ein freundliches Gespräch geben würde. Er machte deshalb auch keine Meldung an sein Revier. Und da es sich offensichtlich um eine harmlose Verkehrssache handelte, näherte er sich dem Auto psychologisch, gefühlsmäßig und taktisch ungeschützt. Als er die Autotür erreichte, schoss ihm der Fahrer in die Brust. Da er eine Schutzweste anhatte, überlebte der Polizist den Angriff auf sein Leben. Deshalb konnte er auch seine Gedankenvorgänge schildern, die zu seinem Handeln geführt hatten.
> Der Polizist wusste nicht, dass der Fahrer das Auto an diesem Abend gestohlen und bei einem Raub benutzt hatte. Der Täter berichtete später, dass er dachte, dass diese Verkehrskontrolle dazu diene, ihn wegen dieser Delikte zu verhaften (Pinizzotto, Davis & Miller, 2000).
> Bei der Befragung von Polizisten, die im Dienst angegriffen worden waren, zeigte sich ein bedenkliches Ergebnis: 64% der befragten Polizisten erkannten nicht, dass ein Angriff bevorstand. 62% der befragten Täter sagten, dass der Angriff für den Polizisten aus heiterem Himmel gekommen wäre und diesen überrascht, unvorbereitet und unentschlossen angetroffen habe (Pinizzotto, Davis & Miller, 2000).

Das geschilderte Beispiel zeigt nun genau auf, warum der Angriff für den Polizisten (scheinbar) überraschend kam: Sein Entscheidungsprozess beruhte auf falschen Annahmen. Beispielsweise erwies sich die Deutung als voreilig: „Der Autoaufkleber zeigt, dass das Auto jemand gehört, dessen Kind Fußball spielt. Also ist der *Fahrer* dieses Autos harmlos."

Pinizzotto et al. (2000) fanden in ihren Interviews eine Reihe solcher voreiliger Deutungen (*premature cognitive commitments*, Langer, 1991), die gefährliche Lagen entstehen lassen:

> Es ist nur ein geringfügiges Verkehrsdelikt. Nur ein Hecklicht muss ausgewechselt werden.
> Es ist wieder nur ein Einsatz bei der gleichen Familie, mit dem gleichen betrunkenen Ehemann.
> Es ist nur ein Routine-Gefangenentransport. Der Kollege wird ihn bestimmt bereits durchsucht haben.

Es ist nur ein Kind oder eine Frau. Davon geht keine Gefahr aus.
Diesen Betrunkenen habe ich schon so oft festgenommen, von dem geht keine Gefahr aus.
Es ist ja nur ein geringfügiges Vergehen (Verschmutzung der Umwelt, Trunkenheit in der Öffentlichkeit usw.).

Polizisten müssen auch lernen, dass es kein einheitliches Profil eines Täters gibt, der sie angreifen könnte. Pinizzotto et al. (2000, S. 3) weisen darauf hin, dass es zwar demographische Fakten wie einen Durchschnittswert für Alter, Größe und Gewicht eines Täters geben kann, der sie angreift. Aber kein Polizist wird von einem Durchschnittswert getötet oder angegriffen. Vielmehr wird ein Polizist in einer spezifischen Situation, zu einem spezifischen Zeitpunkt, an einem spezifischen Ort, von einem spezifischen Menschen angegriffen oder sogar getötet. Und diese Person kann bedrohlich *oder* ungefährlich, alt *oder* jung, Misstrauen *oder* Vertrauen erweckend erscheinen.

Viele Täter können einen Polizisten gemäß seinem Verhalten und seinen Maßnahmen blitzschnell einschätzen, z.B. ob er unaufmerksam, unsicher und leicht angreifbar ist. Ähnlich muss auch der Polizist sein Gegenüber schnell einschätzen können. Sein Leben hängt davon ab, ob er das Verhalten des Anderen richtig beobachtet und richtig einschätzt. Dies bedeutet keineswegs, dass man eine Einschätzung der Persönlichkeit vornehmen muss. Trainingsziel muss vielmehr sein, dass man genau *beobachten* lernt, ohne voreilige Rückschlüsse zu ziehen.

Wie kann man lernen, sehr schnell etwas wahrzunehmen? Wie kann man seine Antizipationsfähigkeit verbessern? Dies zeigt eine Untersuchung aus dem Sport.

> Williams, Ward, Knowles und Smeeton (2002) stellten fest, dass erfahrene Tennisspieler ihre Entscheidungen 140 ms (Millisekunden) früher trafen als weniger gute Spieler, was ihnen einen beträchtlichen Vorteil zur Ausführung ihres Schlages verschaffte. Dies beruhte auch auf der besseren Beobachtung der wichtigen Reize.
> Weniger gute Tennisspieler schauten auf die offensichtlichen Reize aus der Region des Schlägers und des Balles. Gute Tennisspieler benutzen dagegen eine synthetischere Suchstrategie: Sie richteten den Blick zusätzlich auf Körperregionen des Gegners und betrachteten z.B. die Rotation des Körpers.
> Es wurde deshalb ein Antizipationstraining mit Tennisspielern durchgeführt: An Videos wurden die relevanten Reize aufgezeigt, die für erfolgreiche Antizipationsfähigkeiten wichtig sind. An Videos wurde z.B. geübt: Vorhersagen, wohin der Ball gehen wird. Die Antizipation verbesserte sich durch das Training, weil sich die Fähigkeit verbesserte, subtile Haltungsreize aufzunehmen und irrelevante Informationen zu vermeiden. Wichtig war auch der Transfer des Trainingserfol-

ges: eine Verringerung der Entscheidungszeit im Labor um 120 ms und in der Realität gegen einen Spieler um fast 200 ms.

Interessanterweise scheint sich bei Frauen nach der Geburt ihres ersten Kindes der Gefahrenradar zu verbessern (s.a. S. 116). Ellison (2006) spricht sogar von einem „Radarblick" von Müttern, wenn es darum geht, Gefahren in der Umgebung wahrzunehmen oder vorausschauend potenzielle Gefahren zu vermeiden. Dies müssen nicht unbedingt gefährliche Gegenstände (Messer, Gabel usw.) sein, sondern alles Ungewöhnliche. Beispielsweise berichtet die Psychologin Anna Salter (2006, S. 126) von dem Verhalten eines Mannes auf einem Tanzabend ihrer Tochter: „Kein anderer Vater in der Halle habe sich auf diese Weise mit den Kindern anderer Leute befasst. Es sei unangemessen gewesen." Da aber offensichtlich Salter dies als Einzige potenziell gefährlich fand, könnte die Entwicklung des Gefahrenradars auch von anderen Faktoren, etwa vom Bindungsstil (s. Kap. 18), abhängen.

Lambert (2008) stellte im Tierversuch sogar Veränderungen im Gehirn und im Verhalten bei den Müttern nach der Geburt der Babys fest, auch bei Vätern, wenn diese die Babys betreuten. Das macht auch biologisch Sinn. Denn eine Tiermutter muss nach Nahrung und Wasser für ihre Jungen suchen, sich an diese Orte und an den Ort ihres Nestes erinnern. Dies hängt von der Verbesserung ihrer kognitiven Fähigkeiten ab. Tiermütter waren auch mutiger und erfolgreicher bei der Futtersuche, selbst wenn sie mit anderen Tieren vorher kämpfen mussten (= Multitasking, d.h. verschiedene Tätigkeiten gleichzeitig ausführen). Gerade dies erfordert – worauf Lambert (2008, S.130) ausdrücklich hinweist – kognitive Fähigkeiten wie Fokussieren, Konzentration und Motivation. Und das sind genau die psychologischen Prozesse und Fähigkeiten, die auch beim Menschen typisch für eine „Überlebenspersönlichkeit" sind.

Diese Erkenntnisse stammen aus Tierversuchen. Immerhin fand ich den verbesserten Gefahrenradar von Müttern z.B. nicht nur bei deutschen Polizistinnen und einer Zollbeamtin. Er wurde auch bei weiblichen Angehörigen der japanischen Feuerwehr festgestellt (Craig Kingsley, persönliche Mitteilung, 10. 1. 2008).

7. Beeinträchtigung der Wahrnehmung durch unangemessene kognitive Schemata

Wodurch wird der Gefahrenradar beeinträchtigt? Durch emotionale, aber auch kognitive Faktoren. Kognitive Schemata sind nämlich keineswegs immer nützlich, sondern können auch die Wahrnehmung beeinträchtigen, z.B. wegen einer *berufsspezifischen „Programmierung"*. So zeigen verschiedene Untersuchungen, dass mit längerer Dienstzeit die Wahrnehmungs- und Gedächtnisleistungen von Polizisten keineswegs automatisch besser werden.

Clifford und Bull (1978, S. 190) erklären dies so: Jeder mögliche Gewinn durch den langjährigen Erwerb von Fähigkeiten bezüglich Wahrnehmungen und Gedächtnis wird ausgeglichen durch das Aufbauen von Wissen, Stereotypen, Einstellungen und Werten, durch die Ereignisse wahrgenommen und gespeichert werden.

Bedingt durch ihr Training und ihre Erfahrungen sind Polizeibeamte z.B. für kriminelle Handlungen sensibilisiert. Und sie „sehen" solche Ereignisse manchmal sogar dann, wenn sie sich nicht ereignet haben! Aber offensichtlich sind sie – wie viele Beispiele in diesem Buch zeigen – nicht sensibilisiert genug, Gefahren wahrzunehmen, die sie selbst betreffen.

Tickner und Poulton (1975) zeigten 24 Polizisten und 156 Nichtpolizisten Filme von ein, zwei und vier Stunden Länge mit Straßenszenen. Die Beobachter sollten nach bestimmten Personen und Handlungen (Diebstahl, normalem Austausch von Gütern und allgemeinem antisozialen Verhalten) Ausschau halten.
Die Polizeibeamten berichteten quantitativ mehr angebliche Diebstähle als die Übrigen. Bezüglich des genauen Erkennens von Menschen und Handlungen gab es keinen Unterschied zwischen beiden Beobachtergruppen. Interessant war auch die geringe Entdeckungsrate von 31 %, obwohl die Fotos der gesuchten Personen ständig unter dem Bildschirm sichtbar waren.
In einem weiteren Experiment erinnerten sich Polizisten und Nichtpolizisten gleich gut an Einzelheiten von elf Szenen, die ihnen dargestellt worden waren. Während aber das Gedächtnis für objektive Details gleich gut war, berichteten die Polizisten – wie auch in anderen Experimenten – von mehr kriminellen Vorfällen. Ein Mann, der mit einer Kanne um eine Ecke ging, wurde von den Nichtpolizisten als jemand gedeutet, dem das Benzin ausgegangen war. Die meisten Polizisten sahen ihn jedoch als Brandstifter an (Clifford & Bull, 1978).

Diese Beispiele zeigen auch, warum der Begriff „gesundes Misstrauen" in die Irre führen kann. Damit wird zwar ausgedrückt, dass man nicht alle Menschen verdächtigen soll, andererseits aber gut aufpassen soll usw. Doch das Wort *Misstrauen* belässt immer noch eine subjektive *negative* Komponente im Entscheidungsprozess und verdeckt das Wesentliche: Ich muss zunächst ungefiltert *alles* beobachten, ohne subjektive Deutung. Fehler beim Lügenentlarven zeigen nämlich, wie leicht man durch Misstrauen, einen Verdacht usw. in die Irre geführt werden kann (s. Füllgrabe, 1995).

8. Warum man manchmal etwas *nicht* sieht

Kognitive Schemata können aber nicht nur bewirken, dass man etwas „sieht", was nicht da ist, sondern auch das entgegengesetzte Phänomen bewirken: Dass bestimmte Dinge *nicht* gesehen werden. Hier wirken z.B. die bereits erwähnten *verfrühten kognitiven Festlegungen* (Langer, 1991).

> Ein Schema, das auf neue Erfahrungen angewandt wird, kann nämlich unangemessen sein. Druckfehler können z.b. leicht überlesen werden. Deshalb trainieren sich Korrekturleser solche Schemata an, die ihnen helfen, genau diese Fehler zu entdecken, die der normale Leser übersieht.
> In einer Kriminalgeschichte von G. K. Chesterton, „The Invisible Man", beobachten vier Männer ein Haus, weil bekannt ist, dass einer der Einwohner getötet werden soll. Als sie später, nach dem erfolgten Mord, gefragt werden, ob jemand das Haus betreten habe, sagen alle „Nein!". Der Mord geschah durch einen Briefträger, der „geistig unsichtbar" gewesen war, weil die Beobachter seinen Besuch als bedeutsam für das übliche Austragen von Post angesehen hatten und als bedeutungslos für das ungewöhnliche Ereignis eines Verbrechens. Abercrombie (1969) zitiert dieses Beispiel, um aufzuzeigen, wie wichtig es ist, richtig sehen zu lernen und dazu entsprechende kognitive Schemata aufzubauen.

Manchmal sieht man auch deshalb etwas nicht bzw. schätzt dessen Bedeutung völlig falsch ein, weil man eine Sache mit vorgefertigten kognitiven Schemata beurteilt, statt zunächst einmal genau hinzuschauen. Wie leicht man Fehler macht, wenn man *seine persönliche Meinung, wie Menschen sich zu verhalten hätten*, in die Beurteilung einfließen lässt, zeigt ein Experiment von Christensen, Farina & Boudreau (1980).

Dabei zeigte sich, dass sozial weniger kompetente Frauen genauso sensibel für die Körpersprache ihrer Gesprächspartnerin waren wie sozial kompetente Frauen. Auch sie registrierten die sprachlichen und nichtsprachlichen Signale des Unbehagens, aber im Gegensatz zu den kompetenten Frauen *reagierten* sie unangemessen (unterbrachen nicht weisungsgemäß das Interview), wodurch sie ihre Gesprächspartnerin unter Druck setzten. Ihr Fehler war, dass sie die Situation nur aus *ihrer* Sicht bewerteten und meinten, dass die Gesprächspartnerin keinen Grund hätte, die Situation als Stress zu empfinden, anstatt offen dafür zu sein, wie die andere Frau sich *tatsächlich* verhielt.

Es tauchte hier also das von Smith (1973) kritisierte Phänomen auf, dass viele Menschen zunächst nicht genau beobachten, was sich in der Situation abspielt, sondern diese vorschnell mit eigenen Interpretationen bewerten, die dann nicht selten falsch sind.

9. Welche Gegenstände können für einen Polizisten gefährlich werden?

Zunächst ein kleiner Test:

> Bitte stellen Sie sich vor, dass in einer Situation einer (oder mehrere) der nachfolgenden Gegenstände auftaucht. Bitte kreuzen Sie an, welche dieser Gegenstände eine Gefahr für Sie darstellen könnte:
>
> ☐ Pistole
> ☐ Bleistift
> ☐ Hammer
> ☐ Taschenlampe
> ☐ Person mit Gipsarm
> ☐ Eine Flasche mit Salzsäure
> ☐ Polaroidfoto
> ☐ Nagelfeile
> ☐ Lippenstifthülle
> ☐ Messer
> ☐ Handy
> ☐ Sattel eines Fahrrades
> ☐ Feuerzeug

Die richtige Antwort lautet: **Alle** diese Gegenstände können *potenziell* gefährlich sein.

Offensichtlich gefährlich sind:

- Schusswaffen: Pistole usw.
- Spitze Gegenstände: Messer, Nagelfeile, Korkenzieher usw., aber auch ein spitzer *Bleistift* (s. LaFond, 2001, S. 67), kleine Schlüssel u.Ä.!
- Gegenstände zum Schlagen: Hammer, Gipsarm usw.
- Gefährliche Flüssigkeiten: Salzsäure usw.

Manche Waffen sind aber auch gut versteckt in vertrauten Gegenständen verborgen. In einer Taschenlampe oder einem Handy können sich z.B. Schussapparaturen befinden. Bei einem Fahrrad entdeckten amerikanische

Polizisten, dass man den Fahrradsattel leicht herausziehen konnte und so eine Stichwaffe hatte. An dem Sattel war nämlich eine lange spitze Stange wie ein Speer befestigt.

Ein Lehrer nahm einer 9-jährigen Schülerin einen „Lippenstift" ab, in dessen Hülle sich kein Lippenstift, sondern eine spitze Stichwaffe befand. Es hatte den Anschein, als ob das Mädchen damit eine ihrer Freundinnen schwer verletzen wollte.

Es gibt Feuerzeuge, deren Endstück abziehbar ist, so dass man ein kleines Messer in der Hand hat, das als Brieföffner oder als Stichwaffe dienen kann.

Ein Polaroidfoto an sich ist nicht gefährlich. Aber man kann in dem Papierstreifen auf der Rückseite des Fotos einen kleinen spitzen Gegenstand als Waffe verstecken (oder Rauschgift oder einen Draht zum Öffnen von Handschellen usw.).

Es gibt auch zahlreiche Verstecke für

- Rasierklingen als Waffen und
- kleine Drähte, entsprechend gebogene Sicherheitsnadeln und Schlüssel, um Handschellen zu öffnen.

Diese Schilderung offensichtlich und weniger offensichtlich gefährlicher Gegenstände soll **Überraschungseffekte vermeiden**. Es besteht aber kein Anlass, Angst zu entwickeln und vor *jedem* Gegenstand Angst zu haben. Die erwähnten Gegenstände wurden nämlich gefunden, bevor sie irgendwelchen Schaden anrichten konnten (was auch den Wert einer sorgfältigen Durchsuchung aufzeigt). Aber auch die Wachsamkeit gemäß dem Prinzip **Erwarte das Unerwartete** kann Schlimmes verhindern. Beispielsweise begegnete ein wachsamer Polizist einer Person, die eine an einer Seite geschärfte Rasierklinge aus dem Mund zog (Buhrmaster, 1998, S. 7). Oder: Ein Gefangener hatte einen kleinen Schlüssel zum Öffnen von Handschellen in einer offenen Wunde versteckt!

Deshalb kann man die Gefahrenquelle als solche oft durch eine der wichtigsten Überlebensregeln erkennen und entschärfen: **Genau beobachten, was die andere Person macht,** vor allem mit ihren Händen.

Wie ich selbst hinsichtlich des kleinen Messers im Feuerzeug feststellte, reagierte ein wachsamer Polizist automatisch richtig: Obwohl er nichts von der Waffe in dem Gegenstand wusste, blockte er beim Herausziehen des Messers den Angriff sachgemäß mit seinem Arm ab.

Neben dieser gelassenen Wachsamkeit ist es ein gutes Training, sich selbst bei vertrauten Gegenständen des Alltags zu fragen: Wozu könnte dieser Gegenstand noch dienen? Wie könnte ein gefährlicher Gegenstand darin verborgen sein?

10. Menschenkenntnis und Beobachtungsgenauigkeit

Der Begriff *Menschenkenntnis* beschreibt die Fähigkeit, andere Menschen richtig einschätzen zu können (Füllgrabe, 1978). Dabei sind die unterschiedlichsten Bereiche von großer Bedeutung: zwischenmenschliche Strategien (Leary, 1957; Füllgrabe, 1975), nichtsprachliche Signale (Füllgrabe, 1978; Morris, 1976), Lügenerkennen (Füllgrabe, 1995), Kenntnisse von *Kulturen der Ehre* (Cohen et al., 1996), dem „Gesetz der Straße" (Anderson, 1994) usw. Voraussetzung einer guten Menschenkenntnis ist aber, dass man diese Erkenntnisse nicht unüberprüft auf andere Menschen anwendet. Dagegen ist, wie Smith (1973) betont, ein empirisches Vorgehen die Voraussetzung einer guten Menschenkenntnis. Konkret bedeutet das, dass man genau beobachtet, was die andere Person sagt, was sie tut usw. Im Gegensatz dazu steht ein Vorgehen, bei dem unüberprüft der anderen Person ein abstraktes oder voreiliges Diagnose- und Deutungsmuster angehängt wird (z.B.: Das ist ein Ödipuskomplex. Oder: Das ist ein freundlicher Mann. Dieser Patient kann die Gründe für seine Gewalttaten nennen, und deshalb ist er geheilt usw.), also die Person etikettiert wird. Und derartige Etikettierungen können auch die Gefahrenwahrnehmung beeinträchtigen.

> Siebert (1996, S. 267) weist nämlich bei der Beschreibung der Überlebenspersönlichkeit – d.h. Personen, die besser als andere Menschen auch extreme Gefahren und Bedrohungen überlebten – darauf hin: „Etikettieren Sie andere nicht, üben Sie zu beobachten und zu beschreiben, was andere fühlen, denken, sagen oder tun." „Legen Sie einfach eine Pause ein und beobachten Sie einfach, was geschieht. Holen Sie mehrmals tief Luft. Überprüfen Sie Ihre Gefühle. Achten Sie auf flüchtige Eindrücke, Kleinigkeiten und frühe Hinweise auf mögliche Ereignisse" (Siebert, 1996, S. 268).

Siebert (1996, S. 37) meint: Menschen mit abstrakten Begriffen zu beschreiben oder sie zu etikettieren, blockiert das Denken. Besser ist: Gefühle, Gedanken und Handlungen von Menschen zu beschreiben (Siebert 1996, S. 38). Schnell gefällte Urteile verhindern auch, dass der Verstand Informationen aufnimmt, die den Vorurteilen widersprechen könnten (Siebert, 1996, S. 68).

Was Menschenkenntnis hinsichtlich des Gefahrenradars bedeutet, nämlich die Orientierung an konkreten Verhaltensweisen, kann man am Beispiel der Frage demonstrieren:

Wie kann man erkennen, dass der Interaktionspartner gefährlich werden könnte?

Die Gefährlichkeit einer Person ist häufig ersichtlich aus ihren

- sprachlichen Signalen: offene oder versteckte Drohungen (s. de Becker, 1998)

- nichtsprachlichen Signalen:
Gestik: heftige, bedrohliche Gestik, Faust schütteln (Füllgrabe, 1987, S. 105, 106), Drohgebärden (Morris, 1978, S. 194f.), beleidigende Gesten (Morris, 1978, S. 186f.), Kampfverhalten (Morris, 1978, S. 186f.), Mimik des Zorns (Füllgrabe, 1987, S. 95) usw.

> Morris (1978, S. 168) zeigt einen interessanten Zusammenhang zwischen den durch eine Stressreaktion ausgelösten autonomen Signalen im Gesicht usw. und der tatsächlichen Gewaltbereitschaft auf.
> „Wenn Angst und Aggression sich gegenseitig blockieren, und die erregten Individuen weder fliehen noch angreifen können, werden ihre Drohgebärden typischerweise von vielen der genannten autonomen Signale begleitet. Hier muss man vor allem auf die Gesichtsfarbe achten. Ist er blass, dann ist er gefährlicher, als wenn sein Gesicht gerötet wäre, denn die Blässe ist ein Symptom des hochaktiven Systems und bedeutet, dass er jetzt bereit ist zu kämpfen oder zu fliehen. Wenn ein Mann also blass ist und drohend auf Sie zukommt, dann können Sie davon ausgehen, dass er wirklich angreifen wird. Wenn er aber hochrot anläuft, dann bedeutet dies, dass die parasympathische Reaktion bereits eingetreten ist, und er sich nicht mehr im Zustand voller Angriffsbereitschaft befindet. Interessant ist die Tatsache, dass wir einen Menschen mit rot angelaufenem Gesicht als ‚wütend' bezeichnen. Man darf ihn zugegebenermaßen nicht unterschätzen, denn das Stimmungspendel kann ja wieder zur Aktion zurückschwingen, aber die Rotfärbung seines Gesichts ist die Folge eines ohnmächtigen inneren Kampfes, der sich in Flüchen und Beschimpfungen Luft macht. Dieses Ringen ist gewiß beunruhigend, aber im Grunde eine Bestätigung für das Sprichwort ‚Hunde, die bellen, beißen nicht!' Jeder, der einmal von einem Hund gebissen worden ist, kann die Richtigkeit dieser Analogie bestätigen; denn ebenso wenig beißt ein wütend bellender Hund einen Menschen, wie ein laut schimpfender Mann mit gerötetem Gesicht und hochgeschwungenem Stock tatsächlich einen anderen schlägt."

Es ist allerdings nicht immer einfach, aus den nichtsprachlichen Signalen einer Person einen möglichen Angriff vorherzusagen. Beispielsweise fanden Jacobson und Gottman (1998) bei Männern, die eine Frau schlagen, zwei völlig *entgegengesetzte* Verhaltensmuster.

> Sie benannten sie gemäß dem unterschiedlichen Motiv- und Verhaltensmuster mit folgenden anschaulichen Metaphern:
>
> **1. „Pitt Bulls" (80%)**
> Bei ihnen baut sich der Ärger allmählich auf. Sie werden immer aggressiver, bis sie schließlich angreifen.
>
> **2. „Kobras" (20%)**
> Wenn Menschen sich streiten, werden sie körperlich erregt: Der Herzschlag wird intensiver, man schwitzt usw. Aber bei 20% der Schläger stellten Jacobson und Gottmann (1998) ein völlig anderes Muster fest: Sobald sie sprachlich aggressiver werden, wird die Herzschlagrate geringer. Wie eine Kobra, die ruhig wird und

sich auf das Opfer konzentriert, bevor sie mit über 100 Meilen/Stunde zuschlägt, beruhigen sich diese Männer innerlich und konzentrieren ihre Aufmerksamkeit, während sie dann blitzschnell auf ihre Frauen mit bösartiger sprachlicher Aggression einschlagen.

Die Unterschiede zwischen diesen beiden Gruppen gewalttätiger Männer waren keineswegs zufällig, sondern zeigten sich in anderen Verhaltensweisen und ihrer Persönlichkeit. Im Gegensatz zu den innerlich erregten Pitt Bulls hatten die „ruhigen Schläger" ihre Frau mit einem Messer oder einer Pistole bedroht oder dies angedroht. Die Kobras waren weitaus gefährlicher als die anderen Schläger. Während nur 3% der Pitt Bulls Gewalt außerhalb der Ehe zeigten, traf dies auf 44% der Kobras zu. Und während 33% der Pitt Bulls die Diagnose „antisoziale Persönlichkeit" bekamen – eine lange Geschichte impulsiven Verhaltens, Kindsepisoden von Lügen, Stehlen, Feuer legen und Grausamkeit gegen Tiere – traf dies für 90% der Kobras zu.

Obwohl beide Gruppen starken Alkoholmissbrauch hatten, waren die Kobras weitaus mehr abhängig von illegalen Drogen wie Kokain und Heroin. Und sie waren gefühlsmäßig weniger mit ihren Frauen verbunden.

Kobras kamen häufiger aus chaotischen, gewalttätigen Familien (78% – Pitt Bulls 51%).

In gleicher Weise kann es durchaus sein, dass dem Polizisten auf der Straße eine potenziell gefährliche Person begegnet, die keine direkten nichtsprachlichen Signale ausstrahlt. Aber woher kann man wissen, ob eine scheinbar friedliche Person nicht doch plötzlich wie eine „Kobra" zuschlägt? Man kann hier die leicht resignierende Bemerkung hören, dass man doch nicht „in einen Menschen hineinschauen könne". Schon die Art der Formulierung verrät das Missverständnis. Natürlich kann man in einen Menschen hineinsehen, nämlich mit Röntgenstrahlen usw. Aber das hat der Sprecher mit seiner Formulierung auch gar nicht sagen wollen. Doch diese verunglückte Metapher, die eigentlich ausdrücken soll, dass es schwer sei, das Auftreten von Gewalt vorherzusagen, zeigt auf, dass durch die sprachliche Unpräzision das Naheliegende übersehen wird: Man braucht hier keine komplizierten Diagnosen, sondern die Beobachtung des konkreten *Verhaltens*. Deshalb ist es wichtig, genau die Handlungen der Personen zu verfolgen, z.B. was sie mit ihrer Hand tun. Und oft sind die Warnzeichen schon vorher erkennbar, werden aber als solche überhaupt nicht registriert.

Beispielsweise wurde in einer deutschen Großstadt ein Flugzeugpassagier wegen verbaler Attacken gegen die Stewardessen aus dem Flugzeug geholt. Auf dem Polizeirevier verhielt er sich friedlich. Nach einiger Zeit ging er auf den Gang, um eine Zigarette zu rauchen. Einer der Polizisten verließ ebenfalls den Raum, dabei drehte er sorglos dem Passagier den Rücken zu, der auf dem Gang stand. Dieser näherte sich ihm blitzschnell, entriss ihm den Revolver, hielt ihn ihm an den Kopf und drückte ab. Nur der Umstand, dass er unterladen (also keine Kugel im Lauf) hatte, verhinderte, dass der Polizist getötet wurde. Das sorglose Verhalten gegenüber einer Person, von der er eigentlich hätte wissen müssen, dass sie grundsätzlich nicht friedfertig war, hätte dem Polizisten fast das Leben gekostet. Dies ist einer der glücklicherweise auch auftretenden Fälle, wo man sagen kann: Überleben war *hier* Zufall.

Gerade das Erkennen von Waffen erfordert aktives Denken, also das genaue Beobachten der Situation und des Verhaltens der darin Handelnden. Pinizzotto, Davis und Miller (2006) stellten bei ihren Untersuchungen fest, dass die Gewalttäter kein Holster trugen. Deshalb berührten sie ihre Waffen häufig mit ihrer Hand, um sich zu vergewissern, dass sie versteckt, sicher und verfügbar waren. Derartige Handlungen werden am ehesten beobachtbar, wenn die Person ihre Körperposition ändert, wie Aufstehen, sich Setzen, aus dem Auto steigen. Dann bewegen sich die Waffen und veranlassen die Person, die Waffen wieder in die ursprüngliche Position zurückzuschieben. Dies ist noch markanter, wenn die Person wegläuft. Noch zwei Erkenntnisse: Die Täter trugen ihre Waffen im mittleren Körperbereich. Und: Polizisten wurden getötet, als sie versäumten, bei einem Paar auch die Frau zu durchsuchen. Diese trugen oft kleine Revolver in der Seitentasche ihres Rockes.

11. Wichtig: die Flexibilität der Wahrnehmung

Immer wieder weise ich in diesem Buch darauf hin, dass es wichtig ist, die Person genau zu beobachten, die einem gegenüber steht. Jetzt könnte man meinen, das sei doch ganz einfach, und man bräuchte dazu doch nur diejenigen zu befragen, die die Experten dazu sein müssten – Experten der Kampfsportarten – und könnte von ihnen die letzten und geheimnisvollsten Tricks erfahren. Doch wie so häufig auf diesem Gebiet findet man hier viele Personen, die behaupten, ihre Stilrichtung und ihre Techniken seien die Besten auf der Welt. Da hier aber wissenschaftliche Untersuchungen zumeist fehlen (Ausnahme z.B. der Judo-Kodokan) findet man gerade im Bereich der Selbstverteidigungsstile viele subjektive und unüberprüfte Meinungen.

Christensen (1996, S. 67f.) weist beispielsweise darauf hin, dass es durchaus unterschiedliche Meinungen darüber gibt, wohin man bei einem sportlichen Wettkampf oder bei einem Straßenkampf schauen soll. Wenn man in die Augen oder auf die Schultern des Gegners schaut, übersieht man leicht die Mittel des Gegners, die einem schaden können: seine Hände und Füße. Indem man diese beobachtet, kann man den Moment erkennen, in dem der Angriff beginnt, und auch die Richtung des Angriffs.

Deshalb kann man schnell reagieren und verringert das Element der Überraschung.

Als eine Art Variante davon empfiehlt Christensen (1996, S. 72), mit entspannter Geisteshaltung (s. Gefahrenradar) den Oberkörper des Gegenübers zu betrachten, weil man sich nicht bewegen kann, ohne vorher den Oberkörper bewegt zu haben. Christensen meint, dass man dann auch durchaus in der Lage ist, die Hände, Füße, Ellbogen und Knie des Gegenübers im peripheren Bereich, im Randbereich der Wahrnehmung zu erkennen. Dass dies durchaus möglich ist, habe ich bei einem völlig anderen Thema feststellen können, beim Lügenentlarven (Füllgrabe, 1995). Bei einer entspannten Wahrnehmung, bei der man die *Gesamtheit* des Gegenübers und nicht spezifische Elemente betrachtet, kann man tatsächlich auch Gesten sehen, die am Rande des normalen Beobachtungsbereiches liegen.

Auch kann man bei genauer Beobachtung der Mimik empfundene Gefühle genau erkennen, selbst wenn sie sehr kurz gezeigt werden („Mikroausdruck") oder wenn sie mitten im Erscheinen im Gesicht abgebrochen werden (Füllgrabe, 1995). Deshalb ist vermutlich die Fähigkeit entscheidend, dass man seinen *„Wahrnehmungsradar"* flexibel einsetzen kann, d.h., dass man schnell von der Betrachtung der *Gesamtheit* zu der Betrachtung *spezifischer* Dinge umschalten kann und dann wieder zurück.

Es gibt offensichtlich ein übergeordnetes Prinzip, das nicht nur dem guten und erfolgreichen Steuern eines sozialen Systems zu Grunde liegt, sondern auch dem sachgemäßen Handeln in einer Gefahrensituation: Man muss sowohl die Mikro- als auch die Makroperspektive des Gesamtsystems betrachten und zwischen ihnen wechseln können (Dörner, 1989). Ähnlich formulierte es der berühmte Schwertmeister Musashi (1993, S. 80): „In der Kampfkunst kommt es vor allem darauf an, Fernes so deutlich zu sehen, als wäre es nah, und Nahes mit prüfendem Abstand zu schauen."

Umschalten können von der Betrachtung der Gesamtsituation zu der Betrachtung von Details und umgekehrt ist also eine wichtige Voraussetzung guter Wahrnehmung. Hinzu kommen muss aber noch spezifisches Wissen darüber, was man beobachten soll.

Beispielsweise muss man beim Lügenentlarven die nichtsprachlichen Signale kennen, die bestimmte Gefühle aufzeigen. Und es gibt geschickte Lügner, die sich nicht durch Zeichen der Angst verraten, sondern durch ein höhnisches, asymmetrisches Lächeln (s. Füllgrabe, 1995). Wenn man aber nicht die Existenz dieses nichtsprachlichen Musters kennt, wird man es nicht wahrnehmen, obwohl man es eigentlich leicht sehen kann.

In ähnlicher Form sind z.B. spezifische Kenntnisse für das Erkennen der Gefährdung durch Messerangriffe wichtig. Welche Vielfalt spitzer und scharfkantiger Gegenstände es gibt, wird z.b. von LaFond (2001, S. 67) in einer Abbildung demonstriert: von der Machete über Messer verschiedener Größe, selbstgebastelten Stichwaffen bis zu einem spitzen Bleistift!

Da man fast ausschließlich die Situation übt, von einem Gegner mit Messer angegriffen zu werden (vor allem mit einem „Eispickelgriff" von oben), ist der Hinweis von LaFond auf sechs verschiedene Benutzungsmöglichkeiten von Messern und anderen scharfen Gegenständen wichtig, z.B. zum Stechen und Schneiden.

Folgende Verhaltensbeschreibungen von LaFond (2001, S. 67) sind für die Gefahreneinschätzung wichtig. „Der erfahrene Messerstecher zeigt seine Waffe nicht, wenn er sich nicht selbst verteidigt. Der Versuch, die dominante Hand zu verstecken, zeigt den Besitz einer Waffe an. Versuche, mit einer verborgenen Waffe näher zu kommen, zeigt das Vorhandensein einer scharfen Waffe an. Der Versuch, das Opfer in die Ecke zu treiben, zeigt Gewalt an und dass er bewusst handelt. Dass er nicht zögert, ist das Merkmal des wirkungsvollen Messerexperten. Je verstohlener und aggressiver das Verhalten, das er zeigt, desto wirkungsvoller ist er vermutlich."

12. Wahrnehmungsprobleme bei schlechten Sichtverhältnissen

12.1 Wie genau kann man die Gefährlichkeit von Gegenständen bei schlechten Sichtverhältnissen erkennen?

Ein großes Problem taucht in der Dunkelheit oder bei schlechten Sichtverhältnissen auf. Ein Polizist sieht etwas im Mondlicht aufblitzen, glaubt, die Person habe ein Messer in der Hand, und schießt in vermeintlicher Notwehr. In Wirklichkeit war es aber lediglich ein Schlüssel, der aufblitzte.

Ein typischer Fall ist der des Amadou Diallo, der von vier Polizisten für einen gesuchten Serienvergewaltiger gehalten und erschossen wurde (Lorei, 2001; Williams, 2001, S. 26). Die Polizisten meinten, dass er nach einer Waffe greife. Diallo hatte aber keine Waffe, sondern lediglich eine Brieftasche, einige Schlüssel u.Ä. bei sich. Vor Gericht demonstrierte einer der Verteidiger, dass man bei derartigen nächtlichen Lichtverhältnissen, der Entfernung u.Ä. bei einer entsprechenden Handhaltung nicht leicht unterscheiden kann, ob jemand eine Pistole oder eine Brieftasche in der Hand hält.
Michel (1998) untersuchte deshalb zwölf amerikanische Polizeischüler hinsichtlich der Wahrnehmungsgenauigkeit bei unterschiedlichen Lichtverhältnissen, und zwar bei 0,04; 0,10; 0,25 und 0,45 foot-candles (1 foot-candle = 10,7639 Lux).

Zum Vergleich: Ein heller Vollmond in einer klaren Nacht hat eine Beleuchtungsstärke von 0,01 foot-candles. Eine Person, die 9,14 m–12,19 m vom direkten Strahl eines Autoscheinwerfers entfernt steht, nimmt eine Beleuchtungsstärke von 0,45 foot-candles wahr.

Die Polizeischüler sahen eine Sekunde lang

– einen 15,24 cm langen Schraubenzieher mit Chromplatten,
– ein 15,24 cm langes Stück eines grünen Gartenschlauches,
– ein 29,32 cm langes Stück eines schwarzes Rohres.

Erfahrungen der amerikanischen Polizei während der letzten zehn Jahre hatten gezeigt, dass diese Gegenstände fälschlicherweise als gefährlich identifiziert wurden.

Außerdem wurde ein großer Revolver aus blauem Stahl als gefährliche Waffe dargeboten, wegen seiner großen und leicht unterscheidbaren Form.

Es zeigte sich:

- Je besser die Lichtverhältnisse waren, desto mehr Objekte wurden richtig identifiziert und desto weniger wurden falsch identifiziert bzw. keine Aussage über die Gefährlichkeit getroffen. Bei 0,04 foot-candles wurde nur in 9% der Fälle der Gegenstand richtig identifiziert, bei 0,45 foot-candles dagegen 84%.
- Am häufigsten wurde der Revolver nicht identifiziert. Allerdings identifizierten bei 0,25 foot-candles immer noch 2 Polizeischüler den Revolver nicht oder sagten, dass sie das Objekt nicht klassifizieren könnten. Bei einer kleineren Pistole wären die Fehlidentifizierungen wohl noch höher gewesen.
- Am häufigsten wurde das Stück des grünen Gartenschlauchs falsch identifiziert, sogar bei 0,45 foot-candles. Nur ein Schüler identifizierte das Schlauchteil als Gartenschlauch oder zylindrisches Objekt.

12.2 Wahrnehmungsprobleme in der Praxis

Michel (1998) weist auch auf spezifische Wahrnehmungsprobleme in der Praxis hin:

1. In der Realität beträgt der Zeitrahmen vom Erkennen einer Gefahr bis zum Gebrauch einer Schusswaffe nur den Bruchteil einer Sekunde; er ist also geringer als in diesem Experiment.
2. Außerdem ist der Polizist häufig vor und während des Schießens in Bewegung. Diese Bewegung verringert die Wahrnehmungsgenauigkeit.
3. Durch Hormonausschüttung während akuter Angst wird die Wahrnehmungsgenauigkeit „dramatisch verringert".
4. Ohne genügende Beleuchtung bildet sich kein genaues Abbild der Außenwelt auf der Netzhaut. Diese vermittelt dem Gehirn ein undeutliches Bild. Das Gehirn integriert dann dieses vieldeutige Bild mit kognitiven, erinnerungsmäßigen und gefühlsmäßigen Elementen zu einer Wahrnehmung. Diese Wahrnehmung wird dann von dem Polizisten benutzt, um die Handlungen eines Verdächtigen abzuschätzen und zu

reagieren. Bei schlechten Sichtverhältnissen benötigt der Polizist mindestens 2,5–3,0 foot-candles, um eine Sache genau zu identifizieren. Das Ausleuchten mit einer Halogen-Taschenlampe aus einer Entfernung von 6 m würde die Beleuchtung erzeugen, die für ein angemessenes visuelles Funktionieren notwendig ist.

5. Die Beleuchtungsbedingungen, die ein Polizist **vor** einem Ereignis erlebt, können deutlich seine Fähigkeit beeinflussen, Umrisse und Details in einer dunkleren Umgebung zu unterscheiden.

Die Netzhaut erlebt chemische und neurologische Veränderungen, sobald sich die Lichtstärke verändert. Wenn ein Polizist bei einem Ereignis einer Beleuchtung ausgesetzt ist, die höher ist als zwanzig Minuten zuvor, beeinflusst dies vorübergehend seine Wahrnehmung.

Nach 40 Minuten haben sich die Augen eines Menschen an geringe Lichtstärken angepasst. Wenn diese Lichtverhältnisse nur für einen Bruchteil einer Sekunde zu einer höheren Lichtstärke wechseln, geht die Dunkelanpassung verloren. Wenn z.B. ein Polizist in einem abgedunkelten Streifenwagen sitzt und dann die Innenbeleuchtung einschaltet, z.B. um eine Adresse nachzusehen, wechselt das Beleuchtungsniveau sofort, und der Polizist verliert seine Dunkelanpassung. Die überwältigende Mehrheit von Schusswechseln von Polizisten (in den USA) hat auf die Existenz der zumeist übersehenen Minderung dieser Fähigkeit hingewiesen.

12.3 Schlussfolgerungen für die Praxis

- Polizisten sollten bei Bedingungen mit schlechten Sichtverhältnissen trainieren.
- Die Beleuchtung beim Einschreiten sollte erhöht werden: durch Benutzung der Autoscheinwerfer und Taschenlampen mit Halogenlicht.

Nach Schusswechseln sollte zur juristischen Abklärung des Vorganges die Beleuchtungsstärke zum Zeitpunkt des Ereignisses dokumentiert werden.

Kapitel 9
Synergistisches Denken:
Die Betrachtung des Gesamtsystems

1. Die synergistische Persönlichkeit

Es gibt noch einen weiteren Grund, warum man manche Dinge nicht sieht, obwohl dies möglich wäre. Dies hängt mit der mangelnden Bereitschaft oder Fähigkeit zusammen, die Betrachtungsweise von seiner Person auf eine höhere Betrachtungsebene zu verlagern und das *Gesamtsystem* zu betrachten. Konkret bedeutet das also, das Handeln, Denken, Fühlen, usw. der Personen, ihrer Interaktionen und ihrer jeweiligen Handlungs*möglichkeiten* zu betrachten. Dies ist das, was Nishiyama und Brown (1960) mit dem Bild ausdrücken: Der geistige Zustand in einer Gefahrensituation soll wie der Mond sein, der alles registriert.

Dass dies nicht lediglich eine gute Metapher, also ein schönes Bild ist, zeigen Schachmeister.

Gobet, de Voogt und Retschitzki (2004) stellten fest, dass die Überlegenheit der Schachmeister gegenüber schwächeren Spielern auf ihrer besseren Wahrnehmungsstruktur beruht.

- Schachmeister haben eine komplexere und schnellere Wahrnehmungsstruktur, die automatisch abläuft.
- Sie können auch besser die Elemente der Situation erfassen. Sie können z.B. schneller die Zahl der Springer und Pferde ermitteln und feststellen, ob der König angegriffen wird. Dies gilt sowohl für reale Spielsituationen als auch bei willkürlich aufgestellten Schachfiguren.
- Sie nehmen schneller Veränderungen wahr.
- Sie berücksichtigen den Zeitpfeil: Sie orientieren sich an vergangenen und zukünftigen Spielzügen, während Anfänger eher an den Positionen einzelner Figuren orientiert sind.

Dass das systemische Denken den Blick für die Realität schärft, ergibt sich z.B. aus folgendem Hinweis von Dörner et al. (1983). Der gute Systemsteuerer sieht z.B. nicht nur einen Fisch als *einen* Fisch, sondern *auch* als Teil eines *ökologischen Systems*. Nichts zeigt so anschaulich den Zusammenhang zwischen dem systemischen Denken, einer kooperativen

Orientierung und dem Gefahrenradar auf wie die spontanen Äußerungen einer jungen deutschen Polizistin.

Sie erwähnte die Ursachen für Unfälle von Dienstfahrzeugen bei Einsatzfahrten mit Blaulicht und Martinshorn. Relativ viele junge Kollegen berücksichtigen dann nicht mehr andere Gefahrensituationen, z.b. Autofahrer aus Seitenstraßen.
Sie berichtete mir, dass sie früher auch „flott gefahren" sei, seit der Geburt ihrer Tochter aber sorgfältiger auf derartige Gefahren achtet: „Ich fahre vorsichtig. Ich empfinde Verantwortung für meine Familie. Es wäre ja egoistisch, wenn ich sie allein ließe." Diese spontane Äußerung ist aus verschiedenen Gründen aufschlussreich. Dass diese Äußerung spontan war, zeigt, wie tief verankert das dahinter stehende Weltbild ist. Es ist ein systemisches Weltbild. Sie sagte nämlich nicht: „Wenn ich nicht aufpasse, kann mir etwas Schlimmes passieren." Damit hätte sie nur an die persönlichen Konsequenzen ihres Verhaltens gedacht. Sie ging in ihrem Gedankengang weit darüber hinaus und dachte vielmehr an die Konsequenzen ihres Verhaltens für ihre Bezugspersonen. Sie betrachtete also die Auswirkungen ihres Verhaltens auf das Gesamtsystem (z.B. Familie). Auch in ihren weiteren Worten zeigte sie das Wesen systemischen Denkens. Beispielsweise wird deutlich, wie leicht es eigentlich ist, Einfühlung in andere Menschen zu entwickeln: zu vermeiden, dass man nur seine eigene Person betrachtet. Die Polizistin beschrieb ihr Erziehungsverhalten nämlich so: Sie spricht viel mit ihrer Tochter und erklärt ihr viele Zusammenhänge. Beispielsweise vergleicht sie das Erleben ihrer Tochter mit dem anderer Menschen und macht ihr klar, was sie selbst empfinden würde, wenn jemand sie beleidigen würde. Sie wäre dann auch traurig.
Die junge Polizistin schilderte mir auch ihre problemorientierte Haltung. Es genügt z.B. bei Kindern, Überlebenden eines Unfalls nicht, nur zu trösten, man muss auch problemlösendes Handeln fördern. Dies ist nicht nur ein Prinzip der Logotherapie (Frankl, 1996), sondern auch eines der Denkmuster, die Siebert (1996) als wesentlich für die „Überlebenspersönlichkeit" ansieht: Synergismus.

Siebert (1996) definiert das Bedürfnis nach Synergismus als den Wunsch, dass die Dinge für einen selbst und andere gut laufen. Überlebende handeln demnach selbst in Situationen größter Anspannung nicht nur aus Selbstinteresse, sondern auch im Interesse anderer.

2. Respekt

Vermutlich genügt es nicht, ein System nur rein kognitiv zu betrachten. Dies tun auch Straftäter bei der Planung eines Verbrechens (Füllgrabe, 1997). Bedeutsam ist auch ein Faktor, der aus kognitiven und gefühlsmäßigen Bestandteilen besteht: *Respekt*.

Respekt wirkt dem Auftreten von Angst entgegen und ist eine der wichtigen Einstellungen für das Erkennen und Überleben von Gefahren. Man muss Respekt vor seinen Gesprächspartnern, aber auch, in abstrakter Form, vor den Gefahren haben, die in der Umgebung lauern.

In einer Fernsehdokumentation über die Bauarbeiter, die in New York in Schwindel erregender Höhe die Wolkenkratzer bauen, sagten einige Arbeiter: „Ich habe Respekt vor meinem Beruf." oder: „Ich habe Respekt vor der Höhe."
Mit ähnlicher Formulierung betonte der Kommandeur einer polizeilichen Spezialeinheit, dass man keine Angst vor der Gefahr haben müsse, aber Respekt.

Mit dem Wort Respekt wird gut ausgedrückt, dass man in einer Gefahr zwei entgegengesetzte Fehler vermeiden muss: a) Leichtsinnigkeit und Unterschätzung der Gefahr und b) lähmende Angst und Überschätzung des Gegners und der Gefahr. Respekt gegenüber der Gefahr drückt dagegen aus, dass man die Gefahr durchaus registriert, sie richtig einschätzt und gleichzeitig kühlen Kopf bewahrt, um sie zu bewältigen.

Gerade für einen Polizisten, der sich in Gebieten mit großem Gewaltpotenzial, wie es etwa Slums mit „Kulturen der Ehre" darstellen, bewegt, ist es überlebenswichtig, Respekt gegenüber seinen Interaktionspartnern zu zeigen (s.a. Thompson, 1999). Respekt bedeutet hier, dass man gemäß der gelassenen freundlichen Wachsamkeit der TIT FOR TAT-Strategie handelt und dadurch die defensive Kommunikation im Sinne von Gibb (1961) vermeidet (s. a. Kap. 17).

3. Die Notwendigkeit von ICH-freiem Denken

Respekt bedeutet keineswegs Unterwürfigkeit, sondern, dass man nicht ICH-zentriert ist, also nicht die eigene Person in den Mittelpunkt des Denkens und Handelns stellt.

Gerade in der heutigen Zeit, in der die eigene Selbstdarstellung eine große Rolle spielt, könnte man jetzt die Frage stellen: Ist es nicht wichtig, Selbstbewusstsein zu zeigen? Doch gerade bei dem Wort „Selbstbewusstsein" muss man ein mögliches sprachliches Missverständnis aufzeigen. Bedeutet „Selbstvertrauen" *echte*, auf Fähigkeiten und andere Ressourcen begründete Selbstsicherheit oder nur lediglich lautstark und ohne Rücksicht auf andere Menschen gezeigtes Verhalten, mit dem man andere Menschen beeindrucken will? Die Mehrdeutigkeit des Begriffes „selbstbewusst" wird besonders deutlich, wenn man den englischen Begriff „self-conscious" übersetzen lässt. Wie ich selbst feststellte, wird er häufig irrtümlicherweise mit „selbstbewusst" im Sinne von „selbstsicher" übersetzt. In Wirklichkeit besagt er für menschliches Verhalten das genaue Gegenteil: befangen, gehemmt.

Der Begriff „self-conscious" drückt also aus, dass die Gedanken der Person stark oder rein ICH-bezogen sind und keineswegs die Nachdenklichkeit eines aufgabenorientierten und systemisch denkenden Menschen darstellen. Diese ICH-Bezogenheit mag zwar auf den ersten Blick eindrucksvoll sein, kann aber gefährliche Langzeitwirkungen haben. Beispielsweise meint Seligman (1991), dass die extreme ICH-Bezogenheit – er spricht vom „maximalen Selbst" – die Ursache für die wachsende Zahl depressiver Menschen in den westlichen Staaten sei, trotz oder gerade *wegen* des wachsenden Reichtums.

ICH-freies Denken ist nicht mit Selbstverleugnung zu verwechseln, sondern stellt eher etwas dar, was Garfield (1986) bei Spitzenkönnern in verschiedenen Berufen fand und was Murphy (1993) als **strategische Bescheidenheit** bezeichnete: das Zurückstellen seiner eigenen Person eines höheren Zieles willen, etwa um ein Gesamtsystem aufbauen und steuern zu können (s.a. Jigoro Kanos Gedanken hinsichtlich Judo: Maekawa & Hasegawa, 1963). Man ist selbstsicher genug, um nicht im Mittelpunkt stehen zu müssen. Siebert (1996, S. 42) hat dies für „Überlebenspersönlichkeiten" im Zusammenhang mit Synergismus so formuliert: „Sie brauchen mit ihren Stärken nicht anzugeben und haben kein Bedürfnis, dass man ihnen Anerkennung zollt."

Gerade in einer gefährlichen Situation ist ICH-freies Denken notwendig. Wer nur an seine eigene Person, sein eigenes Schicksal denkt, wird abgelenkt, bekommt Angst usw. Deshalb ist es notwendig, dass in Gefahrensituationen die Gedanken, die inneren Monologe, nicht ICH-orientiert, sondern aufgabenorientiert, also problemlösend sind.

> Ein japanischer Meister des Schwertkampfes drückte es so aus: „Wenn man im Angesicht des Todes das Leben vergißt, den Tod vergißt, den Feind vergißt, wenn die Gedanken unbewegt sind und man frei ist von Regungen des Bewusstseins, wenn man spontan sich dem natürlichen Fluß seiner Empfindungen überlässt, dann ist man frei in jeder wechselnden Situation und in seinen Reaktionen unbehindert" (Kammer, 1969, S. 77).
> In ähnlicher Weise schilderte mir ein deutscher Polizist, wie er in einer gefährlichen Situation seine Gedanken in Richtung ICH-Freiheit lenkt: „Man darf sich selbst nicht (zu) wichtig nehmen. Man muss seine Pflicht tun. In Situationen, wo es eng wird, schließe ich bewusst mit dem Leben ab und mache, was getan werden muss. Mein Gegenüber merkt das. Er merkt: Das Spiel hört mit einem Mal auf, obwohl er bessere Karten in seiner Hand hat. Er merkt, er hat sich getäuscht."

Man sieht hier gut das **Paradoxon der ICH-Freiheit:** Gerade weil der Polizist sein eigenes Schicksal nicht mehr so wichtig nimmt, hat er hohe Überlebenschancen, weil er dadurch in dieser Situation am längeren Hebel sitzt, was wiederum sein Gegenüber auch eher in Richtung Gewaltfreiheit lenkt.

Synergistisches Denken: Die Betrachtung des Gesamtsystems

Ein weiteres Paradoxon besteht darin, dass gerade der japanische Schwertkampf viel höhere Ziele anstrebt als das bloße Kämpfen und systemorientiertes Denken betont.

> „Deshalb gilt: den Menschen zu lehren, wie man zu Beurteilungsvermögen, größter Einsicht, aufrichtiger Gesinnung und aufrechtem Herzen kommt, ihn zu lehren, Selbstbesinnung und Selbstzucht anzunehmen und ihn dadurch auf den soliden Boden der Übung zu stellen – das heißt, ihn zu der Reife in der Technik zu bringen. In der Schwertkunst ist es ebenso" (Kammer, 1969, S. 77).

Außerdem werden zwischenmenschliche Gesichtspunkte betont, z.B. Loyalität, Vertrauen zwischen Verwandten und Freunden. Sind dagegen die Absichten unaufrichtig und das Handeln nicht sachgerecht, wird der Einzelne überheblich, das Gesamtsystem wird gestört und „man ist in seiner Sache furchtsam und nicht frei heraus, man verliert die Fähigkeit, größere Zusammenhänge zu sehen" (Kammer, 1969, S. 74–75).

Aufschlussreich sind auch die Gedanken von Miyamoto Musashi (1584–1645), dem bedeutendsten japanischen Schwertmeister. Musashi sieht das eigentliche Ziel der Kampfkunst nicht in der individuellen Perfektion, so wichtig sie auch sein mag, sondern im Aufbau einer gerechten, umsichtig verwalteten Gemeinschaft.

> „Schließlich wird er sich in der Kampfkunst im weiteren Sinne mit hervorragenden Männern zusammentun, wird er die Schar seiner Untergebenen geschickt einsetzen, wird er sich selber aufrecht verhalten, das Gebiet seines Fürsten mit Umsicht verwalten, für das Volk sorgen und dem Reich die Ordnung bewahren" (Musashi, 1993, S. 73).

Musashi stellt also auch das dar, was Siebert (1996) im Zusammenhang mit seinen Analysen der „Überlebenspersönlichkeit" als **Synergismus** bezeichnete: einen kooperationsorientierten Menschen, der daran interessiert ist, dass das Gesamtsystem gut läuft. Dass ein derartiges ICH-freies und systemisches Denken auch im Alltag der westlichen Kultur zu finden ist, zeigten mir die erwähnten Gedankengänge einer jungen deutschen Polizistin.

Was können uns also ein japanischer Schwertmeister und eine deutsche Polizistin vermitteln? Getrennt durch die Abgründe von Raum und Zeit zeigen sie gemeinsam, was eine aufgabenorientierte, kognitive Strategie und eine kooperative Orientierung gemeinsam haben: Sie sind die beiden grundlegenden Dimensionen der **Survivability**, der Fähigkeit, gefährliche Situationen zu erkennen, zu vermeiden und zu überleben (Füllgrabe, 1999). Beiden Dimensionen ist gemeinsam, dass sie das Denken an das eigene ICH in den Hintergrund stellen, z.B. Gedanken an den eigenen Erfolg oder die eigene Niederlage. Und gerade weil das eigene ICH in

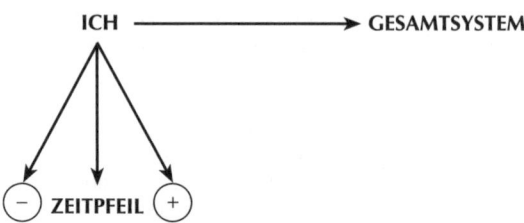

den Gedanken, in den inneren Monologen keine Rolle spielt, kann man voller Selbstvertrauen und problemlösend handeln. Die obige Abbildung zeigt die Notwendigkeit der ICH-Freiheit des Denkens und das zentrale Problem bei der Wahrnehmung von Gefahren auf. Man muss vom ICH-Bezug weggehen, hin zu einer Betrachtung des Gesamtsystems und des Zeitpfeils.

Problematisch wird es dagegen, wenn vorwiegend das Denken an das ICH den Wahrnehmungsbereich bestimmt. Jeder, der einen Gefahrenradar entwickeln will, muss deshalb lernen, zwei wichtige Dimensionen zu berücksichtigen:

1. das Gesamtsystem
2. den „Zeitpfeil", wobei er bedenken muss, dass es *auch* in seiner Hand liegt, wohin sich das System entwickelt: zum Guten (+) oder zum Schlechten (−). Er muss also lernen, die Entwicklung der Situation zu steuern.

4. Denkstrukturen, die mit systemischem Denken verbunden sind

Wie kann man ein systemisches Denken erwerben? Vielleicht könnte man dies z.B. erreichen durch die Steuerung sozialer Systeme in Computersimulationen (Dörner et al., 1983; Dörner 1989).

Angesichts der Tatsache, dass viele deutsche und amerikanische Polizisten in Gefahr gerieten, weil sie alles alleine machen wollten und nicht auf die mögliche Hilfe von Kollegen warteten, wäre vielleicht auch sachgemäßes Kooperationstraining von Nutzen. Dass dies grundsätzlich mit Trainingsmaßnahmen möglich sein könnte, ergibt sich aus einer Untersuchung von Insko et al. (1998). Diese fanden bei ihren Experimenten heraus, dass man mit der TIT FOR TAT-Strategie einen Wechsel von der *kurzfristigen* Gewinnmaximierung zu einer *langfristigen, gemeinsamen* Gewinnmaximierung bewirken konnte. Überlegenswert wäre deshalb, inwieweit man durch ähnliche Computerturniere, wie sie Axelrod (1991) durchführte, das Bewusstsein für den Wert der Zusammenarbeit fördern könnte. Damit dies aber nicht lediglich eine Kooperation im Sinne leerer Lippenbekenntnisse bleibt, muss man wohl den Erfolg der Trainingsmaßnahmen am Ausmaß der tatsächlichen Kooperation im Alltag überprüfen.

Wichtig ist auch die Beachtung der Gedanken Musashis.

Die Voraussetzungen systemischen Denkens hat der bedeutendste japanische Schwertmeister, Miyamoto Musashi, anschaulich dargestellt. Sein systemisches Denken wird z.B. darin erkennbar, dass er mehrfach ausführlich und mit großem Respekt die Arbeit des Zimmermanns schildert, der seine Mitarbeiter gemäß ihren Fähigkeiten einsetzt, um ein Haus zu bauen. Dies entspricht im Kleinen dem Bild, was er von dem Aufbau eines gerechten Staates entwirft.

Miyamoto Musashi (1584–1645) fasste in seinem „Buch der fünf Ringe" seine Erfahrungen zusammen und schrieb als „Epilog zum Buch der Erde" (Musashi, 1993, S. 73): „Für diejenigen, die meine Schwertkunst erlernen wollen, gelten die folgenden Regeln:

1. Habe nie arglistige Gedanken.
2. Übe dich unablässig darin, dem Weg zu folgen.
3. Mache dich vertraut mit allen Techniken und Künsten.
4. Studiere die Wege vieler Tätigkeiten und Berufe.
5. Lerne an allen Dingen Gewinn und Verlust zu unterscheiden.
6. Entwickle deine Fähigkeit, die Dinge auf den ersten Blick zu durchschauen.
7. Bemühe dich, das Wesen auch dessen zu erkennen, was unsichtbar bleibt.
8. Vernachlässige nie deine Aufmerksamkeit auch gegenüber den kleinsten Dingen.
9. Halte dich nicht mit nutzlosen Beschäftigungen auf.

Diese Regeln sollte man unbedingt beherzigen und sich so in der Schwertkunst üben. Ein Meister der Kampfkunst wird nur, wer unter strengster Befolgung dieser Regeln die jeweilige Situation insgesamt betrachtet."

Das Bushido, „der Weg, den der Krieger gehen soll", beinhaltet natürlich auch eine individuelle Komponente: Er soll sich in vielen Künsten und Techniken perfektionieren. Doch Musashis visionäre Formulierung vom Aufbau eines gerechten Staates zeigt, dass die individuelle Perfektion nichts sein muss, mit dem man andere Menschen beeindrucken sollte, sondern kooperativ genutzt werden könnte. Dies entspricht auch dem Ergebnis von Axelrods (1991) Computerturnieren.

Es ist aufschlussreich, dass ein kampferprobter Schwertkämpfer wie Musashi nicht etwa an den Anfang seiner Regeln den Satz setzte: „Hüte dich vor allen Menschen, misstraue allen Menschen" o. Ä. Er schrieb vielmehr: „Habe nie arglistige Gedanken." Dies ist aus verschiedenen Gründen richtig und wichtig.

Zum einen ist es wichtig, negative Gedanken wie Misstrauen, Betrug u.ä. zu vermeiden, um einen klaren Blick für die Realität zu behalten. Musashis Worte entsprechen dem, was beim Lügenentlarven als **„Othellofehler"** bekannt ist (Füllgrabe, 1995): Der ständig Misstrauische hat die Grundlage für die Unterscheidung verloren, was Lüge und Wahrheit ist. Er deutet *alles* als Lüge, sogar harmlose Dinge.

In Musashis Regel Nr. 1 und vor allem auch in der Forderung, gemeinsam mit anderen hervorragenden Menschen einen geordneten Staat zu schaffen, ist auch eine kooperative Komponente sichtbar, eine **TIT FOR TAT-Strategie** (Axelrod, 1991; Füllgrabe, 1997). Denn einerseits betont er die Vervollkommnung der eigenen Fähigkeiten und der Wahrhaftigkeit, andererseits zeigt er systemisches Denken und **„strategische Bescheidenheit"** beim Aufbau einer Gemeinschaft. Man beachte, dass Musashi damit weit über die Zielsetzung der üblichen japanischen Kampfkünste hinausgeht, in denen die Perfektion der eigenen Technik und Persönlichkeit im Vordergrund steht, wobei Lernen als lebenslanger Weg (japanisch = DO) angesehen wird. Musashi sieht dies aber gewissermaßen nur als Voraussetzung für ein noch höheres Ziel an: den Aufbau einer kooperierenden Gemeinschaft. Musashi betrachtet den einzelnen Menschen als Teil eines Gesamtsystems. Musashi erweist sich so als systemischer Denker.

Musashis Regeln 2, 3 und 4 betonen wichtige innere Einstellungen, die einerseits mit der Bereitschaft zum lebenslangen Lernen zu tun haben, andererseits aber auch wichtig sind für ein breites und vertieftes Bild von der Welt, gewissermaßen „Strukturwissen" im Sinne Dörners (1989). Gleichzeitig wird dadurch ein **aktiver Lebensstil** gefördert, das direkte Lösen von Problemen, und ein passiver Lebensstil vermieden, der dazu führt, dass man alles passiv an sich herankommen lässt und von Krisen überrascht wird.

Mit den Regeln 5–9 betont Musashi, dass es wichtig ist, kein oberflächliches Bild einer Situation oder Sache zu haben, sondern sehr differenziert zu erkennen: Welche Elemente sind in der Situation vorhanden, wie hängen sie zusammen, welche sind bedeutsamer als andere? Dies wäre nicht nur Strukturwissen, sondern auch lebenserhaltend, wenn man bedenkt, dass gerade Polizisten, die angegriffen oder getötet wurden, bei der Überprüfung einer Gruppe nur eine Person als gefährlich betrachteten. Ihnen kam überhaupt nicht der Gedanke, dass auch eine andere, zunächst unbeteilgte Person dem Überprüften zu Hilfe kommen könnte und dem Polizisten oder der Polizistin gefährlich werden könnte. Man lernt also bei Befolgung der Regeln 5–9 zu sehen:

Was geht hier vor, wer tut was, wer ist gefährlich?

Dass die Regeln durchaus praktikable Ergebnisse erbringen können, zeigt sich z.B. an dem Hinweis von Kain (1996), dass Spezialeinheiten anders sehen lernen als der Alltagsmensch. Wo dieser lediglich im Dunkeln einen Busch sieht, durchdringt – nach Ansicht von Kain – das Auge des Geschulten diese Grobstruktur und sieht einen Menschen, der sich darin verborgen hat.

Wie eine derartig „durchdringende" Wahrnehmung entstehen kann, wird von Liedloff (2002) am Beispiel der Yequana-Indianer in Venezuela geschildert. In vertrauensvollen Spielen mit den Eltern werden „. . . die Sinne mit einer enormen Anzahl und Vielfalt von Ereignissen und Dingen konfrontiert, anhand derer sie ihre Funktionen ausüben und verfeinern sowie ihre Botschaften an das Gehirn koordinieren können" (Liedloff, 2002, S. 75). Beispielsweise werden die Babys allmählich mit immer gefährlicheren Gewässern vertraut gemacht. Dadurch entwickeln sie wachsendes Selbstvertrauen, mit den Gefahren des Wassers umgehen zu können, und eine präzise Wahrnehmung. „Ehe es laufen oder auch nur denken kann, entwickelt sich das Yequana-Baby schon zum Experten im Einschätzen der Kraft, Richtung und Tiefe von Gewässern durch Beobachtung" (Liedloff, 2002, S. 75).
„Die Yequana können die Umrisse eines kleinen Vogels in dem Schatten einer Mauer von Urwald ausmachen, wo unsereins, selbst nachdem sie uns die Stelle bezeichnet haben, nur Blätter sehen kann. Sie können einen Fisch inmitten des schäumenden Wassers einer Stromschnelle sehen, der wiederum für die konzentriertesten Anstrengungen unserer Augen unsichtbar bleibt" (Liedloff, 2002, S. 60).

Kapitel 10
Die Vermeidung von Angst

1. Die Notwendigkeit einer gelassenen Wachsamkeit

Die von Nishiyama und Brown (1960) erwähnte Metapher, dass der Geist wie das Wasser sein soll, also weder durch Angst, Ärger oder andere Gefühle getrübt, weist auf den Einfluss von Gefühlen hin. Hier muss aber zunächst darauf hingewiesen werden, dass nicht nur starke Gefühle das eigene Verhalten negativ beeinflussen können, sondern auch das genaue Gegenteil, ein Zustand der als Desensibilisierung, Gleichgültigkeit, Desinteresse o.Ä. bezeichnet werden könnte.

Für einen Polizisten kann nämlich eine Situation aus drei unterschiedlichen und entgegengesetzten Gründen gefährlich werden, wenn er

- durch **mangelnde Wachsamkeit** eine tatsächliche bedrohliche Situation nicht als Gefahr erkennt,
- aus **extremem Misstrauen** oder **Ärger** überreagiert und dadurch einen Konflikt provoziert,
- aus **Angst** unsachgemäß handelt oder gelähmt ist. Eine solche extreme Passivität kann z.B. dazu führen, dass der Polizist sich seine Dienstpistole wegnehmen lässt und sogar mit der eigenen Dienstwaffe getötet wird.

Es wäre nun sinnvoll, alle die Gründe für das Erhöhen der Eigengefährdung durch Gefühle in einem einzigen Modell übersichtlich zusammenzufassen. Die verschiedenen Gründe, dass man falsch handelt, z.B.

- „blind vor Wut",
- „gelähmt aus Angst",
- keine Aufmerksamkeit auf wahrnehmbare Gefahrensignale richtet,

lassen sich unter dem Gesichtspunkt einer zu starken oder zu geringen Aktivierung des Polizisten betrachten. Es fehlt gewissermaßen die **gelassene Wachsamkeit** (Furchtlosigkeit) der TIT FOR TAT-Strategie (Füllgrabe, 1994, 1997).

Den Zusammenhang zwischen dem Aktivierungsgrad und dem Leistungsverhalten beschreibt die umgekehrte U-Kurve von *Yerkes-Dodson*. Allgemein kann man daraus ableiten, dass eine zu geringe Motivierung, aber auch eine Übermotivierung (z.B. Angst) die Leistung eines Menschen nicht zur vollen Entfaltung kommen lässt. Übrigens betont auch Musashi (1993, S. 78) die Notwendigkeit eines *mittleren* Aktivierungsniveaus.

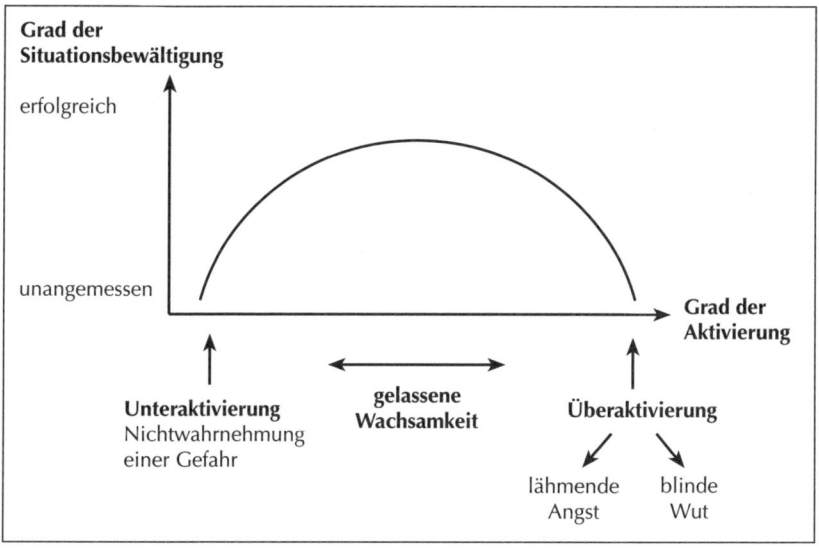

2. Der Unterschied zwischen Angst, Furcht und Stress

Während die Stressreaktion ganz unspezifisch den Körper auf Flucht oder Angriff vorbereitet (Vester, 1976), besteht das Wesen der Angst darin, dass man eine Situation als lebensbedrohend, gefährlich o.Ä. deutet. Man könnte auch zwischen Furcht (vor bestimmten Situationen, Personen, Dingen) und Angst (allgemeine, unspezifische Erregung, die zu Vermeidungsverhalten führt) unterscheiden.

Auf jeden Fall stellt Angst das Gefühl dar, dass man *hilflos* ist, die *Situation nicht unter Kontrolle hat*, den Dingen ausgeliefert ist, von der Situation überwältigt wird. Wie subjektiv dabei die Deutung der Situation und ihres Gefahrenpotenzials sein kann, zeigt folgende Beobachtung aus dem Zweiten Weltkrieg:

> Die Bordschützen in dem hinteren Teil der englischen Bomber berichteten von mehr psychologischem Stress als Jagdflieger, obwohl die tatsächliche Verlustrate für die Jagdflieger höher war. Offensichtlich hatten diese aber ein größeres

Kapitel 10

Empfinden, Kontrolle über ihr Schicksal zu haben, selbst aktiv etwas tun zu können, während die Bordschützen nur reagieren konnten. Hinzu könnte auch kommen, dass die Bordschützen hinten im Flugzeug sitzend von ihren Kameraden vorne im Bomber getrennt waren (Cox H., Hallam, O'Connor & Rachmann, 1983).

Das Wesen der Angst und den Unterschied zum Stress kann man am besten erfassen, wenn man die einzelnen Komponenten der Angst gemäß dem BASIC ID (Lazarus, 1981) betrachtet. In gleicher Weise kann man auch das Gefühl Ärger in einzelne Komponenten zerlegen (s. Füllgrabe, 1997).

Behavior (Verhalten)	=	Flucht- oder Vermeidungsverhalten; angstvolle Mimik, Gestik
Affectives responses (Gefühle)	=	Angst, Furcht
Sensations (Körpergefühle)	=	Zittern, „flaues Gefühl im Magen", trockener Hals, Erbleichen u.ä.
Imaginations (Phantasie)	=	Man stellt sich bildlich vor, was alles Schlimmes passieren, wie man zu Schaden kommen könnte, dass man verletzt oder getötet werden könnte.
Cognitions (Gedanken)	=	„Da bin ich in eine schlimme Lage geraten." „Oh Gott, was soll ich bloß tun? Ich kann nicht mehr klar denken! Ich bin hilflos!" u.Ä.
Interpersonal relations (zwischenmenschliche Beziehungen)	=	a) Man hat keine Bezugsperson, die man um Hilfe bitten kann oder auf die man sich zumindest gedanklich stützen kann! b) Bei einer Bedrohung durch einen Menschen wirkt der Konflikt oder die Gewaltbereitschaft der anderen Person Angst auslösend.
Drugs/Biological Functions (Biologische Seite des Menschen)	=	hoher Aktivierungsgrad durch die Stressreaktion

Auch Cox et al. (1983) weisen bei ihrer experimentellen Analyse von Furchtlosigkeit und Mut auf die Notwendigkeit einer Betrachtung von Furcht gemäß verschiedener Komponenten hin.

Eine Person mag sich einer Angst auslösenden Situation oder einem Angst auslösenden Objekt nähern, obwohl sie ein hohes Maß an subjektiver Angst (A) und unangenehme Körpergefühle (S) erlebt. Solches Beharrungsvermögen trotz Gefühlen (A) und Körpergefühlen (S) der Angst kann als **Mut** definiert werden: weitermachen trotz subjektiver Angst. Wenn eine Person einer gefährlichen Situation begegnet, aber wenige oder keine Angst oder begleitende psychologische Reaktionen (S, D) erlebt, kann dieses Verhalten als **Furchtlosigkeit** definiert werden.

Wie wichtig eine derartige Betrachtung einzelner Komponenten der Angst ist, belegen Cox et al. (1983) in ihrer Untersuchung von Bombenentschärfern.

> Sie verglichen in einem Experiment eine Gruppe von Bombenentschärfern, die wegen Tapferkeit ausgezeichnet worden waren, mit einer Gruppe von Bombenentschärfern, die nicht dekoriert worden waren, und Kontrollgruppen. Dabei wurden Töne dargeboten, denen 6 Sekunden später ein leichter elektrischer Schock folgte, den man nur vermeiden konnte, wenn man rechtzeitig einen Hebel in eine bestimmte Richtung bewegte. Die Richtung dieses Hebels, die für jede Tonhöhe anders war, musste durch Versuch und Irrtum entdeckt werden.
> Interessant ist folgendes Ergebnis: Die hochdekorierten Bombenentschärfer hatten von Anfang an eine niedrigere Herzschlagrate und behielten sie auch während des gesamten stresshaften Experimentes bei. Die nicht dekorierten Bombenentschärfer zeigten das gleiche Muster, wenn auch auf einem etwas höheren Niveau. Aber auch bei ihnen war die Herzschlagrate niedriger als bei der Kontrollgruppe. Beide Gruppen der Bombenentschärfer hatten zu Beginn des Experiments auch eine größere Schmerztoleranz gegenüber leichten elektrischen Schocks gezeigt, verglichen mit zwei Kontrollgruppen.

Das Experiment war durchaus realistisch: Man musste eine schwierige Unterscheidungsaufgabe unter der Bedrohung eines elektrischen Schocks durchführen. Und trotzdem behielten die Bombenentschärfer ihre niedrige Herzschlagrate bei. Man könnte diese Kaltblütigkeit, die sie ja auch in Situationen zeigen mussten, wo es um Leben oder Tod ging, damit erklären, dass sie die Kontrolle über die Situation hatten. Ihr Schicksal lag in *ihrer* Hand, ihr eigenes Verhalten entschied über Leben und Tod. Und durch planvolles Vorgehen beim Entschärfen einer Bombe hatte man große Überlebenschancen. Ihre

„**Überlebensformel**" lautet gewissermaßen:

    Erwerb von Fähigkeiten
    ↓
    Planvolles Vorgehen
    ↓
    Gefühl der Kontrollierbarkeit der Situation
    ↓
    Furchtlosigkeit.

3. Falsche Vorstellungen von Angst und Furcht bei polizeilichen Einsätzen

Gerade bei den Begriffen Angst, Furcht, Stress wird deutlich, wie schnell Missverständnisse entstehen, wenn man keine klare Vorstellung von den Begriffen hat, über die man spricht. Zunächst einmal ist die Stressreaktion eine natürliche, automatische Reaktion auf eine wahrgenommene Gefahr. Diese automatische Reaktion ist wichtig, weil sie den Körper zur Aktivität bereitmacht: zu Flucht oder Angriff. Während es bei Stress um eine notwendige Aktivierung geht, wird durch Angst das problemlösende Handeln beeinträchtigt.

Leider gibt es immer noch falsche Vorstellungen vom Wesen der Angst. Dies wird z.B. im Titel des Buches „Mut zur Angst" von de Becker (1999) ausgedrückt, wobei das englische Original „The Gift of Fear" (1997) Angst sogar als Geschenk bezeichnet. Dass Angst derartig und unangemessen positiv bewertet wird, kann man nur damit erklären, dass der Autor unpräzise Vorstellungen vom Begriff Angst hat.

Offensichtlich führt die Tatsache, dass das Nichtwahrnehmen von Gefahren lebensbedrohliche Folgen haben kann, zu der Schlussfolgerung: Dann muss das Gegenteil richtig sein, dann muss man also Angst haben.

Diese Schlussfolgerung ist aber aus verschiedenen Gründen falsch. Zunächst einmal zeigt die Differenzierung und Zerlegung des Begriffes Angst gemäß dem BASIC ID, dass es wichtig ist, verschiedene Komponenten voneinander zu unterscheiden. Denn dadurch wird das Missverständnis deutlich: Man muss bezüglich Gefahren wachsam sein, also ein gewisses Aktivierungsniveau haben. Aber dieses Aktivierungsniveau darf nicht extrem hoch (Überaktivierung) oder extrem niedrig (Unteraktivierung) sein. Diese Unterscheidung ist alleine schon deshalb wichtig, weil ich die Meinung hörte, ein Polizist müsse vor seinem Einsatz „Angst haben". Es muss deshalb ausdrücklich darauf hingewiesen werden, dass derartige Formulierungen nicht nur missverständlich sind, sondern auch den Blick von der Notwendigkeit der Angstbewältigung ablenken und die Bedeutung des sachorientierten Handelns durch *ICH-Freiheit* des Denkens übersehen.

Bedenklich ist außerdem, dass ein falscher Angstbegriff auch zeigt, dass man nicht genau weiß, *wie* man sich konkret verhalten soll. Der Polizist verbleibt in der Unpräzision und Verschwommenheit des Angstbegriffes und in der Ungewissheit, wie er sich konkret zu verhalten hat.

Dies kann verhängnisvolle Folgen haben. Bei einem Polizisten, der Angst hat, besteht nämlich die Gefahr, dass er entweder überreagiert oder passiv bleibt. McCarthy (1989) beschreibt dies unter den Kategorien:

Furcht vor körperlichem Schaden
Starke Furcht führte dazu, dass der Polizist

- nicht zu dem Ort des Notrufes fuhr,
- nicht auf Bitten seiner Kollegen um Beistand reagierte,
- auf bedeutungslose Ereignisse überreagierte,
- übermäßig und unnötig nach Unterstützung durch Kollegen verlangte,
- umfangreiche zusätzliche Schutzausrüstung und auch nicht genehmigte Waffen mit sich führte.

Angst vor eigener Gewaltanwendung
Wie z.B. Pinizzotto und Davis (1995) zeigten, zögern manche Polizisten vor dem gerechtfertigten Einsatz ihrer Dienstwaffe in einer Notwehrsituation. Ursache dafür sind unklare Vorstellungen darüber, wann man die Schusswaffe einsetzen darf und Gedanken wie „Ich darf *nicht* ...". Es fehlen also klare gedankliche Vorstellungen darüber, was man konkret in dieser Situation tun darf und muss.

> In einem von McCarthy (1989) beschriebenen Fall händigte ein Polizist seine eigene Pistole dem Täter aus. Dieser tötete einen anderen Polizisten, der am Ort des Geschehens war, befahl dem Polizisten dann, niederzuknien und tötete ihn dann ebenfalls mit seiner eigenen Dienstwaffe. Während des gesamten Zwischenfalles leistete der Polizist keinen Widerstand, im Widerspruch zu seiner Ausbildung!

Gefühl der Hilflosigkeit
Wie bei Lampenfieber kann eine bestimmte Situation Angst auslösen, die man als nicht beherrschbar ansieht. Diese Situation ist nicht lebensbedrohend, aber aus dem Gefühl der Hilflosigkeit heraus entsteht Angst, die auch leicht zu eigener Gewalt führen könnte. Gründe dafür können bei polizeilichen Lagen sein:

- eine ungewöhnlich große Angst vor Menschen,
- starke Lärmpegel, wie sie z.B. bei einer lauten Demonstration auftreten können,
- die Zahl der Polizisten ist gering oder unbedeutend, was beim Polizisten ein erhöhtes Gefühl der Verletzbarkeit auslöst.

Indikatoren für diesen Zustand sind:

- Der Polizist hat noch keinerlei Aktivität gezeigt oder auf die Situation reagiert. Er schwitzt, ist bleich oder sprachlos.
- Er hört keine Befehle oder Anweisungen, die ihm gegeben wurden, weil er total auf das Ereignis fixiert ist und alles andere um ihn herum nicht mehr wahrnimmt.
- Er zeigt wilde Überreaktionen, gefolgt von totaler Tatenlosigkeit.

McCarthy (1989) betont deshalb: Intensives Training und intensive Aufsicht und Betreuung sind für diese Person wichtig.

Furcht vor Missbilligung durch die Kollegen
Er wendet z.B. unnötig Gewalt an, um seine Kompetenz zu demonstrieren und ein positives Image von sich zu schaffen, ein Image der Härte.

Akzeptiert keine – auch keine wohl gemeinte Kritik – durch seine Kollegen.

Konfliktscheue Vorgesetzte
McCarthy (1989) spricht hier die Passivität von Führungskräften in Krisen oder bei Vorfällen an, wo es um Menschenleben geht. Die Personen haben Angst vor Versagen oder Kritik. Man findet hier die gleichen Probleme, die Dörner et al. (1983) bei Personen fanden, die ein System zum Zusammenbruch brachten.

- Sie bleiben passiv und hoffen, dass sich das Problem von selbst löst.
- Sie delegieren Verantwortung nach oben.
- Sie beschäftigen sich mit nebensächlichen Problemen (s.a. Dörner et al., 1983).
- Sie richten ihren Ärger gegen Untergebene, geben aber keine Anweisungen und übernehmen nicht die Führung.

Diese von McCarthy (1989) erwähnten häufigsten Formen „unvernünftiger Furcht" im Polizeidienst müssen allerdings kritisch unter die Lupe genommen werden. Zunächst einmal benutzt er hier den Begriff „unvernünftige Furcht" statt „Angst", was zwar darauf hinweist, dass man eine Gefahr ernst nehmen sollte; aber dies könnte leicht wieder in Richtung Angst missgedeutet werden. Dann ist auch zu kritisieren, dass manche Handlungen voreilig als Angst (fehl-)gedeutet werden. Beispielsweise ist es durchaus möglich, dass „unvorschriftsmäßige Schutzmaßnahmen" durchaus sinnvoll sein könnten.

Betrachten wir auch folgende Kategorie von McCarthy (1989):

Kulturelle Furcht
Die kulturellen Werte des Bezirks sind andere als die des Polizisten. Die Menschen in diesem Bezirk gehören z.B.

- Minderheiten oder
- anderen sozialen Schichten an.

Der Begriff „kulturelle *Furcht*" hat eigentlich nichts mit Furcht zu tun, sondern beruht lediglich auf Unwissen, also einer kognitiven Komponente. Er weist auf die Notwendigkeit hin, „streetwise" zu sein, also die Normen und Verhaltensweisen usw. bestimmter Bevölkerungsgruppen zu kennen (s. Kap. 17). Man erkennt hier auch den Weg zur Verringerung und Vermeidung von Furcht: Erwerb von Wissen, Fähigkeiten und Stressimpfung.

4. Die Stressimpfung

Die Feststellung von Cox et al. (1983), dass Personen mit spezifischen Kenntnissen und Leistungen auch in stresshaften Situationen „kühles Blut" bewahren und eine niedrige Herzschlagrate zeigen können, steht nicht isoliert da. Sie zitieren zwei Untersuchungen, gemäß denen gute Fallschirmspringer während kritischer Phasen des Absprungs eine niedrige Herzschlagrate hatten.

Diese Ergebnisse besagen, dass ein kompetenter Mensch dann furchtlos ist bzw. sein muss, „wenn es darauf ankommt", wenn die entscheidende Situation auftritt. Dies schließt aber keineswegs aus, dass man nicht vorher oder nachher Anspannung, Aufregung, Furcht oder Ähnliches empfindet. Die Tatsache, dass selbst erfahrene und erfolgreiche Schauspieler, Sportler usw. nach vielen Jahren noch „Lampenfieber" haben, belegt dies. Dieses Lampenfieber stellt aber eher einen hohen Aktivierungszustand dar als echte Angst. Erst wenn **Gefühle der Hilflosigkeit** und der **Unkontrollierbarkeit** auftreten, entwickelt sich aus der hohen Aktivierung lähmende Angst.

In einer Untersuchung über Fallschirmspringer zeigte sich folgendes Muster: Die erfahrenen Springer hatten ihr höchstes Angstniveau am Morgen des Absprungs. Ihr Angstniveau fiel dann ständig ab und war im freien Fall am geringsten! Da sie die Angst auslösende Situation bereits mehrfach erfolgreich durchlebt hatten, reagierten sie in der kritischen Situation mit Selbstvertrauen. Die Anfänger zeigen dagegen am Morgen weitaus geringere Angst als die Erfahrenen, dafür war ihr Angstpegel am höchsten, als das Absprungsignal kam, als es ernst wurde (Janis, 1971).

Die erfahrenen Fallschirmspringer wussten genau, was auf sie zukam, welche Gefühle auftreten würden und wie man diese Gefühle und die gefährliche Situation erfolgreich bewältigen kann. Diese und auf anderen Gebieten erfolgreiche Bewältigung von Stress veranlasste Janis (1971), eine „Stressimpfung" als Vorbereitung auf Katastrophen und möglicherweise traumatisierende Ereignisse vorzuschlagen. Er meint, es sei sinnvoll, „sich auf den Schlag vorzubereiten, bevor er seine Wirkung entfaltet": einen Patienten vor seiner Operation, eine Person, deren Ehepartner eine schwere Krankheit hat, einen Jugendlichen, bevor er sich von seinen Eltern trennt, usw. Ist man nicht derart auf das Auftreten von Schicksalsschlägen vorbereitet, treten leicht posttraumatische Störungen auf (s. Kap. 16). Die Ursache dafür ist ein grundlegender Einstellungswandel: *der Verlust des Gefühls der Unverletzbarkeit* (Janis, 1971). Die Einstellung „Mir wird nichts Schlimmes passieren!" wurde dramatisch umgewandelt in „Mit meinem Schicksal sind schreckliche Dinge verbunden".

Die Stressimpfung besteht aus drei Schritten:

Realistische Informationen geben,
um die Person auf ihre Verletzbarkeit aufmerksam zu machen.

Selbstvertrauen wecken,
um die herankommende Belastung bewältigen zu können. Es ist wichtig, ein Gleichgewicht herzustellen, einerseits zwischen dem Hinweis auf Gefahren und Problemen und der Notwendigkeit von Vorsorge und andererseits der mit Bestimmtheit vorgetragenen Versicherung, sich auf andere verlassen zu können.

Eigenständige Problembewältigung
Die Person wird ermutigt, ihre eigenen Methoden zu entwickeln, sich selbst zu beruhigen und Maßnahmen zu planen, sich selbst zu schützen. In Krisen neigen nämlich viele Personen dazu, zu passiv zu sein und sich ausschließlich auf andere zu verlassen. Wenn dann vermeidbares Leiden „überraschend" auftritt, werden sie bitter enttäuscht. Dies fand man z.B. bei Patienten, die vor einer Operation einen unkritischen, fast religiösen Glauben an die Allmacht ihrer Ärzte hatten, sie vor Schmerz und Leiden zu schützen.

Der Gedanke der „Stressimpfung" könnte auch auf die Gefährdung als Kriminalitätsopfer angewandt werden. Indem man sich durch psychologische, sprachliche Techniken, Selbstverteidigungstechniken u.Ä. auf einen Überfall vorbereitet, könnte man sich nicht nur des Angreifers erwehren, sondern auch leichter den Schock des Überfalls bewältigen (s. *Psychologisches Immunsystem*, Kap. 15).

5. Stressimpfung für Gefahren

Wie könnte diese Stressimpfung konkret aussehen?

Grundlage dazu ist die Vermittlung der möglichen beruflichen Gefahren und ihrer sachgemäßen Bewältigung. Denn das Beispiel der Bombenentschärfer (Cox et al., 1983) belegt, dass man durch den Erwerb von Fähigkeiten in die Lage versetzt wird, auch in lebensbedrohlichen Situationen kühlen Kopf zu bewahren, und die Situation unter Kontrolle behalten kann.

Meichenbaum und Turk (1976) haben auch ein Trainingsprogramm entwickelt, bei dem neben Entspannungsübungen innere Monologe gezielt gegen das Auftreten von Angst eingesetzt werden. Dazu folgende Beispiele:

Selbstgespräche („innere Monologe") gegen Angst

1. **Vorbereitung auf einen Stressor**
   - Was ist es, womit du dich beschäftigen musst?
   - Du kannst einen Plan entwickeln, um damit umzugehen.
   - Denke genau darüber nach, was du dazu tun kannst. Das ist besser, als nervös zu werden.
   - Keine negativen Gedanken, denke nur rational.

2. **Konfrontation und Umgang mit einem Stressor**
   - Bau dich jetzt psychologisch auf – du kannst dieser Herausforderung begegnen.
   - Schritt für Schritt vorgehen; du kannst diese Situation bewältigen.
   - Denke nicht über Angst nach, denke nur an das, was du zu tun hast. Bleibe beim Wesentlichen.
   - Dieses unangenehme Gefühl stellt genau das dar, was der Doktor/Trainer (o.Ä.) sagte, was du fühlen würdest. Es erinnert dich daran, deine Bewältigungsübungen zu benutzen.
   - Diese Anspannung kann ein Verbündeter sein, ein Hinweis darauf, dass du die Situation bewältigen kannst.
   - Entspannen, du hast die Situation unter Kontrolle. Nimm einen langen, tiefen Atemzug. Ah, das tut gut.

3. **Die Bewältigung des Gefühls, von der Angst überwältigt zu werden**
   - Wenn Angst auftritt, halte nur inne.
   - Konzentriere dich auf die Gegenwart; was ist es, was du jetzt tun musst?
   - Versuche nicht, die Furcht vollkommen zu eliminieren; lass sie nur kontrollierbar sein.
   - Denke nur an etwas anderes.
   - Tue etwas, was dich daran hindern wird, an Furcht zu denken.
   - Beschreibe, was um dich herum vorgeht. Dadurch wirst du nicht an etwas Besorgniserregendes denken.

4. **Selbstbekräftigende Selbstgespräche (nach dem Ereignis)**
   - Es wirkte; du hast es geschafft! Warte, bis du deinem Trainer/Arzt/ usw. darüber erzählen kannst.
   - Es war nicht so schlimm, wie du es erwartet hast.
   - Du hast mehr aus der Furcht gemacht, als es wert war.
   - Deine verdammten Gedanken – das ist das Problem. Wenn du sie konfrontierst, kannst du deine Angst kontrollieren.
   - Es wird jedes Mal besser, wenn du die Maßnahmen benutzt.

6. Die Perspektive des Gegenübers berücksichtigen

Gerade in gefährlichen Situationen ist es wichtig, die ICH-Komponente aus dem Denken zu entfernen. Damit meine ich nur, dass man nicht an die eigene mögliche Niederlage oder an einen Sieg denken sollte. Wichtig ist *auch*, **die Perspektive des Gegenübers** zu übernehmen. Dies hat außerdem die Auswirkung, dass man seine eigene Angst verringert, weil man erkennt, dass der andere keineswegs überlegen sein muss, sondern vermutlich selbst Angst hat. Dies hat Musashi (1993, S. 108) anschaulich geschildert:

> „Sich in den Gegner verwandeln" heißt, sich selbst in seine Lage zu versetzen, von seinem Standpunkt aus zu denken. Im Alltagsleben ist man zum Beispiel geneigt, einen Räuber, der sich in einem Haus eingeschlossen hat, für außerordentlich stark zu halten. Verwandeln wir uns jedoch einmal in diesen Gegner, so werden wir das Gefühl haben, die ganze Welt stünde gegen uns und es gäbe keinen Ausweg mehr. Der Eingeschlossene ist der Fasan und der, der hineingeht, um ihn zu fangen, ist der Falke. Das muss dir klar sein ...
> Im Einzelkampf musst du gleichfalls versuchen, dich in die Lage des Gegners zu versetzen. Denn wenn du dich nur beeindrucken lässt, und denkst: ‚Er versteht sich aufs Kämpfen, er kennt die Prinzipien und ist mir in seiner Technik überlegen', so wirst du gewiss den Kürzeren ziehen. Das durchdenke gut."

Derartige Gedankengänge sind angesichts der Tatsache wichtig, dass der Erfolg gewaltbereiter Personen vor allem darauf beruht, dass sie andere durch ihr Auftreten beeindrucken und einschüchtern (Kernspecht, 2000; Thompson, 1999).

> Kernspecht (2000, S. 251) weist auf die Wirkung der psychologischen Kriegführung beim Ritualkampf in Kneipen usw. hin, durch die das Opfer eingeschüchtert und dadurch schon vor dem Kampf besiegt wird. Seinen Beobachtungen nach begann dies mit einer demoralisierenden Beschimpfung des Kontrahenten, wodurch der Sprecher „sich überdimensional aufblähte und mit der Körpersprache Überlegenheit signalisierte."

Aus den Ausführungen von Kernspecht (2001, S. 31) wird Verschiedenes deutlich. Wer die Spielregeln im Umgang mit gewaltbereiten Personen kennt und beherzigt, also streetwise und streetsmart ist, kann sich auch durchaus angstfrei in derartigen Umgebungen bewegen (s.a. Kap. 17). Gewalt entsteht nämlich zumeist keineswegs „plötzlich" „aus dem Nichts", sondern verläuft in mehreren Stufen. Denn die von Kernspecht (2001) beschriebenen Ritualkämpfe werden häufig durch die Verletzung eines der wichtigsten Prinzipien des „Gesetzes der Straße" (*code of the street*, Anderson, 1994) in „Kulturen der Ehre" (Cohen et al., 1996) ausgelöst: Jemand, der zu lange angeschaut wird, kann dies als Beleidigung oder Bedrohung seines Ichs ansehen. **Respekt** zu erlangen, ist nämlich das zentrale Motiv in Kulturen der Ehre (Cohen et al., 1996).

Kapitel 11
Gefahreneinschätzung mit dem Gefahrenradar

1. Die Einschätzung der Gefahrenstufen mit Farbcodes

Es ist wichtig, das Gefahrenpotenzial einer Situation oder von Menschen richtig einzuschätzen und Gefahren rechtzeitig wahrzunehmen. Was bedeutet das aber konkret? Die Antwort darauf liefern die bisherigen Ausführungen, aus denen sich verschiedene praktische Vorgehensweisen ableiten lassen.

Eine Situation kann eingeschätzt werden

a) als gefährlich. Dies kann stimmen, kann aber auch eine Fehldeutung sein, weil man aus Angst, Ärger und anderen negativen Gefühlen überinterpretiert.

b) als ungefährlich. Auch dies kann richtig sein. Es kann aber auch falsch sein, weil man durch positive Gefühle (Sympathie, Verständnis usw.) eingelullt wurde oder das Verhalten der anderen Person nicht genau beobachtete oder nicht richtig deutete.

Ein Polizist kann also zwei Fehler machen:

1) in einer Gefahrensituation passiv bleiben und angegriffen, verletzt oder getötet werden

oder

2) in einer harmlosen Situation überreagieren und z.B. eine Schusswaffe unberechtigt benutzen (s. z.B. den Fall des Amadou Diallo, Kap. 8.11.1).

Was muss man also tun, um diese beiden entgegengesetzten Fehler zu vermeiden? Die Lösung ist (bei *normalen* Lichtverhältnissen) relativ einfach: die Situation hinsichtlich möglicher Gefahren *beobachten*.

Hilfreich dabei ist, den Gefahrengrad einer Situation nach der Methode der **Gefahrenfarbcodes** anschaulich einzuschätzen, eine Methode, die von den US Marines im Zweiten Weltkrieg verwendet worden sein soll (Kernspecht, 2000).

Für den Bereich des Personenschutzes nennen Pincon, Leder & Williams (2000, S. 14) folgende Klassifizierung:

Grün: Ein Angriff ist jederzeit möglich. Es ist 100 %ige Aufmerksamkeit erforderlich.
Gelb: Die Schutzperson ist in Gefahr. Man hat die Gefahr erkannt, und es gibt noch genug Zeit, die geeignete Wahl der Schutzmaßnahmen zu treffen.
Rot: Ein Angriff steht unmittelbar bevor, die Schutzperson befindet sich in großer Gefahr. Es wird sofort reagiert, „time to act", z.B. fliehen oder Angriff abwehren.

„Es muss jedem Personenschützer bewusst sein, dass man sich während des gesamten Einsatzzeitraumes immer im grünen Level befindet ..." Diese Aussage von Pincon et al. (2000, S. 14) mag zwar für den Personenschutz zutreffen, aber nicht für die Arbeit des Streifenbeamten. Einerseits ist es aus biologischen und psychologischen Gründen grundsätzlich nur sehr schwer möglich, *ständig* über einen *längeren* Zeitraum eine 100 %ige Wachsamkeit aufrechtzuerhalten, was ja eine extreme Aktivierung bedeutet. Andererseits befindet sich der Streifenbeamte zumeist in friedlichen Situationen, und worauf es bei ihm ankommt ist, dass er eine Gefahr sofort erkennt und darauf reagiert, dass er also sofort *umschalten* kann: vom Zustand der Ruhe in den Zustand der Aktivität.

Während Pincon et al. (2000) also mit „100 %iger Aufmerksamkeit" einen statischen *Zustand* betonen, bevorzuge ich ein flexibleres, Kräfte sparenderes *Vorgehen*, das auch aus dem einfachen Grund realistischer ist: Es gibt auch Situationen, die tatsächlich harmlos sind. Diese Vorgehensweise stellt eine Variante der von Kernspecht (2001, S. 47) zitierten Farbcodes dar (siehe Seite 137).

Dieses Modell der Gefahrenstufen unterscheidet sich in zwei Gesichtspunkten von der Darstellung des Farbcodes von Kernspecht (2001, S. 47), weil es 1) die unterschiedliche Häufigkeit des Auftretens dieser Gefahrenstufen betont (die meisten polizeilichen Situationen sind harmlos) und weil es 2) (in den ersten drei Stufen) eine (ansatzweise objektive) Einschätzung der *Situation* darstellt, während Kernspecht auf die subjektive Einschätzung der *Person* eingeht. Beispielsweise schreibt er:

„Im Zustand *weiß* ist man unaufmerksam, unvorbereitet. Wird man in diesem Zustand angegriffen, hat man keine Möglichkeit zur Gegenwehr ...."

Im Zustand *gelb* wissen Sie jederzeit, wo Sie sind und wer gerade an Ihnen vorbeigegangen ist, ohne dass Sie sich umschauen müssen. Sie halten nicht ausdrücklich nach einer Gefahrensituation Ausschau, aber wissen, dass eine solche jederzeit auf Sie zukommen kann.

Gefahreneinschätzung mit dem Gefahrenradar

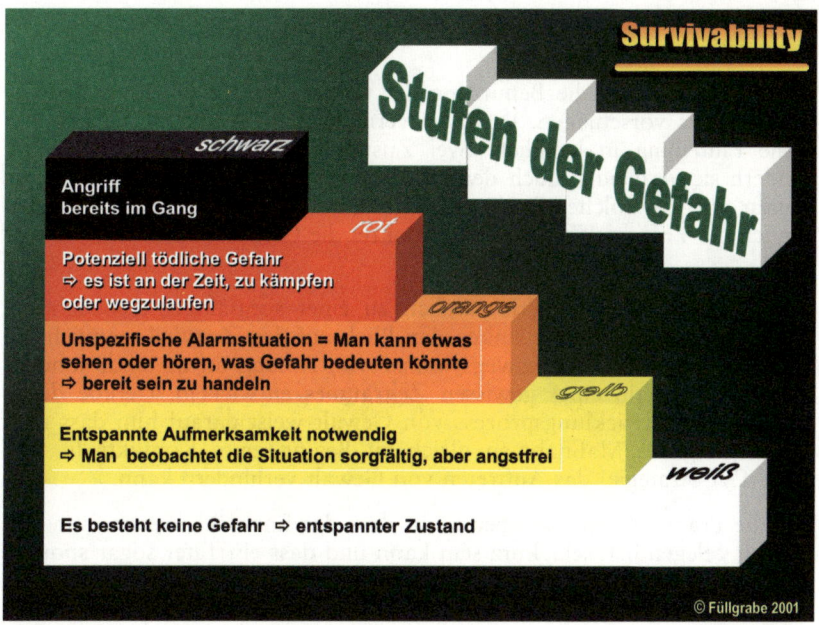

	weiß	**Keine Gefahr**
	gelb	**Entspannte Aufmerksamkeit notwendig:** Es ist sinnvoll, die Situation sorgfältig, aber angstfrei zu beobachten.
	orange	**Unspezifische Alarmsituation:** Man kann etwas sehen oder hören, was Gefahr bedeuten *könnte*.
	rot	**Potenzielle Gefahr:** Jetzt muss gehandelt werden.
	schwarz	**Angriff bereits im Gang**

Farbcode orange: ... Um 1 Uhr nachts hören Sie in Ihrem Haus Glas zersplittern. Es könnte ein Einbrecher sein oder Ihre Katze, die eine Vase umgeworfen hat. Ein Fremder kommt im Parkhaus auf Sie zugerannt." (Kernspecht, 2001, S. 47).

Diese Einteilung von Kernspecht ist durchaus sinnvoll, weil sie den Zustand, das Gefahrenbewusstsein der Person, in dieser Situation beschreibt. Denn es könnte durchaus sein, dass die *subjektive* Einschätzung der Person nicht mit dem *tatsächlichen* Grad der Gefahr übereinstimmt. Vor allem ist der Polizist dann gefährdet, wenn er glaubt, dass er sich im Zustand *weiß* befindet, aber bereits der Zustand *rot* oder schwarz *vorliegt*, wie sich z.B. aus den empirischen Studien über Angriffe von Polizisten in

Kapitel 11

Deutschland (Sessar et al., 1980) und den USA (FBI, 1992; Pinizzotto et al., 1997) ergibt.

Ich möchte deshalb die Benutzung der Gefahrenstufen im Sinne des Gefahrenradars vorschlagen. Denn sie vermeiden nicht nur die viel zu einfache Einteilung in lediglich zwei Zustände, Nichtgefahr *oder* Gefahr, sondern sie vermeiden auch den ziemlich vagen Eindruck: Hier liegt eine Gefahr vor. Ein solcher Eindruck liefert nämlich keine Informationen bezüglich der Fragen: *Worin* besteht konkret die Gefahr? *Wann* tritt sie auf? u.Ä.

Die Gefahrenstufen fordern nämlich zu einer sorgfältigen Beobachtung der Situation auf, und sie lenken den Blick auf den *Zeitpfeil*, nämlich darauf, dass Gefahren keineswegs immer von Anfang an da sind, sondern sich oft innerhalb eines gewissen Zeitraumes entwickeln. Gerade dieser allmähliche Entwicklungsprozess von Gewalt weist darauf hin, dass man durch geeignete Maßnahmen gleich zu Beginn eines Konflikts (s. TIT FOR TAT-Strategie) das Auftreten von Gewalt verhindern kann.

Für die Praxis wichtig ist aber auch, dass der Entwicklungszeitraum von Gewalt gelegentlich sehr kurz sein kann und dass ein Täter sogar **spontan von Zustand 1 (weiß) in Zustand 5 (schwarz) übergehen kann**. Das drückt sich z.B. in folgender Aussage eines Polizisten aus: „Er war die ganze Zeit friedlich, aber am Ende der Reise fiel er plötzlich über mich her."

Dies weist auf die Notwendigkeit einer gelassenen Wachsamkeit, einer sorgfältigen Beobachtung usw. hin, wodurch gewährleistet ist, dass man *Veränderungen* im Verhalten der anderen Person schnell erkennt.

Es wird also deutlich, dass es wichtig ist, das Wirken des psychologischen Gefahrenradars genau so zu sehen wie die des elektronischen Radars in einem Schiff oder Flugzeug. Es wird keineswegs *ein* statischer Zustand erfasst, sondern der jeweilige Zustand zu aufeinanderfolgenden Zeitpunkten.

Der psychologische Gefahrenradar besteht – wenn man diesen Begriff in konkretes Handeln umsetzt – aus der gezielten strukturierten und differenzierten **Informationssuche** z.B. gemäß den Fragen:

- **Wer** ist gefährlich?
- **Warum?** Z.B. weil er durch seine Sprache, Körperhaltung u.Ä. Gewaltbereitschaft verrät. Weil er einen auf dem Tisch liegenden gefährlichen Gegenstand ergreifen könnte. Weil ich seine Handinnenfläche nicht sehen kann (evtl. könnte ein verborgener Gegenstand darin sein).
- **Wer** könnte der gefährlichen Person noch **zu Hilfe kommen**?
- **Wann** könnte eine Gefahr auftreten?

Gefahreneinschätzung mit dem Gefahrenradar

Der Gefahrenradar besteht also aus einer Reihe konkreter Beobachtungen, Fragen und Maßnahmen, z.B.:

- Beobachten, was geschieht!
  Kann ich seine offenen Handflächen sehen?
  Liegt eine *potenzielle* Gefahr vor? Könnte er vielleicht eine Waffe o.Ä. (z.B. einen kleinen spitzen Gegenstand) in seiner Hand verborgen halten und plötzlich hervorholen?
- Körperbewegungen registrieren:
  – Er greift unter die Bettdecke.
  – Er greift unter den Autositz.
  Wer unter seinen Autositz greift, wird wohl kaum seinen Führerschein hervorholen wollen. Und wenn eine verdächtige Person, auf ihrem Bett sitzend, unter die Bettdecke greift, wird auch in diesem Falle davon auszugehen sein, dass eine versteckte Waffe hervorgeholt werden wird.
- Ressourcen des potenziellen Gewalttätigen abschätzen:
  – Sind Personen in der Nähe, die ihm zu Hilfe kommen könnten?
  – Liegen in seiner Nähe spitze Gegenstände, die ihm als Waffe dienen könnten? Z.B. Feilen, Messer ...
- Handlungsmöglichkeiten des Täters abschätzen:
  Kann er mich überhaupt angreifen? Ist die Entfernung zu groß dafür usw.?
- Nichtsprachliche Signale richtig deuten:
  – Welche sprachlichen und nichtsprachlichen Signale zeigt er?
  – Zeigt er in seiner Mimik Angst, Ärger o.Ä.?
  – Ist er überhaupt feindselig, oder deute ich es so? Sehe ich es falsch?
  – Schaut er ärgerlich, oder ist er bloß müde? Deute ich seine nichtsprachlichen Signale falsch?

Wenn man keine nichtsprachlichen Signale sieht, bedeutet dies allerdings keineswegs, dass die andere Person nicht doch Zorn oder andere Gefühle empfindet.

- Die Perspektive der anderen Person:
  Wie könnte die andere Person die Sache sehen?
  Könnte sie z.B. meine Maßnahme als willkürlich ansehen, weil ich sie nicht (richtig) erklärt habe?
- Wie könnte er mich austricksen?
  Was könnte ihm alles als Waffe dienen?
  Wo kann er Waffen versteckt haben? Oder Schlüssel für Handschellen? (In einem Fall sogar in einer offenen Wunde!)
  Falls ich eine Waffe gefunden habe, wo könnte er noch weitere Waffen oder andere Gegenstände versteckt haben?

Alle diese und ähnliche Überlegungen können in einer konkreten Situation sehr schnell und „unbewusst" ablaufen, wenn man sie vorher durch Übungen mental in den Gefahrenradar eingebaut hat. Dann hat man das aufgebaut, was Siebert (1996) als typisch für „Überlebenspersönlichkeiten" bezeichnet: ein **Wahrnehmungsmuster für Gefahren.** Dann kann man blitzschnell eine Situation „lesen" (d.h. vollständig erfassen), diese Informationen schnell verarbeiten und in Sekundenbruchteilen wirkungsvoll handeln.

2. Eine Verkehrskontrolle ist mehr als nur eine „Verkehrs"kontrolle

Dass potenzielle Gefahrensituationen nicht wahrgenommen werden, hängt auch damit zusammen, dass man die Dinge gemäß einem *statischen* Denken betrachtet: Man erkennt nicht, dass eine zunächst harmlose Situation wie das Anhalten eines Autos bei einer Verkehrskontrolle keineswegs bedeutet, dass diese Situation nicht auch einen völlig anderen Zustand, nämlich den der Gewalt annehmen könnte. Gefördert wird dies durch ein unrealistisch *statisches* Denken: Viele Autofahrer, die nicht angeschnallt sind, sind harmlos. Warum soll ich mir in diesem Fall also Angst machen?!? Falsch!! Es geht nicht darum, ob man Angst haben sollte oder nicht, es geht um das genaue *Beobachten* dessen, was sich in *dieser* Situation abspielt. Das ist das, was ich mit dem Begriff „Gefahrenradar" beschreibe. Dass ein Autofahrer sich nicht angeschnallt hat, ist an und für sich noch nichts, was alleine bedrohlich ist, aber doch etwas, was eine verstärkte Aufmerksamkeit erfordert. Denn es *kann* sich hier um eine Bagatelle handeln, *muss* es aber keineswegs! Tatsächlich wurden mehrere deutsche Polizeibeamte getötet, weil sie das Gefahrenpotenzial unterschätzten, das von einem nicht angeschnallten Autofahrer ausging.

Deshalb sollte der Polizeibeamte sich darauf einstellen, dass es *möglicherweise* eine konfliktträchtige Interaktion, Begegnung mit dem Autofahrer geben könnte, der sich nicht angeschnallt hat. Geht das Ereignis – wie wohl in den meisten Fällen - friedlich aus, umso besser. Doch das polizeiliche Vorgehensprinzip muss grundsätzlich lauten: auf *alles* vorbereitet sein. Warum soll dies sogar bei einem Autofahrer notwendig sein, der sich „nur" nicht angeschnallt hat?!

Zunächst zeigen Erkenntnisse der Verkehrspsychologie etwas Wichtiges, was zumeist übersehen wird: Es gibt einen Zusammenhang zwischen Verkehrsdelinquenz und allgemeiner Delinquenz. Anders formuliert: Wer Verkehrsverstöße begeht, neigt auch eher zu anderen Formen der Kriminalität (Füllgrabe, 2007). Und deshalb ist gerade eine Verkehrskontrolle mehr als nur eine *Verkehr*skontrolle, weil man dabei mit Kriminellen, gewaltbereiten Personen oder Menschen zusammentreffen kann, die nicht von vornherein gewalttätig sind, aber wegen ihrer Impulsivität durchaus zu Gewalt neigen können (Füllgrabe 1997, 2010).

Spezifisch zum Verstoß gegen die Anschnallpflicht gibt es einen wichtigen Hinweis, den man beachten muss, um eine Interaktion gewaltfrei zu gestalten: Zu den Gruppen der „High-Risk-Fahrer", d.h. Fahrer mit hohem Risikoverhalten im Straßenverkehr gehört auch der „Action-Typ".

Schulze (1999, S. 748) weist darauf hin: „Protektives Verhalten scheint in dieser Stilgruppe insgesamt gering ausgeprägt zu sein. Lediglich 52 % geben an, sich als Fahrer immer anzugurten, und lediglich 46 % als Mitfahrer. Damit wiesen ‚Action-Typen' das insgesamt schlechteste Gurtanlegeverhalten innerhalb ihrer Altersgruppe auf."

Das Denken dieser Gruppe – vor allem junge männliche Erwachsene – ist eher emotionalspontan als rational gesteuert, und diese Gruppe neigt zum häufigen Alkoholkonsum mit hohen Trinkmengen. Eine Verkehrskontrolle mit einem Angehörigen dieser Gruppe ist also nicht automatisch problemlos.

Natürlich müssen noch weitere Faktoren hinzukommen, damit in einer Begegnung mit Fahrern Gewalt entsteht, und man kann auch als Polizeibeamter durchaus dafür sorgen, dass die Situation nicht vom Zustand des Friedens in den Zustand der Gewalt umkippt. Auch kann man auch nicht von der Tatsache, dass ein Autofahrer keinen Gurt angelegt hat, automatisch schließen, dass es sich um einen „Action-Typ" handelt. Alle Probleme, Fragen und Argumente sind aber zweitrangig gegenüber der wichtigen Erkenntnis: Nicht alle Verkehrskontrollen sind unbedingt ungefährlich. Man muss immer die Augen offen halten, seinen „Gefahrenradar" einschalten. Hilfreich ist dabei, den möglichen zeitlichen Ablauf des Gefahrenradars zu betrachten, unter der Benutzung der fünf Gefahrenfarbcodes.

Der Polizist, der einen Verstoß gegen die Anschnallpflicht sieht oder mitgeteilt bekommt, befindet sich zunächst im gefahrlosen Zustand „weiß". Er sagt sich, dass die Sache wahrscheinlich harmlos ist. Da er aber aus Erkenntnissen der Verkehrspsychologie weiß, dass gerade impulsive Personen („Action-Typ") dazu neigen, keinen Sicherheitsgurt zu tragen, bewertet er vorsichtshalber die Situation als den Zustand „gelb" und beobachtet die Sache genauer. Wenn jetzt der Autofahrer der Polizeikontrolle entgehen will, indem er mit 120 km/h durch die Stadt fährt, wird deutlich, dass es sich nicht um einen Bürger handelt, der lediglich vergesslich war. Es ist also sinnvoll, von der Bewertung der Situation von der Stufe „gelb" zur Stufe „orange" überzugehen. Aber noch ist keine Gewalt im Spiel, noch *kann* es sich um eine relativ harmlose Sache handeln. Sobald aber der Autofahrer versucht, sein Auto geschickt in einer Seitenstraße vor dem Polizisten zu verstecken, wird deutlich, dass hier doch etwas Ungewöhnlicheres, Gefährlicheres vorliegt. Es ist für den Polizisten jetzt sinnvoll anzunehmen, dass die Gefahrenstufe „rot" vorliegt, und sehr sorgfältig seine Maßnahmen der Eigensicherung zu treffen.

3. Die sachgemäße Vorgehensweise bei einer Fahrzeugkontrolle

Wie soll man sich jetzt dem Fahrzeug nähern? Ich habe dazu verschiedene Möglichkeiten kennen gelernt. Entscheidend ist aber, dass bei der polizeilichen Ausbildung die Annäherung an ein Auto in Rollenspielen sorgfältig geübt wird. Dazu folgendes Beispiel:

1. Die Ausgangslage: Über Funk erhält ein Streifenteam, welches gerade in H. eine allgemeine Fahrzeugkontrolle durchführt, eine Fahndungsmitteilung. Gesucht wird ein Mann in einem dunkelgrünen Golf 3 Variant mit G.-Kennzeichen und der Nummernfolge 396. Ihm wird vorgeworfen, vor circa 25 Minuten in K. eine Tankstelle überfallen zu haben. Des Weiteren wird den Beamten mitgeteilt, dass der Täter eine Schusswaffe bei sich trägt, von der er in der Tankstelle bereits Gebrauch gemacht hat.
Plötzlich biegt ein auf die Beschreibung passender Wagen in die Straße ein.
2. Die Vorgehensweise:
Der vermeintliche Täter soll nun kontrolliert aus dem Auto heraus angesprochen werden. Ziel dabei ist es, den Bewegungsraum des Täters so einzuschränken, dass ihm keine Möglichkeit gegeben wird, nach einer Waffe greifen zu können.
Hierzu werden zwei Beamte eingesetzt, wobei der Beamte A sich der Fahrertür nähert und sie weit aufreißt, während der Beamte B an der Beifahrertür seinen Kollegen sichert. Wichtig hierbei ist, dass der Beamte B den kompletten Innenraum des Autos im Blick hat, den er nach möglichen Waffen absucht und gleichzeitig jede Bewegung des Täters, wie zum Beispiel einen Griff zur Waffe, wahrnimmt. Diese Tatsache sollte dem Täter aufgezeigt werden, um ihm zu verdeutlichen, dass die Beamten die Situation sowie all seine Handlungen kontrollieren und nicht kooperatives Verhalten notfalls unter Verwendung einer Schusswaffe unterbinden werden.

Der Beamte A spricht also den Täter an, fordert ihn auf, den Motor abzustellen und beide Hände mit den Handflächen nach oben auf das Lenkrad zu legen. So versichert sich der Beamte A darüber, dass der Täter keine Waffe in der Hand hält, und kann von nun all seine Bewegungen genau kontrollieren, solange er die Hände des Täters sieht und genau verfolgt.

Nun fordert der Beamte A Augenkontakt vom Täter, während er seine Maßnahme ankündigt. Er teilt dem Täter mit, dass die Beamten ihn nun sicher aus dem Auto holen möchten und er allen Anweisungen der Beamten folgen soll. Bei unkooperativem Verhalten werden sie notfalls auch von ihrer Schusswaffe Gebrauch machen. Wichtig ist nun auch die Aufforderung vom Beamten A an den Täter, er solle zum Beamten B hinüberschauen, der Kollege kontrolliere den Innenraum und hat damit jede Bewegung des Täters im Blick.

Dem Täter wird von Beginn an verdeutlicht, dass die Beamten die Situation unter Kontrolle haben und dass sich unkooperatives Verhalten nicht lohnt, da andernfalls die Beamten weitere Maßnahmen einleiten werden. Die Wahrscheinlichkeit, dass der Täter seine Schusswaffe einsetzen wird, wird minimiert, da die Chancen, aus dieser Situation zu entfliehen, verschwindend gering sind.

Der Augenkontakt mit den Beamten lenkt die Aufmerksamkeit des Täters auf die Aufforderungen und verhindert gerade bei einem hohen Ausmaß an Stress unkontrollierbare Situationen. Die kognitiven Fähigkeiten des Täters sind durch das hohe Maß an Stress und die durch den Blickkontakt erzwungene Konzentration auf die Maßnahme derartig ausgelastet, dass sein Spielraum für Eigeninitiativen sehr eingeschränkt wird.

3. Die sprachliche Seite der Kontrolle:
Eine begonnene Maßnahme muss in jedem Fall abgeschlossen werden. Dabei ist es wichtig, dass sich der Beamte weder auf Sachfragen noch auf Diskussionen einlässt. Auch die Belehrung oder eventuelle Begründung zur Durchführung der Maßnahme erfolgen erst, sobald der Verdächtige „sicher" ist, das heißt, sobald er Handfesseln trägt und durchsucht wurde, eine eventuelle Waffe sichergestellt wurde und keine Handlungsfähigkeit des Täters mehr besteht.
Es ist wichtig, dem Täter noch vor oder während der Maßnahme genau zu erklären, was von ihm verlangt wird (z.B.: „Legen Sie bitte Ihre Hände mit den Handflächen nach oben auf das Lenkrad."). Nur durch eindeutige Aufforderungen können derartige Situationen sicher und kontrolliert verlaufen. Zeigt der Täter unkooperatives Verhalten und befolgt die Anweisungen nicht, beginnt die Maßnahme von vorn, bis der Täter die gewünschten Handlungen ausführt.

Kapitel 11

Die sprachlichen Anweisungen bei der Kontrolle könnten so ablaufen:

1) „Legen Sie bitte Ihre Hände mit den Handflächen nach oben auf das Lenkrad!"
2) „Schauen Sie mir bitte in die Augen."
3) „Wir möchten Sie nun sicher aus Ihrem Auto holen. Folgen Sie deshalb zu Ihrer und unserer Sicherheit unseren Aufforderungen und führen Sie diese langsam aus."
4) „Schauen Sie nun zur Beifahrertür. Da steht mein Kollege. Er hat eine Schusswaffe in der Hand und den Innenraum Ihres Wagens sowie Ihre Hände im Blick. Sollten Sie unseren Aufforderungen nicht Folge leisten oder zu irgendwelchen Gegenständen greifen, wird mein Kollege dies mitbekommen. Wir werden dann nicht zögern, auch von unserer Schusswaffe Gebrauch zu machen."
5) „Machen sie jetzt mit ihrer linken Hand eine Faust und strecken Sie den Zeigefinger aus. Führen Sie ihn nun zum Abschnallschloss, um den Gurt zu lösen."
6) „Jetzt strecken Sie bitte Ihre Hände aus der Fahrertür heraus und führen Sie sie langsam auf den Straßenboden!"
7) „Legen Sie sich jetzt mit dem gesamten Oberkörper auf den Boden und robben Sie langsam vom Fahrzeug weg!"
An dieser Stelle ein wichtiger Hinweis: Hier besteht die Gefahr, dass ein Polizist glaubt, dass er jetzt die Lage sicher im Griff hat. Doch auch hier gilt die alte Regel für Gefahrensituationen: Erwarte das Unerwartete! Sei vorbereitet! (Expect the unexpected! Be prepared!). Ich habe es nämlich selbst erlebt, dass ein noch im Sicherheitsgurt befindlicher Täter plötzlich – auch für mich unerwartet – die Polizistin ansprang, die aber blitzschnell mit einem Tritt in den Unterleib des Täters reagierte. Leicht hätte sich hier eine gefährliche Situation entwickeln können: Die Polizistin hätte in die Unterlage geraten und der Täter sie z.B. würgen können. Es zeigt sich deshalb, dass es auch für Polizisten notwendig ist, Grundzüge des Judo-Bodenkampfes zu beherrschen.
8) „Streifen Sie nun den Gurt von Ihrer Schulter und nehmen Sie die Arme zur Seite, Handflächen nach oben!"
9) „Wir werden Ihnen nun Handschließen anlegen."
Sollte sich eine Waffe sichtbar im Innenraum des Wagens oder in der Fahrertür befinden, so wird dem Täter folgender Hinweis gegeben:
10) „Ich sehe die Waffe auf dem Sitz liegen/in der Fahrertür stecken! Ein Griff in die Nähe der Waffe, und mein Kollege und ich werden sofort von unserer Schusswaffe Gebrauch machen!"

Kapitel 12
Die Einschätzung von Drohungen

1. Das Machtspiel

Um mögliche Gefahren zu erkennen, benötigt man einen Gefahrenradar, sonst erkennt man mögliche Gefahren nicht rechtzeitig. Es gibt aber auch noch das genau entgegengesetzte Problem: Jemand versucht durch verschiedene Taktiken den anderen einzuschüchtern oder in Angst zu versetzen, um ihn leichter zu beherrschen oder – ohne große Anstrengungen – zu einem bestimmten Verhalten zu veranlassen.

Kernspecht (2000) schildert dazu mehrere Ereignisse aus der Geschichte, z.B.: „Dschingis Khan pflegte seinem Mongolenheer eine 5. Kolonne vorauszuschicken, die in den zu erobernden Städten Gerüchte verbreitete, wie grausam die Mongolen solche bestrafen, die es wagen, sich zur Wehr zu setzen. Oft öffneten sich ihnen danach kampflos die Stadttore" (Kernspecht, 2000, S. 249).

Auch im Alltag begegnet man gelegentlich Einschüchterungsversuchen und Drohungen. Bedrohungen können anonym erfolgen, etwa bei Bombendrohungen oder direkt in einer zwischenmenschlichen Begegnung.

Wenn z.B. jemand sagt „Ich bring dich um!", wird damit eine aggressive Absicht ausgedrückt. Wie wahrscheinlich ist es aber, dass diese auch in die Tat umgesetzt wird? Erfahrungsgemäß sind derartige Äußerungen lediglich Ausdruck von Zorn. Gefährlich werden sie aber, wenn sich gedanklich Pläne entwickeln, *wie* man den anderen schädigen kann.

Ein weiteres, leider immer häufiger werdendes Problem: Wie ernst muss man eine Bombendrohung nehmen?

Da erfahrungsgemäß sprachliche Drohungen große Angst und Verunsicherung auslösen, ist es notwendig, die psychologischen Prozesse zu betrachten, die mit Drohungen verbunden sind. Zunächst ist die psychologische Erkenntnis wichtig: Drohungen sind **Machtspiele**. Drohungen verleihen dem, der sie ausspricht, Macht, nämlich durch die Angst, die beim Opfer ausgelöst wird.

Aber selbst wenn man einen potenziellen Angreifer nicht kennt oder wahrnimmt, kann man durch sachgerechtes Handeln und nichtsprachliche Signale der Selbstsicherheit sein Gefahrenpotenzial verringern. Dies zeigen z.B. verschiedene Fälle, in denen ein Gewaltbereiter seine Tötungsabsicht *nicht* umsetzte. Dagegen wird im „Spiel des Lebens" jemand dann leicht zum Opfer, wenn er seine Verletzbarkeit zeigt.

Dies gilt auch für viele Drohungen. Denn Drohungen werden selten von einer Position der Macht ausgesprochen. Die einzige Macht, über die der Drohende verfügt, beruht auf der Verunsicherung und Angst, die er bei seinem Opfer auslöst. Deshalb bestimmt die *Reaktion des Opfers*, wie mächtig und wirkungsvoll die Drohung ist. Bleibt der Adressat ungerührt, bleiben die Drohungen leere Worte. Wird der Adressat blass, beginnt er zu zittern oder bittet er um Vergebung, hat der Drohende maximale Macht. Deshalb ist selbst dort, wo Drohungen ernst zu nehmen sind, Folgendes grundsätzlich **wichtig: niemals Angst zu zeigen und niemals dem Drohenden zu signalisieren, dass man seinen Worten große Bedeutung einräumt.**

Bei einem anonymen Bedroher könnte man, um nutzloses Grübeln zu vermindern und um seinen Seelenfrieden zu finden, die Identität leichter ermitteln, wenn man fragt, wer von der Drohung profitieren könnte. Deshalb ist auch die vorschnelle Urteilsbildung der größte Feind der Wahrnehmung, wenn bestimmte Verdächtige von vornherein ausgeschlossen werden oder man sich auf einen bestimmten Verdächtigen festlegt. Das liegt z.B. daran, dass viele gefährliche Personen gut durch Charme usw. ein vertrauensvolles Bild ausstrahlen können (s. z.B. Hare, 1999).

2. Die „Waffen" im Machtspiel

Es ist aus praktischen Gründen wichtig, zwischen verschiedenen Formen von bedrohlichen Mitteilungen zu unterscheiden, weil sie unterschiedliche psychologische Grundlagen haben und unterschiedliche Konsequenzen nach sich ziehen.

Der Bedroher hat verschiedene „Waffen", die er einsetzen kann, um einen anderen Menschen zu beeinflussen.

Einschüchterungen:
Äußerungen wie: *Wenn nicht, falls, aber, oder, bis* . . . zeigen Bedingungen auf, um das negative Ereignis abzuwenden.

Drohungen:
zeigen keine Alternative oder keinen Ausweg auf.

Die Einschätzung von Drohungen

Bedrohliches Verhalten:
Jemand versucht, einen anderen einzuschüchtern, ohne dass er direkt eine Drohung ausspricht. Handlungen wie z.b. uneingeladen auftauchen, Gegenstände als Warnung verschicken, Sachbeschädigung, sich drohend vor jemanden hinstellen, sollen Verwirrung, Furcht und Angst auslösen.

Versteckte Bedrohung:
Manchmal werden Handlungen gezeigt, die auf den ersten Blick nicht bedrohlich erscheinen mögen, aber dem Opfer eine mögliche Gewalt anzeigen. Dazu zwei Beispiele.

> Jemand lehnt stundenlang am Zaun und betrachtet das Haus, wie es z.B. typisch für Stalking ist. Eine Frau erhält den Anruf ihres Ehemannes, der nur sagt: „Hallo Liebling, ich bin's." Dieser scheinbar harmlose und alltägliche Satz wirkt deshalb als Bedrohung, weil sie sich von ihm getrennt hatte, weggezogen war und dachte, dass sie in der fremden Stadt anonym leben konnte. Die Tatsache, dass es ihm gelungen war, ihre Adresse ausfindig zu machen, zeigt, a) welches Interesse er an ihr noch hat und b) welche Anstrengungen er dazu unternommen hat. Man kann also davon ausgehen, dass er sie in Zukunft nicht mehr in Ruhe lassen wird.

Wie wichtig derartige Unterscheidungen von Drohungen sind, zeigt De Becker (1999) am Unterschied zwischen *Einschüchterungen* und *Drohungen*.

Einschüchterungen sind Aussagen zu Bedingungen, die erfüllt werden müssen, um Leid abzuwenden:
„*Wenn* du dich nicht entschuldigst, bringe ich dich um." (Der Sprecher verlangt eine Entschuldigung.)
„*Wenn* Sie mich jetzt feuern, wird Ihnen das noch leid tun." (Der Sprecher will seinen Job behalten.)

Dies sind offensichtlich Manipulationsversuche, bei denen

a) das Motiv gleich mitgeliefert wird und
b) der Ausgang angekündigt wird, den der Sprecher herbeiführen möchte.

Der Sprecher setzt Einschüchterungen als Manipulationsversuch ein, damit man auf seine Bedingungen eingeht – er will den Schaden eben *nicht* zufügen.

Dagegen ist eine **Drohung** eine erklärte Absicht, Leid zuzufügen. Sie bietet keine Konditionen, keine Alternativen, keine Auswege. Sie enthält niemals die Wörter *falls, aber, bis, wenn nicht*. Sätze, die diese Wörter enthalten, sind keine Drohungen, sondern **Einschüchterungen**. Bei Drohungen werden keinerlei Bedingungen angeboten, meistens weil der Sprecher keine Alternative mehr sieht. Deshalb ist bei Drohungen die Wahrscheinlichkeit von Gewalt

a) größer als bei Einschüchterungen,
b) besonders dann groß, wenn die Drohung am Ende der Auseinandersetzung auftritt. Zu Beginn des Gesprächs sind sie eher spontane Gefühlsäußerungen, während später auftretende Drohungen Ausdruck eines Entschlusses zur Gewaltanwendung sind.

Sowohl Versprechen als auch Drohungen dienen dazu, jemanden von der Absicht des Sprechers zu überzeugen. Drohungen signalisieren aber oft Verzweiflung und nicht unbedingt eine Absicht. Sie zeigen, dass der Sprecher darin versagt hat, das Geschehen auf andere Weise zu beeinflussen, weshalb sie gefährlicher als Einschüchterungen sind.

Aus der Praxis ergeben sich verschiedene Erkenntnisse:

1. Drohungen sind gefährlicher als Einschüchterungen, weil der Sprecher keine Alternative mehr sieht.
2. Der Detaillierungsgrad der Drohung bestimmt die Gefährlichkeit. Allgemein gehaltene, wütende Drohungen signalisieren Frustration, Hilflosigkeit, Verzweiflung o. Ä., aber keine Absicht. Erst wenn eine Person Zorn empfindet und in einem detaillierten Plan ausdrückt, dass sie keine friedliche Alternative mehr sieht, wächst die Gefahr einer Gewaltäußerung.
3. Je nach Position der Drohungen in der Kommunikation ist die Gefährlichkeit unterschiedlich: Am *Anfang* der Äußerung ist eine Drohung eher eine Gefühlsäußerung, ein Ausdruck des empfundenen Zorns. Am *Ende* einer Äußerung kann eine Drohung eher als Entschluss zur Gewaltanwendung angesehen werden.
4. Drohungen gegen eine Person, die einem Fremden erzählt werden, sind besonders ernst zu nehmen. In einer direkten zwischenmenschlichen Begegnung kann die Drohung als Bluff eingesetzt werden. Im Gegensatz dazu entfällt diese mögliche Bluffwirkung, wenn man einem Fremden seine Absicht erklärt.

3. Die Abschätzung des Risikos

Das Risiko, das von Drohungen ausgeht, bedarf einer differenzierten individuellen Analyse (Füllgrabe, 2003a), denn:

- Drohungen haben einen unterschiedlichen Wahrscheinlichkeitsgrad, dass sie auch umgesetzt werden.
- Verschiedene Personen haben ein unterschiedlich hohes Gefährdungsrisiko.
- Das Gefährdungspotenzial von Bedrohern ist unterschiedlich hoch.

Deshalb benötigt man zur Risikoabschätzung drei Komponenten:
1. Analyse der Drohung hinsichtlich ihrer Wahrscheinlichkeit, dass sie in Gewalt umgesetzt wird.
2. Informationen über den Bedroher.
3. Abschätzung des Risikos für die Zielperson.

Die Analyse der Gefährlichkeit von Drohungen:

3.1 Der Realitätstest von Drohung und Bedroher

Wie real ist die Drohung? Handelt es sich vielleicht nur um die Wahnideen eines psychisch Gestörten? Kann er überhaupt an solche Materialien, z.B. einen solchen Sprengstoff kommen, wie von ihm in der Drohung behauptet?

Ein spezifisches Problem ergibt sich auch aus der Frage: Gehört er tatsächlich der von ihm behaupteten Nation und Kultur an? Dazu kann erfolgreich eine **kulturelle Analyse** der Drohung durchgeführt werden. Dieses beinhaltet u.a.:

- die Analyse von Sprachstil und Grammatik.
- Macht der Bedroher die typischen Fehler eines Ausländers? Es zeigt sich nämlich, dass Menschen, die eine Sprache nicht als Muttersprache gelernt haben, bestimmte Fehler machen.
- Benutzt er die Bilder und Metapher der angegebenen Kultur sachgemäß?

3.2 Die Entschlossenheit der Drohung

Welche Entschlossenheit, die Drohung umzusetzen, ist aus den Worten erkennbar?
1. Dies ist schon aus der **Wortwahl** ersichtlich.
Sagt er „*ICH werde ... tun.*" (= aktive Verbform, eindeutig), zeigt dies eine größere Entschlossenheit, als wenn er sagt: „Es *könnte* etwas passieren (= Passivform, vage).
2. Hat er Zeit, Ressourcen, Anstrengungen in seinen Plan gesteckt?
3. Beschreibt er z.B. Sicherheitsmaßnahmen richtig, hat er also den Bedrohten, seine Umwelt usw. genau ausgekundschaftet?

3.3 Die Fähigkeit, die Bedrohung auszuführen

Werden genaue und zutreffende Details über

- seinen Plan,
- seine Waffen, Materialien usw.

genannt?

3.4 Wird ein Motiv genannt?

Wird ein spezifisches Ziel/eine spezifische Gruppe genannt, die (aus Sicht des Bedrohers) eine Drohung rechtfertigt? Oder ist die Drohung allgemein gehalten und motivlos?

Die allermeisten Bombendrohungen in Schulen sind erfahrungsgemäß falscher Alarm.

Motive der Bedroher können dabei z.b. sein:

- Thrill und Machtgefühl durch die Angst der Menschen, Evakuierung usw.,
- eine Klassenarbeit fällt aus,
- an einem Sommertag kann man baden gehen.

3.5 Die Bestimmung der Risikostufen

Geringes Bedrohungsniveau:
Eine Drohung, die ein minimales Risiko für das Opfer und die öffentliche Sicherheit darstellt.

- Die Drohung ist vage und indirekt.
- Der Inhalt in der Drohung ist widersprüchlich, unglaubwürdig oder es fehlen Details.
- Der Drohung fehlt Realismus.
- Der Inhalt der Drohung deutet darauf hin, dass es unwahrscheinlich ist, dass die Person die Drohung ausführt.

Mittleres Bedrohungsniveau:
Eine Drohung, die ausgeführt werden könnte, obwohl es nicht vollkommen realistisch erscheint.

- Die Drohung ist direkter und konkreter als bei Stufe 1.
- Die Worte in der Drohung deuten darauf hin, dass der Drohende einige Gedanken darauf verwendet hat, *wie* die Handlung ausgeführt werden könnte.
- Es kann einen allgemeinen Hinweis auf einen möglichen Platz und Zeitpunkt geben (obwohl diese Hinweise von einem detaillierten Plan weit entfernt sind).
- Es gibt keine starken Hinweise dafür, dass der Sprecher vorbereitende Schritte unternommen hat, obwohl es einen versteckten Bezug oder mehrdeutige und unbestimmte Hinweise darauf gibt, die auf diese Möglichkeit hindeuten – eine Anspielung auf ein Buch oder einen Film, der das Planen einer Gewalttat zeigt, oder eine vage, allgemein gehaltene Aussage über die Verfügbarkeit von Waffen.

- Es kann eine spezifische Aussage geben, die den Eindruck zu vermitteln versucht, dass es sich um keine leere Drohung handelt: „Ich meine es ernst." oder „Ich meine das so."

Hohes Bedrohungsniveau:
Eine Drohung, die eine unmittelbare und ernsthafte Gefahr für die Sicherheit anderer darzustellen scheint.

- Die Drohung ist direkt, spezifisch und plausibel.
- Die Drohung weist darauf hin, dass konkrete Schritte unternommen wurden, um sie auszuführen, z.B. Aussagen, die anzeigen, dass der Sprecher eine Waffe erworben hat oder damit geübt hat oder das Opfer unter Beobachtung gehabt hat. Beispiel: „Ich beabsichtige, morgen früh um 8 Uhr den Schuldirektor zu erschießen: Das ist dann, wenn er selbst in seinem Büro ist. Ich habe eine 9-mm-Pistole. Glaubt mir, ich weiß, was ich tue. Es macht mich krank und müde, wie er diese Schule leitet."

Diese Bedrohung ist direkt, spezifisch bezüglich Opfer, Motivation, Waffe, Ort, Zeit und zeigt an, dass der Drohende den Zeitplan des Opfers kennt und Vorbereitungen getroffen hat, die Drohung auszuführen. Die Wörter *krank* und *müde* deuten auch auf einen negativen Gefühlszustand hin, was nicht nur Selbstaggression, sondern auch Fremdaggression fördern kann (Füllgrabe, 1997, 2010). Es mag auf den ersten Blick auch nur eine rein philosophische Betrachtung sein, wenn jemand, der sich gekränkt fühlt, an den Urheber seines vermeintlichen „Unrechts" einen Brief schreibt, in dem seitenlang über griechische Mythologie „philosophiert" wird. Gerade das Fehlen einer direkten Betroffenheit oder Drohung und der scheinbar fehlende Bezug des Themas zum Schreiber wirken auf den Leser des Briefes bedrohlich, selbst wenn nicht z.B. darauf hingewiesen würde, dass Zeus seinen Vater Chronos entmachtete usw.

▸ **Beispiel für ein niedriges Bedrohungsniveau**

Der Schüler Max Müller schickt einem anderen Schüler eine E-Mail-Botschaft mit dem Inhalt „Du bist ein toter Mann".

Schritt 1:
Aus folgenden Gründen wird das Bedrohungsrisiko durch diese E-Mail als gering eingeschätzt:
1. Die Drohung ist vage und indirekt: „Du bist ein toter Mann."
2. Der Drohung fehlen Details. Es gibt keine spezifische Information darüber, *wie* die Drohung ausgeführt werden soll, über das Motiv oder die Absicht, die Zeit und den Ort, wo die Drohung ausgeführt werden soll.
3. Die Mittel, mit denen die Tat ausgeführt werden soll, sind unbekannt.

Schritt 2:
Sammlung weitergehender Informationen
1. Da die Identität des Drohenden bekannt ist, können Hintergrundinformationen von seiner Familie und Mitschülern eingeholt werden. Sie schildern ihn als etwas unreif und als jemanden, der leicht aufbraust, aber erwähnen keine ernsthaften Probleme oder Verhaltensänderungen.
2. Interviews mit dem Schüler und seinen Eltern zeigen, dass er keinen Zugang zu Waffen hat. Es gibt keine weiteren Informationen, dass er irgendwelche Vorbereitungen getroffen hat oder ernsthaft beabsichtigt hat, die Drohung auszuführen.
3. Die Zielperson der Drohung wird interviewt. Ihre Aussage lässt auch den Schluss zu, dass es unwahrscheinlich ist, dass die Drohung ausgeführt wird: „Wir hatten vorher einen Streit; er spielt verrückt und sagt dumme Sachen, aber er beruhigt sich auch wieder."

Schritt 3:
Bewertung und Reaktion

Die allgemeine Einschätzung ist, dass das Bedrohungsrisiko *gering* ist. Die Schulbehörde wird die Sache nach ihren Richtlinien behandeln.

▶ **Beispiel für ein mittleres Bedrohungsniveau**

Hans Müller, ein Schüler der 9. Klasse, macht ein Video für seine Klasse. Das Video zeigt, wie ein Schüler als Schauspieler auf dem Schulhof auf einen anderen Schüler schießt, mit einem Gewehr, das echt zu sein scheint: Auf dem Video schreien die Schüler andere Schüler an, lachen, machen böse Bemerkungen, während sie ihre Waffen auf andere Schüler richten. Müllers Lehrer erhält das Video und ist besorgt.

Schritt 1:
Auf der Grundlage folgender Überlegungen wird eingeschätzt, dass das Video ein mittleres Bedrohungsrisiko darstellt, solange nicht weitere Informationen vorliegen:
1. Die Bedrohung ist spezifisch. Müller und die anderen Schüler stellen sich als Schützen dar, richten Waffen auf andere Schüler, die Opfer darstellen sollen. Dennoch ist unbekannt, ob Müller und seine Freunde tatsächlich beabsichtigen, die Drohung auszuführen und die Waffen in dem Video wirklich echt sind. Einige der Bemerkungen auf dem Video sind ausgesprochen bedrohlich, aber alle Schüler lachen, und es ist deshalb unklar, ob sie ernst machen oder nur scherzen.
2. Die Gewehre in dem Video können echt sein oder auch nicht.

3. Das „Drehbuch", das für das Video benutzt wurde, deutet darauf hin, dass die Drohenden einige Überlegungen dafür verwendet haben, wie eine Drohung bezüglich Ort und Zeit ausgeführt werden wird.
4. Es ist unklar, ob das Video mit allen seinen Details, das ernsthafte Vorspiel zu einer realen Bedrohung darstellt oder nur ein Scherz ist.

Schritt 2:
Sammlung weitergehender Informationen
1. Das Entscheidungsteam sammelt zusätzliche Hintergrundinformationen von jedem Schüler, der auf dem Video erscheint. Informationen werden vom Personal der Schule gesammelt, das die Schüler und ihre Familien vor dem Vorfall kannte.
2. Schüler und Eltern werden interviewt, und es wird festgestellt, dass die Gewehre auf dem Video Spielzeuge darstellen und die Schüler keinen Zugang zu richtigen Waffen haben. Keine weiteren Informationen werden ermittelt, die das Gefährdungsniveau auf eine höhere Stufe bringen würden.

Schritt 3:
Bewertung und Reaktion

Auf der Grundlage der Bewertung des Videos und der Beurteilung der Schüler der 9. Klasse, die den Film herstellten, wird dies als niedriger Bedrohungsgrad eingeschätzt. Obwohl die Polizei den Fall untersuchte, werden die folgenden Maßnahmen der Schulbehörde überlassen.

▶ **Beispiel für ein hohes Bedrohungsniveau**

⌈ Ein Schuldirektor erhält um 07.30 einen anonymen Anruf: „Eine Rohrbombe ist so eingestellt, dass sie heute um 12.00 in der Turnhalle explodieren wird. Ich habe die Bombe in den Spind eines älteren Schülers eingeschlossen. Keine Angst, es ist nicht mein Spind. Ich habe sie genau dort platziert, damit ich sie von dort aus sehen kann, wo ich sitze – und ich werde wissen, wenn jemand danach suchen sollte."

Schritt 1:
Einschätzung des Bedrohungsniveaus: Aus folgenden Gründen stellt diese anonyme Bedrohung ein hohes Bedrohungsrisiko dar:
1. Die Drohung ist direkt und spezifisch. Der Anrufer identifiziert sowohl eine bestimmte Waffe, die er benutzen will, als auch einen Ort und einen Zeitpunkt für die Ausführung der Drohung.
2. Der Inhalt der Drohung deutet darauf hin, dass der Anrufer konkrete Schritte unternommen hat, um die Drohung auszuführen, z.B. dass er den Umkleideraum unter Kontrolle hat, um festzustellen, ob ihn jemand durchsucht.

3. Die Identität des Anrufers ist unbekannt. Seine Möglichkeiten, sein Wissen und seine Hilfsmittel, um eine Rohrbombe zu konstruieren, sind unbekannt.

Schritt 2:
Weil der Bedroher unbekannt ist, können keine weitergehenden Informationen besorgt werden.

Schritt 4:
Bewertung und Maßnahmen

Wegen der spezifischen Details und der plausiblen Art wird folgende Bewertung abgegeben: Dies ist eine Bedrohung mit hohem Risiko, die eine ernsthafte Gefahr für Schüler und Schulpersonal darstellt und den sofortigen Einsatz der Polizei verlangt. Wenn der Bedroher später überführt würde, wird er wegen eines kriminellen Delikts angeklagt und verurteilt werden.

4. Wann ist ein Bedroher gefährlich?

Zunächst muss ein weit verbreitetes Missverständnis geklärt werden: Keineswegs löst jede Frustration Gewalt aus. Es müssen noch weitere Faktoren hinzukommen, damit jemand nach einer Frustration aggressiv reagiert (Füllgrabe, 2002a).

Ob jemand, der Drohungen äußert, tatsächlich gefährlich werden könnte, kann man mit einer gewissen Sicherheit aus seiner Persönlichkeit und seinem früheren Verhalten schließen. Man kann sich dabei zumeist nach dem Prinzip richten: Früheres Verhalten ist der beste Prädiktor (Vorhersagewert) für zukünftiges Verhalten (s. z.B. Füllgrabe, 1997; Jacobson & Gottman, 1998). Mit dem Auftreten von Gewalt ist besonders dann zu rechnen, wenn der Betreffende in der Vergangenheit folgende Gedanken, Einstellungen, Verhaltensweisen u.Ä. gezeigt hat:

Negative Gefühle
- Er hat starke negative Gefühle. Er ist mürrisch, verärgert, depressiv u.Ä.
- Er empfindet Hoffnungslosigkeit, sieht also keine konstruktiven Alternativen. Deshalb: Gewalt *und* Suizidgefährdung!

Negative Gefühle können – besonders bei Vorliegen von gewalttätigen Gedanken und Fantasien – Vorbedingungen von Gewalt sein (Füllgrabe, 1997). Durch Gewalt wird der negative Gefühlszustand in einen positiven umgewandelt (s. Caligula-Effekt, Füllgrabe, 2002b).

Narzisstische Persönlichkeit
- Er hat unrealistische Erwartungen; er will ständig hochgeschätzt werden (Narzissmus).
- Negative Ereignisse werden als ICH-Bedrohung angesehen.
- Er reagiert empfindlich auf Kritik.
- Er weist anderen die Schuld zu. Er ist also nicht problemorientiert.
- Von ihm kommen ständig unrealistische Beschwerden.
- Er ist paranoid. Er meint: Man verschwört sich gegen ihn.
- Er ist unflexibel, hat ein zu geringes Verhaltensrepertoire, was wirkungsvolle Problemlösungen verhindert.

Die extreme ICH-Orientierung verhindert eine sachliche Problemlösung und fördert eine Opfermentalität bei dem Betreffenden. Dadurch fühlt er sich gerechtfertigt, Gewalt auszuüben, und sieht kaum eine Alternative zur Gewalt.

Aggressive Gedanken
- Er äußert aggressive Einstellungen.
- Er hat das Selbstbild eines *Kriegers*, er befindet sich auf einem „Kreuzzug".
- Er identifiziert sich mit gewalttätigen Personen.
- In den Medien kommen Berichte über Gewalt am Arbeitsplatz usw. vor. Das erhöht die Gefahr einer Imitation, denn er baut aggressive Gedanken in seine kognitive Struktur ein!

Damit sind die gedanklichen Vorbedingungen für Gewalt gegeben. Er kann jetzt leicht zur aktiven Bedrohung übergehen.

Aggressive Verhaltensweisen
- Er hat bereits Drohungen usw. geäußert.
- Er will andere überwachen und kontrollieren (Stalking).
- Die Mitarbeiter haben Angst vor ihm.
- Er sucht immer noch (aufdringlich) Kontakt zu früheren Kollegen.
- Er war bereits (in letzter Zeit) polizeilich auffällig gewesen.
- Er hat bereits früher andere Personen verfolgt.
- Er hat bereits früher Aggressionen gegen sich oder andere Personen ausgeübt oder daran gedacht. Man beachte: Selbstaggression und Fremdaggression treten häufig zusammen auf (Füllgrabe, 1997, 2002a).

Gewalt ist also bereits im Gedankenrepertoire der Person vorhanden.

Vorbereitung auf die Tat
- Er hat Interesse an der Zielperson geäußert.
- Er besitzt eine Waffensammlung oder spricht darüber.
- Er hat sich Waffen besorgt und damit geübt.

Jetzt sind gewissermaßen die Kulissen für das Gewaltdrama aufgebaut.

5. Wann tritt Gewalt nach einer Drohung auf?

Damit eine ärgerbelastete Situation tatsächlich in Gewalt mündet, müssen bestimmte Voraussetzungen gegeben sein (Füllgrabe, 2000a). Vor allem ist die subjektive Einschätzung des potenziellen Täters entscheidend. Gewalt tritt vor allem dann auf, wenn bei ihm folgende Gedankengänge vorliegen (s. de Becker, 1999):

Rechtfertigung: Er findet eine Rechtfertigung für seine Gewalt.

Alternativen: Er sieht keine Alternative zur Gewalt.

Erwartete Konsequenzen: Er meint, dass er mit seiner Gewalt Erfolg haben wird.

Fähigkeiten: Er glaubt die Fähigkeiten, Möglichkeiten, Mittel usw. zu haben, um die Gewalt auszuführen.

Die psychologischen Vorbedingungen für Amok sind ein typisches Beispiel für eine derartige Denkstruktur. Auf der Grundlage einer narzisstischen Persönlichkeit deutet eine Person sehr viele Dinge negativ. Ihr Weltbild ist:

Ich werde unfair behandelt. + Ich habe das Recht, die Gerechtigkeit wiederherzustellen. + Ich habe ja eine Waffe zur Verfügung, um dies zu tun (Füllgrabe, 2002a).

Man kann davon ausgehen, dass es zumeist nicht ein Faktor, sondern eine *Kombination* von Faktoren ist, die zur Gewalt, hier Amok, führen. Die psychologischen Elemente haben gewissermaßen allmählich die Kulisse aufgebaut, vor der dann irgendwann die Tat ablaufen wird. Es bedarf dann nur noch eines zündenden Ereignisses, um die Tat in Gang zu setzen. Dies kann ein tatsächliches oder nur so empfundenes negatives Ereignis sein: der plötzliche Verlust des Arbeitsplatzes, Schulprobleme, Liebeskummer oder eine andere Kränkung des ICH oder vielleicht einfach der Gedanke, dass es Spaß machen würde, auf Menschen zu schießen und sie zu töten (Füllgrabe, 2002b).

Diese ICH-Kränkung kann verschiedene negative Gefühle auslösen: starke Frustration, Depression, Gedanken an Selbstmord und das Gefühl der Machtlosigkeit.

Viele Menschen können derartige Gedanken konstruktiv verarbeiten, während Menschen mit narzisstischer Persönlichkeitsstruktur schon bei leichten Frustrationen mit Gewalt reagieren. Psychologisch wichtig ist folgende Erkenntnis: Durch unberechenbare, unvorhersagbare Gewalt kann man andere Menschen am besten einschüchtern und schockieren. Man hat – wie beispielsweise der römische Kaiser Caligula – grenzenlose Macht, das berauschende Gefühl der grenzenlosen Macht über andere Menschen (= *Caligula-Effekt*, Füllgrabe, 2002b).

6. Die Gefährdung durch den eigenen Partner

Amok ist ein extremes, aber relativ seltenes Gewaltdelikt. Viel häufiger sind Gewalttaten in Partnerschaften. Hier gibt es genaue Erkenntnisse darüber, wann jemand gefährdet ist, von seinem Intimpartner getötet zu werden (Campbell et al., 2003).

Die Kenntnis dieser Faktoren ist wichtig, weil die Hälfte dieser Ehefrauen nicht das hohe Risikoniveau erkannt hatte, das mit diesen Risikofaktoren verbunden ist.

Im Vergleich mit Frauen, die nur psychisch missbraucht worden waren, war das Risiko für Frauen, getötet zu werden:

20,2-mal höher, wenn der Partner sie mit einer Schusswaffe bedroht oder angegriffen hatte
14,9-mal, wenn er gedroht hatte, sie zu töten
9,9-mal höher, wenn er versucht hatte, sie zu würgen
9,2-mal, wenn der Mann gewalttätig und ständig eifersüchtig war
7,6-mal, wenn er Sex erzwungen hatte
6,1-mal, wenn eine Schusswaffe im Haus war
5,2-mal, wenn die körperliche Gewalt immer schwerer wurde
5,1-mal, wenn der Partner alle oder die meisten täglichen Aktivitäten der Frau kontrollierte
4,3-mal, wenn die körperliche Gewalt häufiger wurde
4,2-mal, wenn der Partner illegale Drogen benutzte
4,1-mal, wenn der Partner fast jeden Tag betrunken war
3,8-mal, wenn er die Frau schlug, während sie schwanger war.

Auch wenn in *dieser* Studie angedrohter oder versuchter Selbstmord weder für Männer noch für Frauen ein Prädiktor für die Tötung eines Intimpartners war, ist doch Suizidandrohung oder -versuch grundsätzlich ein Risikofaktor. Es wird nämlich häufig das Phänomen übersehen, dass ca. 1/3 aller Morde „Morde gefolgt von Selbstmord" (suicide followed by murder) darstellen (s. Füllgrabe, 1997).

Kapitel 13
Stalking und andere Machtspiele

1. Stalking

Stalking ist ein Delikt, bei dem es um das Belästigen und Auflauern zumeist von Personen geht, die man fanatisch verehrt oder die frühere Partner waren (Füllgrabe, 2001a, 2011; Hoffmann, 2006). Der englische Begriff *Stalking* bedeutet: sich anpirschen (bei einem Spiel) bzw. für eine Person: sich an einen Menschen anschleichen.

Psychologisch gesehen kann Stalking beinhalten:

- direkte oder versteckte **Drohungen**, das Eigentum einer Person wird vandalisiert, Reifen werden zerstochen oder ein Haustier getötet oder gedroht, es zu töten u.ä.
- **Belästigungen:** unerwünschte Briefe oder Gegenstände werden zugesandt usw.
- **Drohpotenzial** demonstrieren. Stalker bedrohen nicht immer ihre Opfer sprachlich oder durch Briefe: Häufiger zeigen sie ein Verhalten, das – wenn man es im Zusammenhang sieht – eine vernünftige Person veranlassen sollte, sich zu fürchten. Dazu könnte genügen, lange an einem Zaun zu stehen und auf das Haus zu starren.
- Verletzung der Privatsphäre

> Die 19-jährige Athena Rolando nahm kurz nach Mitternacht ein Taxi, ließ sich zum Haus des Hollywood-Filmstars Brad Pitt fahren, stieg dort über einen zweieinhalb Meter hohen Sicherheitszaun, kletterte durch ein offenes Fenster und verbrachte 10 Stunden damit, sein Haus zu erforschen. Sie wurde entdeckt, als sie in Brads Kleidern in seinem Bett schlief (Füllgrabe, 2001a).

- **Cyberstalking:** Dabei werden das Internet, E-Mail oder andere elektronische Kommunikationsmöglichkeiten benutzt, um andere Menschen zu belästigen, eines Verbrechens anzuklagen usw.

> Ein 50-jähriger Wachtmann terrorisierte sein 28-jähriges Opfer im Internet, indem er zusammen mit der Adresse und der Telefonnummer des Opfers Nachrichten hinterließ, dass sie sich in der Fantasie vorstellte, vergewaltigt zu werden. In min-

destens sechs Fällen, manchmal mitten in der Nacht, klopften Männer an die Tür und sagten, dass sie sie vergewaltigen wollten (Füllgrabe, 2001a).

Man sollte Stalking grundsätzlich spieltheoretisch sehen: Bei Stalking handelt es sich um ein Machtspiel, bei dem zwei Mitspieler mit unangemessenen Strategien in eine gefährliche Interaktion eintreten (Füllgrabe, 2001a).

„Stalker ... sind Leute, die nicht loslassen können. ... Männer, die nicht loslassen können, wählen Frauen, die nicht nein sagen können" (de Becker, 1999, S. 276). Wenn eine Frau, um – wie sie es deutet – einen Mann „nicht zu verletzen", ihm nicht gleich zu Beginn einer Begegnung freundlich, aber bestimmt mitteilt, dass sie keinen Kontakt mehr mit ihm wünscht, entwickelt sich „... ein Verbrechen aus Machtgelüsten, aus Kontrollsucht und Einschüchterungsverlangen, das der Bekanntschafts-Vergewaltigung sehr ähnelt." (de Becker, 1999, S. 270). Und der Stalker stellt die *Spielregel* in dieser Beziehung auf, dass die Frau nicht allein entscheiden darf, mit wem sie ihr Leben teilen möchte (de Becker, 1999, S. 270).

De Becker (1999, S. 278) vergleicht den Stalker mit einem Abhängigen „... und sein Objekt der Begierde ist seine Droge. ... Der einzige Weg, ihn von seiner Sucht zu entwöhnen, ist Abstinenz, ... – kein Kontakt von ihrer Seite, kein Kontakt von ihren Vertrauten und keine Kontakte über dritte Personen." Dies ist aus lernpsychologischen Gründen sinnvoll, denn jedes Eingehen auf den Verfolger – ihn zurückzurufen oder sich mit ihm treffen oder ihm einen kurzen Brief schreiben – wirken für ihn als Bekräftigung seines Verhaltens. *De Becker* (1999, S. 277) meint sogar, dass es wenig hilfreich ist, einen männlichen Freund oder ein männliches Familienmitglied zum Stalker zu schicken und ihm zu erklären, dass er aufhören solle. In den meisten Fällen sieht dies der Stalker als Beweis dafür an, dass das „Objekt seiner Begierde" sich nicht entscheiden kann, sonst hätte die Frau es ihm ja mitgeteilt.

Die Nichtreaktion muss konsequent sein. Man beachte auch: Als besonders erfolgreich im Umgang mit ständig Unkooperativen hat sich die Strategie „TIT FOR TAT mit Kündigungsmöglichkeit" erwiesen. Nach einigen unkooperativen Zügen wird die Interaktion mit dieser Person „gekündigt", also die Interaktion einfach abgebrochen. Dies ist notwendig, um eine unendliche Abfolge unkooperativer Spielzüge/Verhaltensweisen („Echowirkung") zu vermeiden.

Aus diesen Betrachtungen ergeben sich wichtige Konsequenzen für die Praxis (s.a. S. 71). Hoffmann (2006) weist z.B. auf kontraproduktive Ratschläge hin, dass Opfer Zuschriften ihres Stalkers postwendend an den

Verfolger zurücksenden sollen. Dies ist jedoch eine Maßnahme, die nicht selten gerade zu einer Intensivierung der obsessiven Kontaktversuche führt. Denn letztlich stellt dies eine konkrete Reaktion des Betroffenen auf den Stalker dar, was Letzteren meistens zu Anstrengungen anstachelt, weitere Rückmeldungen seitens des Opfers zu erhalten (s.a. Problem der „letzten Aussprache").

Es gibt auch die Möglichkeit, über den zivilrechtlichen Weg des Gewaltschutzgesetzes ein Näherungs- oder Kontaktverbot zu erwirken. Jacobson und Gottman (1998) zeigen am Beispiel von Vicky, dem Opfer einer „Kobra", auf, wie wichtig dies und deren konsequente Durchsetzung ist.

Hoffmann (2006) empfiehlt ein offensives Vorgehen der Polizei in Stalking-Fällen aus zwei Gründen:

1. Gerade im Umgang mit dem Stalker ist ein **frühes** und offensives Vorgehen seitens der Polizei einer der Schlüssel für eine rasche Beendigung der Belästigung und Verfolgung. Damit könnte die Fantasie des Stalkers, wobei es sich um eine private Angelegenheit zwischen zwei Personen, nämlich ihm und dem Opfer handelt, empfindlich gestört werden. Auch könnte es gerade für sozial einigermaßen angepasste Belästiger immer noch ein beeindruckendes und vielfach abschreckendes Erlebnis sein, als ein potenzieller Täter mit der Polizei konfrontiert zu werden.
2. Auch hinsichtlich der Opfer erscheint eine offensive Strategie sinnvoll. In der Öffentlichkeit bewusst mit der Nachricht aufzutreten, dass sich Betroffene an die Behörden wenden können, führt dazu, dass mehr Fälle in einem frühen Stadium der Polizei bekannt werden, was die Erfolgschancen einer Intervention erhöht.

Hoffmanns (2006) Vorschläge sind auch aus spieltheoretischer Sicht sinnvoll: Konsequentes Vorgehen der Polizei, Anti-Stalking-Gesetze u. Ä. teilen jemanden, der Machtspiele mit seinem Partner betreibt, unmissverständlich mit, dass nicht *er* die Spielregeln der Interaktion bestimmt. Dies ist die eindeutige Botschaft, die von der TIT FOR TAT-Strategie ausgeht. TFT zeigt aber nicht nur die Reaktionsbereitschaft auf Gewalt auf, sie ist auch eine freundliche Strategie. Deshalb muss die Interaktion mit dem Stalker offensiv, aber nicht aggressiv sein. Das Entstehen von defensiver Kommunikation muss vermieden werden. Das Gespräch könnte z.B. den Betreffenden von negativen Gedanken (über die zerbrochene Beziehung usw.) hin zu positiven Gedanken bewegen (über seine Fähigkeiten, Stärken, neue, positive Lebensziele usw.). Dies wäre alleine deshalb wichtig, weil ja Gewaltausübung gerade dann auftritt, wenn die Person keine Handlungsalternativen mehr sieht. Wenn Gespräche nichts nützen, könnten natürlich weiterführende Maßnahmen ergriffen werden.

2. Stalking gegen Polizeibeamte

Stalking ist also ein wichtiges Thema für die Polizei. Aber genauso wie beim Thema Eigensicherung ist es für eine erfolgreiche Praxis notwendig, dass man sich an den richtigen Theorien und Paradigmen ausrichtet. Folgende Erkenntnis von Hoffmann (2006) warnt nämlich vor der Meinung, man könne das Thema Stalking ohne vorherige Forschung und Beschulung in den Griff bekommen. In England bewirkte ein Einschalten der hinsichtlich Stalking gut ausgebildeten Polizei in 52 Prozent der Fälle ein Ende des Stalking, und in 10 Prozent führte es immerhin zu einer Minderung des problematischen Verhaltens. In 21 Prozent der Fälle führte der Einsatz zu einer Verschlimmerung des Geschehens. In Deutschland bewirkte eine polizeiliche Intervention nur in etwa 15 Prozent der Fälle eine Beendigung der obsessiven Verfolgung und Belästigung und in knapp 9 Prozent eine Abschwächung des Stalking. Der Anteil, bei dem das polizeiliche Einschreiten nicht zu einer Verbesserung, sondern zu einer **Verschlechterung der Lage** führte, lag hingegen bei 29 Prozent! Damit führte den Erfahrungen der Opfer zufolge ein Einschreiten der Polizei häufiger zu einem negativen als zu einem positiven Effekt (Hoffmann, 2006).

Einen Polizisten kann das Thema Stalking nicht nur hinsichtlich Verfolgung oder Vermeidung einer Straftat betreffen. Er muss sich darüber im Klaren sein, dass er selbst zum Opfer von Stalking werden könnte.

Stalking gegenüber Polizisten ist in den USA leider relativ häufig geworden. Es ist deshalb auch für uns wichtig, sich vorsorglich mit diesem Delikt zu beschäftigen.

Als ein amerikanischer Polizist mit seinem Streifenwagen nach Hause fuhr, sprang plötzlich ein Mann hinter einer Baumreihe hervor und schoss mehrmals auf den Polizisten, der schwer verwundet wurde, aber überlebte. Nachdem der Täter gefasst wurde, stellte sich heraus, dass eigentlich der Bruder des Angegriffenen, ebenfalls ein Polizist, das Opfer werden sollte. Er hatte acht Monate zuvor einen Autofahrer wegen einer Verkehrsübertretung angehalten und dabei ein Kilo Kokain unter dem Fahrersitz gefunden. Dieser Autofahrer beauftragte 9 Kriminelle, den Polizisten zu finden und zu töten. Einer davon war der Attentäter, der bei seiner Suche so weit gegangen war, nachts in das Haus des Polizisten einzudringen, wo er ein Bild der beiden Brüder und ihres Vaters (ein pensionierter Polizist) sah, auf dem alle drei in Polizeiuniform abgebildet waren. Der Täter sagte zwar später, dass es ihm nichts ausgemacht hätte, alle zu töten, aber aus irgendeinem Grund nahm er davon Abstand. Stattdessen benützte er die von ihm gesammelten Informationen, um den richtigen Zeitpunkt abzupassen, um die Polizisten nach ihrer Schicht angreifen zu können.

Die amerikanische Sicherheitsfirma Calibre Press berichtete in ihrer Newsline Nr. 297 (14. 8. 1998) diesen und ähnliche Fälle, bei denen eine harmlose Verkehrsüberschreitung (abgelaufener Führerschein und abgelaufene Zulassung oder Übertretung des Fahrverbots u.Ä.) zu Todesdrohungen und in einem Fall zum Zusenden eines Sprengstoffpakets führte. In mehreren Fällen wechselten daraufhin die Polizisten ihre Wohnung oder verließen sogar die Stadt.

Dies mögen sehr extreme Fälle sein; und die Täter unterscheiden sich von den anfangs erwähnten Tätern, die einen beliebigen Polizisten angreifen wollten, dadurch, dass sie vorher einen direkten Kontakt mit dem Polizisten hatten. Deshalb gilt hier das Gleiche, wie die amerikanische Sicherheitsfirma *Calibre Press* für Verkehrskontrollen mit politisch extremen Personen, die staatliche Autorität ablehnen, empfiehlt: Äußerst korrektes und sachgerechtes polizeiliches Handeln ist überlebenswichtig.

Calibre Press (Newsline vom 14. 8. 1998, S. 4–5) nennt verschiedene Maßnahmen, die ein Polizist gegen Stalking ergreifen kann: seine persönlichen Informationen, Namen und Daten möglichst nicht an die Öffentlichkeit gelangen lassen; Briefe, Papiere usw. vernichten, bevor man sie in den Abfall wirft; Fahrtrouten nach Hause wechseln; in den Rückspiegel schauen, ob man verfolgt wird; nach Dienstschluss nicht geistig abschalten, sondern aufmerksam bleiben usw. Alles sollte jedoch unter der Devise stehen: „Das Wichtigste, woran ein Polizist denken sollte, ist, dass man nicht paranoid sein sollte, dass man aber wachsam sein sollte. Einfache Wachsamkeit kann verhindern, dass Sie und Ihre Familie unwissentlich das Ziel eines Stalkers werden, Rache zu suchen" (Calibre Press, 1998, S. 5).

Kapitel 14

Das Bewältigen einer Krise
(Phasen des Überlebens bei einem Schusswechsel)

Wichtig für das Bewältigen und Überleben einer Krise, ja selbst einer lebensbedrohlichen Situation ist eine **aufgabenorientierte Strategie**. Dabei sollte das Denken an das eigene ICH ausgeblendet werden.

Ein derartiges ICH-freies Denken wäre ideal. Aber vermutlich dringen (gelegentlich) *auch* negative Gedanken (Angst, Überraschung usw.) in den Gedankenfluss ein. Ein kurzfristiger Überraschungseffekt oder ein leichter „Schockzustand" sind wohl normal, entscheidend ist nur, dass man wieder herauskommt.

Anschaulich hat dies ein amerikanisches Trainingshandbuch zu „Street survival" dargestellt: Plötzlich erlebt man: „Ich bin in der Hölle." Wie kommt man aber wieder aus der Hölle heraus?

Ein Polizist, der plötzlich in eine Krise gerät, z.B. einen Schusswechsel, hat natürlich nicht lange Zeit, intensiv nachzudenken. Aber auch während solch kritischer Situationen kann der Polizist eine große Vielfalt an Gedanken haben, die den Anstoß für sein Handeln geben. Beispielsweise kam die **Erinnerung** eines angeschossenen Polizisten sofort **auf ein Kindheitserlebnis** zurück, wo er beim Baseball ausgespielt worden war. Sein Vater hatte ihm gesagt, wie er in einer solchen Situation richtig reagieren sollte. Der Polizist erinnerte sich an diesen Rat („Geh tiefer und nimm Schwung."), er „nahm Schwung", und es gelang ihm, das Feuer zu erwidern und den Angreifer zu töten.

Derartige Gedanken sind zumeist spontan und dauern vielleicht nur kurz, aber selbst in einer Krise tauchen sie auf, selbst wenn dies nur blitzlichtartig geschieht. Dass solche Gedanken bei Polizisten in Gefahrensituationen auftauchen und die Steuerung der einzelnen Phasen einer Krise bestimmen, wird durch die Erkenntnisse von Solomon (1989) belegt. Solomon (1989) ermittelte auf der Grundlage der Berichte vieler Polizisten, die sich in einer lebensbedrohlichen Situation befunden hatten, folgende sechs Phasen des Überlebens:

1. Der Polizist erkennt: Schwierigkeiten kommen auf mich zu

Nachdem der Polizist wahrzunehmen beginnt, dass eine Situation zu eskalieren droht, wird ihm das Gefahrenpotenzial dieser Situation bewusst. Er wird wachsam, erlebt die Alarmreaktion und beginnt, seine Aufmerksamkeit auf die Gefahr zu richten. Manchmal kommt die Situation ohne Vorwarnung auf den Polizisten zu, und der Prozess beginnt mit der nächsten Phase.

2. Wahrnehmung der Verletzbarkeit

Diese Phase beginnt, wenn der Polizist sein Augenmerk auf die Gefahr richtet und erkennt, dass die Gefahr potenziell lebensbedrohend ist. Diese Phase wird von Personen in Gefahrensituationen nahezu einheitlich so beschrieben: „Oh Sch...!"

Zu diesem Zeitpunkt wird der Polizist **mit der Erkenntnis seiner Verletzbarkeit konfrontiert** und/oder dem Mangel seiner Kontrolle über diese Situation. Er kann ein Gefühl des Schocks und Erregung, Überraschung und Verblüffung, Unglaube und Trauer und Gefühle der Schwäche und Hilflosigkeit erleben. Er kann Gedanken haben wie: „Oh Gott, das kann nicht sein. Dies sollte nicht sein! Ich (oder jemand anderes) könnte ernsthaft verletzt oder getötet werden. Ich weiß nicht, ob ich damit umgehen kann. Ich habe hier keine Kontrolle." Derartige Gedanken stellen die kognitive (gedankliche Seite) der Angst dar.

Derartige Gedanken sind aber nicht problemlösend. Denn wenn die Aufmerksamkeit einer Person nur auf die Gefahr gerichtet ist und wie verletzbar sie ist, fühlt sie sich schwach und hilflos und denkt nur daran, wie wenig Kontrolle sie selbst über die Situation hat. Dies ist deshalb gefährlich, weil das Denken vollkommen durch Furcht oder die Erkenntnis der Verletzbarkeit beherrscht wird und kein Raum für das Denken an konstruktivere Reaktionen vorhanden ist.

Bei einigen Polizisten führt die Wahrnehmung ihrer Verletzbarkeit sofort dazu, dass sie sich darauf konzentrieren, was getan werden müsste, um zu überleben und wie sie Kontrolle über die Situation gewinnen könnten. Dies gilt besonders für den Polizisten, der sich geistig darauf vorbereitet hat, was passieren kann und was zu tun ist, wenn dieses Ereignis eintritt (s. Stressimpfung). Dieser Polizist geht sofort zur 4. Stufe, „Überlebensstufe", über und beginnt die Gefahr nach den Möglichkeiten seines Einwirkens zu betrachten.

Aber selbst ein geistig vorbereiteter Polizist kann Situationen begegnen, die er niemals erwartet hat, oder Ereignissen, wo die Wahrnehmung der Verletzbarkeit und das Denken an den Mangel an Kontrolle besonders stark und überwältigend sind. Wenn diese Bedingungen vorliegen und wenn dann seine Gedanken sich nur auf seine Verletzbarkeit konzentrieren, tritt leicht ein Problem auf, das die Problemlösung beeinträchtigt: Er deutet den Vorfall als gefährlicher, als dieser wirklich ist, und dies kann das Auftreten einer Panikreaktion fördern. Um über diese emotionale Lähmung hinwegzukommen, muss der Polizist durch eine Übergangsphase gehen, die seine Reaktion auf das Überleben der Situation ausrichtet.

Folgendes ist also notwendig:
Nachdem er sich seiner Verletzbarkeit und des Mangels an Kontrolle bewusst geworden ist, muss der Polizist sich mit der Realität des Ereignisses beschäftigen. Er muss sich von seinem *Inneren*, d.h. seinen Gedanken der eigenen Verletzbarkeit, die mit einer negativen gefühlsmäßigen Erregung verbunden sind, wegbewegen, und sich der *äußeren* Realität der Bedrohung zuwenden. Er muss erkennen, dass etwas getan werden müsste, wenn er der Herausforderung durch die Situation begegnen und überleben will.

3. Ich muss etwas tun

Sobald die Realität der Bedrohung anerkannt ist, gibt es keinen Schock, Unglauben oder Leugnung dessen, was geschieht. Ein Polizist fasste es, nachdem er gesagt hatte „Oh Sch ...!", so auf, als er sah, dass eine Pistole auf ihn gerichtet war: „Es geschieht wirklich, und ich muss reagieren."

Ein anderer Polizist, dem in die Schulter geschossen worden war, dachte: „Oh Gott, ich bin angeschossen!" Aber dann sagte er zu sich selbst „Ich bin angeschossen, was muss ich tun, um nicht erneut angeschossen zu werden?" Er kroch in eine Deckung, zog seine Waffe und erwiderte das Feuer.

Einige Polizisten gehen durch diese Phase des Perspektivwechsels. D.h., sie verlagern ihre Aufmerksamkeit von ihrer inneren Wahrnehmung der Verletzbarkeit auf die Erfassung dessen, was draußen vorgeht und was sie sich gegenüber sehen. Sie leugnen nicht mehr die Bedrohlichkeit der Situation. Sich auf die Realität der Situation einzustellen, anstatt sich von den potenziell überwältigenden Gefühlen der Hilflosigkeit und Furcht beeinflussen zu lassen, ist notwendig, um von einer emotionalen Lähmung zu einer wirkungsvollen körperlichen Reaktion überzugehen. Die Anerkennung der Realität der Bedrohung stellt die Übergangsphase dar, von Schock und Erschrecken zur Aktivierung, um zu überleben. Dieser Übergang verhilft dazu, das Denken auf das Reagieren zu richten anstatt auf das Gefühl der Hilflosigkeit.

Einige Polizisten beschreiben ein Gefühl des Losgelöstseins während dieser Augenblicke. Es ist so, als sei die Situation nicht real, selbst wenn man weiß, dass sie passiert. Man hat das Erlebnis, als wenn man von „Innen" nach „Außen" schauen würde oder als ob man sich selbst in der Situation betrachten würde. Diese Distanzierung stellt einen psychologischen Verteidigungsmechanismus dar, der

- die Gefühle des Schocks und Verletzbarkeit dämpft,
- die Distanz von überwältigenden Gefühlen erlaubt,
- das Funktionieren in einer Krise erleichtern kann.

Diese Distanzierung von Gefühlen ist typisch für einige Personen, kommt bei anderen aber nicht vor. Polizisten, die derart reagieren, sollten wissen, dass dies eine normale Reaktion in extremen Stresssituationen ist und dass sie nicht „verrückt" werden.

Viele Polizisten haben Gedanken, **die ihren Überlebenswillen motivieren und sie zu taktischem Denken und Handeln antreiben.** Einige Polizisten haben starke Gefühle darüber, wie sie leben möchten und wie sehr sie sich wünschen, ihre Familie wiederzusehen. Einige Polizisten werden sehr ärgerlich bei diesen Vorstellungen, so dass sie beschließen, dass sie es nicht zulassen werden, dass irgendjemand ihnen das Leben oder das Leben von irgendjemand anderem nimmt oder sie von ihren Kindern trennt. Bei anderen Polizisten tauchen Gedanken auf wie: „Wie wagst du es, dies mir anzutun." Tatsächlich **dient der Ärger dazu, sie für die Kampfreaktion zu mobilisieren.** Genauso wie Angst kann Ärger ein überwältigendes Gefühl sein, das Verhalten stören oder konzentriert eingesetzt werden kann, um das Überleben zu erleichtern.

Denn Ärger kann Gedanken erzeugen, die das Überleben von Gefahren erleichtern. Derartige Gedanken und auch die Aktivität verhindern nämlich die Entstehung eines lebensbedrohlichen Gefühlszustands, nämlich der **Hoffnungslosigkeit.**

> Die Sängerin Eva Busch berichtet in ihrer Biographie (1991, S. 131), dass der Hass ihr die Kraft zum Überleben des Konzentrationslagers Ravensbrück verlieh: „Für mich war es ein vitaler Haß, obwohl ich dieses Gefühl ablehne und für negativ halte. Aber der Haß gegen die SS-Schergen gab mir die Kraft zum Überleben. Er stärkte meinen Selbsterhaltungstrieb."

Grundsätzlich gilt für Phase 3: Sobald ein Polizist festgestellt hat, dass etwas getan werden müsste, wenn er der Herausforderung durch die Situation begegnen und überleben will, tritt er in die nächste Phase ein: Überleben.

4. Überleben

In diesem Stadium beginnt der Polizist darüber nachzudenken, was getan werden muss, um die Kontrolle der Situation wiederzugewinnen – was er tun kann, um zu überleben. Viele Polizisten geben an, dass zu diesem Zeitpunkt automatisch ihr früheres Training ins Spiel kommt. Einige Polizisten denken verschiedene Handlungswege durch, während andere einfach reagieren. Automatische Reaktionen treten am wahrscheinlichsten bei Polizisten auf, die vorher geistige Vorstellungsbilder entwickelt haben, um sich auf lebensbedrohende Situationen vorzubereiten.

Die Perspektive eines Polizisten verändert sich, wenn er sich auf seine Reaktion, auf die Situation konzentriert. Statt in Gefühlen von Verletzbarkeit und Furcht gefangen zu sein, beginnt er die Situation jetzt hinsichtlich seiner Fähigkeit zu betrachten, auf sie zu reagieren. Diese Gedanken können sehr schnell ablaufen, bedingt durch beschleunigende geistige Prozesse. Die Handlungen und Handlungsmöglichkeiten, die er in weniger als einer Sekunde überlegt, können Minuten dauern, um sie sprachlich zu äußern. Gewöhnlicherweise verändern sich in diesem Augenblick Gefühle von starker Angst und Hilflosigkeit. Sobald der Polizist die Gefahr in Begriffen seiner Fähigkeit, auf sie zu reagieren, betrachtet und deutet, fühlt er sich mehr im Gleichgewicht und in der Kontrolle der Situation.

Während der Überlebensphase haben Polizisten typischerweise einen scharfen Blick für äußere Ereignisse. Sehr oft erlebt der Polizist einen Tunnelblick, indem er sich ausschließlich auf das konzentriert, was er als Gefahr wahrnimmt. Es gibt ein intensives Registrieren der Bedrohung und häufig eine wiederholte Überprüfung der Realität, indem der Polizist bestätigt, was geschieht („Es ist wirklich eine Schusswaffe."). Er bleibt aufmerksam hinsichtlich der Handlungen des Verdächtigen („Er lässt sie nicht fallen."), schaut auf sein Schussfeld, entscheidet über das Ziel, stellt sich Handlungsmöglichkeiten und ihre Konsequenzen vor usw., alles in einer Sekunde oder weniger.

Dieser äußere Brennpunkt ist lebenswichtig für das Überleben. Ein nach innen gerichteter Brennpunkt des Gefühls des Polizisten von seiner Verletzbarkeit kann die Erregung steigern und seine Fähigkeit zu reagieren beeinträchtigen.

Viele Polizisten beschreiben einen Augenblick von Erleichterung, die auftritt, sobald ein Entschluss gefasst worden ist, in bestimmter Weise zu handeln. Ein Polizist sagte, nachdem er sich zum Handeln entschlossen hatte: „Es geht los!"

5. Es geht los

Zu diesem Zeitpunkt beginnt der Polizist mit seiner Reaktion oder findet sich bei einer „instinktiven" Reaktion[1] wieder – er beginnt das Problem zu lösen. Dies ist ein extrem starker Moment – der Augenblick zwischen der Feststellung, was getan werden müsste, sich zu entscheiden und die Reaktion zu beginnen. Dies ist der Zeitpunkt, bei dem man auf den „Überlebensinstinkt" reagiert und sich in einen machtvollen Geisteszustand hineinbewegt. Zu diesem Zeitpunkt erlebt der Polizist ein Gefühl kontrollierter Stärke, wenn Adrenalin durch den Körper fließt, die Erregung steigert und die Handlungen leitet. Einige Polizisten beschreiben ein Gefühl ruhiger Stärke, sobald sie sich zu einer angemessenen Handlung entschlossen haben, und beginnen, sie auszuführen. Ihre Gedanken mögen sich jagen, aber sie sind klar und hellwach.

Es gibt oft ein Gefühl erhöhter Wahrnehmung und ein Gefühl, dass man nicht über- oder unterreagiert – dass man angemessen reagiert.

Die Fähigkeit, in einer positiven, entschlossenen Art zu handeln, verschafft vielen Polizisten ein Gefühl der Zuversicht. Dies ist der geistige Bezugsrahmen für die „Überlebensressourcen", die sich auf die Fähigkeiten zu Reagieren beziehen, statt auf Gefühle der Verletzbarkeit.

Der Entschluss zu reagieren, wenn man Angst empfindet, führt zu ungeheurer Stärke. In vielen Fällen kann es vorkommen, dass der Polizist keine bewusste Wahrnehmung der Überlebensstärken hat, die er besitzt. Er mag sich nur seiner Angst bewusst sein, und später mag er nur fähig sein, sich zu erinnern, wie verletzbar er war, als er reagierte. Später kann er nur nach längerem Nachdenken über das Ereignis erkennen, wie viel Kontrolle er in der Situation hatte und wie stark er sich im Augenblick fühlte.

6. Reaktion: handeln

Sobald der Polizist bewusst oder „instinktiv" eine Reaktion begonnen hat, tritt er in die letzte Reaktionsphase ein. Durch sein Überleben beweist er, dass man sogar dann, wenn man Furcht empfindet oder Angst hat, sich immer noch auf Taktiken und Handlungen konzentrieren kann.

---

[1] „Instinktiv" bedeutet *hier* eine durch Lernen erworbene automatisierte Reaktion, die ohne nachzudenken abläuft. Es geht hierbei *nicht* um biologisch vorprogrammiertes Verhalten.

Fazit:
In einer Krisensituation, z.B. bei einem Schusswechsel, müssen mehrere Prinzipien im Denken auftauchen:
- Ich muss **jetzt** handeln.
- Ich muss die Führung in der Situation übernehmen.
- Was muss ich jetzt konkret tun?
  - Was habe ich dazugelernt?
  - Vorher automatisierte Maßnahmen abrufen.

Dies baut kognitive Elemente in das Denken ein, was wiederum das Aufkommen von Angst verhindert und das Selbstvertrauen verstärkt.
- Was muss ich zu Person A, B, ... sagen (evtl. bei einer zwischenmenschlichen Konfrontation)?
- Mit Entschlossenheit, ohne Zögern handeln!

In der Realität laufen derartige Prozesse blitzschnell ab. Dies hängt damit zusammen, dass das Verhalten eines Menschen durch seinen „Strom des Bewusstseins" – die Gedanken, die ihm in *dieser* Situation durch den Kopf gehen – geprägt wird (Füllgrabe 1978, 1997, 2011). Dieser „Strom des Bewusstseins" wird im Alltag zumeist wegen der Automatizität des Verhaltens (Bargh, 1998) nicht bewusst.

Typisch dazu ist die Aussage eines Polizisten, der von einem Angreifer mit einem Messer angegriffen wurde und ihn mit einem Schuss in dessen Bein stoppte. Als ich ihn fragte, ob er Angst gehabt habe, sagte er mir: „Am Anfang hatte ich ein mulmiges Gefühl, dann aber hatte ich Besseres zu tun." Damit drückte er das Wesentlichste des Überlebens aus: Statt sich mit seiner eigenen Befindlichkeit zu beschäftigen, ist es notwendig, sachgerecht zu handeln.

Kapitel 15
Wenn das eigene Leben bedroht ist

1. Das psychologische Immunsystem in lebensbedrohlichen Situationen

Selbst in lebensbedrohlichen Situationen, in denen man schwer verletzt oder vom Tod bedroht ist, hat man immer noch große Chancen zu überleben.

Seligmans (1991) Konzept der gelernten Hilflosigkeit zeigt nämlich, dass manche Menschen sich aufgeben und plötzlich sterben, während in der gleichen Situation andere Menschen auch die widrigsten Umstände überleben, was Siebert (1996, 1998) in seinem Begriff der „Überlebenspersönlichkeit" ausdrückte. Offensichtlich wird bei diesen etwas aktiviert, was ich **psychologisches Immunsystem** nennen möchte (Füllgrabe, 2001b).

Der Begriff *psychologisches Immunsystem* kann durchaus für verschiedene Phänomene benutzt werden, genauso, wie das biologische Immunsystem aus verschiedenen Komponenten besteht (Hager, 1997). Das psychologische Immunsystem wirkt aber nicht nur bei der Bewältigung negativer Gefühle mit, sondern spielt auch eine wichtige Rolle beim Überleben gefährlicher und lebensbedrohlicher Situationen.

Während beim biologischen Immunsystem Zellen und andere biologische Komponenten wirken, sind dies beim psychologischen Immunsystem Kognitionen (Gedanken), Imaginationen (innere Bilder), Gefühle usw. Und den Bakterien, Viren usw. im biologischen Bereich entsprechen in Gefahrensituationen Gedanken an den Tod, Resignation, Gefühle der Verlassenheit und der Hoffnungslosigkeit usw.

Es ist nicht so entscheidend, dass derartige Gedanken und Gefühle auftreten, vermutlich ist es sogar natürlich, dass sie in einer Gefahrensituation auftreten. Das Entscheidende ist aber, dass diese Gedanken, innere Bilder, Gefühle sofort gelöscht werden, genauso, wie das Immunsystem mit gefährlichen Organismen fertig wird.

Wie das konkret geschehen kann, kann man aus den Beschreibungen von Menschen erkennen, die ein „Rendezvous mit dem Tod" überlebten. Das

Muster ist hier immer das gleiche: denken an Bezugspersonen, an problemlösende Handlungen usw. Angesichts des Zusammenhangs psychologischer und biologischer Faktoren des Immunsystems könnte man durchaus auch vermuten, dass sich durch eine positive Orientierung auch fördernde physiologische Prozesse ergeben (Füllgrabe, 2001b).

Wie das psychologische Immunsystem das Überleben von Don ermöglichte, eines Schwimmers, der vier Stunden im Ozean erfolgreich gegen das Ertrinken ankämpfte, wird von Janis (1971) geschildert.

Er dachte an seine Familie und **Bezugspersonen.** Durch den Vergleich mit anderen Menschen („Du bist besser als sie.") versuchte er, seine **Selbstachtung** zu einem Zeitpunkt zu **verstärken,** wo er hohes Zuvertrauen in sein Überleben brauchte.

Dann versuchte er sich dadurch Sicherheit zu verschaffen, dass er sich an seine **Gruppenidentität** erinnerte. Seine Worte „Du bist Ire, und du gibst nicht auf!" beinhalten neben der typischen Neigung, **eine größere Gruppe als Quelle des Selbstvertrauens zu gewinnen** noch eine spezifische Ermutigung: „Du musst einen guten Kampf ausfechten, wie es ein richtiger Ire sollte."

Doch Don war sich beständig der allgegenwärtigen Gefahr bewusst und der auslaugenden Wirkung des Schwimmens in einem eiskalten Meer. Er gab sich einige **Erfolgsformeln:** „Du machst es gut. Du bist erfolgreich." und **machte Scherze,** etwa darüber, dass er den gesamten Ozean besitze oder: „Gott, ich habe niemals gewusst, dass es auf dem holprigen Weg zur Hölle so viel Wasser geben könnte." Er dachte auch an religiöse Dinge.

Auch negative Erinnerungen tauchten in seiner Imagination auf. Die Erinnerungen an erschreckende Erlebnisse (verstümmelte Körper von Ertrunkenen) und frühere Katastrophen (er hatte einen schweren Autounfall überlebt), so unangenehm sie waren, verschafften Don aber einen psychologischen Gewinn, da er dadurch Trost erhielt, **frühere Katastrophen erfolgreich bewältigt** zu haben. Don hatte aber auch angenehme Erinnerungen. Diese betrafen seine Familie und Freunde und bezogen sich u.a. auf Gespräche am Kamin. Es ist natürlich nicht erstaunlich, dass er **Bilder friedlicher Wärme in emotionaler Nähe zu Vertrauenspersonen entwickelte,** was seinen Überlebenswillen aufrechterhielt.

Don geriet allmählich in einen Konflikt zwischen aufgeben und kämpfen. Aber es tauchten immer wieder Gedanken auf, die der apathischen Resignation entgegenwirkten: das Denken an seine Familie. Alle diese Gedanken und Phantasien dienten dazu, dem Gefühl der Hoffnungslosigkeit entgegenzuwirken.

Don gab sich auch **Kommandos,** wie der Kapitän eines Schiffes es tun würde. Immer dann, wenn er sich sagte: „Gib auf!", konterte er mit dem Befehl „Versuch es noch einmal!" Der entscheidende Faktor im Kampf gegen die Apathie war für Don das Denken an seinen Plan: wie er wieder an Land schwimmen könnte.

Dass ähnliche Gedanken den Ausschlag auch bei Polizisten über Leben oder Tod geben können, wird aus verschiedenen Beispielen deutlich, die Pinizzotto et al. (1997, 1998) von Polizisten berichten, die im Dienst angegriffen wurden. Die Interviewer beobachteten bei allen diesen Polizisten eine gewaltige Entschlossenheit zu überleben.

Kapitel 15

> Ein Polizist, der zweimal angeschossen und mit mehreren Messerstichen verletzt worden war, ging aus einem bewaldeten Gebiet, so dass seine Kollegen ihn finden konnten. Eine Polizistin sagte, dass sie entschlossen war zu überleben, damit ihre Eltern, die 400 Meilen entfernt wohnten, nicht von ihrem Tod durch einen Telefonanruf erfahren sollten.
> Ein Polizist, der in einem schmutzigen, mit Müll gefüllten Gebäude angeschossen war, weigerte sich, an einem solchen Platz zu sterben. Er benutzte seine Schnürsenkel als Abschnürbinden, um seine Blutungen aus ernsthaften Arm- und Beinwunden zu stoppen, gelangte aus dem Gebäude und fand einen Bürger, der Hilfe herbeirief.
> Ein anderer Polizist erlitt eine schwere Schusswunde über seinem Auge. Nachdem er eine unbestimmte Zeit bewusstlos gewesen war, konzentrierte er sich darauf, seinen Atem in der kalten Nachtluft zu beobachten, weil er glaubte, dass er so lange weiterleben würde, wie er sich auf das Atmen konzentrieren würde. Nahezu blind, steckte er den Daumen seiner schwachen Hand in die Wunde und hielt ihn dort, um die Blutung zu kontrollieren, während er seine Waffe in der starken Hand hielt. Da er kein tragbares Gerät hatte, Hilfe herbeizuholen, kämpfte er sich etwa 100 Meter zu einem Telefon durch.
> „Diese Polizisten gingen, krabbelten und hinkten von dem Ort weg, wo sie angegriffen wurden. Sie weigerten sich, aufzugeben. Sie waren Überlebende" (Pinizzotto et al., 1998, S. 17). Während das Übersehen einer Gefahrensituation sie in Gefahr brachte, erhielt der Wille zum Überleben diese Polizisten am Leben.

Sie handelten nach dem Prinzip: Nie aufgeben!

2. Die Denkstruktur von „Überlebensexperten"

Warum handeln nicht alle Menschen in Krisen nach dem Prinzip *Nie aufgeben*? Warum geben Menschen sich auf und sterben plötzlich (s. Seligman, 1991), während in der gleichen Situation andere Menschen auch die widrigsten Umstände überleben? Diese Unterschiede sind keineswegs zufällig, sondern spiegeln bestimmte individuelle Unterschiede im Denken, in zwischenmenschlichen Bindungen usw. wider (s. z.B. Siebert, 1996).

> Ein Polizist, der nach einem Messerangriff schon die Sterbesakramente erhalten hatte, schildert in einem Lehrfilm auch die Gründe für sein Überleben: „Was mich überleben ließ, war mein fester Wille, nicht aufzugeben. Denn wer aufgibt, der stirbt. So einfach ist das! Man muss nur die nötige Kraft dazu aufbringen. Egal woher man sie nimmt."
> Woher diese Kraft kommen kann, wird im gleichen Film aus der Aussage eines anderen Polizisten deutlich: „Drei Umstände haben mich dazu gebracht, weiterzumachen: mein ernsthaftes Bemühen, den Angreifer aufzuhalten. Die Tatsache, dass ich nicht gerne verliere. Und der Umstand, dass die Leute, die in dem Haus

wohnen, meine Freunde sind." Weiter betont er ausdrücklich seine Verantwortung, die er als Polizist hat, und auch seine Verantwortung, die er gegenüber seinen Freunden empfindet.

Er schildert hier also den engen Zusammenhang zwischen **aufgabenorientiertem Handeln** und einer **kooperativen Orientierung**, zwei wichtigen Faktoren der Überlebensfähigkeit auch in kritischen und gefährlichen Situationen (s.a. Synergismus).

Was haben die kooperative Orientierung und das problemlösende Handeln gemeinsam? Beiden ist gemeinsam, dass sie das Denken an das eigene ICH in den Hintergrund stellen, Gedanken an den eigenen Erfolg und die eigene Niederlage. Dagegen steht die Aufgabenorientierung im Mittelpunkt, ein Problem zu lösen, als Einzelner oder *zusammen* mit anderen.

Die Überlegenheit eines Menschen, der von der egozentrischen Betrachtung seiner eigenen Person weggehen kann und das **Gesamtsystem** betrachtet, wird verständlich, wenn man analysiert, was genau in Menschen ablief, die eine Gefahr überlebten. Das Denken an Bezugspersonen und die Erinnerung an frühere schöne Erlebnisse **vernetzte sie** gewissermaßen in einer **zeitlichen** und einer **zwischenmenschlichen Dimension**: Die Erinnerung an das frühere Positive spendete Trost in der Gegenwart, in der das eigene Leben bedroht war und damit die Verbindung zur Zukunft abgeschnitten werden drohte, formte Mut aus und erzeugte so Hoffnung auf die Zukunft.

Eine Krise oder eine gefährliche Situation decken auch unterschiedliche Konsequenzen verschiedener zwischenmenschlicher Orientierung auf. Der egozentrisch Denkende empfindet in dieser Situation wohl eher Einsamkeit und Hoffungslosigkeit. Er kann nicht die Kräfte mobilisieren, die sich aus dem Denken an geliebte Bezugspersonen ergeben. Wer an seine Bezugsperson denkt, ist zwar *alleine*, aber nicht *einsam*. Denn er ist immer noch in ein Beziehungsgeflecht eingebunden und Teil einer Kette von Menschen, denen er vertraut und die ihm vertrauen. Durch seine Gedanken verwirklicht er das von Siebert (1996) formulierte Überlebensprinzip: den Kontakt mit den anderen aufrechterhalten. Und in ihm ist all das gespeichert, was sie ihm sagten und ihn lehrten, und dies kann er aktivieren, um zu überleben.

Eine solche Haltung dürfte besonders bei Menschen mit einem **sicheren Bindungsstil** zu finden sein (s. Füllgrabe, 1999). Die Parallele zu dem geschilderten Empfinden kann man nämlich bei einem Kind finden, das seine Umwelt selbständig und angstfrei erforscht, weil es **Urvertrauen** entwickelt hat. Wer eine sichere Bindung zu Bezugspersonen aufgebaut hat, hat schon als kleines Kind erfahren, dass er nicht einsam und verlassen

Kapitel 15

Wenn man in eine Krise gerät, ist eine Krisenbewältigung wichtig: „Mir müssen Flügel wachsen."

ist, selbst wenn seine Bezugspersonen körperlich nicht anwesend sind. Deshalb haben Menschen mit sicherem Bindungsstil auch weniger Angst vor dem Tod als Menschen mit unsicherem Bindungsstil. Miculincer et al. (1990) erklären die größere Todesfurcht von Personen mit unsicherem Bindungsstil u.a. mit dem Verlust der sozialen Identität durch den Tod und dass „ihre Abwesenheit nicht bemerkt wird".

3. Überleben durch Aktivierung des psychologischen Immunsystems

Welche Konsequenzen ergeben sich aus den bisherigen Ausführungen für das Bewältigen von Krisen? Beim Auftreten einer Krise oder eines lebensbedrohlichen Ereignisses taucht leicht das Gefühl auf, als falle man ins Bodenlose. Ein amerikanisches Trainingshandbuch entwickelte auch das

Wenn das eigene Leben bedroht ist

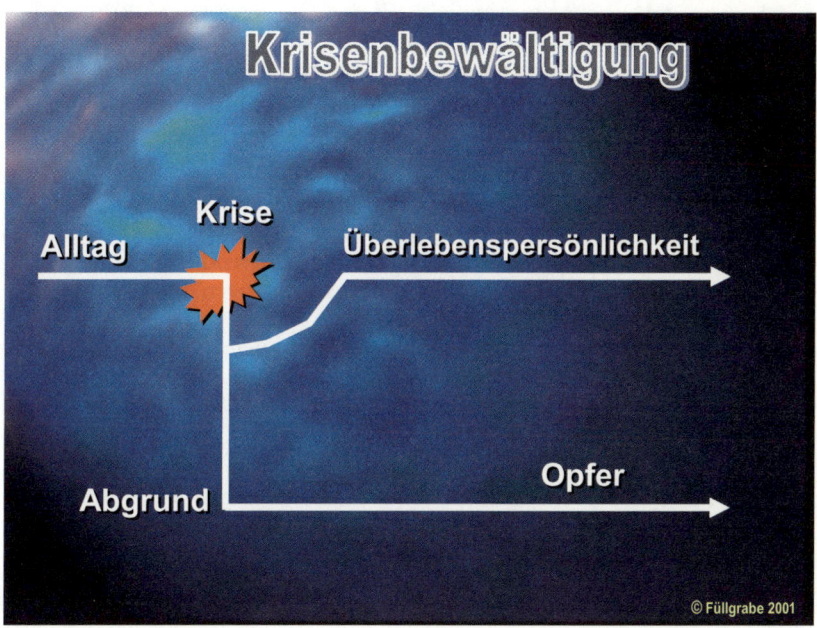

Eine „Überlebenspersönlichkeit" kann – evtl. nach einer kurzen Schockreaktion – die Situation bewältigen, während das Opfer im „Abgrund" verbleibt und passiv sein Schicksal erleidet.

Bild „Ich falle in die Hölle." und „Jetzt müssen mir Flügel wachsen, dass ich aus der Hölle komme."

Wie können aber in einer derartigen Situation einer Person „Flügel wachsen"? Eine wichtige Voraussetzung dafür ist eine vorherige **„Stressimpfung"** (Janis, 1971). Das bedeutet konkret: Man muss sich geistig eine Vielzahl von möglichen Situationen vorstellen, die auftreten könnten, und auch verschiedene Reaktionen auf die gleiche Situation. Dadurch baut man sich ein flexibles Verhaltensrepertoire auf.

Man muss dann die Fähigkeiten erwerben, die zur Bewältigung dieser Situationen notwendig sind.

Man muss wissen, dass es normal und natürlich sein kann, beim Auftreten einer Krise evtl. eine Überraschung oder einen (leichten) Anfangsschock zu erleben. Die Leugnung, dass derartige Gefühle auftreten könnten, führt dann zu einem größeren Schock, wenn dann tatsächlich eine Gefahrensituation auftritt.

Durch eine vorherige realistische Imagination der Situation und ihrer Bewältigungsmöglichkeiten wird dann der Schockzustand in einer realen Situation gemindert. Dies erleichtert eine wichtige Voraussetzung des Überlebens einer gefährlichen Situation: Man darf **nicht** die *Opferrolle* übernehmen, sondern muss den Überlebenswillen stärken. Dazu ist es notwendig, das *psychologische Immunsystem* zu aktivieren, z.B.:

- *Denken an Bezugspersonen*: Wirkt beruhigend und verhindert Gefühle der Isolation und der Hoffnungslosigkeit.
- Gefühle des *Ärgers* über den Täter: Wirkt aktivierend.
- *Stolz* („Ich möchte nicht in einer solch schmutzigen Halle sterben."): Wirkt aktivierend.
- An *frühere Erfolge* denken: Erhöht das Vertrauen in die Wirksamkeit eigenen Handelns.
- An die erlernten *Fähigkeiten* und *Handlungsmöglichkeiten* denken und diese ausführen.

Kapitel 16
Nach dem Ereignis

1. Posttraumatische Störungen

Meichenbaum und Turk (1976) haben in ihre Trainingsprogramme zur Bewältigung von Ärger, Angst und Schmerz jeweils eine abschließende Phase der gedanklichen Nachbereitung eingebaut. Dies ist wichtig zur Bewältigung von Gefühlen, Vermeidung posttraumatischer Symptome usw.

Eine solche Nachbereitungsphase ist aber auch wichtig im Sinne der Verbesserung des *Strukturwissens* (Dörner 1989) oder wie es Siebert (1996) formulierte: Die erfolgreichsten Überlebensexperten sind diejenigen, die Pech irgendwie in Glück verwandeln, die sich fragen, was sie aus dieser Erfahrung lernen könnten.

Die Gespräche zur Vermeidung von posttraumatischen Störungen (PTSD) müssen problemlösend orientiert sein (s.a. Füllgrabe, 1997; Meichenbaum, 1994). Denn es muss beachtet werden, dass es *therapeutische Fallen* gibt: Das bloße, ständige Reden über ein Ereignis kann sogar zu einer Symptomverstärkung führen, wenn nicht gleichzeitig darauf geachtet wird, dass konstruktive Lehren aus dem Ereignis gezogen werden (s.a. Siebert, 1996) und dass die Zukunftsorientierung wichtiger ist als die ausschließliche Beschäftigung mit der Vergangenheit (Füllgrabe, 1997).

Dass für die Nachbereitung die Gedankengänge der Logotherapie (Frankl, 1996) wirkungsvolle Einsichten liefern, wird durch die Beobachtung von Siebert (1996) belegt: Die erfolgreichsten Überlebensexperten vergeuden keine Zeit damit, über die Vergangenheit oder ihre Verluste zu klagen. Ihre Energien sind auf die erfolgreiche Bewältigung eines Problems gerichtet.

Pinizzotto et al. (1997) entdeckten bei ihrer Untersuchung von 52 Polizisten, die Opfer eines Angriffs geworden waren, dass posttraumatische Störungen und die Wiedergenesung Gebiete waren, denen man im Bereich der Polizei nicht genügend Aufmerksamkeit schenkt. Die Auswirkungen dieser Angriffe haben einen tiefgehenden Einfluss nicht nur auf den betroffenen Polizisten, sondern auch auf seine Kollegen, Vorgesetzte, die Dienststelle insgesamt, die Familien der Opfer und die gesamte Gemeinde.

Kapitel 16

„Die Fähigkeit einer Organisation, auf die Bedürfnisse von jedem betroffenen Individuum oder Gruppe zu reagieren, kann die negativen Einflüsse dieser Vorfälle verringern" (Pinizzotto et al., 1997, S. 4).

> Weniger als die Hälfte der amerikanischen Polizisten, die angegriffen worden waren, berichteten von irgendwelchen psychologischen oder körperlichen Problemen, die innerhalb von 6 Monaten nach dem Angriff aufgetreten waren. Unter diesen Polizisten beinhalteten die meisten Probleme: Schlafstörungen, schlechte Träume, Angespanntheit, Irritabilität, Gedanken, die in das Denken eindringen. Weniger häufig wurden genannt: nervöser Magen, andere Essensgewohnheiten, Kopfweh, Muskelzuckungen.
> 19% berichteten von angespannten Ehebeziehungen, 12% von Spannungen mit anderen Familienmitgliedern, 12% mit Freunden, 4% mit Kindern. 8 Polizisten sagten, dass sie grundlegende Veränderungen in ihrer Familienstruktur nach dem Angriff erfahren hätten. – 7 berichteten von Konflikten mit dem Ehepartner, 1 wurde geschieden. 5 dieser Polizisten glaubten, dass der Angriff der Katalysator für die Veränderung gewesen sei.

Obwohl nicht jeder Polizist, der Opfer wurde, diese Auswirkungen erlebt oder nur in schwächerem Ausmaß, sollten Vorgesetzte auf diese Langzeit-Auswirkungen achten. Denn dies kann auch Auswirkungen auf andere Bereiche haben, z.B. auf den Auftritt als Zeuge vor Gericht.

> In einem Fall berichtete der Polizist, dass er große Schwierigkeiten hatte, vor Gericht als Zeuge über den Überfall auf ihn auszusagen. Als der Gerichtstermin näher rückte, veränderten sich seine Essgewohnheiten, sein Schlaf war gestört, und er begann, zusätzlichen Stress zu empfinden, als er sich an Details hinsichtlich des Überfalls erinnerte.

Allerdings muss vor übereifrigen Helfern gewarnt werden, die nach einem Ereignis dem Polizeibeamten ihre Hilfe aufdrängen wollen, etwa mit dem Hinweis, er könne sonst Langzeitschäden erleiden. Hier muss ausdrücklich darauf hingewiesen werden:

1. Manche Interventionsmethoden („Debriefing") können sogar die posttraumatischen Symptome verstärken, worauf z.B. auch Tucker et al. (2002) hinweisen. Dies könnte damit zusammenhängen, dass man die Person in eine Opferrolle drängt oder die Gespräche nicht zukunftsorientiert und problemorientiert sind.
2. Menschen sind stabiler, als man glaubt. Tucker et al. (2002) stellten bei Personen, die bei der Bergung der Leichen und Leichenteile nach dem Bombenterror in Oklahoma City 1995 halfen, nur geringe Auswirkungen hinsichtlich posttraumatischer Symptome fest. Das Gleiche erfuhr ich auch in Gesprächen mit deutschen Polizisten, die ein „Rendevouz mit dem Tod" hatten.

Einer erlebte, dass seine Kollegin neben ihm getötet wurde, der andere erlitt einen Herzschuss, wobei er dank seiner Schutzweste überlebte. Ich konnte hier zwei wichtige Bausteine der psychischen Stabilität („Resilience") erkennen: aktiver Lebensstil und geistige Vorbereitung auf Gefahren („Stressimpfung"). Der erste Polizist hatte einen aktiven Lebensstil, er hatte sich z.B. bereits früh auf eigene Kosten eine Schutzweste gekauft. Der andere Polizist hatte u.a. bereits seit langem mit seiner Familie darüber gesprochen, dass ihm eines Tages etwas passieren könnte. Ein dritter Polizist überlebte die durch einen Messerangriff verursachten schweren Verletzungen ohne PTSD wegen seiner synergistischen, partnerschaftlichen Einstellung.

2. Die zukünftige Benutzung der Schusswaffe

Ein Gebiet, das weitere Untersuchungen erfordert, ist die Frage, ob ein Polizist nach einem Angriff in der Lage sein wird, in einer späteren Situation seine Schusswaffe sachgerecht zu gebrauchen. In der Untersuchung von Pinizzotto et al. (1997) sagte nur einer der Befragten, dass er nicht fähig sei, seine Dienstwaffe unter den gleichen Umständen wie beim Vorfall zu benutzen.

Bei der Untersuchung von Fällen, bei denen Polizisten im Dienst getötet worden waren, zeigte sich jedoch, dass der Gebrauch einer Dienstwaffe in einer früheren Konfrontation den Polizisten zögern ließ, seine Waffe gegen eine gewaltbereite Person zu gebrauchen. In einigen Fällen konnte der Täter die auf ihn gerichtete Pistole dem Polizisten aus der Hand nehmen und ihn mit seiner eigenen Dienstwaffe erschießen (Pinizzotto & Davis, 1995).

Kapitel 17
Der Aufbau einer TIT FOR TAT-Kultur

1. Gefahrenvermeidung in gewaltbereiten Umgebungen

Was kann ein Polizist tun, wenn er sich ständig in einer gefährlichen Umgebung bewegt, in der es viele gewaltbereite Personen gibt? Welche Fähigkeiten braucht er dazu, welche Verhaltensweisen sollte er zeigen?

Geht man vom Zufallsprinzip aus (Überleben beruht auf Zufall), so liegt die Überlebenschance bei 50:50. Durch die Schaffung eines kooperativen Umfeldes alleine kann man, nur um eine Größenordnung dafür anzugeben, seine Überlebenschancen erhöhen: auf 80–90%. Naheliegend ist dazu die Frage Wieso bis zu 90%? Dies hängt damit zusammen, dass eine kooperative Orientierung auch mit anderen überlebenswichtigen Faktoren verbunden sein kann. Wer etwa gemäß der TIT FOR TAT-Strategie handelt, hat z.B. nicht nur ein differenziertes Wahrnehmungsmuster zwischen kooperationsbereiten und gefährlichen Personen, sondern auch eine sachdienliche Handlungsorientierung: sofortige Reaktion auf unkooperatives Verhalten der anderen Person.

Ich möchte die Hypothese wagen, dass man durch spezifische Sicherungsmaßnahmen das Überlebenspotenzial noch weiter erhöhen kann, um einen hypothetischen Wert zu nennen: auf 95–99%. Diese spezifischen Maßnahmen könnten z.B. sein:

- eine Schutzweste tragen,
- spezielles Wissen: welche Gegenstände als Waffe eingesetzt werden könnten,
- gezielte Beobachtung: Sind die offenen Handinnenflächen der Person zu sehen? Wenn nein: Sie könnte einen gefährlichen Gegenstand in der Hand haben!

Wichtig ist aber auch eine entsprechende Bereitschaft, **sofort** auf eine Gefahr und Bedrohung angemessen zu reagieren. Nur dadurch gewinnt man Respekt und kann das Auftreten von Gewalt vermeiden.

2. Wie kann man eine vertrauensvolle Atmosphäre aufbauen?

2.1 Die vertrauensvolle Kommunikation

Selbst wenn man wenig über die Denkstrukturen eines anderen Menschen weiß, kann man wenig falsch machen, wenn man gemäß der TIT FOR TAT-Strategie handelt. Die TIT FOR TAT-Strategie erfordert, dass man a) eine vertrauensvolle Gesprächsatmosphäre aufbaut und b) problemlösend handelt. Wie dies verwirklicht werden kann, ergibt sich z.b. aus den Erkenntnissen von Gibb (1961), die gegenüber vielen Kommunikationsmodellen den unschätzbaren Vorteil haben, dass sie nicht „am grünen Tisch" erdacht wurden, sondern aus der Beobachtung realer Menschen abgeleitet wurden.

Die Wirkung der von Gibb (1961) beschriebenen sechs Faktoren beruht darauf, dass sie mit bestimmten Betrachtungsweisen der Interaktionspartner verbunden sind. Damit jemand als vertrauenswürdig angesehen wird, muss er von der anderen Person so gesehen werden:

- Er ist *freundlich*, mir wohlgesonnen.
- Er ist *zuverlässig*, ich kann seine Reaktionen vorhersehen, er hält Versprechungen ein.
- Sein Verhalten ist *echt*. Er äußert seine Gefühle und Gedanken so, wie er sie empfindet.
- Er *versteht* mich. Ich kann ihm nichts vormachen.
- Er ist ein *Experte*.

Gefördert wird dieser Eindruck dadurch, dass man die **Sprachebene des Gesprächspartners** betritt. Deshalb ist ein ganzes Kapitel des Buches von Farrelly und Brandsma (1986, S. 159) über die Provokative Therapie der Bedeutung der Sprachebene gewidmet: „Es ist eine Binsenwahrheit, aber keine ganz einfache, dass man ihre Sprache sprechen muss, um wirkungsvoll mit Menschen reden zu können."

Deshalb haben sich in der Provokativen Therapie vier verschiedene Arten von Sprachen entwickelt:

- der berufliche Jargon: „geschraubt, vieldeutig, tiefsinnig und meistens ängstlich" (Farrelly & Brandsma, 1986, S. 161),
- die religiös-moralische Sprache: „elternhaft, eindrücklich, autoritär, Schwarz-Weiß-Unterscheidungen",
- die Körpersprache: Position, Haltung, Gestik, Mimik, Berührung des Gegenübers,
- die „Gossensprache" oder „die Umkleideraumsprache", wie man im Alltag häufig spricht: gefühlsbeladen, fluchend, dabei derbe Ausdrücke benutzend u.Ä.

Wer also die Sprachebene des Gegenübers benutzt, signalisiert ihm, dass er ihn ernst nimmt, dass er keine psychologische Distanz hat. Und wer verschiedene Sprachebenen beherrscht und je nach Situation einsetzen kann, zeigt auch, dass er die jeweilige Situation unter Kontrolle hat.

2.2 *Streetwise* sein

2.2.1 Das Gesetz der Straße

Es ist für einen Polizisten notwendig, die Normen, Denkweisen und Verhaltensweisen von Personen aus verschiedenen Subkulturen zu kennen. Beispielsweise ergeben sich aus der amerikanischen Studie über Polizisten, die im Dienst angegriffen wurden, Konsequenzen für die polizeiliche Ausbildung. Viele Gangmitglieder zeigen z.b. eine kaltblütige und gnadenlose „Streetgang-Mentalität" und mangelndes Schuldbewusstsein. Sie sind auf Schlüsselwörter fixiert wie „Respekt", „Status", „Ehre" und „Loyalität". „Training zum Verständnis solcher Arten von Kulturen und Denkweisen/ Mentalitäten wäre nützlich für die Polizei" (Pinizzotto et al., 1997, S. 31). Jeder Polizist sollte also z.b. Kenntnisse haben über die „Kultur der Ehre", „das Gesetz der Straße" und die Spielregeln, die im Umgang mit gewaltbereiten Personen zu beachten sind. Durch diese Kenntnisse wird er „streetwise", „streetsmart", wobei der Begriff „streetsmart" sich mehr darauf bezieht, dass man sich hier auch richtig verhält.

Die Kenntnis dieser Spielregeln ist nämlich im wahrsten Sinne des Wortes überlebenswichtig, wie Anderson (1994) feststellte, der den *Kodex der Straße* („code of the street"), „das Gesetz der Straße" ausführlich darstellte. Denn gewaltbereite Personen gehen davon aus, dass jeder dafür verantwortlich ist, mit dem Kodex vertraut zu sein. Wenn beispielsweise das Opfer eines Straßenraubes den Kodex nicht kennt und „falsch" reagiert, kann sich der Täter gerechtfertigt fühlen, das Opfer sogar töten, und er fühlt keine Schuld. Er mag denken: „Sehr schlecht, aber es ist sein Fehler. Er hätte es besser wissen müssen" (Anderson, 1994, S. 89). Beispielsweise kann der Eindruck, man würde zu lange angestarrt, zu Ritualkämpfen führen (Kernspecht, 2001).

Im Mittelpunkt des Kodex steht der Gesichtspunkt des Respekts – vereinfacht definiert als: „richtig" behandelt zu werden oder die Achtung zu bekommen, die man verdient.

Der Kodex bewegt sich auch um die Selbstdarstellung. Er erfordert grundlegend, dass man eine gewisse Bereitschaft zur Gewalt zur Schau stellt. Dementsprechend muss die eigene Haltung die unmissverständliche, wenn auch manchmal subtile Mitteilung an die andere Person vermitteln: Dass man fähig ist, Gewalt auszuüben und sie auch ausüben wird, wenn die Situation dies erfordert, dass man für sich selbst sorgen kann. Die Art dieser Kommunikation hängt weitgehend von den Anforderungen der Situation ab, kann aber beinhalten: Gesichtsausdruck, Gang und sprachlichen Ausdruck, die alle darauf ausgerichtet sind, Aggression abzuschrecken.

Thompson (1999, S. 171) formuliert es seiner Erfahrung nach so: „An der Tür und besonders im Stadtzentrum von Coventry hängt dein Leben vom Respekt ab, den andere vor dir haben. Die gute Mehrheit respektiert dich, weil du ein Gentleman bist, die böse Minderheit nur, wenn du gut kämpfen kannst.

... Alle, ob gut oder böse, verlieren bewusst oder unbewusst etwas Respekt vor einem, wenn man die andere Backe hinhält."

Der äußere Eindruck, beruhend z.B. auf Kleidung, Juwelen und einem gepflegten Äußeren, spielt auch eine wichtige Rolle dabei, wie eine Person angesehen wird. Um respektiert zu werden, muss man also das richtige Aussehen und Auftreten haben.

2.2.2 Die Spielregeln gewaltbereiter Personen

Ein häufiger Fehler ist, dass man Menschen in einer bestimmten Gegend, etwa einem Ghetto, zu einheitlich sieht, sie nur unter dem Gesichtspunkt der Armut betrachtet und dabei völlig übersieht, dass sich unter den gleichen materiellen Voraussetzungen völlig entgegengesetzte Denk- und Verhaltensmuster bilden können. Anderson (1994) weist beispielsweise darauf hin, dass es in den amerikanischen Ghettos zwei entgegengesetzte Orientierungen und Kräfte gibt: starke, liebevolle, „anständige" („decent" = anständig, wie die Bewohner der Innenstädte es bezeichnen) Familien, die sich Mittelschichtnormen verpflichtet fühlen. Die entgegengesetzte Kultur ist die Kultur „der Straße", deren Normen oft bewusst der Hauptgesellschaft (*mainstream society*) entgegengesetzt sind. Diese beiden Orientierungen – „anständig" und „die Straße" – organisieren die Gemeinschaft sozial, und ihr Nebeneinander hat wichtige Konsequenzen für die Bewohner, besonders für die Kinder, die in den Innenstädten aufwachsen. In einer derartigen Umwelt zu leben bedeutet, dass sogar Kinder, deren häusliches Leben die Werte der Hauptgesellschaft widerspiegeln – und die Mehrheit in der Gemeinschaft macht dies – in der Lage sein müssen, sich in einer straßenorientierten Umgebung zu behaupten (Anderson, 1994, S. 82).

Die straßenorientierten Jugendlichen haben oft eine sehr beschränkte Sicht des Lebens. Viele sind sich nicht sicher, wie lange sie leben werden, und sie glauben, dass sie zu jedem Zeitpunkt gewaltsam sterben könnten. Sie akzeptieren ihr Schicksal, sie leben auf des Messers Schneide. Ihr Verhalten vermittelt die Botschaft, dass nichts sie einschüchtern kann.

Welchen Ausgang die Begegnung auch nehmen mag, sie behalten ihren Angriff bei – „fast wie ein Pit Bull, dessen Kampfgeist viele dieser Jugendlichen bewundern. Die Demonstration solcher Hartnäckigkeit zeigt, dass man „Herz" hat und ihren Respekt verdient" (Anderson 1994, S. 94).

Diese Furchtlosigkeit hat Bedeutung und Konsequenzen, für den Rechtsstaat, für die „Gesetzeshüter". Viele Jungen der Straße sind mehr über die Bedrohung durch das „Gesetz" in den Händen ihrer Altersgenossen besorgt als durch das in den Händen der Polizei. Darüber hinaus haben viele das Gefühl, dass sie wenig zu verlieren haben, wenn sie ins Gefängnis gehen, sondern dass sie etwas zu gewinnen haben. Das Härterwerden, das man im Gefängnis erlebt, kann tatsächlich den eigenen Ruf auf der Straße, das eigene Ansehen verstärken.

2.2.3 Die Polizei und das Gesetz der Straße

Nach Andersons (1994) Schilderung gibt es bei den Ghettobewohnern ein tiefes Gefühl der Entfremdung von der Hauptgesellschaft und ihren Institutionen. Und das Gesetz der Straße ist eine kulturelle Anpassung an einen tief gehenden Mangel an Vertrauen in die Polizei und das Justizsystem. Die Polizei wird am häufigsten so gesehen: Sie repräsentiert die dominierende weiße Gesellschaft, und sie kümmert sich nicht darum, die Bewohner der Innenstädte zu schützen. Wenn sie gerufen wird, reagiert sie vielleicht nicht, was einer der Gründe dafür ist, dass viele Bewohner meinen, dass sie vorbereitet sein müssten, außergewöhnliche Maßnahmen zu ergreifen, um sich und ihre Lieben gegen jene zu verteidigen, die zur Gewalt neigen.

Dass man nicht mit der Polizei rechnen kann, ist tatsächlich in das Statussystem eingebaut: Der Person, von der man glaubt, dass sie fähig ist, „für sich selbst zu sorgen", wird eine bestimmte Achtung gewährt, was in ein Gefühl der körperlichen und psychologischen Kontrolle umgesetzt wird. So entsteht das Gesetz der Straße dort, wo der Einfluss der Polizei endet und wo die persönliche Verantwortung für die eigene Sicherheit – nach eigenem Empfinden – beginnt. Verschärft durch die immer mehr um sich greifende Drogensucht und die leichte Verfügbarkeit von Schusswaffen mündet diese brisante Situation in die Fähigkeit der straßenorientierten Minderheit (oder derjenigen, die – wie Anderson (1994) es formulierte – wirkungsvoll „nach dem Bösen aus sind"), die öffentlichen Plätze zu beherrschen.

2.2.4 Die Notwendigkeit „streetwise" zu sein

Der von Anderson (1994) benutzte Begriff „Gesetz der Straße" löst leicht die Assoziation *Gewalt* aus. Doch sind diese beiden Begriffe nicht unbedingt gleichzusetzen. Wichtig ist jedoch die Erkenntnis: Wenn ich „das Gesetz der Straße" kenne und beachte, kann ich Gewalt *vermeiden*. Beispielsweise zeigt gerade *die* Therapie, die sehr erfolgreich mit Gewaltorientierten und Personen mit abweichendem Verhalten umgehen kann, die provokative Therapie, aggressionsvermeidende Kommunikationsformen auf. Sie verwirklicht gewissermaßen das von Beggan und Messick (1998) formulierte Prinzip der TIT FOR TAT-Strategie „fair but firm". Wer die Techniken der provokativen Therapie umsetzt, wird erlebt als fair, aber nicht manipulierbar, als jemand, den man nicht einschüchtern kann (Farrelly & Brandsma, 1986, S. 178). Und vor allem geht die provokative Therapie, da sie vier verschiedene Sprachebenen benutzt, gezielt auf die jeweilige Sprachebene des Kommunikationspartners ein.

Gerade das scheint aber ein Problem für Therapeuten, Gutachter, Polizisten und andere Berufsgruppen zu sein, die im Denken und Sprechen stark mittelschichtorientiert sind und diese Maßstäbe auch an Personen anlegen, die aus der Unterschicht, aus gewaltbereiten Gruppen usw. stammen. Da diese aus einer völlig „anderen Welt", aus einer völlig anderen Kultur (s. *Kultur* der Unterschicht, Miller, 1958/1970) stammen, in der nicht die *sprachliche* Auseinandersetzung und Konfliktlösung vorherrscht, kann es leicht zu Problemen, beruflicher Erfolglosigkeit und sogar zum „Burnout" bei Therapeuten usw. kommen. Dies kann man nur dadurch verhindern, dass man die Existenz anderer „Kulturen", ihrer Spielregeln (z.B. „das Gesetz der Straße") usw. zur Kenntnis nimmt und berücksichtigt, also „streetwise", „streetsmart" wird.

3. Der erfolgreiche Einsatz der TIT FOR TAT-Strategie in einer Jugendgang

Selbst wenn man wenig über die Denkstrukturen eines anderen Menschen und die Spielregeln, nach denen er handelt, weiß, kann man wenig falsch machen, wenn man gemäß der TIT FOR TAT-Strategie handelt.

Dass diese Strategie auch gegenüber potenziell gewaltbereiten Personen eingesetzt werden kann, belegt das Beispiel des Sozialarbeiters Taylor. Sein Verhalten gegenüber einer der größten gewalttätigen Jugendgangs wird detailliert von Salisbury (1962, S. 116f.) in seinem Buch „Die zerrüttete Generation" geschildert.

Taylor war offensichtlich „streetwise", d.h. er wusste, wie die betreffenden Jugendlichen fühlten, dachten und handelten. Und er trat mit ihnen in eine Interaktion ein. Dies gelang ihm auch dadurch, dass er eine schauspielerische Begabung zur Wiedergabe der Kommunikationsform der Straßengangs hatte, was eine der vier Sprachebenen der provokativen Therapie (Farrelly & Brandsma, 1986) darstellt! Es gibt aber noch eine weitere Parallele zur provokativen Therapie: „Sie machten Witze über ihn und neckten ihn, aber er genoss ihr Vertrauen" (Salisbury, 1962, S. 117).

Respektiert wurde er, weil er durch Befolgung der TIT FOR TAT-Strategie *konsequent* sozial-integratives Verhalten zeigte und förderte:

Wenn die Jugendlichen Schwierigkeiten mit der Polizei, dem Gericht, ihrer Schule, zu Hause usw. hatten, erlebten sie, dass Taylor ihnen auf jede mögliche Weise behilflich war. Obwohl er niemals asoziales Verhalten billigte, spielte er sich niemals als Richter oder Zensor auf. Die Jugendlichen akzeptierten dafür drei Grundbedingungen:

- Taylor würde jeden, den er mit einer Waffe sah, auffordern, sie abzuliefern, oder er würde die Polizei benachrichtigen.
- Schon beim Verdacht, dass sie Rauschgift bei sich hätten, würde er sie auffordern, es abzuliefern, oder er würde die Behörden benachrichtigen.
- Wenn er erfuhr, dass sie jemand überfallen oder eine Gangschlacht beginnen wollten, würde er die Polizei herbeirufen, um dies zu verhindern.

Taylor verwirklichte dadurch das Prinzip der TIT FOR TAT-Strategie der *Provozierbarkeit*, des *sofortigen* Reagierens auf unangemessenes Verhalten. Gleichzeitig handelte er auch konstruktiv. Er versuchte, den engen Horizont der Jugendlichen zu erweitern. Er förderte neue Interessen und den Erwerb höherer Bildungsabschlüsse. Dadurch gelang es Taylor, viele Jugendliche aus ihrem Verhaltensmuster asozialer Betätigung herauszuführen. Taylor ist ein typisches Beispiel dafür, was Anderson (1994) bei seiner Analyse des „Code of the Streets", dem „Gesetz der Straße", feststellte: Jugendliche, die aus einer straßenorientierten Familie stammen, aber eine „bürgerliche" Wertorientierung entwickeln, lernen diese Werte fast immer in einem anderen Umfeld – in der Schule, in einer Jugendgruppe, in der Kirche. Oft ist es das Ergebnis einer Beziehung mit einem fürsorglichen „älteren Kopf" (= erwachsenes Rollenmodell).

Taylor zeigte alle der von Axelrod (1991) erwähnten psychologischen Merkmale von TIT FOR TAT. Er war

- freundlich;
- provozierbar: Er reagierte sofort auf tatsächliches oder mögliches Fehlverhalten der Jungen;
- versöhnlich: Sobald das negative Ereignis *konstruktiv* beigelegt war, war die Beziehung wieder positiv;
- unkompliziert: TIT FOR TAT ist eine Strategie, die leicht zu erkennen ist und die man leicht anwenden kann. Bei TIT FOR TAT weiß jeder, woran er ist.

- nicht neidisch: Axelrod (1991) versteht darunter, dass eine TIT FOR TAT-Strategie eine andere Strategie nicht übertreffen will. Darum beinhaltet der Verzicht auf persönlichen Maximalgewinn eine faire Verteilung der Ressource und eine **strategische Bescheidenheit**. Diese strategische Bescheidenheit, das Zurückstellen eigener Interessen zu Gunsten des gemeinsamen Ziels, ist typisch für Spitzenkönner auf vielen Gebieten (Garfield, 1986) und Personen, die eine Gemeinschaft aufbauen (Murphy, 1993). Deshalb wäre es vielleicht sinnvoll, in Taylors Fall den Begriff „nicht neidisch" durch „strategische Bescheidenheit" zu ersetzen. Gegenüber den Jungen zeigte er keine demonstrative Überlegenheit (er akzeptierte, dass sie ihn neckten und Witze über ihn machten), aber er baute eine kooperierende Gemeinschaft, eine „TIT FOR TAT-Kultur" auf.

4. Der Aufbau von Respekt

Wie kann aber die TIT FOR TAT-Strategie in praktisches polizeiliches Handeln umgesetzt werden? In seinem Artikel über *Community Policing* verrät uns Bobinsky, ein amerikanischer Polizist, sein „Geheimnis".

Bobinsky (1994, S. 18), der mit Jugendgangs zu tun hat, beschrieb seine Haltung so:
„Trotz meiner Intoleranz gegen Jugendgangs im Allgemeinen zeigen die Mitglieder der örtlichen Gangs einen mürrischen Respekt für mich und meine Position. Sie erkennen an, dass ich jede Person auf einer individuellen Basis behandele und sie nicht bloß als Gangmitglieder sehe. Sie stellen fest, dass ich einen Job zu tun habe und dass, wenn ich sie mit Respekt behandele, ich auch den gleichen Respekt als Gegenleistung verlangen kann. Ich werde selten enttäuscht."

Bobinsky berücksichtigt also den Faktor, den der Kommunikationsforscher Gibb (1961) für den allerwichtigsten in der menschlichen Kommunikation ansieht: *Fairness*. Und er verwirklicht das in der TIT FOR TAT-Strategie (Axelrod, 1991) vorhandene *Austauschprinzip*, hier spezifisch für Respekt: Wenn ich Respekt vor *dir* zeige, erwarte ich, dass auch *du* vor mir Respekt zeigst.

Bobinsky (1994) berichtet dann von folgendem Ereignis: Einige Mitglieder einer Gang machten ihn darauf aufmerksam, dass ein Mitglied einer rivalisierenden Gang ein gestohlenes Auto in den Distrikt des Polizisten gefahren hatte. Sie brachten den Polizisten zu dem Auto, er stellte das Auto sicher und verhaftete den Täter – mit Hilfe von Informationen, die ihm die Jugendlichen geliefert hatten.

Man kann also sagen: Obwohl der Polizist auch gelegentlich negative Sanktionen verhängen muss, hat er gewissermaßen eine Art „TIT FOR TAT-Kultur" aufgebaut. Die Gangmitglieder sehen, dass er viele Aufgaben erfüllen muss und erfüllt, von der Unterstützung anderer Polizisten bei Notfällen über das Lösen von Parkproblemen bis hin zum Nachhausebringen verirrter Kinder. Und da er seine Rolle fair ausfüllt, auch gegenüber Mitgliedern von Gangs, löst er Akzeptanz und im gewissem Ausmaß Kooperation aus. Dass die TIT FOR TAT-Strategie zum Aufbau einer gewaltfreien oder zumindest gewaltarmen Atmosphäre auch bei gewaltbereiten Gruppen beitragen kann, belegen die in Kapitel 5 zitierten Erlebnisse eines deutschen Polizisten.

Fazit:
Selbst in einem potenziell gewaltbereiten Milieu kann ein Polizist

- seine polizeilichen Tätigkeiten vollziehen *und*
- ein Gefährdungspotenzial dadurch erheblich vermindern, dass er eine vertrauensvolle Kommunikation aufbaut.

5. Überleben durch Beachtung der TIT FOR TAT-Strategie

Man könnte natürlich fragen, ob die Benutzung der TIT FOR TAT-Strategie immer erfolgreich ist, ob das Verhalten von Bobinsky oder Taylor gegenüber *allen* möglichen Personengruppen die gleiche Wirkung gehabt hätte. Wie ist es z.B. mit den von Pinizzotto et al. (1997) beschriebenen Gangmitgliedern?

Zunächst einmal ist es wichtig, *stets* mit gelassener Wachsamkeit die Prinzipien der Eigensicherung zu beachten. Dass man in einer Gegend ein aggressionsfreies Klima aufgebaut hat, ist eine wichtige *Voraussetzung*, dort zu überleben. Aber auch dort muss man das Verhalten anderer Personen genau registrieren. Das zeigen Fälle, die von der amerikanischen Sicherheitsfirma *Calibre Press* berichtet wurden, in denen Polizisten von Personen angegriffen wurden, die sie schon länger kannten.

Andererseits muss man beachten: In einer gewaltbereiten Umgebung hat man keine andere Wahl, als gemäß der TIT FOR TAT-Strategie zu handeln. Wie auch Anderson (1994) in seinem „Gesetz der Straße" schilderte, löst man nämlich sowohl dann Gewalt aus, wenn man selbst auf Streit aus ist, als auch dann, wenn man Schwäche zeigt. Man kann natürlich sagen, dass in bestimmten Situationen die Strategie SHUBIK, eine härter reagierende TIT FOR TAT-Variante, erfolgreicher sein kann als das klassische TIT FOR TAT (Füllgrabe, 1994). Dies ändert aber nichts an der grundlegenden Erkenntnis aus allen TIT FOR TAT-Varianten:

Versuche es *zunächst* mit Freundlichkeit. Dass dies gerade im Umgang mit gewaltbereiten Personen die Überlebenschance enorm erhöhen kann, belegt folgendes Beispiel:

> Ein amerikanischer Gefängniswärter, der während einer Geiselnahme mit dem Tod bedroht war, formuliert aus den Erfahrungen während dieses Erlebnisses heraus folgende Ratschläge: 1) Vorschriften und Sicherheitsmaßnahmen müssen genau eingehalten werden. 2) Als Geisel muss man ruhig (cool) bleiben. 3) Der beste Aufbau von Beziehungen beginnt lange vor dem Ereignis, durch den alltäglichen Kontakt mit den Gefängnisinsassen. Im Umgang mit den Gefängnisinsassen hatte der Wärter immer versucht, sich daran zu erinnern, sie als Menschen zu respektieren: „Ich behandele jeden Insassen als Individuum, gleichgültig, welche(s) Verbrechen er begangen hat."
> Er ist sich sicher, dass das Vertrauen, das sich daraus ergeben hatte, ihm half, als Geisel zu überleben. Selbst als sie ihn mit dem Leben bedrohten, behandelten ihn die Geiselnehmer mit grundlegendem Respekt. Dagegen nannten sie die Namen von Gefängniswärtern, die sie als Gefangene misshandelt hatten und die sie – hätten sie sie in die Hand bekommen – getötet hätten.

Es gibt aber eine Personengruppe, mit der man kaum eine TIT FOR TAT-Kultur aufbauen kann: Psychopathen (Hare, 1999), gekennzeichnet durch Gefühlskälte, Narzissmus, mangelndes Schuldbewusstsein, gute Manipulationsfähigkeit, manche haben großes Charisma usw. (Füllgrabe, 2011). Eine Psychologin veranschaulichte den Unterschied zwischen anderen dissozialen schwer erziehbaren Kindern, die lügen und stehlen, und einem hochgradig aggressiven, psychopathischen Jungen mit den Worten: „Er spielt in einer völlig anderen Liga."

Viele Beispiele aus der Praxis – wie bereits erwähnt – belegen, dass man sogar mit gewaltbereiten, dissozialen Personen gewaltfrei umgehen kann, wenn man mit ihnen eine vertrauensvolle Beziehung (TIT FOR TAT-Kultur) aufgebaut hat: Der Anthropologe Richard Curtis (1999) bewegte sich jahrelang zu Forschungszwecken unbehelligt im Drogenmilieu in einem der gefährlichsten Stadtteile New Yorks. Die Tatsache, dass er demonstrativ unbewaffnet war, veranlasste sogar die „harten Jungs" der Gegend, eine „Leibwache" für ihn zu bilden.

Derartige kooperative Interaktionen sind vermutlich mit Psychopathen nicht möglich. Hare (1999) zitiert dazu mehrere Ereignisse, die er als Gefängnispsychologe mit einem Psychopathen erlebte, der nicht nur seine Hilfsbereitschaft und Freundlichkeit mit Undank lohnte, sondern durch eine „Autoreparatur" – die aber vermutlich eine Sabotage war – Hare sogar in Lebensgefahr brachte.

Kapitel 18
Die Überlebenspersönlichkeit

1. Die Persönlichkeitsstruktur von „Überlebensexperten"

Ob jemand Gefahren rechtzeitig erkennt und bewältigt oder übersieht und verletzt oder getötet wird, hängt – wie die Tabelle von Pinizzotto et al. (1998, S. 23) zeigt – auch von seiner Persönlichkeitsstruktur ab.

Es gibt also offensichtlich individuelle Unterschiede im Bewältigen und Überleben gefährlicher Situationen. Man kann diese psychologischen Faktoren mit dem Begriff *Survivability* zusammenfassen, der Fähigkeit, gefährliche Situationen zu erkennen, zu bewältigen und körperlich und psychisch zu überleben. Dies drückte auch Siebert (1996) in seinem Begriff der „Überlebenspersönlichkeit" (Survivor personality) aus, den Experten des Überlebens im „Spiel des Lebens" (Füllgrabe, 1997).

Sieberts Interesse an dem Studium von Überlebensexperten begann 1953, als er nach dem College zur Grundausbildung einem Fallschirmregiment zugeteilt wurde, das nach schweren Kampfverlusten gerade aus Korea zurückgekehrt war. Man erzählte den Rekruten, dass nur jeder Zehnte überlebt habe.

„Dieses Regiment hatte im Zweiten Weltkrieg die Insel Corregidor von den Japanern befreit. Es handelte sich um Dschungelkämpfer – hart, unaufhaltsam und tödlich –, und die Rekruten fragten sich nervös, wie wohl das Training durch diese Männer sein würde. Gerüchte von fiesen, brüllenden Ausbildern gingen um.

Als jedoch die Grundausbildung begann, waren die Sergeanten und Offiziere nicht das, was wir von ihnen erwartet hatten. Sie waren hart, hatten aber Geduld mit uns. Sie verlangten viel von uns, waren aber tolerant" (Siebert, 1996, S. 10f.).

Dass dieses Verhalten der Ausbilder **aufgabenorientiert** war, ergibt sich aus einer anderen Stelle seines Buches:

„Bei den Fallschirmjägern drillten sie uns Woche für Woche, wie wir unsere Fallschirme und Waffen benutzen sollten. Bald handelten wir reflexartig. Für uns Auszubildende war die ewige Wiederholung langweilig. Wir murrten und beschwerten uns oft. Solch ein Training ist aber von unschätzbarem Wert, weil man gründlich eingeübte Handgriffe selbst dann durchführen kann, wenn man schreckliche Angst hat" (Siebert, 1996, S. 211).

Interessant war auch die Reaktion der Ausbilder auf Fehler: „Wenn ein Auszubildender einen Fehler machte, lachten sie eher und amüsierten sich darüber, als dass sie ärgerlich waren. Sie verhielten sich entweder so oder sagten unverblümt: ‚Im Kampf wären Sie jetzt tot.', und gingen weg" (Siebert, 1996, S. 10).

Leider geht Siebert nicht weiter auf diesen Kommunikationsstil ein, aber der Hinweis „Im Kampf hätte Sie das Ihr Leben gekostet" ähnelt/entspricht der Technik **Zukunftsszenarien** des *provokativen Stils*: „Wenn du so weitermachst, wird Folgendes eintreten: ..." Ein provokativer Stil hat also nichts mit beleidigen zu tun, sondern mit *Herausforderung*, d.h. sein Verhalten zu überdenken und evtl. zu ändern.

Aus Sieberts Schilderung lässt sich auch ableiten, dass die erfolgreiche Umsetzung des provokativen Stils mit bestimmten inneren Einstellungen verbunden sein dürfte. Folgende Schilderung von Siebert (1998, S. 5) ist zwar auf seine militärischen Erfahrungen bezogen, zeigt aber z.B. die Bedeutung von **strategischer Bescheidenheit** auf, d.h. der Bescheidenheit einer Person mit echtem Selbstvertrauen, die die gemeinsame Lösung eines Problems mehr in den Vordergrund stellt als die eigene Person. Es wird auch deutlich, dass eine derartige Haltung nicht isoliert ist, sondern z.B. mit Humor und einem „**Gefahrenradar**" (Füllgrabe, 2000) verknüpft sein kann:

„Überlebende aus Kämpfen sind also eher wie Alan Alda, der den spitzbübischen nonkonformistischen Chirurgen Hawkeye in der Fernsehserie M.A.S.H. spielt, als dass sie wie der Filmheld Rambo sind. Der Ausbildungsleiter der SEALS (Kommandotruppen für Spezialeinsätze der US-Marine) sagte z.B. in einem Zeitungsinterview: Die Rambotypen sind die Ersten, die mit dem Leben bezahlen.
Während unserer Ausbildung fiel mir auf, dass Überlebende aus Kämpfen eine Art persönlichen Radar haben, der ständig auf Empfang steht. Auf alles, was geschah oder jedes Geräusch reagierten sie mit einem schnellen, kurzen Blick. Sie hatten eine entspannte Aufmerksamkeit. Ich begann zu verstehen, dass es nicht bloßes Glück oder Schicksal war, dass dies die Wenigen waren, die zurückkamen. *Bestimmte persönliche Qualitäten hatten die Waage zu ihren Gunsten geneigt.*
Sie stellten nicht eine ICH-bezogene Die-Besten-überleben-Haltung zur Schau. Ganz im Gegenteil, sie hatten ein so starkes Selbstvertrauen, dass sie nicht bösartig oder rüde handeln mussten. Sie wussten, was sie tun konnten, und empfanden offensichtlich nicht das Bedürfnis, irgend-

jemandem irgendetwas beweisen zu müssen. Wir Auszubildenden wussten, dass – wenn wir in einen lebensbedrohlichen Kampf gehen mussten – wir diese Kämpfer an unserer Seite haben wollten" (Siebert, 1998, S. 5).

Diese Persönlichkeitsbeschreibung ist kein Einzelfall. Bei der Analyse von Überlebenden unterschiedlichster Gefahrensituationen (Schicksalsschläge, Überfälle, Krankheiten, berufliche Krisen usw.) stellte Siebert (1996) nämlich ein bestimmtes Muster von Denkstrukturen, Verhaltensweisen usw. fest, das den Stellenwert eines *Syndroms* hat. Das heißt: Die Merkmale müssen also nicht unbedingt alle *gleichzeitig* bei den einzelnen Überlebenspersönlichkeiten vorkommen.

Was ist typisch für Überlebensexperten, für Menschen, die wirkungsvoller als andere Krisensituationen überleben können?

Die einzelnen Beobachtungen von Siebert (1996) kann man in folgender Übersicht zusammenstellen, wobei „Überlebensexperten" in zwei höchst unterschiedlichen Situationen anderen Menschen überlegen sind:

1. in der Gefahrenerkennung und der Gefahrenvermeidung,
2. in der Bewältigung von Krisen und lebensbedrohlichen Situationen.

1. Gefahrenerkennung und Gefahrenvermeidung

1.1 Aktive Informationssucher und Informationsverarbeiter
- Sie haben eine entspannte Wahrnehmungsfähigkeit.
- Sie wenden sich auch den kleinen Dingen des Alltags zu und beobachten sie genau.
- Sie beobachten genau, ohne zu etikettieren. Sie vermeiden also „voreilige kognitive Festlegungen" (s. Gefahrenradar).
- Sie zeigen eine spielerische Neugierde, sind also offen für neue Informationen.
- Sie sind unkonventionell, d.h. sie übernehmen nicht einfach die Denkkategorien anderer Menschen.
- Sie sind wachsam für Unerwartetes.
- Sie haben eine aktive Phantasie, können sich also auch leicht andersartige Situationen und Lösungsmöglichkeiten vorstellen.

Dies entspricht dem, was Langer (1991) mit **aktivem Denken** bezeichnet. Dadurch werden – wie Siebert (1996) es formuliert – „mentale Stadtpläne", „geistige Landkarten" aufgebaut. Siebert (1996) meint, dass Menschen, die einen guten Überlebensstil besitzen, offenbar die sind, die am besten und präzisesten die Außenwelt in ihrem Geist abbilden können. Dies ist durchaus plausibel, weil Überlebensexperten wegen ihres aktiven

Lebensstils und der Bereitschaft, aus Erfahrungen zu lernen, ihre „geistigen Landkarten" ständig überprüfen, somit stets ein gutes, realistisches und vollständiges Bild von ihrer Umwelt haben. Dies ist wichtig, weil es notwendig ist, rechtzeitig Muster für die Wahrnehmung von Gefahren zu entwickeln.

Experten auf verschiedenen Gebieten haben durch sachgemäße Übungen derartige Wahrnehmungsmuster aufgebaut. Als Beispiel weist Siebert (1996) darauf hin, dass gute Sportler sehr schnell die Lage des Spiels und ihrer Mitspieler erfassen können, Schachexperten blitzschnell die Spielstellung auf dem Schachbrett erfassen, der gute Autofahrer sehr schnell die Verkehrslage erfasst. Sie alle können die Situation „lesen", diese Informationen schnell verarbeiten und in Sekundenbruchteilen wirkungsvoll handeln. Ein derartig schnelles *und* sachgerechtes Erfassen eines Sachverhalts ist das, was man als „Intuition" bezeichnet (Westcott, 1968).

1.2 Gute Systemsteuerer

a) ihres eigenen Lebens
- Sie haben eine realistische Kontrollüberzeugung.
- Sie haben einen aktiven Lebensstil: Sie bleiben nicht passiv, sondern sie handeln. Sie packen Probleme an und lösen sie.
- Sie haben ein breites Verhaltensrepertoire, also verschiedene Handlungsmöglichkeiten für unterschiedliche Situationen zur Verfügung.
- Sie lernen aus Erfahrungen.
- Sie sind in der Lage, „Kurskorrekturen" vornehmen zu können (s. Garfield, 1986).

Siebert (1996, S. 148) beobachtete nämlich, dass die widerstandsfähigen Menschen in schweren Zeiten diejenigen sind,

- bei denen Selbstwertgefühl und Selbstkritik ausgewogen sind,
- bei denen eine Mischung aus Selbstvertrauen und Selbstzweifeln vorhanden ist,
- deren positives Selbstverständnis Fehler und Schwächen offen akzeptiert.

Sie sind also nicht ICH-zentriert.

b) des Gesamtsystems
- Sie haben eine synergistische Persönlichkeitsstruktur. Sie haben das Bedürfnis, dass das System gut funktioniert, dass die Prozesse darin reibungslos ablaufen.
- Sie haben eine realistische Menschenkenntnis. Sie schätzen auch Personen sachgerecht ein, die ihnen feindlich gegenüber stehen.

Kapitel 18

Die sachgemäße Informationssuche und -verarbeitung und die Fähigkeit zur guten Systemsteuerung ist das, was Siebert (1996, S. 185) als Überlebensstil bezeichnet:

> „Der Überlebensstil ist, die Realität schnell zu erfassen und gleichzeitig nach der besten Aktion oder Reaktion aus dem eigenen Reservoir paradoxer Ressourcen zu schöpfen. Dieser automatische und manchmal unbewusste Prozess führt dazu, dass der Betreffende nachher erstaunt über das ist, was er getan hat, und sich verwundert fragt, wie er das fertig gebracht hat."

2. Bewältigung von Krisen und lebensbedrohlichen Situationen

Sie haben keine *Ich-gebe-auf-Mentalität*
Unter der Überschrift *Was wir von den Menschen lernen können, die qualvolle Bedingungen überlebt haben* beschreibt Siebert (1996, S. 214) die psychische Situation von Überlebenden von Konzentrationslagern oder Kriegsgefangenschaft: „Unter solchen Bedingungen war sterben leichter als leben. Zum Leben musste man sich jeden Tag, ja jede Stunde neu entschließen" (Siebert, 1996, S. 216).

Voraussetzung dafür war:

- Sie passten sich der neuen Realität an.
- Sie fühlten sich nicht als Opfer. In einer Krisensituation stehen Menschen vor der Frage sich behaupten oder das Opfer spielen? Die Antwort von Überlebensexperten ergibt sich aus ihrer **Kontrollüberzeugung**, d.h. der Überzeugung, wer ihr Schicksal kontrolliert. Auf die Frage *Wer trägt hauptsächlich die Verantwortung für mein Leben?* antworten sie deshalb: **ICH**.
- Sie blieben deshalb nicht passiv.
- Sie stellten sich Fragen wie: Was geht hier vor? Wie sehen die Wachen das? Was muss ich tun, damit ich eine Überlebenschance habe?
- Sie handelten nach dem Motto: Sie könnten es schaffen, wahrscheinlich schaffen sie es nicht, aber sie versuchen es immer wieder.
- Sie leisteten passiven Widerstand, versuchten das Wachpersonal zu übertölpeln.

Sie hielten den Kontakt mit anderen aufrecht. Einzelgänger schaffen es selten, in dieser extremen Situation zu überleben (Siebert, 1996, S. 220). Deshalb entwickelten sie raffiniert improvisierte Kommunikationsmethoden. „Wir trösteten, ermutigten uns gegenseitig, fühlten miteinander und amüsierten uns sogar" (Siebert, 1996, S. 230).

Man beachte, dass auch ein Schwimmer, der zu ertrinken drohte, durch seine Phantasien den Kontakt mit seinen Bezugspersonen aufrechterhielt (Janis, 1971; s.a. Kap. 15).

Einige dieser Faktoren sollen wegen ihrer großen Bedeutung im Folgenden noch näher beschrieben werden:

Humor vergrößert die Überlebenschancen aus mehreren Gründen. Lachen verringert die Spannung und ein zu starkes Aktivitätsniveau. Sehr aufgeregte Menschen sind nicht so gut in der Lage, Probleme zu lösen und exakte Bewegungen zu machen (Siebert, 1996, S. 187). Humor gestaltet die Reaktion eines Menschen in Krisen positiv und vermindert das Auftreten von Angst und Depression: „So lange man lachen kann, ist man nicht vollkommen unter der Herrschaft von Angst oder Furcht" (Lefcourt, 1980, S. 218).

Humor ermöglicht es auch, die Dinge aus verschiedenen Perspektiven zu sehen. Dies vermindert auch Verzweiflung oder Wut über eine ungerechte Welt.

„In den meisten Berichten von Überlebenden geht es nur um die grausigen Schrecken. Es gibt aber auch Augenblicke der Freude und des Humors. Wenn Sie Überlebende fragen, wie sie es schafften, Tag für Tag weiterzumachen, werden Sie wahrscheinlich zu hören bekommen, dass sie sich auch unter den hoffnungslosesten Umständen einen starken Sinn für Humor bewahren konnten" (Siebert, 1996, S. 231).

Die Kriegsgefangenen des Pazifikkrieges beschrieben die Bajonette der Japaner oft als „Vitaminstangen" und meinten damit, dass der Stoß eines japanischen Bajonetts einem so viel Energie zum Durchhalten wie eine Vitaminkapsel gab (Siebert, 1996, S. 231). So verwandelten sie einen eigentlich demütigenden Vorgang in ein motivierendes Erlebnis.

Gerald Coffee berichtet aus seiner Kriegsgefangenschaft in Vietnam:
„Lachen wirkt befreiend, sodass man auch die tragischen Umstände überwindet. Es hilft uns, wieder einen klaren Kopf zu bekommen und unser Gespür für Ausgewogenheiten und den Sinn des Lebens wiederherzustellen. Humor ist wesentlich für unseren Seelenfrieden und unsere Fähigkeit, über das Überleben hinauszugehen."
„Coffee sagt, am herzlichsten habe er kurz nach seiner Ankunft in dem berüchtigten Hanoier Gefängnis mit dem Namen Heartbreak Hotel gelacht. Man brachte ihn in einen kleinen, feuchten, dreckigen Raum, in dem er sich waschen sollte. Als er sich unter dem kalten Wasser einseifte, wurde ihm klar, dass er sich drei Monate lang nicht mehr geduscht hatte. Er sagte: ‚Ich dachte an die letzten Monate und war enttäuscht, am Boden zerstört.' Mit gesenktem Haupt wusch er langsam die Seife von seinem Körper ab. ‚Schließlich hob ich den Kopf und sah vor mir in Augenhöhe die Worte Lächeln Sie, Sie sind in Candid Camera („Versteckte Kamera"). Ich konnte nicht lächeln ... ich musste laut lachen und freute

mich nicht nur über die Absurdität der Situation, sondern bewunderte auch den wunderbaren Typen, der all seine Kräfte aufgeboten hatte, sich über seine eigene Niederlage und Frustration, seinen Schmerz und seine Schuldgefühle erhoben hatte, um all denen ein paar ermutigende Worte zu schreiben, die nach ihm kamen'" (Siebert, 1996, S. 232).

Man kann die Leistung des unbekannten Soldaten nicht hoch genug einschätzen. Seine Worte, die er niederschrieb, halfen nicht nur ihm selbst, in einer schlimmen Situation Gefühle der Verzweiflung und der Hoffnungslosigkeit zu überwinden: Er ging auch über seine persönliche Situation hinaus und sandte gewissermaßen eine *Botschaft in die Zukunft,* von der er nicht wissen konnte, ob sie jemals irgendwer lesen würde. Dies stellt genau das dar, was der Psychiater Viktor Frankl **die Trotzmacht des Geistes** nannte, die Fähigkeit des Menschen, sich von der materiellen Situation zu distanzieren und deshalb auch in scheinbar hoffnungslosen Lagen nicht zu verzweifeln (Frankl, 1996, S. 148).

Ein breites Verhaltensrepertoire

Überlebensexperten haben komplexe Persönlichkeitsstrukturen und Verhaltensweisen. Siebert (1998) diagnostizierte bei ihnen etwas, was er als *biphasische Merkmale* bezeichnete. Sie sind ernsthaft *und* verspielt, zäh *und* sanft, logisch *und* intuitiv, harte Arbeiter *und* Faulpelze, scheu *und* aggressiv, introvertiert *und* extrovertiert usw. Es sind paradoxe Menschen, die sich in die üblichen psychologischen Kategorien nicht recht einordnen lassen. Das macht sie flexibler als die meisten anderen Menschen, und es stehen ihnen vielseitigere Hilfsmittel zur Verfügung, auf die sie jederzeit zurückgreifen können. Sie sind damit besser auf anders geartete, auf völlig unterschiedliche und neue Situationen vorbereitet und können deshalb leichter sachgemäß reagieren (s.a. Linville, 1987; Potter, 1984). Reaktionsalternativen sind wichtig, um Veränderungen und Unvorhergesehenes bewältigen zu können. Ein Mensch, der nur ein Handlungsmuster erlernt hat, hat wenig Kontrolle über sein Verhalten und wird daher ständig von äußeren Kräften unter Kontrolle gehalten. Und wenn er dann entgegen seinem vertrauten Muster handeln müsste, fühlt er sich hilflos und meint, äußere Kräfte beherrschen ihn.

Synergismus

Eines der wichtigsten Bedürfnisse, das Überlebende von anderen Menschen unterscheidet, geht über die individuelle Selbstverwirklichung hinaus: das Bedürfnis nach Synergismus. Siebert (1996) definiert das Bedürfnis nach Synergismus als den Wunsch, dass die Dinge für einen selbst und andere gut laufen.

„Überlebende handeln demnach selbst in Situationen größter Anspannung nicht nur aus Selbstinteresse, sondern auch im Interesse Anderer.

Sie bringen die Dinge ins Lot und machen alles sicherer oder wirksamer. Sie geben etwas von sich selbst, und sie hinterlassen die Welt besser, als sie sie vorgefunden haben. Ihre entspannte Aufnahmebereitschaft und das Selbstvertrauen, das damit verbunden ist, erlaubt es ihnen, ihre Energie für die wirklich wichtigen Dinge aufzusparen. Wenn alles gut läuft, lassen sie die Dinge einfach laufen und halten sich frei für ihre Neugier auf neue Entwicklungen oder potenzielle Probleme. Sie mögen manchmal vielleicht so aussehen, als seien sie völlig unbeteiligt, aber sie sind Freunde in der Not. Wenn es Ärger gibt, sind sie zur Stelle" (Siegel, 1988).

Siebert (1996, S. 42) weist auch auf einen Zusammenhang zwischen Synergismus und einer gelassenen Wachsamkeit hin: „Woher wissen sie, dass etwas nicht funktioniert? Weil sie ein großes Interesse an reibungslosen Abläufen haben, einer reibungslos funktionierenden Welt. Ihr Gespür dafür [...] verdanken sie jedoch nicht dem Auswendiglernen von Regeln und Techniken, sondern es erwächst aus einer inneren Wachsamkeit oder einem inneren Gefühl für die Naturgesetze und -prinzipien." Im Sinne Dörners et al. (1983) könnte man statt von „Naturgesetzen und -prinzipien" von Strukturwissen, Kenntnissen des Systems usw. sprechen.

Der Begriff Synergismus beinhaltet zwei wichtige psychologische Faktoren, die für das Überleben gefährlicher Situationen wichtig sind:

- eine **kooperative Orientierung**,
- **problemlösendes Handeln**.

Diesen beiden Faktoren ist gemeinsam, dass sie das Denken an das eigene ICH in den Hintergrund stellen, also Gedanken an den eigenen Erfolg oder die eigene Niederlage zurückdrängen. Dagegen steht die Aufgabe im Mittelpunkt, ein Problem zu lösen, als Einzelner oder zusammen mit Anderen.

Die Überlegenheit eines Menschen, der die egozentrische Betrachtung seiner eigenen Person verlassen und das **Gesamtsystem** betrachten kann, wird durch die Analyse psychischer Prozesse von Menschen verständlich, die eine Gefahr überlebten (s. Kap. 15). Der Gedanke an Bezugspersonen und die Erinnerung an frühere schöne Ereignisse **vernetzen sie** in einer **zeitlichen** und einer **zwischenmenschlichen Dimension**.

2. Das Persönlichkeitsmodell von Mischel

Siebert (1996) liefert eine Reihe wichtiger Einsichten hinsichtlich einzelner Faktoren, die für die Bewältigung und das Überleben von Gefahrensituationen eine große Rolle spielen. Es ist jedoch sinnvoll, ein übergeordnetes Modell zu benutzen, um diese und weitere Faktoren übersichtlich darstellen zu können. Hilfreich ist hier z.B. das Persönlichkeitsmodell von Mischel (1973), das vor allem auf kognitive (gedankliche) Faktoren eingeht. Es vermittelt wichtige Einsichten, denn es erklärt gleichzeitig

- individuelle Unterschiede (warum sich in der gleichen Situation zwei Personen unterschiedlich verhalten können),
- die Situationsabhängigkeit des Verhaltens (warum in verschiedenen Situationen die gleiche Person unterschiedliches Verhalten zeigen kann),
- welche Persönlichkeitsfaktoren eine gute oder schlechtere Systemsteuerung bewirken.

Man kann das sichtbare Verhalten eines Menschen als Ergebnis eines individuellen Entscheidungsprozesses ansehen (s. Darley & Latane, 1968; Füllgrabe, 1997); dieser kann durchaus irrational, unvollkommen usw. sein. Bei diesem Entscheidungsprozess spielen gemäß Mischel (1973) fünf Persönlichkeitsdimensionen eine Rolle.

Aus den erwähnten Untersuchungen (Sessar et al., 1980; Siebert, 1996; FBI, 1992; Pinizzotto et al., 1997) kann man folgende Persönlichkeitsfaktoren eines Menschen, der Gefahrensituationen vermeidet und/oder bewältigt und/oder überlebt, ableiten und in die fünf Dimensionen integrieren:

2.1 Fähigkeiten

Mischel (1976, S. 196) definiert diesen Bereich als „Fähigkeit, bestimmte Kognitionen und Verhaltensweisen zu zeigen"[...]. Dies „bezieht sich auf das, was die Person weiß und tun *kann*". Hierzu zählen z.B. IQ, soziale und andere Fähigkeiten. Dazu gehören aber auch Fähigkeiten, die bisher relativ unbeachtet geblieben sind. So ist es im Umgang mit Personen aus dem delinquenten Bereich, spezifisch aus der Unterschicht, wichtig, „streetwise" („streetsmart") zu sein. D.h., man muss wissen, wie Personen aus kriminalitätsbelasteten Gegenden denken, handeln, wie sie andere austricksen, betrügen, wie man sich davor schützen kann usw. (s. Füllgrabe, 1997).

Man muss auch damit rechnen, dass in derartigen Situationen die Angriffe nicht gemäß den sportlichen Regeln des Judo, Karate usw. ablaufen. Der Gegner kann mit „schmutzigen Tricks" oder Überraschungen arbeiten: sich auf den Boden fallen lassen und dann zutreten, Sand ergreifen und ins Gesicht werfen usw. Der Gegner kann auch eine Art *Orientierungsreflex* aktivieren:

Person A deutet hinter Person B, sagt „Schau mal" oder „OOOH", um Person B zu veranlassen, sich umzudrehen. Wie stark ein solcher Orientierungsreflex sein kann, wenn man dieses Prinzip nicht kennt, sah ich bei einem Rollenspiel. Der Kontrollierte ließ seinen Führerschein aus der Hand fallen, und der Polizist bückte sich danach!

Man muss auch wissen, dass es versteckte oder ungewöhnliche Waffen gibt und wie man mit einer um den Arm gewickelten Jacke einen Messerangriff abwehren kann, wie man einen Stuhl zur Verteidigung benutzen kann usw.

Wie man aus den Verhaltensbeschreibungen der Polizisten, die einen Angriff überlebten (Pinizzotto et al., 1997, 1998) oder im Dienst getötet wurden (FBI, 1992), erkennen kann, fehlte ihnen eine wichtige Fähigkeit, die man populär als *„Menschenkenntnis"* bezeichnet: die genaue Einschätzung anderer Menschen. Sie schätzten z.B. eine potenziell gefährliche Person als harmlos ein.

Ein häufiges Missverständnis besteht nun darin, dass man den Begriff „Empathie" mit Menschenkenntnis gleichsetzt. Doch Smith (1966) wies auf die Notwendigkeit hin, *„Sensitivity"* (Menschenkenntnis), die Fähigkeit vorherzusagen, was eine Person fühlen, sagen und tun wird, von *„Empathy"* zu unterscheiden. Bei Empathy (Empathie, Einfühlung) spielen nämlich u.a. auch emotionale Prozesse eine Rolle (s. Smith, 1966, S. 56), die den Glauben auslösen, man könne sich in jemand „einfühlen", wisse also genau, wie die andere Person denken, fühlen und handeln werde. Doch nicht nur der Alltag, sondern auch zahlreiche Untersuchungen (Smith, 1966, 1973) beweisen, dass dieser Eindruck häufig falsch ist.

Smith (1973) betont, dass die Voraussetzung guter Menschenkenntnis darin besteht, zunächst genau zu beobachten, was der andere macht, genau zuzuhören, was er sagt, usw., anstatt mit vorgefertigten Kategorien vorschnell ein Urteil zu fällen. Diese „verfrühten kognitiven Festlegungen" (Langer, 1991) spielen gerade bei der Eigensicherung eine große Rolle. Der Eindruck „Da sitzt ein alter gebrechlicher, kranker Mensch" führte dazu, dass man nicht mehr beobachtete, was er tat: Er griff plötzlich unter die Bettdecke, ergriff eine Waffe und verletzte mehrere Polizisten schwer (Sessar et al., 1980).

Aus der klassischen Untersuchung von Taft (1955) zur Menschenkenntnis ergeben sich einige Parallelen zum Problem der polizeilichen Eigensicherung.

Intelligenzfaktoren hatten keinerlei Einfluss auf die gute Beurteilungsfähigkeit, dagegen gute Leistungen bei den *Gottschaldt'schen Figuren*. Diese bieten strukturierte, aber unvertraute geometrische Muster an, die aus einem größeren komplexen Feld herausgesucht werden. Dieser Test (ähnlich dem Embedded Figures Test = EFT von Witkin) verlangt, dass die Person eine komplexe Gesamtheit analysiert, bedeutsamen Informationen Aufmerksamkeit schenkt und irrelevante Informationen unberücksichtigt lässt. Hier wird die Parallele zu den FBI-Studien (Pinizzotto et al., 1997) deutlich. Die gefährdeten Polizisten konnten die relevanten Informationen *nicht* von irrelevanten unterscheiden.

Es gibt noch eine weitere direkte Parallele der Untersuchung Tafts (1955) zur polizeilichen Eigensicherung. Die guten Personenbeurteiler beschrieben sich nämlich signifikant häufiger als die schlechten mit Eigenschaften wie z.B.

- **wachsam, vorsichtig**, also Adjektiven, die eine grundsätzliche problemvermeidende **Wahrnehmung** ausdrücken,
- **planvoll, gründlich, realistisch**, also Adjektiven, die ein problemlösendes **Verhalten** ausdrücken.

Polizisten, die im Dienst verletzt oder getötet wurden, zeigten weder diese wachsame Wahrnehmungsstruktur noch das problemlösende Verhalten (FBI, 1992; Pinizzotto et al., 1997). Aufschlussreich ist auch die Struktur der Selbstbeschreibung der schlechten Personenbeurteiler. „Debattierfreudig", „gesprächig", „sich selbst suchend" u.Ä. mögen auf den ersten Blick hin positiv erscheinen. Doch weist „debattierfreudig" auf die Notwendigkeit hin, zwei Funktionen von Kommunikation zu unterscheiden: Einerseits kann Kommunikation problemlösend eingesetzt werden, etwa durch einen Polizisten zur Erklärung einer Maßnahme oder zur Begründung einer Sanktion nach einem Verkehrsverstoß. Anderseits kann Kommunikation aber auch die Form eines Wettbewerbs annehmen, bei dem man andere sprachlich übertreffen will. Diese Art von Kommunikation muss nicht unbedingt problemlösend sein, vor allem wenn das folgende Prinzip im Vordergrund steht: „den Gegner besiegen". Symptomatisch dafür sind die spätmittelalterlichen Diskussionen zu Themen wie „Wie viele Engel haben auf einer Nadelspitze Platz?"

Polizeiliche Kommunikation muss dagegen *problemorientiert* sein und dem „Prinzip der Einfachheit" folgen. Dies ist deshalb wichtig und ausreichend, weil Konflikte oft schon alleine dadurch verhindert werden können, dass das Verhalten des Polizisten als *fair* und er nicht als willkürlich Handelnder (Toch, 1969) angesehen wird, da *er seine Maßnahmen begründet*. Dazu einige negative Beispiele:

> Bei einer Personenkontrolle wurde ein Polizist von den überprüften Studenten nach dem Grund seiner Maßnahmen gefragt. Er antwortete, dass er seine Gründe dafür hätte und dass er ihnen dafür keine Rechenschaft schuldig sei. Dies löste bei den Studenten den Eindruck der Willkür und damit Verärgerung aus, und die Situation hätte leicht eskalieren können.
>
> Dieser Vorfall steht keineswegs isoliert da. Ein Dozent einer deutschen Fachhochschule berichtete mir folgende Beobachtung: Was die angehenden Polizisten im Kommunikationstraining gelernt haben, bricht in der Praxis häufig zusam-

men. Die Trainierten verfallen im Ernstfall leicht wieder in einen autoritären Stil, vor allem wenn der Handelnde in der Situation Stress empfindet. Und Angehörige verschiedener Institutionen der Polizei beobachteten, dass manche der Trainierten meinen, sie müssten viel reden; tatsächlich kommen sie aber nicht auf den Punkt und erklären ihre getroffenen Maßnahmen nicht.

2.2 Kognitive Strukturierung/Weltbild

2.2.1 Aktives Denken

Neben den einzelnen Konzepten, die das Weltbild ausmachen (**Selbstbild, Fremdbild, Kontrollüberzeugung** usw., die, wie bereits angesprochen, bei angegriffenen oder getöteten Polizisten nicht unbedingt realistisch sind), geht es auch um die Art und Weise der **Informationsverarbeitung**. Einen der hier für den Gesichtspunkt der Survivability wichtigen Prozesse stellt der des **aktiven Denkens** bzw. der **Gedankenlosigkeit („mindlessness")** dar.

Langer (1982, S. 60) versteht darunter „einen Zustand verringerter geistiger Aktivität, in dem eine Person auf die Umwelt reagiert, ohne ihre möglichen neuen Elemente zu berücksichtigen". Dies ist kein bloßes Vernachlässigen der Aufmerksamkeit, sondern eher „geistige Trägheit" (Langer, 1991, S. 31). „Im Zustand der Gedankenlosigkeit handeln Menschen so, als würden sie den Details einer bestimmten Situation Aufmerksamkeit schenken und sie in einer angemessenen Reaktion gewichten, wenn sie es tatsächlich nicht tun" (Langer, 1982, S. 60). Anschauliche Beispiele dafür liefern die zitierten Polizisten, die z.B. bei Kontrollen überhaupt nicht das Gefährdungspotenzial in Betracht zogen, das von einem Beifahrer ausgehen könnte (FBI, 1992; Pinizzotto et al., 1998). Langer (1991) betont deshalb, die Notwendigkeit des „**aktiven Denkens**", um ein derartiges „Automatenverhalten" zu vermeiden. Während Gedankenlosigkeit im Sinne von Langer bedeutet, sich starr auf alte Kategorien zu verlassen, besteht aktives Denken in ständiger Produktion neuer Kategorien, Offenheit für neue Informationen, aktiver Verarbeitung geänderter Signale, Offenheit für unterschiedliche Standpunkte. Verschiedene Perspektiven auszuprobieren bedeutet den Erwerb einer größeren Auswahl an Reaktionsmöglichkeiten.

Hier findet man Anknüpfungspunkte an die Ausführungen von Lefcourt (1998) zur Rolle von Humor bei der Bewältigung von Krisen, weil Humor einen Perspektivenwechsel begünstigt. Dass die von Langer geforderte aktive gedankliche Auseinandersetzung mit der Umwelt im polizeilichen Bereich tatsächlich eine Rolle spielt, konnte ich bei langjährigen Untersuchungen zu der Frage feststellen, warum einige Polizeianwärter trotz ausreichender intellektueller Voraussetzungen den Grundlehrgang nicht bestanden. Aus den Verhaltensbeschreibungen, die von den Ausbildern regelmäßig als Beurteilungsnotizen gefertigt worden waren, ergab sich ein Syndrom verschiedener Probleme:

- **Leistungsmängel:** mangelhafte Vor- und Nachbereitung des Unterrichts, kein planvolles Bearbeiten von Klausuren u.ä. und als Konsequenz daraus schlechte Noten.
- **Nichtkooperatives Verhalten:** extrem introvertiertes Verhalten, sich von anderen zurückziehen, Verstöße gegen Dienstvorschriften und/oder aggressives Verhalten.
- **Vernachlässigung der persönlichen Lebenssphäre** (Vernachlässigung von Ordnung im Wohnbereich, z.T. auch der Bekleidung usw.).
- **Passives resignatives Verhalten** (Passivität im Unterricht usw., bei Misserfolg: Resignation, Depression).
- Häufige **psychosomatische Erkrankungen**.
- Größere **Wehleidigkeit gegenüber Beschwerden**, bei Anstrengungen und Verletzungen.

Dieses Syndrom, das auffallend den Verhaltensbeschreibungen von im Dienst getöteten Polizisten ähnelt (Pinizzotto & Davis, 1995), habe ich „passiver Lebensstil" benannt, weil es auffallend den Gegensatz zu dem Verhaltensmuster darstellt, das sich aus den Beurteilungsnotizen der Lehrgangsteilnehmer mit der Endnote „gut" ergab. Diese waren nicht nur leistungsstärker, aktiver im Unterricht, verstießen nur selten gegen Vorschriften, sondern zeigten sich auch sehr kooperativ (z.B. Förderung schwächerer Lehrgangsteilnehmer) usw. Der passive Lebensstil ähnelt einem in der Marktforschung gefundenen „Sozio-Typen": dem sorglosen Materialisten. **Der sorglose Materialist** zeigt nämlich ein hohes Interesse an der materiellen Seite des Lebens, unternimmt aber wenig, um diese Ziele aktiv zu erreichen. Er besitzt eine „Laissez-faire-Haltung" und nimmt die Dinge, wie sie kommen (Grimm, 1991). Man vergleiche damit die Tabelle von Pinizotto et al. (1998, S. 23).

Ein passiver Lebensstil ist in vielerlei Hinsicht problematisch. Er verringert auch die Fähigkeit zur Stressbewältigung und verstärkt die Depressionsneigung (Lambert, 2008).

2.2.2 Stile der Informationssuche
Miller (1990) wies in ihrem Artikel „To see or not to see" darauf hin, dass Menschen in unterschiedlichem Ausmaß an der Gewinnung von Informationen interessiert sind. Zwar betreffen ihre Ausführungen primär das Informationsbedürfnis von Patienten im medizinischen Bereich. Da aber eine der vier Situationen, die Miller in ihrem MBSS für die Messung des individuellen Informationswunsches benutzt, sich auf die Situation „Geiselnahme" bezieht, dürfte der Faktor „Monitoring" auch polizeilich

bedeutsam sein. Dies könnte besonders für die Eigensicherung und die Vermeidung von PTSD (posttraumatischer Störungen) gelten.

Miller (1990, 1991) unterscheidet zwei Dimensionen der Informationssuche:

- **Monitoring** = Informationssuche
- **Blunting** = Informationsvermeidung.

Während ein geringes Informationsbedürfnis und starke Ablenkung nützlich sein können, um mit den Belastungen des Alltags fertig zu werden, besonders im medizinischen Bereich (sich Ablenken bei einer zahnärztlichen Behandlung u.Ä.), können sie wirkungslos sein, wenn es sich um ein schwerwiegendes traumatisches Ereignis handelt.

Miller (1990) erklärt dies so: Wenn man einem Ereignis ausgesetzt wird, das über die normale menschliche Erfahrung hinausgeht, kann dies die grundlegenden Empfindungen einer Person hinsichtlich des Vorliegens einer vorhersagbaren, sicheren, gerechten Welt usw. zerstören, so dass dies eine intensive, generalisierte und leicht auslösbare Angststruktur aktiviert. Deshalb sind vermutlich Personen, die gefährliche Informationen nicht wahrnehmen wollen, leichter anfällig für posttraumatische Störungen.

> Personen, die sich nicht vorher mit der Möglichkeit einer Gefährdung auseinandergesetzt haben, sind unfähig, nach einem Schicksalsschlag die auftretenden Trauma-relevanten Gedanken und Reize zu verarbeiten. Deshalb verbleiben sie mit ihrem Denken und Fühlen bei dem schmerzvollen Ereignis. Weiterhin sind sie unfähig, neues, korrigierendes Wissen in ihre gespeicherten Erinnerungsstrukturen einzubauen. Informationen, die unvereinbar mit ihren früheren Gedanken sind, können diese Erinnerungen nicht herausfordern. Deshalb werden schmerzvolle Gedanken nicht verändert und dringen weiterhin in die Gedankenwelt der traumatisierten Person ein („Es gibt nichts, worüber man sich freuen könnte.", „Ich habe keine Zukunft.", Miller, 1990, S. 31).

Diese Ausführungen von Miller sind auch deshalb wichtig, weil unerwartetes Verhalten des Täters, das nicht dem kognitiven Schema des Polizisten entspricht, eine gefahrvolle Situation und PTSD hervorrufen kann.

> Als ein Polizist bei einem Bankraub auftauchte, schoss der Täter auf ihn. Der Polizist verließ die Bank und suchte hinter seinem Auto Schutz. Der Bankräuber verfolgte ihn und feuerte weiter auf ihn. Der Polizist schoss und verletzte den Angreifer zweimal. Er selbst blieb unverletzt.
> Später drückte der Polizist seinen Schock über das Erlebnis aus. Er hatte erwartet, dass der Täter fliehen würde, aber nicht, dass ihn verfolgen würde. Sein früheres Training hatte ihn überhaupt nicht auf die Möglichkeit vorbereitet, nach Erscheinen am Ort des Geschehens verfolgt und angegriffen zu werden (Pinizzotto et al., 1997).

2.3 Erwartete Konsequenzen des eigenen Verhaltens

Das menschliche Verhalten wird auch davon gesteuert, welche Konsequenzen die Person für ihr Verhalten erwartet, z.b. Erfolg, Belohnung oder Misserfolg, Strafe. Man kann sagen, dass die angegriffenen, verletzten oder getöteten Polizisten die Konsequenzen ihres Verhaltens nicht richtig abschätzten. Das lag an ihrer „Gedankenlosigkeit" im Sinne Langers (1991), ihrem mangelnden Planungsvermögen usw. Bei derartigen Defiziten ist verständlich, dass der Polizist, der z.b. in einem dunklen Gebäude seine Taschenlampe einschaltete, ein positives Ergebnis erwartete: Er könne Personen, Objekte usw. besser sehen. Er bedachte aber mögliche negative Konsequenzen nicht, z.b. wie Sessar et al. (1980) es bei vielen Fällen ausdrücklich formulierten: *Er* wurde zur Zielscheibe.

2.4 Der subjektive Anreizwert der Situation

Hier geht es darum, welche Reize ein Mensch subjektiv

- positiv bewertet, was bei ihm Annährungsverhalten auslöst oder welche er
- negativ bewertet, was bei ihm Vermeidungsverhalten bewirkt und welche er
- neutral und als wenig bedeutsam wertet, also sein Verhalten nicht beeinflussen.

Polizisten, die im Dienst zu Schaden kamen, stellten das genaue Gegenteil von Personen dar, die auf (neutrale) Reize mit extremer Angst oder extremem Ärger reagieren. Die angegriffenen, verletzten oder getöteten Polizisten reagierten überhaupt nicht oder sogar falsch auf Reize, die – weil sie die Möglichkeit einer Gefahrenentstehung oder sogar eine tatsächliche Gefahr ankündigten – sinnvollerweise eine gefühlsmäßige Aktivierung anregen müssten, die dann zum Handeln führt. Verständlich wäre auch – wenn auch weniger problemlösend – das Auftreten von Angst gewesen. Aber sogar Angst trat nicht auf, vielmehr eine Nichtaktivierung, die natürlich Passivität zur Folge hatte.

Deshalb ist für Polizisten wichtig, dass ihnen in der Ausbildung Informationen vermittelt werden, welche Personen, Gegenstände, Situationen ihnen *unter welchen Bedingungen* gefährlich werden können.

2.5 Selbstkontrolle, Normen und Werte

Wonach richtet sich der Kurs, den ein Mensch einschlägt, und wie planvoll und gut steuert er dann sein Verhalten? Der Kurs wird durch die Normen und Werte des Menschen bestimmt. Wie in diesem Buch an mehreren Stellen gezeigt wird, ist beispielsweise eine kooperative Wertehaltung wichtig zum Erkennen und Überleben gefährlicher Situationen (s.a. sicherer Bindungsstil).

Bezüglich der Qualität der Entscheidungen und der Steuerung des eigenen Verhaltens und des eigenen Schicksals belegen sowohl deutsche als auch amerikanische Untersuchungen, dass das mangelnde Planungsverhalten und die Missachtung von Vorschriften die Polizisten in große Schwierigkeiten brachten, also ein großes Gefährdungspotenzial darstellten (Sessar et al., 1980; Pinizzotto et al., 1997).

3. Der Einfluss der Bindungsstile

Woher stammen die erwähnten Persönlichkeits- und Verhaltensunterschiede zwischen Menschen, die in kritischen Situationen ihre eigene Sicherheit gefährdeten, und „Überlebensexperten"? Angesichts der Tatsache, dass der psychologische Bereich der Survivability bisher kaum direkt untersucht wurde, gibt es dazu noch keine befriedigenden Antworten. Es gibt jedoch so viele Übereinstimmungen zwischen dem Verhalten von angegriffenen oder getöteten Polizeibeamten und Erkenntnissen der Bindungsstilforschung, dass man hier zumindest sinnvolle Hypothesen für weitere Forschungen aufstellen kann.

Gehen Eltern während der frühen Lebensjahre eines Kindes sicher und zuverlässig auf seine Bedürfnisse ein, treten sie mit ihm in eine vertrauensvolle Interaktion ein, so entwickelt das Kind einen **sicheren Bindungsstil**. Gehen die Eltern nur unregelmäßig, unvorhersagbar auf das Kind ein, entwickelt es einen **ängstlich-ambivalenten Bindungsstil**. Gehen die Eltern nur selten auf das Kind ein und halten sie gefühlsmäßige Distanz, entwickelt das Kind einen **distanzierten Bindungsstil**.

Was hat dies mit dem Thema Eigensicherung zu tun? Betrachten wir dazu ein häufiges Verhaltensmuster, das sowohl deutsche als auch amerikanische Polizisten zeigten, die angegriffen oder im Dienst getötet wurden: Sie riefen weder einen Kollegen um Hilfe noch warteten sie die Verstärkung ab, wenn sie es taten (Pinizzotto & Davis, 1995; Pinizzotto et al., 1997; Sessar et al., 1980). Man findet hier das gleiche Verhalten wie im schulischen Bereich, wo manche Schüler bei der Lösung von Aufgaben um Hilfe ersuchen und andere nicht. Warum einige Menschen eine vorhandene „menschliche Ressource" (z.B. Lehrer, andere Schüler) nicht in Anspruch nehmen und dadurch eine schlechtere Lösung eines Problems erreichen, hat besonders im pädagogischen Bereich unter dem Begriff „**die strategische Suche um Hilfe**" umfangreiche Forschungen ausgelöst. Die

Komplexität dieses Phänomens und dessen Bezug zu verschiedenen psychologischen Faktoren (z.b. Selbstachtung) wurde von Nadler (1998) dargestellt.

Das Hilfeersuchen ist eine zwischenmenschliche Interaktion, umgekehrt kann man das Nichtersuchen um Hilfe als Weigerung ansehen, mit jemandem in eine Interaktion einzutreten und eine „strategische Ressource" zu nutzen. Aus der Bindungsstilforschung leitet Nadler (1998) deshalb z.b. ab: Personen mit **sicherem Bindungsstil** benutzen Hilfe in angemessener Weise. Sie betrachten die Bitte um Hilfe als eine Bewältigungsstrategie, und wenn die Situation es erfordert, benutzen sie sie auch. Für Personen mit **vermeidendem Bindungsstil** stellt die Hilfe anderer keine sinnvolle Strategie dar, deshalb bitten sie andere Menschen seltener um Hilfe. Personen mit **ängstlich-ambivalentem Bindungsstil** benutzen die Hilfe Anderer in unterschiedlicher Weise, in Abhängigkeit von der Person des Helfers, dem Ausmaß des Stress usw. Sie können also sowohl in einem übermäßigen als auch zu geringen Ausmaß andere um Hilfe bitten.

Wie Miculincer (1997) feststellte, sind Personen mit sicherem Bindungsstil bessere Informationsverarbeiter:

- Sie suchen aktiv nach Informationen.
- Sie sind offener für neue Informationen.
- Ihre Flexibilität der kognitiven Strukturen dient der verbesserten Bewältigung und Anpassung an eine komplexere und sich verändernde Welt.

Diese Erkenntnisse haben auch Auswirkungen auf die Gefahrenwahrnehmung. Siebert (1996, S. 68) meint nämlich bei der Beschreibung der Überlebenspersönlichkeit: Der beobachtende Mensch ist neugierig auf die Welt, lernt etwas über Menschen, und neue Erfahrungen machen ihm Spaß. Er lehnt nur wenige Dinge ab, die ihm widerfahren. Mit anderen Worten: Verbindet man die Gedanken von Siebert (1996) mit den Erkenntnissen der Bindungsstilforschung, dann könnte man vermuten, dass Personen mit einem sicheren Bindungsstil vermutlich Gefahren eher wahrnehmen, weil sie offener für die Reize ihrer Umgebung sind und die voreilige Deutung vermeiden, gefährliche Personen, Gegenstände und Situationen seien harmlos, oder umgekehrt, harmlose Dinge seien gefährlich. Man vergleiche damit das wenig planvolle Handeln von Polizisten, die einen Angriff überlebten oder getötet wurden. Die Situation *war* anders und *entwickelte* sich anders, als es ihren kognitiven Schemata entsprach, ihre kognitiven Schemata waren zu starr und passten sich der neuen Situation nicht an (Pinizzotto et al., 1997, 1998).

Einen direkten Bezug zur Survivability liefern Miculincers (1998) Untersuchungen zum Zusammenhang zwischen Bindungsstil und Vertrauen:

Personen mit sicherem Bindungsstil erinnerten sich schneller an positive vertrauensbezogene Ereignisse, Personen mit unsicherem Bindungsstil haben dagegen schneller Zugriff auf negative Erinnerungen.

Angesichts der Tatsache, dass Menschen lebensbedrohliche Situationen deshalb überlebten, weil sie an Bezugspersonen dachten und sich so zum Handeln motivierten (Janis, 1971; Pinizzotto et al., 1997, 1998), kann man die Hypothese wagen, dass bindungssichere Personen gefährliche Situationen wohl eher bewältigen und überleben. Ihre Flexibilität bei der Informationsverarbeitung angesichts neuer und unvorhersagbarer Situationen verstärkt diese Hypothese noch. Dagegen dürfte die Abschottung bindungsunsicherer Personen gegen neue Informationen eher zum Aufbau einer gefährlichen Situation beitragen und die fehlende oder geringe kooperative Orientierung das Abrufen positiver innerer Bilder oder Gedanken an Bezugspersonen und damit das Überleben in Gefahrensituationen erschweren.

Vermutlich sind die Beziehungen zwischen Survivability und dem Bindungsstil sehr komplex. Beispielsweise wäre von Interesse, welche Faktoren noch vorhanden sein müssen, damit eine Person mit sicherem Bindungsstil nicht nur gemäß der Strategie „Immer kooperativ", sondern nach der differenzierteren TIT FOR TAT-Strategie handelt. Dies könnte natürlich alleine schon durch die Flexibilität der Informationsverarbeitung bewirkt oder begünstigt werden, durch die Entwicklung kognitiver Schemata, die die Unterscheidung zwischen harmlosen und gefährlichen Personen und Situationen ermöglichen.

Wie äußern sich die psychologischen Faktoren der Survivability, der Fähigkeit, gefährliche Situationen zu erkennen, zu bewältigen und zu überleben, in konkretem Verhalten? Die Umsetzung der Survivability in konkretes Handeln kann mit dem Begriff **Mentales Judo** geschildert werden.

Kapitel 19
Die Ermittlung des Gefährdungspotenzials

Wenn man das Gefährdungspotenzial eines Polizeibeamten ermitteln will, muss man unterscheiden zwischen
- dem Gefährdungspotenzial, das von der Situation und den sich daraus ergebenden Anforderungen und Problemen ausgeht, und
- dem individuellen Gefährdungspotenzial eines Beamten.

1. Das Gefährdungspotenzial der Situation

Lorei (1999) zeigt in seinen Untersuchungen sehr ausführlich auf, dass Polizisten oft das Gefahrenpotenzial, das sich aus ihrem Beruf ergibt, nicht richtig einschätzen, es entweder unter- oder überschätzen. Beispielsweise ließ er (S. 340) die Häufigkeit einschätzen, mit der bestimmte Fehler von Polizisten gemacht wurden, die im Dienst getötet wurden, z.B.:

Fehler im Zusammenhang mit der Durchsuchung ... %.
Fehler im Zusammenhang mit der Fahrzeugkontrolle ... %.

Die richtigen Werte 27,0 % und 9,2 % ergeben sich aus der in Kapitel 3 dargestellten BKA-Studie (Sessar et al., 1980). Aus derartigen Fällen aus der Praxis kann man wie Lorei (1999) Tests erstellen, mit denen man den Gefährlichkeitsgrad verschiedener Situationen und Lagen zu Trainingszwecken einschätzen lassen kann. Dadurch kann man feststellen, welche Art von Gefahrensituationen realistisch eingeschätzt werden und welche nicht.

2. Verhaltensweisen, die eine Gefährdung erzeugen

Es ist nicht nur das Gefährdungspotenzial der Situation und deren falsche Einschätzung, die eine Gefährdung bewirken, sondern auch das Verhalten des Polizisten selbst. Es gibt nämlich, wie in den vorherigen Kapiteln dargestellt, zwei völlig entgegengesetzte Gründe, warum Polizisten angegriffen werden:

a) Der Polizist erzeugt durch rechthaberisches Verhalten einen Konflikt. Er will eine Maßnahme durchsetzen, ohne Rücksicht auf den Interaktionspartner oder die Situation. Da er z.B. seine Maßnahmen nicht begründet, erweckt er den Eindruck der Willkür, was dann leicht in eine Auseinandersetzung mündet (Toch, 1969).

b) Aber ein noch größeres Gefährdungspotenzial ergibt sich aus der Vernachlässigung der Eigensicherung in einer Situation, in der ein Polizist auf eine potenziell gewaltbereite Person trifft.

Die Konsequenz: Jeder Polizist kann durch sein eigenes Verhalten das Gefahrenpotenzial von Situationen verringern.

3. Wer ist gefährdet?

Nicht nur die Berufsanfänger sind gefährdet!

Die allermeisten der in den USA im Dienst getöteten Polizisten waren keine Berufsanfänger gewesen. Die Durchschnittsdienstzeit betrug 9 Jahre, nur 5 % hatten weniger als 1 Dienstjahr, 37 % mehr als 10 Dienstjahre. Ihre „Erfahrung" half ihnen nicht in einer kritischen Situation (Pinizzotto & Davis, 1995). Auch andere Untersuchungen zeigten, dass es keineswegs Berufsanfänger waren, die angegriffen oder getötet wurden. In der Studie von Pinizzotto et al. (1997, 1998) hatten die angegriffenen Polizisten im Durchschnitt eine Berufspraxis von 8 Jahren. In der deutschen Studie betonen Sessar et al. (1980, S. 60): „... jüngere Beamte sind am wenigsten, ältere Beamte am meisten von Gewalthandlungen ernsthaft bedroht."

Es wäre jetzt falsch, aus diesen Daten den Schluss zu ziehen, ältere Beamte würden durch „die Routine" gefährdet, im Sinne von: Die Vielfalt harmloser Situationen „lullt" sie gewissermaßen ein. Die Ursachen liegen ganz woanders.

Garner (1998, S. vii), ein amerikanischer Polizist, Dozent und Autor mehrerer Bücher und Artikel zu polizeilichen Themen, weist nämlich kritisch darauf hin, dass Polizisten bezüglich der Eigensicherung viel zu wenig aus den Fehlern von Polizisten lernen, die im Dienst getötet wurden:

„Es gibt wirklich nichts Neues darüber, wie und warum Polizeibeamte in den USA ermordet werden, da wir uns einem brandneuen Jahrhundert nähern. Die häufigsten Gründe, warum sie sterben, sind die gleichen fatalen Fehler, die Polizisten schon immer getötet haben, seit es so etwas wie Polizei gibt. Die Waffen haben sich ein bisschen verändert, aber die tödlichen Fehler sind unverändert geblieben. Polizisten sterben, weil sie eine Durchsuchung schlecht durchführten, Handfesselungen ungenügend vornahmen oder schlicht sorglos waren. Sie sterben wegen schlechter Gewohnheiten. Sie sterben wegen der schlampigen „Routine", mit der sie Tausende (oder Zehntausende) Male durchgekommen sind, bevor sie dieses Mal damit Pech haben, wenn sie schließlich jemandem begegnen, der nach einer Gelegenheit suchte (einen Polizisten anzugreifen), der genau nach einem solchen Fehler Ausschau gehalten hat, um einen Polizisten anzugreifen."

Die Gefährdung für Polizisten geht also nicht von einer „Routine" aus, wo durch Monotonie oder die Gleichförmigkeit der Tätigkeiten die Aufmerksamkeit nachgelassen hat. Es ist genau umgekehrt: Man hat die sachgerechten Verhaltensweisen nicht oder nur ungenügend eingeübt und – wie in diesem Buch ausführlich dargestellt wurde – man hat unangemessene Denk- und Wahrnehmungsmuster entwickelt. Die Defizite dieses Polizisten waren von Anfang an da. In harmlosen Situationen und den Begegnungen mit Bürgern, die friedlich waren oder sich höchstens über einen Strafzettel beschwerten, wurden die Defizite nicht sichtbar, weil man hier einfache Standardmaßnahmen durchführen konnte. Doch in der Begegnung mit einem „kalten Praktiker angewandter Gewalt" (Toch, 1969) reichten diese Standardmaßnahmen nicht aus.

Polizisten hätten in vielen Fällen das Auftreten von Gefahr und Gewalt verhindern können oder eine große Überlebenschance gehabt, hätten sie **Survivability** besessen, also Fähigkeiten zum rechtzeitigen Erkennen, Bewältigen und Überleben gefährlicher Situationen. Diese Fähigkeiten kommen nicht nur bei Personen vor, die lebensbedrohliche Situationen überlebten und die Siebert (1996) mit dem Begriff „Überlebenspersönlichkeit" (Survivor personality) beschrieb. Jeder Mensch kann sie zeigen, wenn er nicht durch seine Persönlichkeit, seine Denkstruktur, seine Wahrnehmungsgewohnheiten usw. eingeschränkt wird.

Dass Polizisten sorglos waren und Fehler machten, die zu einem Angriff, einer Verletzung oder sogar ihrem Tod führten, erfordert eine genaue Analyse dieser Fehler, damit Polizisten in Zukunft in gleichen oder ähnlichen Situationen besser und erfolgreicher handeln. Es gibt nun eine rhetorische Floskel, die leicht die sachgemäße Analyse von Fehlern verhindert, nämlich die anklagende Frage: „Ist denn etwa das Opfer schuld?" Hier wird ein grundsätzliches Missverständnis deutlich, hinsichtlich a) der Schuldproblematik und b) dessen, was sich da abgespielt hat.

Schuld am Tod eines Polizisten ist natürlich der Täter. „Aber gleichzeitig mit der Einschätzung der Verantwortlichkeit der Kriminellen können wir nicht die Wahrheit übersehen, dass zu viele tote Polizisten an ihrem persönlichen Unglück mitwirkten, indem sie sich für ihre Mörder verletzbar machten. Es ist diese fatale Verletzbarkeit, die dieses Buch zu beseitigen beabsichtigt" (Garner, 1998, S. vii).

Garner (1998, S. 3–4) zeigt dann die Konsequenzen auf, die sich aus der Scheu ergeben, aus den Fehlern Anderer zu lernen:

> „In ‚der guten alten Zeit' der Polizei diskutierte kaum jemand die Fehler, die Polizisten machten, die zu ihrem Tod führten. Wegen der Familie, wegen der Kameraden, weil es ‚zu spät' war, der tote Polizist wurde für seine Tapferkeit gepriesen, mit allen Ehren begraben und allmählich vergessen, außer von seinen Angehörigen. Im Allgemeinen wurden, vielleicht ‚aus Respekt für den Verstorbenen', die Fehler des Polizisten überhaupt nicht analysiert und diskutiert. Und so ging die nächste Woche oder den nächsten Monat oder im folgenden Jahr ein anderer Polizist hinaus und machte die gleichen Fehler. Dann starb auch dieser Polizist.
> Die Fehler, die Polizisten zum Verhängnis wurden, haben sich im Laufe der Zeit kaum verändert. Genau die gleichen Fehler bezüglich der Sicherheit, die Deputy U.S. Marshalls töteten, die im letzten Jahrhundert in den ländlichen Gebieten herumritten, werden im ausgehenden 20. Jahrhundert immer noch gemacht – mit den gleichen traurigen Konsequenzen – von den Polizisten der großen Städte und der Vororte.
> Dieses Kapitel will nicht die Ehre verstorbener Helden in Frage stellen. Was es tun will, ist diejenigen tödlichen Fehler zu identifizieren und zu diskutieren, wie sie geschahen."

Fazit: Aus Fehlern lernen = Katastrophen vermeiden

4. Die Ermittlung des Gefährdungspotenzials

Das Gefährdungspotenzial eines Polizisten kann z.B. durch folgenden Fragebogen ermittelt werden:

Kapitel 19

Verhalten als Polizeibeamter

	trifft für mich zu	trifft für mich nicht zu
1. Ich bin freundlich zu jedermann.	☐	☐
2. Ich werde in meinem Bezirk und auf meiner Dienststelle gemocht.	☐	☐
3. Ich benutze weniger legitime Gewalt, als es andere Polizisten in vergleichbaren Umständen tun würden.	☐	☐
4. Ich arbeite hart.	☐	☐
5. Ich orientiere mich mehr an zwischenmenschlichen Beziehungen als an Dingen der Strafdurchsetzung.	☐	☐
6. Ich benutze selbst legitime Gewalt nur als letztes Mittel.	☐	☐
7. Beim Einschreiten, Anhalten von Autos, bei Verhaftungen, Transporten von Gefangenen halte ich es nicht für wichtig, allen Richtlinien zu folgen.	☐	☐
8. Ich kann andere Menschen und Situationen richtig einschätzen.	☐	☐
9. Ich sehe in anderen Menschen immer das Gute.	☐	☐
10. Ich gehe die Dinge locker an. Ich bin unbekümmert.	☐	☐

Achtung! Ihr Gefährdungspotenzial ist (im psychologischen Sinne) umso größer, je mehr Fragen Sie mit Ja beantwortet haben. Zwar scheinen diese Verhaltensweisen auf den ersten Blick alle sehr positiv zu sein. Doch sie stammen aus der Übersicht von Pinizzotto u.a. (1997, 1998) über die Verhaltensweisen von Polizisten, die im Dienst angegriffen oder sogar getötet wurden. Ein Polizist muss nämlich nicht nur freundlich sein, er muss *auch* konsequent auf Gewalt achten und sachgemäß darauf reagieren! Dies zeigt die folgende Übersicht von Pinizzotto u.a. (1998, S. 23).

Verhaltensbeschreibungen

Polizisten, die im Dienst getötet wurden	Polizisten, die angegriffen wurden
• Freundlich zu jedermann. • Ist in der Gemeinde und in der Dienststelle beliebt. • Neigt dazu, weniger Gewalt zu benutzen als andere Polizisten in ähnlichen Umständen. • Fleißig. • Neigt dazu, seine Aufgaben mehr unter dem Gesichtspunkt der Öffentlichkeitsarbeit als unter dem Gesichtspunkt der Durchsetzung der Gesetze zu sehen. • Dienstleistungsorientiert. • Benutzt Gewalt nur als letztes Mittel; andere Polizisten geben an, dass sie in der gleichen Situation schneller zu Gewalt greifen. • Befolgt nicht alle Vorschriften, besonders hinsichtlich Verhaftungen, Auseinandersetzungen mit Gefangenen, Verkehrskontrollen, und wartet nicht auf verfügbare Kollegen zur Sicherung. • Glaubt in der Lage zu sein, Menschen und Situationen „lesen" (richtig einschätzen) zu können, und lässt als Folge davon mit seiner Wachsamkeit nach. • Neigt dazu, das Gute in anderen zu suchen. • Entspannt, unbekümmert und lax, lässig, nimmt die Dinge, wie sie sind.	• Freundlich. • Fleißig. • Dienstleistungsorientiert. • Ist bereit, Gewalt auszuüben, wenn es gerechtfertigt ist. • Folgt nicht festgelegten Vorschriften und Maßnahmen, besonders bei Verhaftungen, Verkehrskontrollen und bei der Anforderung oder beim Warten auf verfügbare Kollegen zur Sicherung. • Glaubt, in der Lage zu sein, Situationen oder Personen „lesen" (= richtig einzuschätzen) zu können, und lässt als Folge davon mit seiner Wachsamkeit nach. • Überlebender.

5. Verhaltensbeschreibungen von Polizisten, die angegriffen oder im Dienst getötet wurden

Pinizzotto et al. (1998, S. 23) stellen in einer Tabelle die Verhaltensweisen von amerikanischen Polizisten gegenüber, die im Dienst getötet oder angegriffen wurden. Zu beachten ist, dass viele der auf den ersten Blick hin positiv erscheinenden Verhaltensweisen problemerzeugend sein können.

Beispielsweise ist es grundsätzlich für einen Polizisten richtig und wichtig, freundlich zu sein (s. z.B. Toch, 1969). Warum sollte aber gerade dies den angegriffenen und getöteten Polizisten zum Verhängnis geworden sein? Betrachten wir dazu auch die Aussage „Neigt dazu, das Gute in anderen zu suchen". Diese Haltung führte – wie viele Verhaltensbeschreibungen (z.b. FBI, 1992) zeigen – zu einer fehlenden Wahrnehmung der Gefährlichkeit von Personen und Situationen. In einem Fall führte die Vertrauensseligkeit des später getöteten Polizisten dazu, dass er während eines Gefangenentransports den mehrfach wegen Gewalttätigkeiten Vorbestraften nicht nur vorschriftswidrig und unangemessen fesselte, ihn vorschriftswidrig auf dem Beifahrersitz fahren ließ, sondern ihm auch ausführlich seine persönlichen Probleme schilderte (FBI, 1992).

Die Möglichkeit, dass jemand plötzlich gewalttätig handeln könnte, ist offensichtlich nicht im Weltbild von Polizisten verankert, die dazu neigen, „das Gute in Anderen zu suchen". Es entspricht nicht ihren Erwartungen, dass jemand unprovoziert gegen sie Gewalt ausüben könnte. Wenn dies aber dann doch geschieht, löst das bei ihnen, weil sie mental nicht darauf vorbereitet sind, kopfloses, planloses Handeln oder Passivität aus.

Was wäre aber – psychologisch gesehen – die Alternative zu ihrem Verhalten gewesen? Die Tatsache, dass unfreundliche, unkooperative Polizisten sehr leicht Konflikte erzeugen (Toch, 1969) zeigt, dass auch ein derartiges Verhalten nicht nachahmenswert ist. Die Lösung für das Problem findet man, wenn man die polizeilichen Interaktionen aus dem Blickwinkel einer zwischenmenschlichen Spieltheorie betrachtet. Entsprechend kann man es so formulieren: Die freundliche Orientierung der angegriffenen oder getöteten Polizisten war zwar grundsätzlich richtig, denn der erste Schritt der TIT FOR TAT-Strategie ist freundlich und wichtig, um eine vertrauensvolle Beziehung aufzubauen. Diese Polizisten versäumten es aber, auch den *zweiten* Schritt der TFT-Strategie in ihr Denken und Verhaltensrepertoire aufzunehmen: Setze dich **sofort** gegen Ausbeutung und Gewalt zur Wehr. Vielmehr benutzten sie die Strategie: „Immer kooperativ", hatten also ein eingeengtes Verhaltensrepertoire. Dass sie dann auf eine mehr oder minder unkooperative, gewaltbereite Person/„Strategie" trafen, wurde ihnen zum Verhängnis.

Auch die lockere und unbekümmerte Haltung von später getöteten Polizisten ist angesichts dieser Überlegungen und der Ereignisse keineswegs positiv zu bewerten, sondern kann in Verbindung mit anderen Faktoren wie

- des zu positiven Bildes von potenziellen Interaktionspartnern,
- der durch die tatsächlichen Ereignisse widerlegten Selbstüberschätzung, andere Menschen und Situationen richtig einschätzen zu können, und
- der Missachtung von Vorschriften

eher als Gefährdungsfaktor angesehen werden. Die lockere Haltung ist vermutlich der körperliche Ausdruck dessen, was Langer (1982, 1991) mit Gedankenlosigkeit („mindlessness") bezeichnet (s. Kap. 19, 8.18).

Die Interviewer der FBI-Studie (1992) stellten nämlich ein interessantes Phänomen fest. Obwohl sie bei der Befragung von Kollegen der getöteten Polizisten nicht ausdrücklich danach gefragt hatten, berichteten die Kollegen häufig spontan, dass bei den getöteten Polizisten nach langjährigen guten Beurteilungen die letzte Beurteilung vor ihrem Tod schlechter ausgefallen war. Offensichtlich waren sie in ihrem dienstlichen Verhalten nachlässiger geworden, und ihr Handeln wurde durch Gedankenlosigkeit (Langer, 1991) beeinträchtigt.

Diese in der FBI-Studie (1992) berichtete Leistungsverschlechterung steht übrigens im gewissen Widerspruch zu der Formulierung „fleißig" in der Tabelle von Pinizzotto et al. (1998), die gemäß der FBI-Studie von 1992 erstellt wurde, könnte sich aber vielleicht auf das *frühere* Leistungsverhalten beziehen.

Das Adjektiv „fleißig" für Beamte, die einen Angriff überlebten, ist ebenfalls keineswegs uneingeschränkt positiv zu werten. Die extrem leistungsmotivierten Polizisten wollten nämlich alles alleine machen, ohne die Hilfe eines Kollegen abzuwarten, ohne Vorgesetzte über ihre Vorgehensweise zu informieren. Deshalb gerieten sie leicht in eine gefährliche Lage, weil sie eine Verkehrskontrolle nur als Möglichkeit ansahen, ihre Leistung unter Beweis zu stellen, aber nicht als das, was sie *möglicherweise* sein könnte: eine potenziell gefährliche Situation.

Kapitel 20

Wer hat einen guten Gefahrenradar?

1. Kann man bei Bewerbern erkennen, ob sie zu einem passiven Lebensstil neigen?

Polizisten, die einen Angriff überlebten, berichteten, dass sie überlebten, weil sie ihr Training ernst genommen und in ihrer Freizeit oder sogar auf eigene Kosten trainiert hatten (Pinizzotto et al., 2000). Ihr aktiver Lebensstil rettete ihnen das Leben. Dagegen steht ein passiver Lebensstil dem aktiven Denken, das Voraussetzung für einen funktionierenden Gefahrenradar ist, entgegen.

Es ist deshalb notwendig, die psychologischen Faktoren zu erfassen, die dem passiven Lebensstil zu Grunde liegen. Dazu wurde der FEE (Fragebogen für Erklärungsstile und Einwirkungsmöglichkeiten) entwickelt (Füllgrabe, 1993). Er beruht auf dem ASQ von Peterson und Seligman (1984). Der FEE unterscheidet sich vom amerikanischen Modell dadurch, dass er

- auf polizeiliche Lebenssituationen (sowohl berufliche als auch private) zugeschnitten ist,
- umfangreicher ist,
- mehr Messdimensionen besitzt.

Der Bearbeiter des FEE findet (bei dieser Fassung) je neun Erfolgs- und Misserfolgssituationen vor, wie sie im Alltag auftreten können, z.B.:

„Als Polizeibeamter/-beamtin geraten Sie mit einem Bürger in Streit."
„Sie werden zu der von Ihnen gewünschten Dienststelle versetzt."

Beim FEE soll auf folgenden siebenstufigen Skalen angegeben werden, in welchem Ausmaß das jeweilige Ereignis gedeutet wird:

1. Das Ereignis wurde verursacht

1 ——————————— 7
durch mich   durch andere Menschen,
                    die Situation

Das Ereignis wurde **external** oder **internal** verursacht.

2. Der Grund für das Ereignis wirkt

$$1 \text{———————} 7$$
beständig (stabil)   nur kurzfristig (nicht stabil)

Die Ursache für das Ereignis ist **stabil** oder **nicht stabil**.

3. Der Grund für das Ereignis beeinflusst

$$1 \text{———————} 7$$
mein ganzes Leben (global)   nur dieses einzige Ereignis

Die Ursache des Ereignisses wirkt **global** oder nur **spezifisch**.

4. Ich kann an der Ursache des Ereignisses

$$1 \text{———————} 7$$
etwas ändern   nichts ändern

Die Ursache des Ereignisses ist **kontrollierbar** oder **unkontrollierbar**.

5. Das Ereignis ist für mich

$$1 \text{———————} 7$$
sehr wichtig   **unwichtig**

Jeder Proband hat bei der Bearbeitung des FEE die Möglichkeit, seine persönliche Meinung individuell auszudrücken. Es gibt also keine „richtigen" und „falschen" Antworten.

Zu Beginn eines Grundlehrganges der LPSN wurde (1992) der FEE mit *allen* Lehrgangsteilnehmern durchgeführt. Ein Jahr später, nach Beendigung des Lehrganges, zeigte sich, dass die Lehrgangsteilnehmer, die mit der Gesamtnote 2 abgeschlossen hatten, sich in bestimmten Deutungsmustern von denen unterschieden, die den Lehrgang nicht bestanden hatten.

Die statistische Analyse ergab, dass gute Lehrgangsteilnehmer im Vergleich zu schlechten die Ursachen von negativen *und* positiven Ereignissen ansahen als

- **stabil**, also nicht als nur vorübergehend,
- **global**, also nicht nur auf dieses Ereignis beschränkt.

Schlechte Schüler dagegen

- spielen die Bedeutung der Ursachen positiver Ereignisse herunter. Sie meinen also weniger als andere Gruppen, positive Ereignisse bewirken zu müssen.

- meinen, dass die Ursachen von Ereignissen nicht stabil und nicht global seien. Sie meinen also, dass die Ursachen, die Ereignisse in ihrem Leben hervorrufen, flüchtiger Natur seien, d.h. nur kurzfristig wirken und auch nicht weitere Lebensbereiche beeinflussen.

Eine derartige Einstellung fördert das Auftreten unangepasster Verhaltensweisen. Da von den gleichen Schülern sowohl Testdaten als auch Beurteilungen durch die Ausbilder, Schilderungen kritischer Vorfälle usw. vorhanden waren, wurde als psychologische Vertiefung des in Kapitel 18 dargestellten passiven Lebensstils untersucht, worin sich gute von schlechten Schülern unterschieden.

Im Vergleich zu guten Schülern wurden schlechte Schüler signifikant häufiger so beschrieben: Sie haben eine schlechtere Auffassungsgabe, erfassen komplexere Zusammenhänge langsamer, sind unsicher, zaghafter, unreif, unbesonnen und weniger selbstbewusst, verschlossener, weniger in die Gruppe integriert, weniger hilfsbereit, passiver, weniger pflichtbewusst, übernehmen weniger weder offiziell noch inoffiziell Verantwortung. Sie beteiligen sich weniger am Unterricht und sind dort leicht abgelenkt. Im Sport sind sie deutlich weniger leistungswillig. Bei ihnen kommt eher negatives Verhalten auf dem Schießstand vor, z.B. Richten der Waffe auf andere Lehrgangsteilnehmer.

Schlechte Schüler zeigen auch größere Disziplinarprobleme. Sie sind weniger ordentlich, erhalten mehr negative Vermerke (z.B. extrem verschmutzte Stube, nicht zum Dienst erschienen), haben mehr Gespräche mit Vorgesetzten über ihr Fehlverhalten, leisten aber weniger den Maßnahmen Folge.

Diese Verhaltensweisen treten nicht isoliert auf, sondern sie beeinflussen sich gegenseitig.

Beispielsweise korrelierte die Zahl der negativen Ereignisse auf dem Schießstand signifikant mit folgenden Verhaltensbeschreibungen: nicht genügend selbstbewusst ($r = .469$), zaghaft ($r = .492$), verschlossen ($r = .380$), leicht ablenkbar im Unterricht ($r = .580$), ist nicht in die Gruppe integriert ($r = .450$).

Dass jemand, der nicht in die Gruppe integriert ist, eher Verhaltensauffälligkeiten auf dem Schießstand zeigt, ist nicht zufällig. Die nichtkooperative Einstellung führt dazu, dass er mehr mit sich selbst als mit seiner Umwelt beschäftigt ist und nicht systemorientiert denkt und handelt. Diese ICH-Zentrierung ist auch selbstgefährdend, weil sie die Wahrnehmung relevanter Informationen aus der Umwelt erschwert. Dies und auch die anderen problematischen Verhaltensweisen stehen im Gegensatz zu dem in Gefahrensituationen notwendigen aktiven Denken (Langer, 1991), weisen also auf einen schlechten Gefahrenradar hin.

2. Der Vergleich der Polizeischüler mit „Sicherheitsexperten"

Im Jahre 2004 wurden Testdaten von mehreren Gruppen von „Sicherheitsexperten" erhoben, d.h. Personen, die sich durch ihre Beschäftigung mit Selbstverteidigung oder als Polizeibeamte beruflich intensiver als andere Personen mit dem Thema Gefahrenerkennen und Gefahrenbewältigung beschäftigten.

1. Ein Wing-Tsun-Lehrgang in Schloss Langenzell (bei Heidelberg). Diese Selbstverteidigungsrichtung ist stärker als andere Richtungen auf die Bewältigung extremer Gewalt ausgerichtet (street survival).
2. Trainer eines Amok-Lehrganges in K.
3. Eine Observationsgruppe.
4. Teilnehmer eines SEK-Seminars in Saarbrücken, mit Teilnehmern aus verschiedenen süddeutschen Bundesländern und Österreich.

Insgesamt ergab sich eine Gesamtstichprobe von 78 „Sicherheitsexperten" mit dem Durchschnittsalter von 37,10 Jahren. Mit wenigen Ausnahmen waren alle Teilnehmer männlich. Die „Sicherheitsexperten" erhielten mehrere Tests zur Bearbeitung.

- Eine verkürzte Fassung des FEE mit 10 Items, wobei je 4 positive und negative Ereignisse aus der Originalfassung entfernt worden waren. Da also die verbliebenen Items der Langfassung mit denen der Kurzfassung identisch waren, konnten die Daten der FEE-Untersuchung von 1993 mit denen von 2004 verglichen werden.
- FMBS (Frankfurt Monitoring Blunting Scales) von Voss (2004)
Dieser Fragebogen zu Monitoring – Blunting erfasst Prozesse der Informationsverarbeitung: Monitoring = Informationssuche bzw. Blunting = Informationsvermeidung. Je nach Situation kann es sinnvoll sein, nach Informationen aus der Umwelt Ausschau zu halten (= Monitoring) oder sie zu ignorieren (und sich abzulenken, etwa beim Zahnarzt) (= Blunting). Voss (2004) unterscheidet auch noch jeweils zwischen Monitoring und Blunting in kontrollierbaren und unkontrollierbaren Situationen.
Man kann die Hypothese aufstellen, dass bei Personen mit gutem Gefahrenradar mehr Prozesse der Informationssuche (Monitoring) und weniger Prozesse der Informationsvermeidung (Blunting) zu finden sind (s. Kap. 18).
- Fragebogen zum Bindungsstil (Feeny & Noller, 1990)
- Subtest 10 des LPS von Horn (1983). Er beruht auf den Gottschaldt'schen Figuren (bzw. „Embedded Figures"). Hierbei muss man versteckte Figuren aus dem Hintergrund erkennen.
- Fragebogen zur „Einsatzkompetenz" mit drei Bereichen:
  – Meinungen zum idealen polizeilichen Handeln (s. S. 212)

- Prognose gefährlicher Situationen (s. S. 55)
- Erkennen versteckter Waffen in Alltagsgegenständen (s. S. 105).

Diese Fragebögen geben Hinweise auf verschiedene Faktoren des Gefahrenradars.

Es war deshalb möglich, die Deutungen im FEE der Gruppe von „Sicherheitsexperten" mit den FEE-Deutungen der Polizeischüler (Füllgrabe, 1993) zu vergleichen. Die Deutungen der guten Schüler unterschieden sich *nicht* von denen der Sicherheitsexperten. Dagegen deuteten schlechte Schüler die Wirkungen der Ursachen ihrer Lebensereignisse weniger als global und stabil als alle anderen Gruppen.

Schlechte Schüler meinen also nicht, dass die Ursache längerfristig wirken könnte. Und sie meinen weniger, dass die Ursache von Ereignissen auch auf andere Bereiche ihres Lebens Einfluss nehmen könnte.

Fazit:
Dass viele Deutungsmuster guter Schüler mit denen von Sicherheitsexperten übereinstimmen, weist darauf hin, dass man schon recht früh bei einem Polizeianwärter Hinweise auf sein späteres Sicherheitsverhalten finden kann.

3. Welche Faktoren fördern oder hemmen den Gefahrenradar?

Bei der Berechnung von Korrelationen zwischen psychologischen Faktoren und Kriterien bzw. Prozessen des Gefahrenradars wurden sogar bei den Gefahrenexperten signifikante Korrelationen gefunden, obwohl man eigentlich erwarten sollte, dass bei „Gefahrenexperten" eine relativ einheitliche kognitive Struktur hinsichtlich der Gefahrenthematik vorliegt. Aber offensichtlich gibt es sogar bei ihnen gewisse individuelle Unterschiede.

Die Korrelationen helfen die Frage zu beantworten: Welche psychologischen Faktoren hemmen bzw. fördern den Gefahrenradar? Hemmend wirken:

1. Ein ängstlicher Bindungsstil

Personen, die einen ängstlichen Bindungsstil haben, sehen weniger potenziell gefährliche Gegenstände („versteckte Waffen") als gefährlich an. Bei einer Stichprobe von FHS-Studenten der Polizei erkannten Personen mit ängstlichem Bindungsstil im LPS 10 weniger versteckte Figuren aus dem Hintergrund. Personen mit ängstlichem Bindungsstil haben also einen **schlechteren Gefahrenradar**.

2. Ein oberflächlicher Deutungsstil

Die Zahl der als gefährlich erkannten Gegenstände korrelierte mit Daten des FEE: bei positiven und negativen Ereignissen mit der Deutung ihrer Ursache als

- stabil,
- global.

Wer also Ereignisse im FEE, seien sie positiver oder negativer Art, so deutet, dass ihre Ursache stabil oder global ist, erkennt mehr potenziell gefährliche Gegenstände. Mit anderen Worten: **Wer die Einflussfaktoren in seinem Leben ernst nimmt, hat einen guten Gefahrenradar.** Wer dagegen meint, die Ursachen von Ereignissen seien nur kurzfristig wirksam und nur auf diesen einen Lebensbereich beschränkt, erkennt schlechter Waffen, die ihm potenziell gefährlich werden könnten. Er hat also einen schlechteren Gefahrenradar.

3. Falsche idealistische Einstellungen zur polizeilichen Tätigkeit

Der Fragebogen *Verhalten des idealen Polizisten* (s. S. 212) war zunächst nur dazu gedacht, falsche, idealisierte Vorstellungen über polizeiliches Handeln aufzudecken. Es zeigte sich aber auch, dass die in diesem Fragebogen geäußerten Meinungen mit für den Gefahrenradar wichtigen psychologischen Prozessen zusammenhängen. Beispielsweise zeigte sich bei den Personen, die die folgenden Sätze bejahten, eine Verringerung der Bereitschaft, aktiv nach Informationen in einer Situation zu suchen (Monitoring) und eine Verstärkung der Tendenz, Informationen auszublenden (Blunting). Dass die Ergebnisse eine hohe ökologische Validität bezüglich des Gefahrenradars besitzen, wird dadurch belegt, dass die folgenden Meinungen von Polizisten stammten, die im Dienst angegriffen oder sogar getötet wurden (Pinizzotto et al., 1997).

1. Wer sagt „Ich benutze weniger *legitime* Gewalt, als es andere Polizisten in vergleichbaren Umständen tun würden.", zeigt eine geringere Bereitschaft, in (kontrollierbaren) Situationen aktiv nach Informationen zu suchen. Diese negative Korrelation ist sehr bedenklich, weil sie anzeigt, dass die Meinung, man könne weniger *legitime* Gewalt als Kollegen anwenden, (selbst bei „Sicherheitsexperten") zu einer Beeinträchtigung des Gefahrenradars führt.
2. Wer sagt „Ich orientiere mich mehr an zwischenmenschlichen Beziehungen als an Dingen der Strafdurchsetzung.", neigt zu Blunting sowohl in kontrollierbaren als auch unkontrollierbaren Situationen. Die Haltung, sich mehr an zwischenmenschlichen Beziehungen als an Dingen der Strafdurchsetzung zu orientieren, führt also zur Vermeidung

von Informationen, **beeinträchtigt damit den Gefahrenradar,** nämlich die Wahrnehmung auch von gefährlichen Reizen.
3. Wer sagt „Ich halte es nicht für wichtig, beim Einschreiten, Anhalten von Autos, bei Verhaftungen, Transporten von Gefangenen usw. allen Richtlinien zu folgen.", neigt weniger zur Informationssuche (weniger Monitoring sowohl in kontrollierbaren als auch unkontrollierbaren Situationen), schaltet also gewissermaßen seinen Gefahrenradar aus.
4. Wer sagt „Ich sehe in anderen Menschen nur das Gute.", neigt zu Blunting, also zur Informationsvermeidung. Mit anderen Worten: **Wer in anderen Menschen nur das Gute sieht, schaltet eher seinen Gefahrenradar aus.** Er übersieht die Möglichkeit, dass der andere Mensch plötzlich unfreundlich und aggressiv werden kann.
5. Wer sagt „Ich gehe die Dinge locker an. Ich bin unbekümmert.", neigt zur Informationsvermeidung (Blunting in kontrollierbaren Situationen), hat also keinen funktionierenden Gefahrenradar.

Zusammenfassung:
Die Pilot-Studie mit den „Gefahrenexperten" zeigt verschiedene psychologische Prozesse auf, die den Gefahrenradar positiv oder negativ beeinflussen. Ein ängstlicher Bindungsstil, ein passiver Lebensstil auf der Grundlage oberflächlicher Deutung der Ereignisse, die einem im Leben begegnen, und falsche, zu idealistische Meinungen über die polizeiliche Tätigkeit schalten den Gefahrenradar aus (oder vermindern zumindest seine Wirkung) und erhöhen dadurch das eigene Gefährdungspotenzial.

Alle diese Erkenntnisse haben eine große praktische Bedeutung: Man kann bereits zu Beginn eines Lehrganges erkennen, ob jemand das Potenzial zur sachgemäßen Gefahrenwahrnehmung besitzt. Und man kann mit geeigneten Methoden versuchen, bei Personen mit einem passiven Lebensstil das Sicherheitsbewusstsein zu fördern.

Kapitel 21
Wie kann man das Sicherheitsbewusstsein verstärken?

1. Zur Eigensicherung provozieren

Polizisten werden nicht nur direkt durch gewaltbereite Personen gefährdet, sondern gefährden sich auch selbst dadurch, dass sie tatsächliche Gefahren ignorieren. Selbst Formulierungen wie „Wir haben alles im Griff." oder „Das kriegen wir schon hin." sind häufig schon verräterisch. Obwohl sie auf den ersten Blick hin Selbstbewusstsein ausdrücken, stellten die Polizistinnen und Polizisten, die mir verschiedene polizeiliche Situationen schilderten, fest, dass dies nur leere Sprüche waren. In Wirklichkeit hatten die Sprecher überhaupt keinen Blick dafür, was an Gefahren vorhanden sein könnte. Derartige Formulierungen drücken also einen gefährlichen ressourcenarmen Optimismus aus.

Noch bedenklicher ist, dass auch das Sicherheitsbedürfnis von Kolleginnen und Kollegen unterminiert wird und sogar mit Lächerlichmachen Gruppendruck ausgeübt wird. Betrachten wir dazu einmal den Spruch „Junge, Du brauchst die Schutzweste nicht tragen, Brust anspannen und abprallen lassen!" näher. Man kann davon ausgehen, dass der Polizist, der das sagte, das nicht unbedingt als Realität ansah, doch ist dieser Satz neben der darin geäußerten Überheblichkeit und dem Angriff auf das Sicherheitsbewusstsein des jungen Kollegen auch aus zwei psychologischen Gründen für den Beamten selbst gefährlich:

a) Der Satz dient als Rechtfertigung dafür, etwas Wichtiges *nicht* zu tun. Er ist damit Ausdruck eines *passiven Lebensstils*, der problemerzeugend ist (Füllgrabe, 1999).
b) Der Satz drückt sich wohl auch in einer eher laschen Haltung im Dienst aus und Gewaltbereite können derartige Signale der unprofessionellen Haltung gut lesen, als Verletzbarkeit deuten und als Aufforderung zu einem Angriff ansehen (Pinizzotto & Davis, 1999).

Es geht also nicht primär darum, ob eine schusssichere Weste getragen wird oder nicht, sondern vor allem um die geäußerte innere Haltung. Deshalb könnte manchmal, etwa auf die herablassende Frage an eine jun-

ge Polizistin „Warum ziehst Du eine Schutzweste an?!", vielleicht nur noch extreme Provokation ein Umdenken bewirken: „Damit wenigstens *ich* dann Deiner Witwe berichten kann, dass Du einem kalten Praktiker angewandter Gewalt begegnet bist!" oder: „Denkst Du, dass ich Deiner Witwe die Todesnachricht überbringen will!?"
Man könnte sich gegen das Lächerlichmachen, mit dem Gruppendruck ausgeübt wird, auch mit dem Zitat des Ausbildungsleiters der SEALS wehren: „Die Rambotypen sind die ersten, die mit dem Leben bezahlen" (Siebert, 1996, S. 5).

In der Praxis taucht also häufig ein großes Problem auf: Wie kann man die Bereitschaft verstärken, dass Sicherheitsinstruktionen befolgt werden?

> Lorei (1999) stellte fest, dass Fehler im Zusammenhang mit der Schusswaffe z.B. mit einer unangepassten mentalen Einstellung zusammenhängen. Er stellte bei angehenden Polizisten auch eine völlige Über- bzw. Unterschätzung der Gefährlichkeit des Polizeidienstes fest und „ein unbekümmertes Lachen im Anschluss an einen Fehlschuss, der innerhalb eines Schießfilmes eine nicht zu beschießende Person betrifft" (Lorei, 2000, S. 48).

Man muss also das Sicherheitsbewusstsein stärken, indem man die innere Einstellung des Betreffenden ändert.

Eine Untersuchung von Zeitlin (1994) zeigte den Weg dazu auf:

1. Man darf nicht die Wahrnehmung des Risikos vermindern, das mit einer Sache verbunden ist.
2. Man muss die Wahrnehmung der Vorteile verringern, die man durch Missachtung oder Verletzung von Sicherheitsstandards gewinnen kann.
3. Die Kosten für die Befolgung von Sicherheitsstandards sollten so gering wie möglich sein.

Es ist aber bei der Vermittlung der Sicherheitsbestimmungen wichtig, die richtige Balance zu wahren. Einerseits sollten die Konsequenzen der Missachtung von Anweisungen im Detail geschildert und die Aufmerksamkeit auf die Art von Verletzungen gerichtet werden, die auftreten könnten. Andererseits sollten bildliche Horrordarstellungen vermieden werden, weil sie Abwehrreaktionen und Verleugnungen auslösen könnten. Stattdessen soll betont werden, dass man Schaden vermeiden kann, indem man Sicherheitsmaßnahmen befolgt.

Deshalb stellt der **provokative Stil** (Höfner & Schachtner, 1995), der der Anwendung der **provokativen Therapie** von Frank Farrelly (Farrelly & Brandsma, 1986) in der Alltagssituation entspricht, ein gutes Mittel dar, um diese Balance zu wahren.

Lernpsychologisch gesehen gilt nämlich der Grundsatz: Um optimalen Lernerfolg zu erhalten, ist die Schaffung eines optimalen Aktivierungsniveaus wichtig. Das bedeutet, dass weder eine zu geringe noch eine zu starke Motivation (Angst oder das zwanghafte Bemühen, eine Leistung zu erbringen usw.) den größten Erfolg bringt (s.a. Yerkes-Dodson-Kurve, Kap. 10.1, S. 127).

Eine gute Möglichkeit zur Schaffung dieses optimalen, mittleren Aktivierungsniveaus dürfte der Einsatz von Techniken des provokativen Stils sein. Typisch für die provokative Therapie ist nämlich die intensive Nutzung von Humor. Dadurch entsteht eine schnelle, kurze, gefühlsbetonte Interaktionsfolge – der Therapeut tritt mit dem Patienten in eine lebendige, intensive Kommunikation ein. Die Konfrontation des Patienten mit der Realität wird mit Humor gepaart, um die damit verbundene Angst zu löschen (Farrelly & Brandsma, 1986, S. 154). Die Wahrheit wird in Humor verpackt. Und es sollen **Denkblockaden abgebaut** werden.

Wie wichtig das ist, zeigt folgender Vorfall, den ein Trainer selbst erlebte:

> „Im vergangenen Jahr war ich mit einem SEK-Beamten in K. (ca. 24 Uhr) unterwegs, als über Funk der Einbruch in einen Kindergarten gemeldet wurde; der Täter solle sich noch im Objekt aufhalten. Natürlich fuhren wir schnellstmöglich dorthin.
> Vor dem Objekt angekommen standen zwei Kriminalbeamte und ein Streifenbeamter vor dem Haupteingang unter einer Straßenlaterne gut sichtbar für jedermann. Auf unsere Frage, wie der Stand der Dinge sei, erhielten wir die Antwort, dass ein Kollege den Schlüssel hole, die Lage ansonsten unverändert sei.
> Der SEK-Beamte hatte schon vorher bemerkt, wie töricht das Verhalten im Hinblick auf die Eigensicherung sei, wenn der Täter sich wirklich noch im Objekt befinde.
> Auf unsere Anregung, aus dem Licht zu gehen und nicht als Zielscheibe zu dienen, ernteten wir routinemäßiges Lächeln, **worauf wir empfahlen, doch da stehen zu bleiben und der Schüsse zu harren, die da kommen könnten.** Wir verabschiedeten uns.
> Der Täter war nicht im Objekt, die Beamten hatten Glück gehabt."
> Eine weitere Formulierung gemäß dem provokativen Stil wäre: „Eine zusätzliche Beleuchtungsquelle wäre auch nicht schlecht."

Das „routinemäßige Lächeln" der Polizisten als Reaktion auf die Warnung stellt ein gutes Beispiel für ein Merkmal eines Menschen mit hohem Gefährdungspotenzial dar, worauf auch de Becker (1999) aufmerksam gemacht hat: Die Möglichkeit einer Gefahr wird durch Lächerlichmachen heruntergespielt. Man beachte, dass dies keineswegs Humor im Sinne einer Umdeutung, einer konstruktiven Bewältigung einer Sache ist, sondern einer überheblichen ICH-zentrierten Haltung. Es ist nicht die selbstsichere Haltung und der Humor der von Siebert (1996) beschriebenen Ausbilder, die es nicht nötig hatten, irgendjemandem irgendetwas beweisen zu wollen und die bei einem Fehler sagten: „Im Ernstfall wären Sie tot."

2. Grundlagen des provokativen Gesprächsstils

Im Umgang mit eingefahrenen Denk- und Verhaltensweisen sind zumeist verschiedene Vorgehensweisen nicht angemessen:

- *autoritäres Verhalten*: weil es keine Einsicht erweckt, sondern nur Gehorsam erzwingt. Sobald die äußere Kontrolle fehlt, wird das aufgezwungene Verhalten nicht beibehalten.
- *Angst auslösen*: hier wird zumeist nur Vermeidungsverhalten erzeugt.
- *Laissez- faire*: Wenn man nicht rechtzeitig auf die Person einwirkt, wird in einer kritischen Situation das problematische Denk- und Handlungsmuster zu einer Katastrophe führen.

Was ist also zu tun? Um eine optimale Lernatmosphäre zu erzeugen, ist es wichtig, eine mittlere Motivation zu erschaffen. Gemäß der Lernkurve von Yerkes–Dodson beeinträchtigt nämlich eine zu geringe Aktivierung (Gleichgültigkeit) als auch eine zu hohe Aktivierung (z. B. Angst, überstarke Leistungsmotivation) den Lernerfolg.

Hilfreich ist hier die Vorgehensweise des provokativen Gesprächsstils, der mit Verblüffung und Humor in einer *vertrauensvollen Atmosphäre* arbeitet.

Der provokative Gesprächsstil ist die Anwendung der Prinzipien von Farrellys Provokativer Therapie (Farrelly & Brandsma, 1986) im therapeutischen Raum, aber auch im Alltag. Es ist interessant, wie Farrelly zu seiner Therapieform kam.

Farrelly stellte fest, dass die übliche nichtdirektive Form des therapeutischen Umgangs wenig bewirkte. Erst als er seinen Klienten auch deutlich seine Meinung sagte, bewirkte er Veränderungen bei ihnen. Auf der Suche nach einem Namen für seine Vorgehensweise überlegte er viele Namen (Farrelly & Brandsma: Provocative Therapy. Cupertino: Meta Publications 1974, p. 30f.): Humortherapie, Provokationstherapie usw. Der schließlich gewählte Name *Provokative Therapie* soll das Wesen dieser Vorgehensweise ausdrücken: *Herausforderung* des Klienten, sich zu ändern, durch eine humorvolle Provokation.

Die „Provokation zum Lachen" ist frei von zynischer Überheblichkeit und richtet sich nur gegen das Schädliche und Absurde im Verhalten des anderen, nicht gegen seinen verletzlichen Wesenskern. Ihm werden in einer besonderen Art und Weise Denkmuster und Gefühle und Verhaltensweisen unterstellt, so dass er gar nicht anders kann, als dazu gefühlsmäßig Stellung zu beziehen. Diese Unterstellungen werden hemmungslos verzerrt bis hin zum Absurden, und das bringt den Betroffenen zum Lachen. Das Lachen über sich selbst gibt ihm ein Stück Freiheit zurück, denn nur wer sich selber relativieren kann und somit „darüber steht", kann über sich lachen (s. Höfner & Schachtner, 1995, S. 27–28).

Die Herausforderung, Sicherheitsbestimmungen besser zu beachten, unterscheidet sich in verschiedener Hinsicht von der Therapie von Patienten. Zum einen befindet sich ein therapeutischer Klient automatisch in der eher negativen Rolle des Patienten, vor allem wenn er selbst aktiv einen Therapeuten aufgesucht hat. Dagegen befindet sich eine Person, die Sicherheitsbestimmungen oder -empfehlungen missachtet, in einer völlig anderen Rolle. Sie bewertet ihr Verhalten keineswegs als falsch oder unangemessen, sondern hat den Eindruck, dass sie die Situation unter Kontrolle hat usw. Bestärkt wird sie in ihrer Haltung darin, dass sie bisher tatsächlich alle Situationen „gemeistert" hat.

Dieser Haltung liegt jedoch ein falsches Weltbild zugrunde. Viele Menschen haben nur ein recht nebelhaftes Bild von den Ereignissen, die sie erleben. Es trifft sie aus heiterem Himmel, sie werden von Ereignissen „überrascht" usw.

Natürlich werden die Ereignisse, die uns betreffen, auch durch die Entscheidungen und Handlungen anderer Menschen bewirkt, die wir zunächst nicht immer aktiv beeinflussen können. Aber man kann

a) schon im Vorfeld viele Gefahren und Probleme entschärfen,
b) sich oft auf den Eintritt eines Ereignisses vorbereiten (Stressimpfung),
c) durch aktives Handeln durchaus auch die Situationen bewältigen, die überraschend eintreten.

Grundsätze des provokativen Gesprächsstils sind also:

- Nicht beleidigen, sondern herausfordern.
- Nicht Provokation um jeden Preis, sondern zur Beseitigung von Denkblockaden.
- Provokativer Stil ist wie: dem anderen den Spiegel vorhalten.

3. Techniken des provokativen Stils

Um Denkblockaden abzubauen und spezifisch die Einsicht in die Notwendigkeit der Befolgung von Sicherheitsanweisungen zu fördern, könnte man verschiedene Techniken des provokativen Stils benutzen. Beispielsweise scheinen mir folgende Techniken besonders viel versprechend zu sein:

3.1 Zukunftsszenarien

Hinsichtlich der Vermittlung von Sicherheitsstandards kann man z.B. schildern, wie eine selbstschädigende Verhaltensweise immer größere Auswirkungen haben kann, welche Gefahren auftreten, wenn er wie bisher weitermacht usw. Die Zukunftsszenarien dienen also dazu, die Konsequenzen des eigenen Handelns zu verdeutlichen.

Dazu eine Vielzahl von möglichen Reaktionen (aus einem Seminar mit Sicherheitsexperten) auf die bereits erwähnte Formulierung: „Warum soll ich eine Schutzweste anziehen?"

„Dann werde ich dem Geräteverwalter und Deiner Witwe mitteilen, dass Du die Schutzweste geschont hast."

Ich werde Deiner Witwe mitteilen, dass Du keine Memme warst wie ich, der eine Schutzweste anzieht!

Denkst Du, dass ich Deiner Witwe die Todesnachricht überbringen soll?! So mach weiter, denn da oben hast Du einen besseren Überblick und kannst uns viel besser unterstützen.

Genau, opfere Dich nur, da sind sie von uns abgelenkt, und wir werden es Dir danken!"

A: „Darf ich Deine Stiefel nach Deinem nächsten Einsatz haben?"
B: „Die brauche ich selbst noch."
A: „Nach Deinem nächsten Einsatz nicht mehr, wenn Du Dich weiterhin so verhältst."

Man kann auch durch eine Kette von Antworten die Überraschung und Verblüffung noch steigern und so die Chancen der Einsicht erhöhen, z.B.

PHM X aus Y – Stadt sagt: „Warum soll ich mir eine Schutzweste anziehen, mir ist noch nie etwas passiert?"

Die provokative Reaktion wäre:

„Im Jahr 2012 sagst Du: „Mir ist noch nie etwas passiert!"
Im Jahr 2013 sagst Du: „Mir ist noch nie etwas passiert!"
Im Jahr 2014 sagst Du: „Mir ist noch nie etwas passiert!"
Im Jahr 2015 sagst Du: „Mir ist noch nie etwas passiert!"
Im Jahr 2016 triffst Du zum ersten Mal auf einen *kalten Praktiker angewandter Gewalt* und wirst getötet."

3.2 Umdeutung eines Sachverhalts

Die Umdeutung eines Ereignisses oder Verhaltens (Reframing) ist eine beliebte Technik verschiedener Therapiemethoden.

Typische Umetikettierungen sind z.B.: „Unnachgiebigkeit" als „standhaft" zu bezeichnen, „unreifes Verhalten" als „rührig, forschend" oder „Feindseligkeit" als „starke Betroffenheit". Weitere Umdeutungen sind z.B.:

passiv sein	die Fähigkeit, Dinge so zu akzeptieren, wie sie sind
unterwürfig sein	Autorität und Führung suchen, um sich selbst zu finden
impulsiv sein	sich gehen lassen, spontan sein wollen
widerspenstig sein	seinen eigenen Weg im Leben suchen.

Durch derartige überraschende Umdeutungen werden Verblüffung und Überraschung erzeugt, was gerade in schwierigen und festgefahrenen Therapiesitzungen hilfreich sein kann.

Im provokativen Stil werden die Umdeutungen bis ins Absurde übertrieben:

- Alle Vorteile des problematischen Verhaltens werden aufgezählt und betont.
- Alle Vorteile eines neuen Verhaltens werden heruntergespielt.
- Alle Nachteile eines neuen Verhaltens werden aufgezählt und betont.
- Alle Nachteile des bisherigen Verhaltens werden heruntergespielt.

Dazu könnte man z.B. schildern, wozu das Problemverhalten gut sein könnte, welche Aufmerksamkeit er durch andere erhält usw. Welche absurden Verwendungsmöglichkeiten bietet das Problemverhalten? Was muss der Klient aufgeben, wenn er sein Verhalten ändert? Welche Anstrengungen würde das erfordern? Durch derartiges Herausarbeiten von Vor- und Nachteilen wird bewirkt, dass die Realitäten in den Blickpunkt gerückt werden. Beim Klienten wird Widerstand gegen den derzeitigen Zustand hervorgerufen, und er wird herausgefordert (provoziert), sein Verhalten zu ändern (Höfner & Schachtner, 1995).

Wenn man durch überraschende Umdeutungen die Situation humorvoll ad absurdum geführt hat, kann man dann von der humorvollen Atmosphäre in eine ernstere wechseln und die Realität ins Spiel bringen (Höfner & Schachtner, 1995, S. 184).

> Dazu ein Beispiel aus einem polizeilichen Rollenspiel:
> Ausgangslage: Der Polizist durchsucht nach einer Festnahme nicht die Person. Sein Kollege sagt ihm: „ Mensch Torsten, hast ja wieder eine geile Festnahme gemacht. War ja ein dicker Fisch. Herzlichen Glückwunsch. Die Kollegen aus der JVA sind auch froh. Nachdem der Festgenommene dort vorgeführt wurde, hat er zwei Justizbeamte mit einem Messer schwer verletzt.

Macht ja nichts, dass Du ihn nicht durchsucht hast. Ist ja nicht so schlimm. Die Kollegen in der JVA sind glücklich, da die verletzten Beamten unbeliebt waren. Auch die Familien sind froh, dass ihre tollen Kerle erst mal nicht nach Hause kommen. Dann haben sie erst mal Ruhe!
Nochmals meinen Glückwunsch, auf die nächste Festnahme."
(Hände schütteln).
Durch den schnellen Tonfall bei diesen sprachlichen Äußerungen kam der Zuhörer überhaupt nicht dazu, sich direkt argumentativ damit auseinanderzusetzen, was den Verblüffungseffekt noch steigerte.

Ein weiteres Beispiel:
„Bei einem Training ging es darum, eine Gaststättenkontrolle durchzuführen, eine bestimmte Person zu überprüfen, die von der Beschreibung her erkenntlich war. Das 2-Mann-Team war instruiert, so vorzugehen, wie sie es theoretisch als auch im Praktikum des Einzeldienstes kennen gelernt hatten, d.h., es waren auch die Alternativen Verstärkung anfordern oder Rückzug möglich.
Das Team entschloss sich nach kurzer Absprache offenbar, den Raum zu stürmen, denn die beiden sprangen in den Raum und stürzten sich auf die gesuchte Person, die natürlich Widerstand leistete. Andere Gaststättenbesucher waren anwesend; eine Waffe war sichtbar ausgelegt; die Beamten konnten dies natürlich nicht mehr erkennen. Sie wurden „übungshalber von einer weiteren Person erschossen."
In der Reflexionsphase wurden vom Trainer einige Vorteile des problematischen Verhaltens festgestellt:
„Toll, wie dynamisch ihr da reingegangen seid, toll, wie sparsam ihr doch seid und keine Verstärkung gerufen habt, toll, wie ihr den an die Wand geknallt habt, toll, wie ihr vorher den Raum aufgeklärt habt. Es macht ja nichts, dass ihr nun tot seid, auf solche Einzelschicksale können wir keine Rücksicht nehmen."

Bei diesem Beispiel wird deutlich, dass man auch noch die Technik *Zukunftsszenarien* einsetzen könnte. Man könnte ihm ausmalen, wie er in Zukunft auch immer wieder in Schwierigkeiten geraten wird, wie er in Prügeleien geraten wird, wie er Niederlagen erleiden wird usw. Man könnte auch auf das Kosten-Nutzen-Verhältnis hinweisen: „Sie können sich nicht die ganze Nacht durch mit dem ‚Gegenüber' prügeln. Das schafft auch der stärkste Polizist nicht." Dies wäre allerdings eine rationale, zutreffende Formulierung und damit keine Überzeichnung im Sinne des provokativen Stils. Im Sinne des provokativen Stils wäre hier z.B. die Formulierung gewesen: „Sie sind stärker als Arnold Schwarzenegger, Sie können sich auch nächtelang mit Leuten prügeln, ohne zu ermüden."

Man kann auch die Technik *Zukunftsszenarien* mit der Technik des Umdeutens verbinden und darauf hinweisen: Wenn er so weitermacht, hat er dann irgendwann im Krankenhaus endlich Zeit, seinen Lieblingsroman zu lesen. Wenn er aber sein Verhalten ändert, werden die anderen Kollegen neidisch, dass sie einen so vorbildlichen Polizisten in ihrer Mitte haben. Sie müssten dann befürchten, dass er ihnen bei Beförderungen vorgezogen würde. Er würde in die soziale Isolierung geraten usw.

Bei einem ängstlichen Beamten, der *immer* Verstärkung anfordert, müsste man in entgegengesetzter Form reagieren, z.B.: „Sicher ist sicher, am besten nur zu Zehnt auftreten, um einen besoffenen Penner festzunehmen." usw.

3.3 Sündenbocktechnik

Bei der *Sündenbocktechnik* werden die Beschuldigungen, die der Klient anführt, vom Therapeuten weiter bis zum Absurden ausgeschmückt. Dadurch wird dem Klienten deutlich, wie wenig Sinn seine Argumentation ergibt, und er wird zu einer realistischen Übernahme von Verantwortung angehalten. Er darf nicht zu viel oder zu wenig Verantwortung übernehmen.

Der Ausgangspunkt ist also, ob der Klient zu viel oder zu wenig Verantwortung übernimmt. Beschuldigt der Klient sich selbst, könnte man noch eine Liste mit weiteren Ereignissen erfinden, an denen er auch schuld ist (z.B. dem Wetter). Beschuldigt er äußere Ursachen für sein Problem, so könnte man als äußere Sündenböcke aufführen: Erbanlagen, das Wetter, seine verstorbene Urgroßmutter, die Mafia usw.

Dadurch kann man zu einem sachorientierten Gespräch kommen, in dem der Klient nicht mehr seine Verantwortlichkeit für seine Taten auf andere abwälzt.

Dass sich häufig gerade die Sündenbocktechnik für die vermehrte Befolgung von Sicherheitsstandards eignen dürfte, ergibt sich z.B. aus Loreis (2000, S. 48) Beobachtung vom teilweise beständigen „Abschieben der eigenen Verantwortung für mangelnde Schießleistung (Schuld ist die schlechte Waffe, der letzte Abend, das frühe Aufstehen, die ‚falsche' Position auf der Schießbahn, der Muskelkater irgendwo im Körper, die Brille oder Sonstiges)". Im provokativen Stil führt man aus, dass „in Wirklichkeit" nicht *er* Schuld hat, aber er hat noch weitere Ursachen vergessen: seine Erbanlagen, das Ozonloch, seine verstorbene Urgroßmutter, die Mafia usw.

Folgende Reaktion entspricht nicht dem provokativen Stil, weil es echte organisatorische Mängel geben kann und es bei der provokativen Theorie darum geht, **Denkblockaden abzubauen:**

Ein Beamter klagt über die Ausrüstungsgegenstände.

Trainer: „Richtig, da ist der Staat dran schuld. Und überhaupt, die Gesellschaft ist an *allem* schuld."

4. Möglichkeiten und Grenzen der Verhaltensänderung

Ein unerschöpfliches Thema ist die Frage nach den Möglichkeiten und Grenzen der Verhaltensänderung. Deshalb können nur einige Gesichtspunkte angeschnitten werden. Bei dem zitierten Beispiel des Rollenspiels „Gaststättenkontrolle" war interessant, dass die problematischen Verhaltensweisen, die vor allem ein Beamter bei den Übungen zeigte, zwar immer reflektiert, aber von ihm spürbar nicht eingesehen wurden.

Als der Trainer ihn länger nicht sah, befragte er einen Kommilitonen, der berichtete, dass jener Beamte wegen einer „verlorenen Schlägerei" in einer Disco im Krankenhaus liege. Dies führt zu der Frage: Warum nehmen manche Personen nichts an?

Es gibt vermutlich viele Antworten auf diese Frage, doch ich möchte mich auf folgende beschränken.

Es gibt starke individuelle Unterschiede in der Bereitschaft, neue Informationen aufzunehmen. Spezifisch ist hier der durch die Erziehung entwickelte **Bindungsstil** von Interesse.

Miculincer (1997) zeigte, dass Personen mit sicherem Bindungsstil eher bereit sind, neue Informationen aufzunehmen, was bedeutet, dass Personen mit einem sicheren Bindungsstil wohl weniger zu „Gedankenlosigkeit" (Langer, 1982, 1991) neigen, also Gefahrensituationen vermutlich eher erkennen dürften.

Von den beiden bindungsunsicheren Gruppen vermeiden Personen mit vermeidendem Bindungsstil eher die Suche nach Informationen, spielen die Bedeutung von Informationen herunter u.Ä. Ängstlich-ambivalente Personen sind eher in einem Konflikt zwischen der Suche nach neuen Informationen und dem Bedürfnis nach positiven zwischenmenschlichen Beziehungen, was dann eher zu einer passiven Haltung („nichts tun") führt.
Eine Beobachtung von Verhaltenstrainings zeigt einen weiteren Grund für die unterschiedliche Informationsaufnahme auf: Personen, die schon lebenserfahren sind oder, mit ihren eigenen Worten, „ein umfassendes Bild der Realität" besitzen, kommen mit den Szenarien besser zurecht als Personen, die über solche Erfahrungen nicht verfügen, also nicht „streetwise" sind. Dies ist übrigens keine Frage des Lebensalters; es wird in der Praxis fast immer mit „Erfahrungen gemacht haben" beschrieben.

Auch Lorei (2000) stellte ähnliche Lernunterschiede zwischen Berufsanfängern und erfahrenen Polizisten fest.

Noch ein Hinweis für „Anwender" der provokativen Therapie bzw. des provokativen Stils. Der Erfolg einer Kommunikation oder spezifisch einer Therapie hängt oft mehr von der guten Interaktion oder der Person des

Therapeuten usw. ab als von der benutzten Technik. Deshalb muss jeder – je nach seinem Temperament, der Qualität der Beziehung usw. – die Techniken des provokativen Stils *situativ* sachgerecht einsetzen, mal sanfter, manchmal vielleicht derber wie Frank Farrelly. Der Anwender des provokativen Stils sollte genauso sprechen, wie es der beste Freund, die beste Freundin des Patienten tun würde: Er gibt eine genaue und direkte Rückkoppelung des Verhaltens, der Worte, der Haltung des Gesprächspartners, sowohl in positiver wie auch negativer Richtung. Dabei darf man nicht konfliktscheu sein.

Wie verletzend nämlich gerade der Versuch sein kann, den anderen ja nicht „zu verletzen", zeigen z.B. Pinizzotto et al. (1997) am Beispiel von Polizisten, die einen Angriff überlebten. Ein Polizist nahm z.b. nach seiner Verletzung ein großes Ausmaß an Unbehagen seitens seiner Kollegen wahr. Personen, die in der Vergangenheit häufig Scherze machten und im Allgemeinen fröhlich waren, waren nun übervorsorglich und versuchten immer, Dinge für ihn zu tun. Die extreme Vorsicht der Kollegen bewirkte also genau das Gegenteil dessen, was sie eigentlich beabsichtigten. Ihre Vorsicht zeigte dem Polizisten, dass die Kollegen mit ihm nicht in eine vertrauensvolle Kommunikation eintreten wollten, womit sie *psychologische Distanz* im Sinne von Gibb (1961) ausdrückten.

Hilfreich ist deshalb ein Humor, der eine Atmosphäre schafft, in der man durchaus *auch* deutliche „harte" und unangenehme Dinge sagen kann und damit betont, dass eine vertrauensvolle Kommunikation vorliegt. Der Sprecher drückt dann gewissermaßen aus: „Schau, ich kann dir das sagen und du rastest nicht aus, weil du weißt, wie viel du mir bedeutest."

Und deshalb ist verständlich, dass viele Menschen im Alltag den provokativen Stil – in unterschiedlichem Ausmaß hinsichtlich Humor, Direktheit, Derbheit usw. – anwenden, ohne diesen Begriff zu kennen.

Kapitel 22
Sind Sie vorbereitet und einsatzkompetent?

In der polizeilichen Realität tauchen Probleme und Gefahren auf, deren Existenz relativ viele Polizisten zumeist nicht kennen oder mit denen sie nicht rechnen. Dies ist nicht alleine gefährlich wegen der eigenen körperlichen Bedrohung, sondern auch wegen des Auftretens posttraumatischer Symptome, die ja vor allem dann auftreten, wenn man

- auf ein einschneidendes Ereignis nicht vorbereitet war,
- keine vorherige Stressimpfung erlebt hat,
- nicht die notwendigen Fähigkeiten erworben hat, um das Ereignis sachgemäß zu behandeln.

Schmalzl (2008) hob deshalb die Bedeutung der *Einsatzkompetenz* im Rahmen seiner Untersuchung zur Bewältigung gefährlicher polizeilicher Situationen hervor. Er konnte zeigen, dass „Einsatzkompetenz im Wesentlichen auf erlernten und automatisierten Verhaltensweisen beruht, bzw. auf der Fähigkeit, diese Verhaltensweisen situationsspezifisch und flexibel einzusetzen" (Schmalzl, 2008, S. 224).

Ich möchte deshalb – ohne Anspruch auf Vollständigkeit – hinsichtlich der Eigensicherung einige wichtige Problembereiche ansprechen und dazu einige Fragen stellen, die jeder für selbst sich beantworten sollte. So kann man seine Fähigkeiten abschätzen, diese Probleme bewältigen zu können:

1. Sind Sie auf das Phänomen Suicide by cop vorbereitet?

Wer würde z.B. damit rechnen, dass jemand einen Polizisten mit einer Plastikpistole bedroht, um ihn zu provozieren zu schießen, um sich in Suizidabsicht erschießen zu lassen? Doch treten derartige Ereignisse auch in Deutschland immer häufiger auf. Dies sind traurige Ereignisse, die leicht posttraumatische Störungen bei einem Polizisten auslösen können. Neben der Belastung durch den Schusswechsel selbst wirkt zusätzlich die Erkenntnis belastend, dass man nicht erkannt hat, dass die vermeintliche Pistole nur eine Spielzeugwaffe war (Füllgrabe, 2003b).

2. Können Sie den „lagebedingten Erstickungstod" verhindern?

Der „lagebedingte Erstickungstod" (positional asphaxia) kann z.b. durch eine unsachgemäße Fesselung in der Bauchlage bewirkt werden. Probleme ergeben sich dann weiter aus Deutungsfehlern der Polizisten: Verbale Bekundungen des Randalierers, er gebe auf, werden nicht geglaubt, weil sie als Finte betrachtet werden. Auch seine körperlichen Reaktionen werden leicht fehlgedeutet. Deshalb ist es unbedingt notwendig, dass jeder Polizist mit dieser Problematik und ihrer Vermeidung vertraut ist, zumal es auch in Deutschland bereits diesbezüglich zu Verurteilungen wegen Körperverletzung mit Todesfolge kam (Saternus & Kernbach, 2003).

3. Kennen Sie die unterschiedlichen Motivationen von gewaltbereiten Personen?

In der deutschen Polizei spielen neuerdings Marketingbegriffe eine große Rolle. So wird beispielsweise häufig das „Zauberwort" Kundenorientierung benutzt. Während aber Firmen viel Geld für Marktforschung ausgeben, um durch sie Motivation, Absichten usw. ihrer Kunden kennen zu lernen, ist die Frage, ob man sich in der Polizei genügend bemüht, die Motivation *aller* Kunden zu ermitteln, also auch derjenigen, die zu Gewalt neigen. Wird z.B. in der polizeilichen Ausbildung wirklich genügend *berufsorientierte* Kundenorientierung vermittelt, nämlich auf die „Kunden", die potenziell gegen Polizisten Gewalt ausüben könnten? Mir sagte eine meiner ehemaligen Schülerinnen von ihrer jetzigen polizeilichen Fachhochschulausbildung: „Wir lernen viele Kriminalitätstheorien, aber wir wissen nicht, wie ein Täter denkt." Hier taucht eine der verschiedenen Schwachstellen der polizeilichen Ausbildung auf. (Eine ausführliche Diskussion dieser Ausbildungsmängel findet man in Füllgrabe, 2004.) Wie kann ich aber erfolgreich mit jemandem umgehen, wenn ich nicht weiß, wie er denkt, fühlt und handelt (= streetwise)? Außerdem stellt sich die Frage, welchen polizeilichen Wert die Vermittlung derartiger Theorien hat, zumal Wolfgang, Savitz und Johnston bereits 1970 in ihrem Reader *The sociology of crime and delinquency* ausdrücklich darauf hingewiesen hatten, dass viele der gängigen Kriminalitätstheorien nicht validiert sind. Was nützt also die Vermittlung derartiger ungesicherter Theorien überhaupt?

Andererseits hat Toch in seiner klassischen Untersuchung zu den Konfliktsituationen von Polizeibeamten auch gezeigt, dass es 10 (!) höchst unterschiedliche Persönlichkeitsstrukturen und Motivationen gibt, die zu Gewalt führen können.

Toch (1969) dachte sich seine Klassifikation nicht „am grünen Tisch" aus, sondern ermittelte sie aus Interviews mit 75 Strafgefangenen, die für einen überproportional großen Anteil von Gewalttätigkeiten verantwortlich waren. Seine Ergebnisse haben eine ungewöhnlich hohe Realitätsnähe, denn er ließ Straftäter von anderen Straftätern befragen, die vorher als Interviewer geschult waren. So war jeder Interviewer auch Experte in der Lebenswelt des Interviewten, und so konnte er nicht getäuscht werden. Und es war dadurch möglich, Zugang zu Informationen zu erhalten, die man anders nicht erhalten konnte.

Aus den Interviews erstellte Toch eine **Typologie/Klassifikation von 10 interpersonalen Strategien, die leicht zu Gewalt führen.** Nach der Häufigkeit, mit der diese Strategien (in *seiner* Stichprobe!) vorkommen, werden sie im Folgenden geschildert (s.a. Füllgrabe, 1997, 2011):

1. Selbstbild – Darsteller
Gewalt wird hier von einem Täter ausgeübt, dessen Selbstdefinition die Betonung auf Härte und Status legt.

Seine Kämpfe sind Demonstrationskämpfe, und sie sind dazu bestimmt, das Opfer und die Zuschauer zu beeindrucken. Der Eindruck, der dabei zurückbleibt, soll zukünftige Interaktionen mit ihm beherrschen: Dass man nicht mit ihm spaßen kann, dass er furchtbar und furchtlos ist. Er ist besorgt, dass er fälschlicherweise als Schwächling oder Feigling angesehen wird, wenn die Dinge nicht diesen Verlauf nehmen.

Er **testet** Personen, um zu sehen, ob er bei ihnen erfolgreich sein kann. Wenn sie nicht reagieren, schließt er daraus, dass sein Wort Gesetz ist. Wenn sie kämpfen, fühlt er sich gleichberechtigt und in der Gesellschaft von den Personen (in Wildwestfilmen), die ihre Auseinandersetzungen um „12 Uhr mittags auf der Hauptstraße (einer Stadt im Wilden Westen) austragen" (Toch, 1969, S. 138).

Er ist nicht fähig, in irgendeiner positiven Weise zu formulieren, *was* er sein sollte, aber er hat erhebliche Zeit damit verbracht, daran zu denken, zu formulieren und damit zu kämpfen, was er *nicht* geworden ist" (Toch, 1969, S. 139).

Diese Personen haben besonders Schwierigkeiten mit dem sprachlichen Austausch, es wird wenig Zeit mit sprachlicher Diskussion verschwendet.

2. Verteidiger seines Selbstbildes
Diese Personen benutzen Gewalt als Vergeltung für die Handlungen anderer Menschen, die nach ihrer Ansicht oder Deutung Auswirkungen auf ihre Person, ihre Männlichkeit, ihren Wert haben.

Toch fand dabei unterschiedliche „Fähigkeiten zur Vergeltung". Einige Personen wählen mit Sorgfalt die Personen aus, gegen die sie Vergeltung üben, sie wählen genau die strategisch günstigste Zeit und den Ort für ihre Rache aus. Der Erfolg wird daran gemessen, die Aggression mit einem Minimum an Risiko auszuüben. Andere Personen wählen stets den falschen Gegner aus oder die ungünstigste Gelegenheit für das eigene Überleben.

3. *Verteidiger seines Rufs*
Personen, die einen gewalttätigen Ruf haben, sehen sich gelegentlich – durch ihre soziale Position, ihre körperliche Größe oder ihren Gruppenstatus – verpflichtet, ihre „Reputation", ihr „Image" des zur Gewalt Bereiten zu wahren.

Im Gegensatz zu den Personen, die aktiv ein aggressives Bild von sich aufbauen, ist bei den „Verteidigern des aggressiven Images" Gewalt kein inneres Bedürfnis, sondern eher eine *Verpflichtung*, der ihnen zugewiesenen Rolle zu entsprechen.

4. *Hilflosigkeit*
Wo andere Menschen fähig sind, ein Problem durch gewaltfreie Techniken zu lösen, z.B. durch Überzeugen, empfinden diese Personen sich als unterdrückt, eingeengt oder als Opfer von Umständen, die sie überwältigen.

5. *Der Ausbeuter*
Durch die Ausbeutung anderer Menschen werden die Leistungen, Güter, Gefühle dieser Menschen usw. in Anspruch genommen, ohne dass eine Gegenleistung erfolgt. Wenn eine solche Person entlarvt wird, ihr vorgehalten wird, dass sie gelogen, betrogen o.Ä. hat, reagiert sie mit Gewalt.

Toch hat diesen Sachverhalt anhand der Insassen von Gefängnissen intensiv beschrieben. Und er bezeichnet sie als „kalte Praktiker angewandter Gewalt" (Toch, 1969, S. 159). „Andere Menschen werden – schlicht und einfach – als Objekte angesehen".

6. *Die Freude am Terrorisieren*
Toch benutzt den englischen Begriff „bully" (Tyrann, Rüpel, Angeber, Raufbold), um jemanden zu beschreiben, der in seiner Gewaltanwendung unfair, gnadenlos und unmenschlich ist. Er gewinnt Befriedigung dadurch, dass er andere leiden sieht.

Gewalt wird hier ganz bewusst als Mittel und Instrument eingesetzt, um bei anderen Angst zu erzeugen und Gehorsam zu erzwingen. Die körperlichen und psychologischen Auswirkungen auf Andere sind derart, dass er sich alles erlauben kann. Das Einzige, was er fürchten muss, ist die Furcht selbst.

Wenn man ihm also nicht entschlossen entgegentritt, wenn er nicht mit seinem gewalttätigen Verhalten erfolglos bleibt, wird er im lernpsychologischen Sinne bekräftigt und darin bestärkt, weiterhin aggressiv zu sein. Er wählt sich schwache Opfer aus, weil bei ihnen die Auswirkungen des Terrors am leichtesten zu erreichen sind. Er gewährt auch keine Gnade, denn dann könnte er die Freude nicht voll auskosten. Wenn die andere Person Zeichen von Schwäche zeigt (um Gnade bittet oder bittet, aufzuhören), steigert das noch seine Gewalttätigkeit, er wird wütend und begeht extreme Grausamkeiten.

7. Die allgegenwärtige Angst
Hier wird Gewalt gegenüber Personen gezeigt, vor denen dieser Aggressionsbereite Angst hat. In vielen zwischenmenschlichen Begegnungen sieht er Bedrohungen seines Lebens. Dann gerät er in Panik, dann wird nach dem „Erstschlagprinzip" gehandelt: „erst zuschlagen, dann fragen".

Durch entspanntes, ruhiges, freundliches Verhalten kann man aber selbst bei psychisch Gestörten das Auftreten von Gewalt relativ leicht verhindern (s. Füllgrabe, 1992).

8. Der Verwöhnte (Narzisst)
Mancher Erwachsene verbleibt bei seiner Sicht der Welt in der Betrachtungsweise von Kindern: Der einzige Zweck anderer Menschen ist, für ihn in jeder möglichen Weise zu sorgen. Er kümmert sich nicht um die Bedürfnisse anderer Menschen. Aber im Gegensatz zu dem Ausbeuter hält er es für selbstverständlich, dass sein Wohlergehen die primäre Sorge anderer Menschen sein müsste. Er wird dann sehr aufgebracht, wenn er sieht, dass die Welt nicht seinen Erwartungen entspricht. Dann wenden sich die Menschen „plötzlich und mysteriös gegen ihn" (so ist seine Sicht). Die Menschen behandeln ihn nicht, wie er es – seiner Ansicht nach – verdient: als privilegierte Person! Er wird also „unfair" behandelt, und das gibt ihm das Recht, andere zu bestrafen.

9. Verteidiger der Gerechtigkeit
Manche Menschen üben Gewalt aus, sehen sich aber als Diener des Gesetzes, der Gerechtigkeit, als „Drachentöter" (Toch, 1969, S. 168), als Beschützer der Armen usw.

Gewalt wird hier als Prinzip angesehen. Im Vordergrund ihres Denkens steht nicht das Lösen eines Problems. Dies wird auch daran deutlich, dass sie keinen anderen Menschen bitten, ihnen behilflich zu sein oder ihnen Rat zu geben.

Sobald er die Gewaltbereitschaft eines Menschen sieht oder wenn dieser sich wegen einer Sache nicht für schuldig bekennt, arrangiert er die Situation so, dass er den ersten Schlag in der gewalttätigen Auseinandersetzung führen kann.

10. Gewalt als Gefühlsäußerung
Manche Menschen greifen andere nur an, um „Dampf abzulassen", gleichgültig, wer das Opfer ist. Gewalt befriedigt hier ein persönliches Bedürfnis und ist keineswegs eine Reaktion auf andere Personen. Das Spektrum der Gefühle, die bei diesem Gewaltspiel eine Rolle spielen, kann reichen von Depression, Anspannung, Langeweile bis hin zur Freude und dem „Kick", „Thrill", den der Aggressive erlebt, wenn er spontan ein zufälliges Opfer überfällt.

Auch Serienmorde und Vandalismus gegen Sachen können in diese Kategorie eingeordnet werden (s.a. Füllgrabe 1997, 2011).

4. Sind Sie mit den möglichen Strategien von Kriminellen vertraut?

In einer JVA wurden Aufzeichnungen gefunden, die Tipps für die Konfrontation mit der Polizei geben (Pokojewski, 2001):

„Springe auf der Flucht möglichst über Zäune usw., die Polizei hat körperlich nicht viel drauf und gibt schnell auf.

Ist die Polizei gezwungen zu suchen, bietet sich die Möglichkeit für einen überraschenden Angriff.

Der Mensch bewegt sich fünf Meter, bevor ein guter Combatschütze zieht und schießt.

Gebe rechtzeitig auf und suche nach Gelegenheiten beim Transport oder beim Aussteigen vor dem Revier."

Man kann aus diesen und ähnlichen Tipps ableiten: Angriffe auf Polizisten sind oft nur deshalb für den Polizisten „überraschend", weil dieser überhaupt nicht berücksichtigt, dass ein Krimineller ebenfalls ein aktiv Handelnder sein kann.

Doch mancher Täter hat bereits schon früher darüber nachgedacht, wie *er* aus der Konfrontation als Sieger hervorgehen könnte.

In der neuesten Zeit wurde sogar eine systematische Schulung von Tätern auf die Konfrontation mit der Polizei festgestellt:

Drei Täter drangen in ein Haus ein, rafften die Wertgegenstände zusammen, ein Täter ergriff mit dem Großteil der Beute daraufhin die Flucht und besetzte das Fluchtauto. Die beiden anderen rafften bewusst weitere Wertgegenstände bis zum Eintreffen der Polizei zusammen und „erwarteten" die Kollegen. Diese drangen zu zweit hintereinander, in entschlossener Schießhaltung, in den Raum ein. Daraufhin gingen die Täter mit deutlich sichtbar erhobenen Händen auf die Kollegen zu. Die Kollegen registrierten, dass sie nicht schießen durften (1. Kollege) bzw. schießen konnten (2. Kollege, da 1. Kollege im Schussfeld), hatten in dieser Stresssituation keine Alternative parat, so dass die Täter die Kollegen mit gezielten Tritten an den Kopf bewusstlos traten und flüchteten. Nach dem wiederholten Einbruch dieser Art konnte ein Täter festgenommen werden. In seiner Vernehmung gab er Folgendes an:

Die Täter bekommen in Tschechien eine rechtliche Einweisung in das deutsche Polizeigesetz, daher ihr selbstsicheres Auftreten. Zudem werden sie in den 1:1-Techniken (Nahkampf) geschult.

Die Taten werden in Tschechien geplant, nach Deutschland werden „Dienstgruppenleiter", als Vorgesetzte, und „Krieger" entsandt. Die Dienstgruppenleiter koordinieren die Tatabläufe und Tatorte. Nach der Serie kehrt er mit seinen Kriegern nach Tschechien zurück und die nächste Truppe zieht los. Das Werben der Krieger ist leicht, so der Inhaftierte, da die Organisation sie für ihre Brüche gut bezahlt. Interessant in diesem Zusammenhang sind noch folgende Aussagen des Festgenommenen: „Die Polizeibeamten lagen bewusstlos am Boden, wir hätten ihre Waffen nehmen und sie erschießen können, doch auf 15 Jahre Gefängnis hab ich keine Lust, ich hab doch Frau und Kinder zu Hause. Das war leicht für uns, weil wir immer das Gefühl hatten, die Polizeibeamten wussten nicht, was sie tun sollen. Das haben wir genutzt."

5. Sind Sie mit Kampf- und Angriffstechniken von gewaltbereiten Personen vertraut?

Von der französischen Polizei erhielt ich ein Video, das spezielle Techniken zeigt, die in „Kampfsportschulen" gelehrt werden: *Wie man Polizisten angreift*!!! Auch in Deutschland soll Ähnliches schon trainiert werden. Wichtige Hinweise auf die „Spielregeln" im Umgang mit extrem gewaltbereiten Personen und die Möglichkeiten der Gewaltvermeidung findet man z.B. in Kernspecht (2000).

6. Sind Sie auf die Begegnung mit Angehörigen von Hassgruppen vorbereitet?

Hier geht es nicht wie bei Toch (1969) um *individuell* motivierte Gewalt, sondern um eine *weltanschaulich* motivierte Gewalt, wobei aber durchaus gedankliche Verknüpfungen mit Tochs „Verteidiger der Gerechtigkeit" bestehen.

6.1 Das Gefährdungspotenzial für Polizisten durch „Hassgruppen"

Laut Bericht einer deutschen Tageszeitung sind auch in Deutschland E-Mails von Hassgruppen aufgetaucht, die zu Angriffen gegen Polizisten aufrufen. Uns droht also eine ähnliche Entwicklung wie in den USA.

In den USA gibt es nämlich verschiedene Hassgruppen, die eine ausgeprägte *Anti*-Philosophie gegen alle staatlichen Institutionen haben. Sie glauben z.B.:

1) Die Regierung, der Staat, die örtlichen Behörden usw. sind illegitim.
2) Sie können den Konsequenzen des Gesetzes ausweichen oder entkommen, indem sie Pseudodokumente herstellen wie z.B. Personalausweise, Fahrzeugpapiere oder Handzettel, die sie Polizisten überreichen.
3) Sie sind moralisch und/oder legal gerechtfertigt, extreme Maßnahmen zu unternehmen, um die Rechte zu schützen, die sie in Gefahr sehen.

Von einer derartigen Philosophie ist es nur ein kleiner Schritt zu spezifischen Gedanken des Hasses und der Vernichtung. Dies kann sich auch gegen Polizisten richten. In E-Mail-Botschaften weißer rassistischer Gruppen wird detailliert erklärt, „warum das Töten von Polizisten wünschenswert ist". Auszüge daraus:

Warum das Töten von Polizisten gut ist:

- Polizisten sind leicht zu treffen.
- Polizisten sind für die meisten schlechten Dinge verantwortlich, die in den USA geschehen.
- Schlechte Polizisten werden für ihre Handlungen nicht zur Verantwortung gezogen.

Die besten Methoden, um einen Polizisten zu töten:
Hier werden verschiedene Möglichkeiten aufgezählt, um Polizisten in eine Falle zu locken und anzugreifen.

Die Vorteile daraus, Polizisten zu töten:

- Mehr Freiheit. Wenn Polizisten befürchten zu sterben, sind sie mehr darum besorgt, am Leben zu bleiben als darüber, unschuldige Menschen zu belästigen.
- Das organisierte Verbrechen würde deutlich davon profitieren, wenn sich Polizisten unter ständigen Angriffen von Terroristen befinden.
- Terroristen würden soziale Gerechtigkeit bewirken, indem sie die primären Urheber des Bösen auf der Welt töten.

- Milizen würden profitieren, weil sie von der Polizei respektiert und gefürchtet würden. Sie würden in Ruhe gelassen, weil sie gut trainiert, gut bewaffnet und friedlich sind, wenn sie nicht von den Polizisten belästigt werden.

Wichtig hinsichtlich der Eigensicherung ist auch: In dieser E-Mail wird auch darauf hingewiesen, dass einige Polizisten („der Polizeifeind") zwei Pistolen tragen, dass man die Handschellen des Polizisten benutzen kann, um ihn als Geisel zu nehmen. Auch solle der Angreifer den verschiedenen Waffen und Ausrüstungsgegenständen des Polizisten genau Beachtung schenken.

„Begründungen" für die Aufforderung zum Mord waren in einer E-Mail: Polizisten und leichtfertige Richter sind für 99 % aller Verbrechen verantwortlich. Polizisten und Richter sind „ein Virus auf dem Angesicht der Erde". Nach Ansicht des Verfassers der E-Mail verwickelt im Durchschnitt eine Polizeistation jede Woche unprofessionell Tausende von Bürgern, die einen Fehler gemacht haben, in Prozesse, mit der Absicht, sie in harte Kriminelle zu verwandeln. Hier wird also eine **Opfermentalität** aufgebaut. Damit wird auch eine Rechtfertigung geschaffen, selbst Gewalt auszuüben.

Man findet hier ein bekanntes Muster: Um die Ausübung von Gewalt gegen Personen zu erleichtern, wird von gewaltbereiten Ideologien und Gruppen der Gegner **dehumanisiert**. Zimbardo (1969) hat diesen **Prozess der Entmenschlichung**, durch den dem Gegner menschliche Qualitäten abgesprochen werden und der dadurch die Aggressionsbereitschaft erhöht, sehr genau beschrieben. Im vorliegenden Text aus dem Internet findet man z.B. die Gleichsetzung von Polizisten mit Schweinen (pigs) und sogar mit Viren.

Und wie **detailliert** das Weltbild des Verfassers der E-Mail ist, wird daran deutlich, dass er sogar den „Ursprung" des „Virus" beschreibt: „Was veranlasst eine Person, ein Polizist (cop) zu werden? Ein genetischer Defekt, der von Satan selbst geschaffen wurde." Man beachte: Je detaillierter der Gedanke an einen Mord bereits im Denken und in der Fantasie eines Menschen vorhanden ist, desto wahrscheinlicher ist, dass er auch ausgeführt wird (Füllgrabe, 1997, 2011)!

Man erkennt also, dass das Weltbild des Verfassers sehr detailliert und ausgefeilt ist. Seine negativen Gedanken beziehen sich aber nicht nur auf Polizisten und Richter, er äußert auch starke Ablehnung gegen Frauen. Es liegt bei diesem Verfasser der E-Mail also ein sehr breites und sehr tiefes Gewaltpotenzial vor. Seine Freude an Gewalt zeigt sich auch in einer zweiten, zusätzlichen Unterschrift: The Supreme Exterminator, President of Society Purification Force.

Die Konsequenzen, die er aus seiner Deutung der Welt zieht: „Operation Pig Genocide. Die Polizei – Virus – Infektion muss aus dem Gesicht von Mutter Erde gereinigt werden, JETZT!!!"

6.2 Wie kann ein Polizist sich gegen Hassverbrechen schützen?

Ein amerikanischer Polizeiausbilder wurde befragt, wie es ein Polizist vermeiden könne, Opfer eines Hinterhaltes zu werden. Er meinte, dass einige Situationen mit Hinterhalt nicht vorhergesehen oder vermieden werden könnten. Aber viele Fallen könnten vermieden werden:

1) Wichtig ist ein Gefahrenradar: Betrachte deine Umgebung immer sorgfältig, mit vollem Bewusstsein. Schau dich immer um.
2) Benutze nicht immer den gleichen Weg.
3) Wechsele deine Gewohnheiten.
4) Halte immer Sicherheitsabstand.
5) Überhaste nichts bei Notrufen. Warte auf Verstärkung.
6) Beachte, dass ein Unterschied besteht zwischen Verstecken und Schutz durch einen *festen* Gegenstand.

Es gibt auch Hinweise darauf, wie man bei Verkehrskontrollen mit Extremisten reagieren sollte. Derartige Begegnungen sind besonders dann gefährlich, wenn die Kontrollierten stark bewaffnet sind, aggressive Weltbilder und Gedanken haben und sich in einem paranoiden Geisteszustand befinden.

Dazu gibt es verschiedene Warnzeichen, die ein Polizist erkennen könnte. In den USA sind dies ungewöhnliche Autokennzeichen, z.B. „Warshitaw Nation", „Republic of Texas", „Königreich des Himmels" und andere nicht existierende Staaten. Es können auch Variationen des Themas „Souveräner Bürger", „Souveräner Amerikaner", „Gewohnheitsrecht", biblischer Themen oder Zahlen wie UCC – 207 o.Ä. (für Abschnitte im Uniform Commercial Code) sein.

Auch in Deutschland könnte man vermutlich extremistische Personen wie in den USA an ungewöhnlichen Autoaufklebern erkennen (kürzlich sah ich z.B. einen Autoaufkleber mit der Schrift „Republic of Ibiza"). In den USA sind dies z.B. „Know Your Enemies: They Are Your Leaders" = „Erkenne deine Feinde. Es sind deine Führer (an der Spitze der Regierung)." „Our Danger Isn't Fallout, It's Sellout". Also: Unsere Gefahr ist nicht der „Fallout" (der Atombomben), sondern der Ausverkauf (unserer Nation).

Andere ungewöhnliche Autodekorationen oder direkte Hinweise auf Milizionäre sind ebenfalls sichtbare Warnhinweise, ebenso seltsame, ungewöhnliche Äußerungen durch den Fahrer oder Beifahrer, wenn nach Führerschein, Versicherungsnachweisen usw. gefragt wird. Wenn diese Dokumente als „Kontrakte" bezeichnet oder Äußerungen gemacht werden, dass man sie nicht mit sich führen müsse, sind dies deutliche Warnsignale.

Warnende Hinweise auf das Weltbild der Person sind z.B.

- die Selbstidentifizierung der Person als „souveräner Bürger", „freier Mensch", „Konstitutionalist" oder mit einem anderen pseudolegalen Status,
- Hinweise darauf, dass die Verfassung oder die Bibel ihnen das absolute Recht gibt, ohne Kontrolle zu reisen,
- wenn dem Polizisten eine Bibel als Fahrerlaubnis gegeben wird,
- kampfeslustige Forderungen an den Polizisten, sie zu verhaften,
- wenn dem Polizisten politische Literatur gegeben wird oder seltsam bedrohliche Dokumente, die er lesen oder unterschreiben soll, z.B. „Notiz für den verhafteten Offizier" oder „Formular CRIF 2PA95" oder irgendein Zettel, das dem Polizisten das Gesetz erklären will,
- wenn die Person das Gespräch auf Tonband aufnehmen will,
- wenn die Person eine bestimmte Art der Identifikation benutzt, was sie als eine Art ungewöhnlich klingender Gesetzeshüter identifizieren soll, wie „Spezieller U.S. Marshal", „Verfassungsranger" oder Agent der „Civil Rights Task Force" („Kampfgruppe für die Bürgerrechte").

Aus derartigen Verhaltensweisen und Äußerungen kann man also ein ganz bestimmtes Weltbild erkennen, das von Hass und Ablehnung gegenüber staatlichen Institutionen geprägt ist.

Verkehrskontrollen sind für Antiregierungsextremisten Ereignisse, die für sie eine große Anspannung darstellen. Nicht nur ihre Ideologie veranlasst sie zu dem Glauben, dass Verkehrskontrollen gesetzwidrig und nicht gültig seien, sondern sie brechen oft auch bewusst das Gesetz, so dass sie wissen, dass sie in Schwierigkeiten geraten können. Dies reicht von fehlendem Versicherungsschutz über fehlende Fahrerlaubnis bis zum Mitführen verbotener Waffen oder Sprengstoff.

Polizisten sollten deshalb sorgfältig darauf achten, dass die Anspannung oder das Misstrauen dieser Personen nicht erhöht wird. Sie sollten deshalb ihre Handlungen der Person erklären, um keine Unruhe auszulösen. Wenn sie eine körperliche Handlung beginnen (und natürlich auch im gesamten Verlauf der Handlung!), sollten Polizisten sehr sorgfältig vorgehen. Dies ist deshalb eine wichtige Überlegung, weil die Person die Situation als weitaus ernster ansehen und bewerten könnte, als der Polizist außerhalb des Autos sie sieht. Ein argloser Polizist könnte sonst von der unerwarteten Reaktion eines Extremisten überrascht werden.

Polizisten sollten nicht philosophische oder rechtliche Interpretationen mit der Person diskutieren. Wenn Material überreicht wird, sollte man es einfach annehmen und der Person danken.

Der Polizist sollte sich als Mensch darstellen, so dass er mehr als das bloße Symbol einer „unterdrückenden Regierung" betrachtet wird. Er könnte z.b. sagen: „Sie mögen recht haben, ich weiß es nicht, aber ich mache nur meinen Job. Ich gerate in Schwierigkeiten, wenn ich Ihnen keine Verwarnung gebe." Er kann sich auch eine gewisse Zeit lang auch die politische Philosophie der Person anhören.

7. Haben Sie die Bewältigung gefährlicher Lagen eingeübt?

7.1 Hilflosigkeit beim Rollenspiel

Der Begriff soziale Kompetenz hat in der heutigen Polizei einen hohen Stellenwert. Doch haben alle Polizisten in der Praxis tatsächlich soziale Kompetenz? Betrachten wir dazu spezifisch die wichtige Verhaltensweise „Änderungen bei störendem Verhalten verlangen" und den Hinweis von Hinsch und Pfingsten (2002, S. 82) „... dass ein Individuum nicht nur über sozial kompetentes Verhalten verfügen, sondern es auch anwenden muss".

Beobachtungen bei Realitätsübungen zeigen ziemlich häufig verschiedene Schwachstellen, z.B. bezüglich der Kommunikation:

Täter und kontrollierender Beamter:
Nur 1 % der Polizeibeamten stellen sich mit Namen und Dienststelle vor. Nur 10 % begründen dem Täter die Maßnahme (Personenkontrolle) ausreichend.

Täter weigert sich und wird laut:
40 % werden ebenfalls laut und geben dem Täter Weisung, sich durchsuchen zu lassen usw., und reden nun beide gleichzeitig auf den Täter ein.
40 % drehen sich kommunikativ im Kreis (Gruber & Jedamczik, 2000).

Noch schlimmer wird es, wenn Polizisten mit einer Person konfrontiert werden, die sich weigert, der Aufforderung der Polizisten Folge zu leisten, sich gegen eine Fesselung wehrt oder nicht vor ihnen flieht, sondern auf den Polizisten zugeht. Das Video einer deutschen Polizeibehörde zeigt eine Vielfalt falscher Reaktionen des/der Polizisten in einer *Übungssituation* (s. Füllgrabe, 2004), z.B.:

- Eine Polizistin und ein Polizist, beide mit auf den Störer gerichteten Waffen (!!!), reagieren hilflos, wissen nicht, was sie tun sollen, als sie

sich einem Täter gegenüber sehen, der mit einem Messer herumfuchtelt. Die Polizistin lässt sich in die Ecke drängen und „erstechen"!
- Ein sichernder Polizist richtet die Waffe auf den *eigenen* Partner, als dieser ein Messer nehmen will, das auf dem Tisch liegt.
- Ein Polizist/eine Polizistin kann mit einem Angreifer nicht fertig werden, muss sich während der Realitätsübung (!!!) vom Trainer zeigen lassen, wie man den Pfefferspray bedient, und besprüht dann damit nicht den Störer, sondern seinen/ihren Kollegen!!!

Beobachtungen einer anderen Institution zeigen ähnliche Hilflosigkeit bei der überraschenden Konfrontation mit Problemen: Bei der Durchsuchung einer „Verdächtigen" wurde eine versteckte Waffe übersehen, ein Kugelschreibermesser mit einer scharfen Klinge. Die „Verdächtige" „schnitt" mit dem Messer dem Durchsucher „brutal" durch das Gesicht. „Das Opfer" konnte noch einen Alarmknopf drücken. Darauf kamen eine Beamtin und ein Beamter ins Zimmer.

Die Lage war jetzt folgende: Die „Täterin" saß noch in einer Sitzgruppe, durch einen Tisch vom „Opfer" getrennt, mit dem Messer in der Hand.

Aber anstatt der immer noch gefährlichen „Täterin" das Messer aus der Hand zu nehmen und von dem „Opfer" zu trennen und mit einer Festnahmetechnik unter Kontrolle zu bringen, reagierte keiner der beiden sachgerecht auf die „Täterin".

Der Beamte ging zu dem „Opfer", um ihm Hilfe zu leisten. Er war geschockt und sagte: „Ich bin fassungslos. Ich verstehe nicht, wie das kommen konnte." Da die „Täterin" doch vorher durchsucht worden war, konnte es (aus seiner Sicht) einfach nicht sein, dass sie eine Waffe benutzen konnte.

Die Beamtin blieb an der Sitzgruppe stehen, wo die „Täterin" saß, ohne zunächst zu handeln. Erst nach einer gewissen Zeit, versuchte sie die „Täterin" sprachlich zu beeinflussen, zur Wand zu gehen. Sie sagte zu der Täterin: „Könnten Sie bitte mal rüberkommen. Wir müssten Sie noch mal durchsuchen." Die „Täterin" antwortete patzig: „Nö, mache ich nicht." Darauf hin drehten sie die Beamten zum Seminarleiter um und fragten: „Was sollen wir jetzt tun?"

Fazit:
Vielen Beamten fällt es schwer, eine psychologische Schwelle zu überschreiten und den Schritt vom Verbalen zum praktischen Handeln zu machen.

7.2 Die Ursachen derartiger Hilflosigkeit

7.2.1 Das Fehlen von „kompetitiver Intelligenz"

Woher kommen derartige unangemessene Reaktionen auf gewaltbereite Personen?

Ein großes Problem entsteht alleine schon dadurch, dass man ein eingeengtes Verständnis vom Begriff „soziale Kompetenz" bzw. „soziale Intelligenz" hat.

Kauke (1998) unterschied nämlich zwischen *drei* Komponenten sozialer Intelligenz:

Kompetitive Intelligenz: „… ist für die Bewältigung von Situationen mit absoluten Interessengegensätzen und egozentrischen Beweggründen der Beteiligten nötig" (Kauke, 1998, S. 67). Kauke (2002) meint, dass es dazu z.B. auch notwendig ist, „streetwise" (Füllgrabe, 1997, 2011) zu sein, d.h. zu wissen, wie Personen in bestimmten, besonders gewaltorientierten Subkulturen handeln.

Verhandlungsintelligenz: „… ist in Situationen gefordert, in denen neben Interessengegensätzen partielle Interessenübereinstimmungen auf der Basis von egozentrischen und kooperativen Motiven möglich sind und Interessengegensätze somit relativiert werden" (Kauke, 1998, S. 67).

Kooperative Intelligenz: Bezieht sich „… auf das einmütige Zusammenspiel zwischen Partnern, die einander unterstützen, statt von Gewinner- oder Verliererposition aus zu konkurrieren" (Kauke, 1998, S. 68). Dabei bezieht die Autorin Kooperation, das Zusammenwirken in Richtung auf ein gemeinsam beabsichtigtes Ziel, nicht nur auf Paarbeziehungen, sondern z.B. auch Mannschaften im Sport und die Integration von Kulturen. Kaukes Unterteilung der sozialen Intelligenz ist aber nicht nur aus theoretischen Gründen wichtig, sondern auch aus einem höchst praktischen Grund. Es gibt nämlich die Meinung, man könne und müsse alles durch Verhandeln lösen. Beispielsweise kritisierte Ludwig (2001, S. 5) in einem Leserbrief folgende Meinung bezüglich des Kontaktes mit extrem gewaltbereiten Personen: „Erste Pflicht der Beamten sei die Deeskalation der Situation. Dazu gehöre, die Straftäter anzusprechen, Verhandlungen zu führen und einen Kontakt herzustellen." Natürlich kann durch sachgemäßes sprachliches Vorgehen Gewalt verhindert werden. Doch wenn man meint, man müsse die im Leserbrief zitierten Maßnahmen des Verhandelns in *allen* Situationen anwenden, kann dies tödliche Folgen haben, etwa wenn man einen „Straßenkampfveteranen" trifft, der darauf vorbereitet ist, „tödliche Gewalt innerhalb eines kurzen Momentes der Wahrnehmung zu benutzen" (Pinizzotto et al., 1997, S. 28).

Es muss deshalb betont werden: Dass jemand sozial kompetent ist, zeigt sich nur daran, dass er eine Situation erfolgreich bewältigt. Welche skurrile Situation aber entsteht, wenn Kommunikation zum Selbstzweck wird, zeigt folgendes Beispiel:

> Ein frisch von der Fachhochschule gekommener Polizeibeamter sollte zusammen mit zwei älteren Kollegen einen Mann in einer Wirtschaft festnehmen. Dies gelang schnell und ohne Probleme. Als aber die beiden Polizisten mit dem Täter aus dem Haus waren, bemerkten sie, dass ihr junger Kollege fehlte. Als sie nachschauten, stellten sie fest, dass er immer noch vor dem Tisch stand, wo der Verhaftete gesessen hatte. Er hatte sich nämlich darauf eingestellt, wie er es gelernt hatte, *zuerst* Verhandlungen mit dem Mann aufzunehmen. Hier verhinderte also die mechanische Anwendung des Prinzips „Verhandlungen aufnehmen" die erfolgreiche Bewältigung einer (möglicherweise gefährlichen) polizeilichen Situation durch den jungen Beamten. Um ein Missverständnis zu vermeiden: Ich hatte bereits 1980 bei mehreren Seminaren an der Polizei Führungs-Akademie (s.a. Füllgrabe, 1981) auf die Notwendigkeit der Vermeidung defensiver Kommunikation hingewiesen und als Beispiel für die inneren Monologe der Beteiligten und das sachgemäße Vorgehen die Beleidigung eines Bahnbeamten durch einen Fahrgast zitiert. In diesem *harmlosen* Fall vermittelte der Zugführer zwischen den beiden: Der Fahrgast entschuldigte sich, und der Bahnbeamte sah von einer Strafanzeige ab. Es ist mir aber rätselhaft, welchen Sinn eine „Verhandlung" mit einem Gewaltbereiten oder einem Täter haben soll. Dieser wird das Bestreben zu verhandeln eher als Schwäche ansehen. Sachgemäßer ist der in Kap. 5.5 beschriebene konsequente Umgang mit einem Gewaltbereiten.

Es wird also relativ häufig übersehen, dass es neben Situationen, wo man einfach kooperieren oder durch Verhandeln einen Interessengegensatz überbrücken kann, *auch* Situationen gibt, wo man nicht mehr verhandeln, sondern *handeln* muss oder sich nur noch wehren kann. Dies gilt für viele zwischenmenschliche Bereiche, z.B. für die polizeiliche Eigensicherung und für Mobbing, das ein *Machtspiel* ist (Füllgrabe, 2011).

Ein weiteres Problem ist, dass sich viele der Kommunikationstrainings an beliebten, aber wissenschaftlich völlig ungesicherten Modellen orientieren (s. *von Thun* 1998, S. 44f.).

Gibb (1961) stellte dagegen keineswegs nur Überlegungen an, was für eine konstruktive Kommunikation wichtig wäre, sondern er beobachtete und analysierte zunächst das *tatsächliche* Verhalten von Menschen und leitete daraus wichtige Prinzipien ab, an die man sich selbst in einer Stresssituation leicht erinnern kann und die leicht in der Praxis umsetzbar sind.

Erstaunlich – angesichts der heutigen großen Betonung der Bedeutung von Kommunikation und Rhetorik – ist nämlich, was mir ein Student berichtete:

Bei einer Personenkontrolle wurde ein Polizist von den überprüften Studenten nach dem Grund seiner Maßnahmen gefragt. Er antwortete, dass er seine Gründe dafür hätte und dass er ihnen dafür keine Rechenschaft schuldig sei. Dies löste bei den Studenten den Eindruck der Willkür und damit Verärgerung aus, und die Situation hätte leicht eskalieren können.

Dieser Vorfall steht keineswegs isoliert da. Ein Dozent einer deutschen Fachhochschule berichtete mir folgende Beobachtung: Was die angehenden Polizisten im Kommunikationstraining gelernt haben, bricht in der Praxis häufig zusammen. Die Trainierten verfallen im Ernstfall leicht wieder in einen autoritären Stil, vor allem wenn der Handelnde die Situation als Stress empfindet. Und Angehörige verschiedener Institutionen der Polizei beobachteten, dass manche der Trainierten meinen, sie müssten *viel* reden, kommen aber nicht auf den Punkt und erklären nicht die notwendigen Maßnahmen. Man hat also „Handlungseunuchen" (*Dörner* et al., 1983) erzeugt.

7.2.2 Fehlende oder falsch konzipierte Realitätstrainings
Während eines polizeilichen Kongresses wurde ein Video einer deutschen FHS gezeigt, das unter anderem eine Situation aus einer Abschlussprüfung zeigte: Ein Störer läuft weg, stolpert, die Beamtin fesselt den am Boden Liegenden die Hände auf den Rücken. Offensichtlich wurde dies als gute Leistung der Beamtin bewertet.

Warum sollte das kein Beleg dafür sein, dass die Polizistin in der Praxis dies nicht ebenso gut praktizieren kann? Weil das Rollenspiel unrealistisch war!

In der Realität bleibt nämlich der Störer keineswegs brav liegen und lässt sich widerstandslos fesseln. Ein komplettes Video einer polizeilichen Institution zeigt ausschließlich, wie hilflos viele Teams aus zwei Beamten/Beamtinnen sind, wenn der am Boden auf dem Bauch liegende Störer nicht passiv bleibt. Und ein anderes Video zeigt sogar, dass (im Training) bei einem sich wehrenden Störer der Beamte seine Dienstwaffe holt, sie dem Störer an den Kopf hält und abdrückt.

Man kann also nicht automatisch davon ausgehen, dass Polizisten in einer Gefahrensituation sachgerecht handeln. Es ist deshalb grundsätzlich wichtig, konkret zu überprüfen, ob man bestimmte Situationen im beruflichen oder privaten Bereich tatsächlich beherrscht.

Und man hüte sich vor einer häufig zu hörenden „Übungslüge": „Das war nur ein Rollenspiel, in der Wirklichkeit hätte ich anders gehandelt."

Kapitel 22

Wenn selbst in einer Übungssituation,

- deren objektive Bedingungen einen geringeren Belastungsgrad erzeugen,
- wo man weiß, dass das eigene Handeln keine negativen Konsequenzen hat,
- wo man sich also ohne Ablenkungsfaktoren völlig auf das richtige Handeln konzentrieren könnte,

ein derart hoher subjektiver Stresspegel empfunden wird, wie mangelhaft mag dann erst das Handeln sein, wenn die Situation durch Lärm, Dunkelheit, Anwesenheit vieler (evtl. potenziell gefährlicher) Menschen usw. wirklich extrem stressbelastet ist?

Wie stark der Stress in der Realität tatsächlich ist, wenn man nicht mental auf eine sachgemäße Gefahrenbewältigung eingestellt ist, zeigt folgende Verhaltensweise:

Bei einem Einsatz werden zwei Polizisten von mehreren Jugendlichen mit Baseballschlägern bedroht. Als sie beginnen, einen der beiden zu attackieren, flüchtet sein Teamkollege (will Unterstützung holen) in den Streifenwagen, verriegelt die Tür und ist nicht mehr ansprechbar. Ein ähnliches Beispiel berichteten mir kommunale Beamte, die eine Lebensmittelkontrolle in einem Restaurant durchgeführt hatten.

7.3 Der Wert eines guten Realitätstrainings (Survivaltrainings)

Polizeiliches Handeln muss also unter realistischen Bedingungen, in realistischen Szenarien (Verkehrskontrolle, Familienstreitigkeit, Amoklagen, Schusswaffeneinsatz usw. unter *Stress*) geübt werden. Und die Trainierten müssen realistisch über ihre Leistungen informiert werden. Es kann nicht sein, dass z.B. Trainer bagatellisierend darauf reagieren, wenn beim Schießtraining nicht auf den Täter, sondern auf einen Unbeteiligten geschossen wird.

Welchen Wert ein gut konzipiertes und durchgeführtes Realitätstraining hat, zeigt Schmalzl (2008).

In intensiven Verhaltensanalysen des Trainings konkreter polizeilicher Problemsituationen ermittelte er verschiedene wichtige Erkenntnisse:

Weder Lebens- noch Dienstalter wirken sich förderlich auf die Einsatzkompetenz aus. Erfahrung und Routine mögen die Alltagsbewältigung verbessern, sie stoßen aber offensichtlich an ihre Grenzen, wenn neue und besonders schwierige Herausforderungen auftreten.

Deshalb: Eigensicherung muss trainiert werden und lässt sich grundsätzlich auch trainieren.

Gerade für Personen mit Handicaps war das Training erfolgreich. Zu diesen Handicaps zählen neben kognitiven Fähigkeiten vor allem Verhaltens- und Rollenunsicherheiten, zum Beispiel bei Frauen, die im Streifenteam mehrheitlich die „Sichererposition" eingenommen hatten und so in der aktiven „Sprecherrolle" Defizite aufwiesen, oder bei denjenigen, die sich in Bedrohungslagen schon einmal als hilflos erlebt hatten. Zu Beginn wirken sich solche Handicaps zwar nachteilig aus, die dann aber, nach dem Training, nivelliert werden oder sogar die Leistung im Einsatzszenarium fördern.

Das Training hatte auch eine Langzeitwirkung. Obwohl nur ein 4-stündiges Verhaltenstraining stattfand, verbesserten sich die Versuchspersonen eindeutig, was auch noch nach 4,5 Monaten nachweisbar war. Diese Verbesserungen bestanden aus zahlreichen Verhaltensmustern, Bewegungen, verbalen Äußerungen usw. Diese Verhaltensweisen sind keineswegs trivial, schon gar nicht werden sie von Anfängern beherrscht. Aber sie sind leicht erlernbar, vor allem in Trainingssequenzen, die punktgenau das ansprechen und einüben, was häufig falsch gemacht wird oder der Wiederholung bedarf.

Ein gutes Realitätstraining bewirkt auch eine „Stressimpfung", bereitet also auf potenzielle Gefahren vor. Schmalzl (2008, S. 223/224) schreibt dazu: „Da die Einsatzszenarien eine überraschende akute Bedrohung von Leib und Leben thematisierten und beim ersten Mal Schock und Irritation eine Rolle gespielt haben dürften, kann dem Training auch ein Stressimpfungseffekt zugesprochen werden. Die Kontrollgruppe konnte aus der Konfrontation mit dem Reiz ‚Bedrohungsszenarium' keinen Vorteil ziehen. Die Vorstellung, die bloße Konfrontation mit Gewalt würde bereits über Effekte der Gewöhnung oder Desensibilisierung zu Verhaltensänderungen führen, ist deshalb falsch. Man muss den Trainingsteilnehmern schon sagen und zeigen, wie es geht, und sie entsprechend üben lassen. Dagegen kann ohne Trainingseinheiten, die explizit einsatzkompetentes Verhalten verbessern sollen, keine Verbesserung der Einsatzkompetenz erzielt werden, auch nicht durch unkontrollierte Einflüsse wie etwa spontane Lerneffekte (z.B. Lernen in der Einsatzrealität durch Nachahmung einsatzkompetenter Kollegen)."

Kapitel 23
Das Training der Eigensicherung

1. Was ist das Besondere am *psychologischen* Eigensicherungstraining?

Survivability-Training unterscheidet sich von anderen Trainings- und Ausbildungsinhalten praktischer, technischer, juristischer u.a. Art durch die Betonung eines **psychologischen** Ansatzes, der sich aus einem empirisch ermittelten Verhaltensmodell ergibt. Dazu gehören psychologische Faktoren, die Menschen geholfen haben, eine gefährliche Situation zu bewältigen und zu überwinden. Diese Faktoren werden innerhalb einer **zwischenmenschlichen Spieltheorie** systematisiert dargestellt.

Ein neuer, psychologischer Ansatz des Eigensicherungstrainings ist aus verschiedenen Gründen notwendig:

Probleme, Konflikte und Gefährdung für einen Polizeibeamten entstehen nämlich nicht nur aus Standardsituationen (z.B. Familienstreitigkeiten), sondern auch aus „unstrukturierten" Situationen, bei denen sich die Gewalt allmählich entwickelt. Dies hängt

1. mit **Wahrnehmungsmängeln** zusammen: Gefährliche Situationen, Personen und Gegenstände werden nicht erkannt. Dies zeigt, dass hier nicht etwa *Stressbewältigung* hilfreich ist, sondern das genaue Gegenteil: Aktivierung in einer Gefahrensituation.
2. **Falsche Reaktionen**
   - Man ist zu wenig vorsichtig bei gewaltbereiten Personen, deren Gewaltbereitschaft bereits durch entsprechende Vorstrafen dokumentiert ist. Man lässt sich durch ihre situativ bedingte Harmlosigkeit einlullen.
   - Man bleibt zu passiv, wenn Handeln oder sogar Notwehr wichtig wäre.
   - Man gefährdet sich durch irrationales Verhalten selbst: Man dreht dem Gewaltbereiten den Rücken zu, bückt sich nach fallendem Gegenstand u.Ä.
3. **Fehlendes Krisenmanagement**
   - Man weiß nicht, was man tun soll, wenn die Gewalthandlung (z.B. Schusswechsel) begonnen hat.

Das Training der Eigensicherung

Ziel des Trainings hinsichtlich psychologischer Faktoren der Eigensicherung ist die Erhöhung des Überlebenspotenzials. Dazu ist es wichtig, das konkrete Ziel in der Konfliktsituation so zu sehen: Ich muss mit dem geringsten Aufwand eine gewalttätige Interaktion vermeiden.

Neben der Vermittlung von auf **empirischem Wege** ermittelten Erkenntnissen hinsichtlich der Fehler bei der Eigensicherung, Faktoren, die das Überleben fördern usw., sollte ein Wahrnehmungstraining und Verhaltenstraining für gefährliche Situationen stattfinden. Dabei soll z.B. durch die Analyse konkreter Fälle erkannt werden, dass man mehr Einflussmöglichkeiten in Gefahrensituationen hat, als man selbst glaubt, und dass eigenes Handeln das Überleben gefährlicher Situationen fördert. Dies zeigen die in Kapitel 4.2 (S. 55) als „Test" bezeichneten Falldarstellungen „Wie endeten die Situationen?". Dabei handelt es sich natürlich nicht um einen Test im traditionellen Sinne, sondern um eine Art „Test der Kenntnis der Realität", weil er zeigt: Die Welt ist oft anders, als wir glauben. Mit diesem „Test" soll Verblüffung erzeugt werden, was die Einsicht erleichtert: Auch in Gefahrensituationen hat man mehr Chancen, als man glaubt. Und alle diese Chancen muss man ausnutzen.

Ähnlich wie in Kapitel 4.2 kann man aus Fällen in diesem Buch oder der Praxis ähnliche „Tests" zusammenstellen. Die Tests und Übungen sollen zunächst von jedem einzelnen Trainingsteilnehmer alleine und danach in Kleingruppenarbeit durchgeführt werden. Dies soll aufzeigen, dass es noch mehr Handlungsmöglichkeiten, gefährliche Gegenstände usw. gibt, als man es sich selbst vorgestellt hat. Dies belegt die Notwendigkeit, seine eigene Perspektive ständig zu überprüfen und zu erweitern.

Es ist auch sinnvoll, an Beispielen tatsächlicher Ereignisse die Gefährlichkeit dieser Situationen abschätzen zu lassen und dadurch zu ermitteln, ob man die Gefährlichkeit bestimmter Situationen über- oder unterschätzt (s. Lorei, 1999).

Wichtig ist auch, das planvolle Vorgehen und das kooperative Verhalten (dieses z.B. auch durch Computerturniere, s. Axelrod, 1991) beim Einschreiten zu verbessern.

Grundsätzlich wären noch drei Gesichtspunkte zu beachten:

1. Oft neigt man dazu, ein Training zu überladen. Sinnvoll wäre dagegen eine vorherige Analyse, was das Problemverhalten genau darstellt und dies gezielt zu verändern. Das Training sollte dann nach dem **KISS-Prinzip** gestaltet werden; Keep it simple stupid, gemäß dem Prinzip der Einfachheit. Was nützt z.B. ein ausführliches Rhetorik-Training, wenn – wie in der Praxis leider feststellbar – ein Polizist vergisst, *Erklärungen* für seine Maßnahmen abzugeben?

2. Das Training darf auch nicht nur die sprachliche Ebene schulen und damit „Handlungseunuchen" erzeugen (Dörner et al., 1983).
3. Wichtig ist bei allen Trainingsmaßnahmen, dass man eine **Erfolgskontrolle** durchführt, d.h. *konkret* überprüft, ob das Training tatsächlich eine Verbesserung von Wissen und Fähigkeiten bewirkte. Wie Dörner u.a. (1983) feststellten, genügt nicht Begeisterung oder der subjektive Eindruck, man habe etwas gelernt. Dies *kann* u.U. lediglich **Kompetenzillusion** sein!

2. Möglichkeiten zur Verbesserung des Gefahrenradars

Jeder, der einen Gefahrenradar entwickeln will, muss lernen, zwei wichtige Dimensionen zu berücksichtigen:

a) das Gesamtsystem,
b) den „Zeitpfeil".

Es wäre überprüfenswert, inwieweit man durch Computersimulationen systemisches Denken verbessern könnte (s. Kap. 9). Um den von Dörner et al. (1983) beschriebenen Trainingsmisserfolg zu vermeiden, wäre es wichtig, seine Fehler hinsichtlich Strukturwissen, Über- und Untersteuerung usw., kritisch zu analysieren. Dabei ist auch hilfreich, Denkfehler zu vermeiden, indem man die einfache Erkenntnis der Denkpsychologie berücksichtigt: Fehler kann man alleine dadurch schon vermeiden, dass man das Für und Wider eines Urteils oder einer Entscheidung vorher abwägt. Ebenfalls von Bedeutung wäre es, die Breite und die Eindringtiefe seiner Konzepte (Dörner, 1989) zu untersuchen und zu verbessern. Insgesamt wäre auch interessant, inwieweit individuelle Faktoren, z.B. der Bindungsstil, hier eine Rolle spielen.

Auch die anderen Störfaktoren des Gefahrenradars könnte man vermutlich beeinflussen:

- *Angst* durch Angstbewältigungstraining.
- *Ärger* durch Ärgerbewältigungstraining.
- *Voreilige kognitive Festlegungen*, z.B. durch „Provokative, paradoxe Tests" (wie in diesem Buch), die den Leser dazu provozieren sollen nachzudenken, oder durch ein Wahrnehmungstraining, wie es z.B. Abercrombie (1969) durchführte.

Siebert (1996) wies darauf hin, dass Überlebenspersönlichkeiten auch den kleinen Details des Alltags Beachtung schenken. Deshalb könnte man auch versuchen, durch verschiedene Übungen zu bewirken, dass man den Details einer Situation mehr Aufmerksamkeit schenkt (= Mindfulness).
Cook, H. und Davitz, J. (1975, S. 17) geben folgende Anregungen, um Dinge genauer wahrzunehmen:

> „Nehmen Sie ein kleines Objekt, einen Bleistift, eine Münze, einen Schlüssel, irgendetwas Handliches, das Sie schon tausendmal angeschaut haben, aber niemals richtig gesehen haben.
> Halten Sie es vor sich.
> Konzentrieren Sie sich darauf und schauen Sie es an.
> Denken Sie nicht darüber nach.
> Analysieren Sie es nicht.
> Sprechen Sie nicht darüber.
> Erleben Sie es einfach direkt, wortlos, visuell.
> Beobachten Sie die allgemeine Form,
> die Farben, die Unvollkommenheiten, die Unebenheiten, die Kratzer,
> die kleinen Dinge, die diese Münze, diesen Bleistift einzigartig machen, die Art und Weise, in der dieses Objekt sich von allen anderen in der Welt unterscheidet."

3. Die Notwendigkeit von Realitätstrainings

Die polizeiliche Tätigkeit erfordert nicht nur sprachliche, sondern auch psychomotorische Fähigkeiten. Deshalb müssen alle wichtigen polizeilichen Situationen (Fahrzeugkontrollen, Familienstreitigkeiten, Eindringen in ein Haus bei Amoklagen usw.), bei denen die Einsatzkompetenz (Schmalzl, 2008) gefordert ist, bei der polizeilichen Ausbildung gelernt werden. Dies muss unter realistischen Bedingungen (z.B. schlechten Sichtverhältnissen, Stress durch Lärm, Beschimpfung durch das Gegenüber, beengte Räumlichkeiten) geübt werden. In Krisenzeiten hat man nämlich keine Zeit, lange nachzudenken. Wer dagegen die **sachgemäßen** Reaktionen vorher eingeübt und automatisiert hat, kann selbst gefährliche Situationen besser bewältigen. Ein SEK-Beamter sagte mir dazu: „Wir haben die verrücktesten Szenarien geübt, sodass die normalen Einsätze Routine waren."

Pinizzotto und Davis (1995) formulierten drei Bereiche, in denen bei der Polizeiausbildung ein erheblicher Trainingsbedarf besteht. Neben diesen Techniken des Einschreitens, bei denen es um die Einhaltung von Sicherheitsstandards geht, wurden von ihnen auch zwei Gebiete festgestellt, auf denen erhebliche Defizite bestehen: Nachttraining und Erste Hilfe.

Wie aus den Ausführungen dieses Buches hervorgeht, ist aber z.b. auch ein Training hinsichtlich nichtsprachlicher Signale der Selbstsicherheit notwendig.

3.1 Einhaltung von Sicherheitsstandards

Wichtig sind Trainingsinhalte wie sachgemäße

- Annäherung an Fahrzeuge und Verdächtige (s. dazu Kap. 11.3),
- Durchsuchungen und Festnahmen durchführen,
- Personen und/oder Situationen kontrollieren.

Die Polizisten müssen auch mehr zur Beachtung von Sicherheitsstandards angehalten werden.

Ein Polizist wurde getötet, als er einen von drei Verdächtigen anwies, sich hinter ihn zu stellen, während er das Auto der Verdächtigen durchsuchte. Als der Polizist in das Auto schaute, ohne auf einen Kollegen als Sicherung zu warten, nahm der Verdächtige ihm die Schusswaffe aus dem Holster und tötete ihn.

3.2 Training bei schlechten Sichtverhältnissen und bei Nacht

Durch Zufall erlebte ich bei Fahrzeugkontrollen den gleichen „Tatort" sowohl an einem warmen sonnigen Sommernachmittag als auch in einer kühleren und dunkleren Septembernacht. Aber nicht nur die klimatischen Unterschiede waren groß, auch die psychologische Situation war völlig anders. Auch deshalb ist ein Training bei Nacht und schlechten Lichtverhältnissen wichtig.

Beispielsweise geschahen 1983–1992 in den USA 62 % der Tötungen von Polizisten und 72 % der Angriffe auf Polizisten zwischen 18.00 und 06.00 Uhr (Pinizzotto & Davis, 1995). Und trotzdem findet das Training von Polizisten nur bei Tageslicht statt. Es fehlt ein Nachttraining hinsichtlich der Verhaltensweisen bei Verkehrskontrollen, Personenkontrollen, Durchsuchung von Personen und Fahrzeugen, Benutzung von künstlichen Lichtquellen, Benutzung von Handschellen, Waffen und Selbstverteidigung u.Ä.

3.3 Erste Hilfe

Ein in Erster Hilfe ausgebildeter Polizist erklärte, dass er nicht wisse, welche Auswirkungen der Anblick eines Opfers in Polizeiuniform auf seine

Hilfeleistung hätte. In einem anderen Fall leisteten die vielen anwesenden Polizisten nicht dem durch ein Messer schwer verletzten Kollegen Erste Hilfe, er bekam sie erst im Krankenhaus.

> Dies ist besonders erschreckend, weil gerade Mörder von der Bedeutung der Ersten Hilfe wissen. Ein Polizistenmörder sagte, dass er einen Erste-Hilfe-Koffer auf seinen Einbrüchen mitnähme und deshalb in der Lage war, seine Wunde zu behandeln, als er von einem Polizisten angeschossen worden war. Ein anderer Mörder hielt auf seiner Flucht an, um frisches Obst zu kaufen, um das Natrium zu ersetzen, das er als Ergebnis seines Blutverlustes durch eine Schusswunde verloren hatte. Ein anderer Täter berichtete, wie er die verschiedenen Schusswunden einschätzte, die er erhielt. Er entschied, dass keine lebensbedrohend war, und plante dann seine Flucht vor dem verfolgenden Polizisten (Pinizzotto & Davis, 1995).

3.4 Training zur Vermeidung nichtsprachlicher Signale der Schwäche

Wichtig ist hier das Erkennen und Vermeiden individueller sprachlicher und nichtsprachlicher Schwachstellen (z.B. Körperhaltung, Augenkontakt). Derartige Schwachstellen können u.U. schon durch die Beherrschung sachgerechter polizeilicher Vorgehensweisen beseitigt werden (Realitätstraining!).

Entscheidend ist auch die Förderung der **Reaktionsbereitschaft**, der Fähigkeit, sofort auf den anderen reagieren zu können (s.a. Kernspecht, 2000). Spezifisch muss man dazu auch lernen, dass man sich durch provozierende Bemerkungen, Beleidigungen oder einen Wortschwall des Gegenübers nicht die Führung der Situation aus der Hand nehmen lässt (s. Höfner & Schachtner, 1995, S. 79f.). Dazu ist oft schon der (knappe) Hinweis ausreichend, dass man eine dienstliche Aufgabe zu erfüllen habe (s. Kap. 2.5).

4. Fragen für Übungen

- Nennen Sie Gegenstände, die als Waffen dienen können.
- Bildtest (Darstellung gefährlicher Situationen)
  Von welchen Gegenständen, Personen usw. auf dem Bild können Gefahren ausgehen?
- Welche der abgebildeten Gegenstände könnten als Waffe dienen?
- Wo könnte jemand eine Waffe versteckt haben?
- Wie viele Waffen hat er?

Kapitel 23

- Was machen Sie konkret, nachdem Sie bei der Durchsuchung eine Waffe gefunden haben?
  ↳ Weitersuchen!
     Wo könnte er noch eine Waffe versteckt haben?
- Woran kann man erkennen, dass ein Polizeibeamter Opfer eines Angriffs werden könnte?
- Woran kann man erkennen, dass eine Person mich angreifen könnte,
  – wann sie mich angreifen könnte,
  – womit sie mich angreifen könnte?
- Was tun Sie konkret, wenn Sie zu einem Einsatz gerufen werden?
- Werden Informationen eingeholt hinsichtlich
  – Ort,
  – Art des Vorfalles,
  – Persönlichkeit des/der betreffenden Person/en,
  – möglicher Vorstrafen der betreffenden Person/en?
  – Machen Sie sich einen Plan, wie Sie dann vorgehen werden?
- Sie stehen alleine vor dem Gebäude, in dem sich ein Verdächtiger befindet. Was tun Sie?
- Was tut bei einem Einsatz der sichernde Beamte?

Literatur

Abercrombie, M. L. I. (1969). The anatomy of judgment. London: Hutchinson & Co. 1960, 1969 (5. Auflage).

Anderson, E. (1994). The code of the streets. The Atlantic Monthly. Vol. 273, Nr. 5, May 1994, S. 80–94.

Axelrod, R. (1991). Die Evolution der Kooperation. München: Oldenbourg.

Band, S. R. & Vasquez, I. J. (1991). The will to survive. FBI Law Enforcement Bulletin, Vol. 60, Nr. 8, August 1991, S. 1–4.

Bargh, J. A. (1997). The automaticity of everyday life. In R. S. jr. Wyer, (Ed.), The automacity of everyday life (S. 1–61). Mahwah: Lawrence Erlbaum Associates.

Beggan, J. K. & Messick, D. M. (1988). Social values and egocentric bias: Two tests of the might over morality hypothesis. Journal of Personality and Social Psychology, Vol. 55, Nr. 4, S. 606–611.

de Becker, G. (1997). The gift of fear. New York: Dell.

de Becker, G. (1999). Mut zur Angst. Frankfurt: Krüger.

Bobinsky, R. (1994). Reflecting on community – oriented Policing. FBI Law Enforcement Bulletin, Vol. 63, Nr. 3, March 1994, S. 15–19.

Bohrer, S., Davis, E. F. & Garrity, T. J., Jr. (2000). Establishing a foot pursuit policy: Running into danger. FBI – Law Enforcement Bulletin, Vol. 6, Nr. 5, May 2000, 10–15.

Buhrmaster, S. (1998). The Calibre Press Street Survival Nerwsline. FBI Law Enforcement Bulletin, Vol. 67, August 1998, S. 6–8.

Busch, E. (1991). Und trotzdem: Eine Autobiographie. München.

Bull, R. et al. (1983). Psychology for police officers. Chichester, Wiley & Sons.

Campbell, J. C. et al. (2003). Assessing risk factors for intimate partner homicide. NIJ Journal Issue, Nr. 250, November 2003, S. 14–19.

Chabris, C. & Simons, D. (2010). The invisible gorilla and other ways our intuitions deceive us. New York: Paperback Publishers.

Chabris, C., Weinberger, A., Fontaine, M. & Simons, D. (2011). You do not talk about Fight Club if you do not notice Fight Club: Inattentional blindness for a simulated real-world assault. i-Perception (2011), volume 2, pp. 150–153.

Christensen, D., Farina, A. & Boudreau, L. (1980). Sensitivity to nonverbal cues as a function of social competence. Journal of Nonverbal Behavior, Vol. 4, Nr. 3, Spring 1980, S. 146–156.

Christensen, L. (1996). Speed training. Boulder: Paladin Press.

Clancy, J. & Wagner, J. (2001). The mat vs. the asphalt. Black Belt Reality Fighting. S. 44–49.

Clifford, B. R. & Bull, R. (1978). The psychology of person identification. London: Routledge & Kegan.

Cohen, D. et al. (1996). Insult, aggression and the southern culture of honor: An „experimental ethnography". Journal of Personality and Social Psychology. Vol. 70, Nr. 5, S. 945–960.

Cook, H. & Davitz, J. (1975). 60 seconds to mind expansion. New York: Random House.

Cox, D., Hallam, R., O'Connor, K. & Rachmann, S. (1983). An experimental analysis of fearlessness and courage. British Journal of Psychology, Vol. 74, S. 107–117.

Curtis, R. (1999). The ethnographic approach to studying drug crime. In: National Institute of Justice. Looking at crime from the street level. Washington, November 1999.

Darley, J. M. und Latané, B. (1968). When will people help in a crisis? Psychology Today, Vol. 2, Nr. 7, S. 54–57, 70–71.

Davies, P. (1988). Prinzip Chaos. München: Bertelsmann 1988.

Dörner, D. et al. (1983). Lohhausen. Bern: Huber.

Dörner, D. (1989). Die Logik des Misslingens. Reinbek: Rowohlt.

DuCharme, S. (2001). The upside of falling down. The Law Enforcement Trainer, January–February 2001, S. 6–8, 26.

Ellison, K. (2006). Mutter sein macht schlau: Kompetenz durch Kinder. München: Antje Kunstmann Verlag.

Farrelly, F. & Brandsma, J. M. (1986). Provokative Therapie. Berlin: Springer Verlag.

FBI (Uniform Crime Reports Section. Federal Bureau of Investigation. United States Department of Justice.) (1992). Killed in the line of duty: A study of selected felonious killings of law enforcement officers. Washington D.C.: U.S. Department of Justice.

Feeney, I. & Noller P. (1990). Attachment style as a predictor of adult romantic relationships. Journal of Personality and Social Psychology, Vol. 58, S. 281–291.

Frankl, V. E. (1996). Der leidende Mensch: Anthropologische Grundlagen der Psychotherapie. Bern: Hans Huber.

Füllgrabe, U. (1972). Flucht und Verteidigungsdistanz. Monatsschrift für Kriminologie und Strafrechtsreform, Vol. 55, Nr. 4, S. 180–186.

Füllgrabe, U. (1975). Persönlichkeitspsychologie. Stuttgart: Richard Boorberg Verlag (4. Auflage, 1982).

Füllgrabe, U. (1978). Menschenkenntnis. Stuttgart: Richard Boorberg Verlag (3. Auflage, 1987).

Füllgrabe, U. (1981). Kommunikation mit dem polizeilichen Gegenüber: Fehler und ihre Ursachen. Richard Boorberg Verlag: Neues Polizei Archiv, Psychologie, Blatt 9–18, Februar–Juni 1981.

Füllgrabe, U. (1992). Der psychisch auffällige Mitbürger: Sicherheit im Umgang mit psychisch auffälligen Menschen. Psychologie für Polizeibeamte; Band 8, Stuttgart: Richard Boorberg Verlag.

Füllgrabe, U. (1993). Der aktive und der passive Lebensstil: Datenanalyse einer Untersuchung von Polizeischülern. Unveröffentlichtes Manuskript. Hann. Münden.

Füllgrabe, U. (1994). TIT FOR TAT – Die Erfolgsstrategie im Spiel des Lebens (Teil 4). Magazin für die Polizei, 25. Jahrgang, März 1994, Nr. 215, S. 18–22.

Füllgrabe, U. (1995). Irrtum und Lüge. Stuttgart: Richard Boorberg Verlag.

Füllgrabe, U. (1996). Die Beziehungsfalle: Warum Frauen bei einem Mann bleiben, der sie schlägt. Magazin für die Polizei, 27. Jahrgang, Nr. 240, April 1996, S. 14–22.

Füllgrabe, U. (1997). Kriminalpsychologie: Täter und Opfer im Spiel des Lebens. Frankfurt: Edition Wötzel.

Füllgrabe, U. (1999). Survivability: Überlebensfaktoren in gefährlichen Situationen – Zur Psychologie der Eigensicherung. Praxis der Rechtspsychologie, Vol. 9 (1), S. 28–52.

Füllgrabe, U. (2000). Überleben ist kein Zufall: Die psychologische Seite der Eigensicherung. Deutsche Polizei, Nr. 3, März 2000, S. 6–10.

Füllgrabe, U. (2001a). Stalking: Eine neue Form des Psychoterrors. Kriminalistik, 55. Jahrgang, Nr. 3, S. 163–167.

Füllgrabe, U. (2001b). Das biologische und das psychologische Immunsystem. Magazin für die Polizei, 32. Jahrgang, Nr. 297–298, Januar–Februar 2001, S. 17–25.

Füllgrabe, U. (2002a). Amok. Report Psychologie, Vol. 27, Nr. 11/12, S. 694–703.

Füllgrabe, U. (2002b) Serienscharfschützen und der Caligula-Effekt. Kriminalistik, 56. Jahrgang, Nr. 12, S. 730–734.

Füllgrabe, U. (2003a). Akutes Risiko oder leere Drohung? Wissenschaftlich fundierte Gefahreneinschätzungen von Gewaltdrohungen. Report Psychologie, Vol. 28, Nr. 3, S. 150–161.

Füllgrabe, U. (2003b). Suicide by cop. Kriminalistik, 57. Jahrgang, Nr. 4, April 2003, S. 225–233.

Füllgrabe, U. (2004). Fehler bei der polizeilichen Ausbildung und im polizeilichen Handeln. in: Liebl, K. (Hrsg.): Empirische Polizeiforschung V: Fehler und Lernkultur in der Polizei Frankfurt: Verlag für Polizeiwissenschaft, S. 57–79.

Füllgrabe, U. (2007). Der Zusammenhang zwischen Verkehrsdelinquenz und Kriminalitätsbereitschaft. Kriminalistik, 61. Jahrgang, Nr. 1, Januar 2007, S. 41–46.

Füllgrabe, U. (2011). Kriminalpsychologie. Täter und Opfer im Spiel des Lebens. 3. Auflage. Kerzenheim: minerva.

Garfield, C. (1986). Peak Performers. New York: William Morrow.

Garner, G. W. (1998). Surviving the street. Springfield: Charles C Thomas.

Gibb, J. R. (1961). Defensive Communication. Journal of Communication, Vol.11 (3), September 1961, S. 141–148.

Gobet, F., de Voogt, A. & Retschitzki (2004). Moves in mind: The psychology of board games. HOVE: Psychology Press.

Greenbank, A. (1974). Survival in the city. New York: Harper & Row.

Grimm, E. (1990). Der neue deutsche Typ: Sorglos und materialistisch. Psychologie Heute, Vol. 17, Nr. 11, S. 34–41.

Gruber, C. & Jedamczik, E. (2000). Das Polizeiliche Einsatztraining: mehr als Selbstverteidigung und Eigensicherung. Münchener Polizei 2000, Vol. 7, S. 10–17.

Hager, E. D. (1997). Komplementäre Onkologie. 1.1 Grundlagen der Immunologie. Stockdorf: Forum – Medizin – Verlagsgesellschaft.

Hare, R. D. (1999). Without conscience: The disturbing world of the psychopaths among us. New York: The Guilford Press.

Hinsch, R. & Pfingsten, U. (2002). Gruppentraining sozialer Kompetenzen. Weinheim: Psychologie Verlag.

Höfner, E. und Schachtner, U. (1995). Das wäre doch gelacht. Reinbek: Rowohlt.

Hoffmann, J. (2006). Stalking. Heidelberg: Springer Medizin Verlag.

Horn, W. (1983). Leistungsprüfsystem (LPS). Göttingen: Hogrefe Verlag.

Insko, C. A. et al. (1998). Long – term outcome maximization and the reduction of interindividual – intergroup discontinuity. Journal of Personality and Social Psychology, Vol. 75, Nr. 3, S. 695–710.

Jacobson, N. S. & Gottman, J. M. (1998). When men batter women. New York: Simon & Schuster.

Janis, I. L. (1971). Stress and frustration. New York: Harcourt, Brace & Jovanovich.

Jappy, M. J. (2001). Danger UXB. London: Macmillan Publishers Ltd.

Kauke, M. (1998). Kooperative Intelligenz. Heidelberg: Spektrum.

Kain, A. (1996). SAS Security handbook. London: William Heinemann.

Kammer, R. (1969). Die Kunst der Bergdämonen. Bergheim: O. W. Barth Verlag.

Kernspecht, K. R. (2000). Vom Zweikampf. Burg Fehmarn: Wu Shu-Verlag Kernspecht.

Kernspecht, K. R. (2001). Blitz Defence: Die Strategie gegen Schläger. Burg Fehmarn: Wu Shu-Verlag Kernspecht.

LaFond, J. (2001). Reality of the blade. Black Belt Magazine, Vol. 39, Nr. 1, January 2001, S. 64–69.

Lager, L. & Kraft, A. L. (1981). Mental Judo. New York: Crown Publishers.

Lambert, K. (2008). Lifting Depression. A neuroscientist's hands-on approach to activating your brain's healing power. New York: Basic Books.

Langer, A. (2003). Klandestine Welten: Mit Goffman auf dem Drogenstrich. Königstein: Ulrike Helmer Verlag.

Langer, E. I. (1982). Automated lives. Psychology Today, Vol. 16, Nr. 4, 60–71

Langer, E. I. (1991). Aktives Denken. Reinbek: Rowohlt.

Lazarus, A. A. (1981): The Basic Id. New York: McGraw-Hill.

Leary, T. (1957). Interpersonal diagnosis of personality. New York: The Ronald Press

Lederer, J. (1964) Vampir. Der Fall Peter Kürten. In: G. H. & Mostar & R. A. Stemmle (Hrsg.), Todesurteil. Der Fall Peter Kürten und acht weitere Kriminalfälle (S. 217–306). Lausanne: Edition Rencontre.

Lefcourt, H. M. (1998). Locus of control and coping with life's events. In E. Staub (Ed.), Personality. Basic aspects and current research (S. 200–235). Englewood Cliffs: Prentice Hall.

Liedloff, J. (2002). Auf der Suche nach dem verlorenen Glück. München: Beck.

Linville, P. W. (1987). Self-complexity as a cognitive buffer against stress-related illness and depression. Journal of Personality and Social Psychology, Vol. 52, S. 663–676.
Lorei, C. (1999). Der Schußwaffengebrauch bei der Polizei. Eine empirisch-psychologische Analyse. Berlin: Wissenschaftlicher Verlag.
Lorei, C. (2000). Zur Schießausbildung der Polizei. Kriminalistik, 54. Jahrgang, Nr. 1, S. 44–49.
Lorei, C. (2001). Schusswaffeneinsatz bei der Polizei: Beiträge aus Wissenschaft und Praxis. Frankfurt: Verlag für Polizeiwissenschaft.
Ludwig, E. (2001). „Im Dienst getötet", Leserbrief in Deutsche Polizei, Nr. 2/2001, S. 5.

Maekawa, M. & Hasegawa, Y. (1963). Studies on Jigoro Kano: Significance of his ideals of physical education and Judo. Bulletin of the Association for the Scientific Studies on Judo, Kodokan. Report II. 1963, S. 1–12 Tokyo: Kodokan.
McCarthy, R. M. (1989). The dynamics of fear in critical incident. Training Key 399. Arlington: International Association of Chiefs of Police.
McKee, F. (2000). Psychomotor skill retention. The Law Enforcement Trainer, November/December 2000, S. 22–24.
Meichenbaum, D. (1994). Clinical handbook. University of Waterloo.
Meichenbaum, D. & Turk, D. (1976): The cognitive-behavioral management of anxiety, anger and pain. In P. Davidson (Ed.): The behavioral management of anxiety, depression and pain. New York: Bruner/Mazel.
Michel, P. (1998). Visual perception in low-light levels: Implications for shooting incidents. FBI Law Enforcement Bulletin, Vol. 67, May 1998, S. 6–9.
Miculincer, M. et al. (1990). Attachment styles and fear of personal death. Journal of Personality and Social Psychology, Vol. 58, Nr. 2, S. 321–331.
Miculincer, M. (1997). Adult attachment style and information processing: Individual differences in curiosity and cognitive closure. Journal of Personality and Social Psychology, Vol. 72, S. 1217–1230.
Miculincer, M. (1998). Attachment working models and the sense of trust: An exploration of interaction goals and affect regulation. Journal of Personality and Social Psychology, Vol. 74, S. 1209–1224.
Miller, S. M. (1990). To see or not to see: Cognitive informational styles in the coping process. In M. Rosenbaum (Ed.). Learned resourcefulness: on coping skills, self-regulation and adaptive behavior. New York: Springer Press.

Miller, S. M. (1991). Individual differences in the coping process: What to know and when to know it. In B. Carpenter (Ed.). Personal coping: theory, tesearch, and application. New York: Praeger.

Miller, W. B. (1970). Lower class culture as a generating milieu of gang delinquency. In M. E. Wolfgang, Bushman, B. J. & Groom, R. W. (Eds.). The sociology of crime and delinquency, S. 351–363 New York: John Wiley & Sons, 1970 (2. Auflage), Zuerst veröffentlicht in: Journal of Social Issues (1958), Vol. 14, S. 5–19.

Mills, R. B., McDevitt, R. J. & Tonkin, S. (1966). Situational Tests in Metropolitan Police Recruit Selection. Journal of Criminal Law, Criminology, and Police Science, 1966, Vol. 57, S. 99–106.

Mischel, W. (1996). Toward a cognitive social learning reconceptualization of personality. In N. S. Endler & D. Magnusson (Eds.), Interactional Psychology and Personality (S. 166–207). New York: Wiley & Sons.

Morris, D. (1978). Der Mensch mit dem wir leben. München: Th. Kaur Nachf.

Murphy, E. C. (1993). The genius of Sitting Bull. Englewood Cliffs: Prentice Hall.

Musashi, M. (1993). Das Buch der fünf Ringe. Düsseldorf: Econ Verlag.

Nadler, A. (1998). Relationship, esteem and achievement perspectives on autonomous and dependent help seeking. In S. E. Karabenick (Ed.), Strategic Help Seeking, (S. 61–93). Mahwah: Lawrence Erlbaum.

Nishiyama, H. & Brown, R. C. (1960). Karate: The art of „empty hand" fighting. Rutland, Vermont: Charles E. Tuttle Company.

Peterson, C. & Seligman, E. P. (1984). Causal explanations as a risk factor for depression: Theory and evidence. Psychological Review, Vol. 91, S. 347–374.

Pinçon, T., Leder, M. & Williams, S. G. (2000). Bodyguard. München: C.H. Beck.

Pinizzotto, A. J. & Davis, E. F. (1995). Killed in the line of duty: Procedural and training issues. FBI Law Enforcement Bulletin, Vol. 64, Nr. 3, March 1995, S. 1–6.

Pinizzotto, A. J., Davis, E. F. & Miller III, C. E. (1997). In the line of fire: Violence against law enforcement. A study of selected felonious assaults on law enforcement officers. United States Department of Justice. Federal Bureau of Investigation. National Institute of Justice. Washington, October 1997.

Pinizzotto, A. J., Davis, E. F. & Miller III, C. E. (1998). In the line of fire: Learning from assaults on law enforcement officers. FBI Law Enforcement Bulletin, Vol. 67, Nr. 2, February 1998, S. 15–23.

Pinizzotto, A. J. & Davis, E. F. (1999). Offenders' perceptual shorthand: What messages are law enforcement officers sending to offenders? FBI Law Enforcement Bulletin, Vol. 68, Nr. 6, June 1999, S. 1–4.

Pinizzotto, A. J., Davis, E. F. & Miller III, C. E. (2000). Officers' perceptual shorthand: What messages are offenders sending to law enforcement officers? FBI Law Enforcement Bulletin, Vol. 69, Nr. 7, July 2000, S. 1–6.

Pinizzotto, A. J., Davis, E. F. & Miller III, C. E. (2002). Escape from the Killing Zone. Law Enforcement Bulletin, Vol. 71, Nr. 3, March 2002, S. 1–7.

Pinizzotto, A. J., Davis, E. F. & Miller III, C. E. (2006). „Dead right": Recognizing traits of armed individuals Law Enforcement Bulletin, Vol. 75, Nr. 3, March 2004, S. 1–8.

Pokojewski, B. (2001). „Eigensicherung der Ganoven". Polizeitrainer Magazin. Nr. 8/2001.

Potter, B. A.(1984). The Way of the RONIN. New York: Amacom.

Ressler, R. K., Burgess, A. W. & Douglas, J. E. (1983). Rape and rape-murder: One offender and twelve victims. American Journal of Psychiatry, Vol. 40, Nr. 1, January 1983, S. 137–141.

Reychler, L. (1979). The effectiveness of a pacifistic strategy in conflict resolution: An experimental study. Journal of Conflict Resolution, Vol. 23., 228–260.

Richter, D. & Berger, K. (2001). Patientenübergriffe auf Mitarbeiter. Der Nervenarzt, Nr. 9, 2001, S. 693–699.

Salisbury, H. E. (1962). Die zerrüttete Generation. Reinbek: Rowohlt.

Salter, A. (2006). Dunkle Triebe. München: Goldmann.

Saternus, K.-S. & Kernbach, G. (2002). Fixierung erregter Personen. Todesfälle in Klinik und Gewahrsam. Lübeck: Schmidt Römhild.

Scheferling, B. (2000). Betrachtung der Rückführung unter Teil-Aspekten der Sozialen Kompetenz und Risikominderung (Teil 3). Magazin für die Polizei, Nr. 285/286, Januar–Februar 2000, S. 29–33.

Schmalzl, H. P. (1999). Deeskalierendes Einschreitverhalten. München, unveröffentlichtes Manuskript.

Schmalzl, H. P. (2008). Einsatzkompetenz: Entwicklung und empirische Überprüfung eines psychologischen Modells operativer Handlungskompetenz zur Bewältigung kritischer Einsatzsituationen im polizeilichen Streifendienst. Frankfurt: Verlag für Polizeiwissenschaft.

Schulze, H. (1999). Verkehrssicherheitsrisiken und Lebenszyklus: Lebensstil und Verkehrsverhalten 18- bis 34jähriger. In Meyer-Gramcko, F. (Hrsg.): Verkehrspsychologie auf neuen Wegen: Herausforderungen von Straße, Luft und Schiene (II). Bonn: Deutscher Psychologen Verlag, S. 746–754.

Shure, G. H., Meeker, R. J. & Hansford, E. A. (1965). The effectiveness of pacifistic strategies in bargaining games. Journal of Conflict Resolution, Vol. 9, S. 106–117.

Seligman, M. (1991). Pessimisten küsst man nicht. München: Droemer Knaur.

Siebert, A. (1996). Erfolgreich Krisen bewältigen: Anleitung zum Überleben. München: Hugendubel.

Siebert, A. (1998). The survivor personality. New York: The Berkeley Publishing Group.

Sessar, K. A., Baumann, U. & Müller, J. (1980). Polizeibeamte als Opfer vorsätzlicher Tötungen. Wiesbaden: Bundeskriminalamt.

Siegel, B. (1988). Prognose Hoffnung. Düsseldorf: Econ.

Smith, H. C. (1966). Sensitivity to people. New York: McGraw-Hill.

Smith, H. C. (1973). Sensitivity training. New York: McGraw-Hill.

Solomon, R. M. (1989). The dynamics of fear in critical incidents. Trainings Key Nr. 399. Arlington: International Associations of Chiefs of Police.

Taft, R. (1955). The ability to judge people. Psychological Bulletin, Vol. 52, S. 1–23.

Taylor D. (1999). Women who rape women. Marie Claire (UK), June 1999, S. 72–33.

Thompson, G. (1999). Die Tür: Erfahrungen eines Rausschmeißers. Burg Fehmarn: Wu Shu-Verlag Kernspecht.

Toch, H. J. (1969). Violent Men. Chicago: Aldine Publishing Company.

Tucker, P. et al. (2002). Body handlers after terrorism in Oklahoma City: Predictors of posttraumatic stress and other symptoms. American Journal of Orthopsychiatry, Vol. 72, Nr. 4, S. 1–7.

Ungerer, D. (2001). Axiologische und psychozerebrale Schnittstellenbestimmung zwischen unbeabsichtigtem und beabsichtigtem Schusswaffengebrauch. In: C. Lorei (Hrsg.), Schusswaffeneinsatz bei der Polizei: Beiträge aus Wissenschaft und Praxis (S. 115–138), Frankfurt: Verlag für Polizeiwissenschaft.

Vester, F. (1976). Phänomen Stress. Stuttgart: Deutsche Verlags-Anstalt.

von Thun. F. S. (1998). Miteinander Reden 1 – Störungen und Klärungen. Reinbek: Rowohlt.

Voss, U. (2004). FMBS – Frankfurt Monitoring Blunting Scales. Frankfurt: Johann Wolfgang Goethe-Universität.

Westcott; M. R. (1968). Toward a contemporary psychology of intuition. New York: Holt, Rinehart & Winston.

Williams, P. (2001). Rough Justice. Marie claire. UK edition, Nr. 151, March 2001, S. 26–32.

Williams, A. W., Ward, P., Knowles, J. M. & Smeeton, N. J. (2002). Anticipation skill in a real-world task: measurement, training and transfer in tennis. Journal of Experimental Psychology Applied, Vol. 8, S. 259–270.

Wolfgang, M. E., Savitz, L. & Johnston, N. (1970) (Eds.). *The sociology of crime and delinquency*. New York: John Wiley & Sons.

Zeitlin, L. R. (1994). Failure to follow safety instruction: Faulty communication or risky Decisions Human Factors, Vol. 36, Nr. 1, S. 172–181.

Zimbardo, P. G. (1969). The human choice: individuation, reason, and order versus deindividuation, impulse, and chaos; in: Arnold, W. J. & Levine, D. (Eds.): Nebraska symposium on motivation, Lincoln, S. 237–307.

Zimbardo, P. G. (1983). Psychologie. Berlin: Springer Verlag (4. Auflage).

AUSGEZEICHNET.

Kroll

Wahre und falsche Geständnisse in Vernehmungen

2012, 108 Seiten, € 26,–

Schriftenreihe der Deutschen Gesellschaft für Kriminalistik e.V., Band 3

ISBN 978-3-415-04791-4

Leseprobe unter
www.boorberg.de/alias/567466

Der Band befasst sich mit dem kriminalwissenschaftlich sehr praxisorientierten Thema der Wahrheitsfeststellung durch Vernehmung im Ermittlungsverfahren und im Strafverfahren.

Die Darstellung enthält viele praktische Hinweise als Widerspiegelung von **Vernehmungserfahrungen**. Ferner werden dem Praktiker wertvolle Anregungen zur Lösung von Problemsituationen während der Vernehmung an die Hand gegeben. Daneben greift der Verfasser wissenschaftliche Problemstellungen auf, die einer weiteren systematischen Bearbeitung durch kriminalwissenschaftliche Forschungen bedürften, beispielsweise Fragen der Geständniserlangung und Geständnisobjektivierung.

Die Arbeit wurde 2010 mit dem Preis der Deutschen Gesellschaft für Kriminalistik (DGfK) **ausgezeichnet**.

RICHARD BOORBERG VERLAG   FAX 0711/7385-100 · 089/4361564
TEL 0711/7385-343 · 089/436000-20   BESTELLUNG@BOORBERG.DE

RA0712

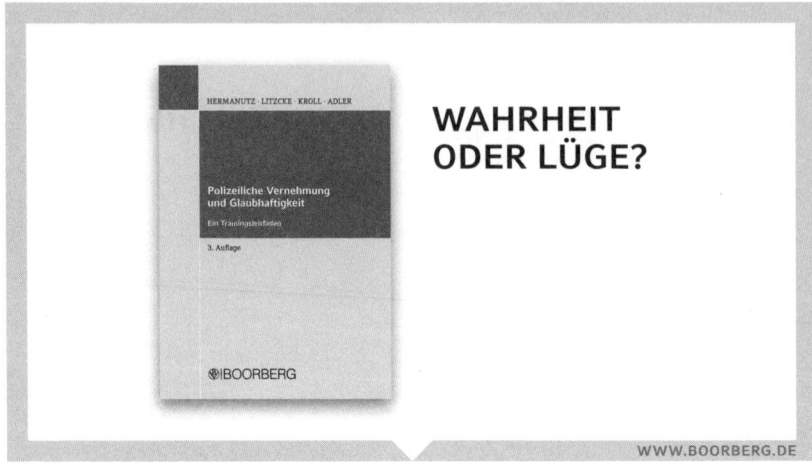

WAHRHEIT ODER LÜGE?

WWW.BOORBERG.DE

Hermanutz · Litzcke · Kroll · Adler
Polizeiliche Vernehmung und Glaubhaftigkeit
Ein Trainingsleitfaden
2011, 3. Auflage, 184 Seiten, € 19,80
ISBN 978-3-415-04669-6

Leseprobe unter
www.boorberg.de/alias/288666

Der Leitfaden folgt dem idealtypischen **Verlauf einer Vernehmung**, unterteilt in vier Kapitel:
- Aufbau und Ablauf von Vernehmungen
- verbale Glaubhaftigkeitsmerkmale
- nonverbale Warnsignale
- Probleme und Grenzen

Die Verfasser stellen die Ziele, den Aufbau und den Ablauf von Vernehmungen dar. Sie geben **Hinweise** zum taktischen Vorgehen und zu den Belehrungen. Die Autoren vermitteln die systematische Suche nach Alternativhypothesen – im Gegensatz zur schlichten Annahme der Wahrheit von Aussagen. Sie stellen dar, welche Fragen sich der Vernehmende bei der Beurteilung der Glaubhaftigkeit von Aussagen stets selbst stellen sollte.

Übungen zu Frageformen und Glaubhaftigkeitsmerkmalen ermöglichen die gezielte Wiederholung und Auffrischung der komplexen Materie.

BOORBERG
RICHARD BOORBERG VERLAG FAX 0711/7385-100 · 089/4361564
TEL 0711/7385-343 · 089/436000-20 BESTELLUNG@BOORBERG.DE